SILKE KERN

BATAVIA
1629

Historischer Roman

BASTEI
LÜBBE

BASTEI LÜBBE TASCHENBUCH
Band 14 365

1. Auflage: Juni 2000

Vollständige Taschenbuchausgabe
der im Ehrenwirth Verlag erschienenen Hardcoverausgabe

Bastei Lübbe Taschenbücher und Ehrenwirth Verlag sind
Imprints der Verlagsgruppe Lübbe

© 1998 und 2000 by Verlagsgruppe Lübbe GmbH & Co. KG.,
Bergisch Gladbach
Umschlaggestaltung: Atelier Kontraste, München
Satz: hanseatenSatz-bremen, Bremen
Druck und Verarbeitung: Ebner Ulm
ISBN 3-404-14365-5

Sie finden uns im Internet unter
http://www.luebbe.de

Der Preis dieses Bandes versteht sich einschließlich
der gesetzlichen Mehrwertsteuer.

»Der Handel ist unser Kompaß,
Profit unser Motiv!«
(Vereinigte Ost-Indische Companie)

Für meine Eltern.
Und für Adriaen Jacobs, Mensch, Navigator
und Kapitän.

Hauptpersonen

Die Männer

ADRIAEN JACOBS, 45, Kapitän und Navigator des VOC Flaggschiffs *Batavia*

FRANÇOIS PELSAERT, 35, Oberkaufmann und Kommandeur der VOC Herbstflotte des Jahres 1628 nach Ost-Indien

JEROME CORNELIUS, 30, ehemaliger Apotheker aus Haarlem, Unterkaufmann und Frachtaufseher an Bord der *Batavia*

CONRAD VAN HUYSSEN, 20, Edelmann und Kadett zur See

LENNART MICHELS, 21, Kadett zur See

GISBERT VAN WELDEREN, 21, Kadett zur See

OLIVER VAN WELDEREN, 22, Kadett zur See, Gisberts Bruder

DANIEL CORNELISSEN, 21, Kadett zur See

WIEBE HAYES, 25, VOC Soldat

THOMAS DE VILLIERS, 32, französischer Söldner im Dienst der VOC

JEAN REYNOULT, 22, französischer Söldner im Dienst der VOC

EDOUARD COUT, 41, Wallone, Söldner im Dienst der VOC

OTTO SCHMIDT, 22, Deutscher, Kadett zur See

ARIS JANZ, 49, Bader und Bordarzt der *Batavia*

GISBERT BASTIANS, 53, Prediger und Pfarrer an Bord der *Batavia*

JAN EVERTS, 38, Bootsmann der *Batavia*

CLAAS GERRITZ, 32, Obersteuermann
JAKOB JANZ, 31, Zweiter Steuermann
GILLISZ FRANZ, 24, Steuermannsgehilfe
PETER JANZ, 39, Marschall der *Batavia*
JAKOB »STEINSCHLEIFER« PIETERS, 40, VOC Soldat und
Obergefreiter
WOUTER LOOS, 24, VOC Soldat
MATTYS BEER, 21, VOC Soldat
JAN HENDRIX, 24, VOC Soldat
JAKOB JAKOBSEN, 48, Kapitän der VOC *Sardam*
DAVID ZEEVANCK, 26, Buchhalter
ANDRIES DE VRIES, 18, Kaufmannsgehilfe
JAN PELGROM, 17, Kabinensteward
JAN PIETERSZOON COEN, 42, General-Gouverneur von
Batavia

Die Frauen

LUCRETIA VAN DER MYLEN, 26, Dame der gehobenen
Gesellschaft, verheiratet mit dem VOC Unterkaufmann
Baudouin van der Mylen
ZWAANTIE HENDRICKS, 19, Lucretias Kammerzofe
JUDITH BASTIANS, 19, Gisbert Bastians' älteste Tochter
MARIA BASTIANS, 45, Hebamme, Ehefrau von Gisbert
Bastians und Judiths Mutter
MARTJE ALBERTS, 24, eine Freundin von Zwaantie

Inhalt

Prolog

Nach den Maßstäben seines Jahrhunderts war Adriaen Jacobs keineswegs mehr jung zu nennen. Seine hohe Stirn war von tiefen Linien geprägt, und Kränze heller Sonnenfältchen umgaben ein aufmerksames Paar dunkler Augen. Der häufige Aufenthalt unter tropischer Sonne hatte seiner Haut einen Bronzeton verliehen, der nie mehr ganz verschwinden wollte. Zu seiner Zeit, den späten zwanziger Jahren des siebzehnten Jahrhunderts, erreichten nicht viele Männer das fünfundvierzigste Lebensjahr, noch seltener gar, wenn sie im entbehrungsreichen Beruf des Seefahrers standen. Dennoch wäre es Jacobs niemals in den Sinn gekommen, sich deswegen besonders glücklich zu schätzen. In seinem ganzen Leben war er nur ein einziges Mal ernsthaft krank gewesen. Pockenmale auf seiner rechten Wange erinnerten an die Krankheit, die er sich mit dreiundzwanzig Jahren während einer Epidemie auf Madagaskar zugezogen hatte. Seine gute Gesundheit betrachtete er als Selbstverständlichkeit, und mit der gleichen Zuversicht in seine eigene Person übte er auch seinen Beruf aus. Er glaubte an sich selbst als einen der besten Navigatoren in der Flotte der Vereinigten Ost-Indischen Companie, und ganz ohne Zweifel war das Direktorium der Gesellschaft der gleichen Meinung. 1616 war er als Bootsmann in das holländische Handelsunternehmen eingetreten und bereits drei Jahre später zum Kapitän ernannt worden. Seine Schiffe machten ruhige und schnelle Überfahrten, und es gab nur weniges, was die Ost-Indische Companie mehr schätzte, als ihr Kapital und ihre Frachten in sicheren Händen zu wissen. Adriaen Jacobs konnte mit sich selbst zufrieden sein, als er an einem sonnigen Dezembermorgen des Jahres 1627 an der Reling der *Dordrecht* stand und seine Augen über einen wolkenlosen blauen Himmel schweifen ließ. Die *Dordrecht* war an diesem Tag das einzige holländische Schiff, das in Port Swally in der westindischen Provinz Gujarat vor Anker lag. Das rote Kreuz der englischen Flagge beherrschte den Ankerplatz an der Mündung des Tapti in das arabische Meer. Nur wenige Meilen flußaufwärts lag Surat, eine blühende geschäftige Stadt, deren Bewohner bekannt waren für ihre Kunstfertigkeit bei der Herstellung edler Seiden und Brokate, zartester Musseline und feinster Gold- und Silberstickereien. Die englische Ost-Indische Gesellschaft, das Gegenstück zur gleichnamigen holländischen Vereinigung privater Handelsunternehmen, hatte dort ihr erstes großes Warensammellager auf indischem Boden errichtet. Die britischen Kaufleute waren nicht gerade glücklich darüber, ihre indische Handelsbastion mit den Holländern teilen zu müssen, aber sie konnten recht wenig dagegen tun, hatten sie doch fünfzehn Jahre zuvor gemeinsam die ungeliebten Portugiesen aus Surat vertrieben. Das nach außen hin so friedliche Nebeneinander der beiden Nationen konnte ein scharfes Auge nicht darüber hinwegtäuschen, daß sie in gnadenloser wirtschaftlicher Konkurrenz zueinander standen. Es war ein Zeitalter des Aufschwungs und des Wohlstands, wenngleich auch nicht des Friedens. Beide Nationen waren mächtige Giganten der Meere, die einander mit Argusaugen beobachteten. Nichts anderes hielt England und die

Niederlande davon ab, ihre Kräfte miteinander zu messen, als der unter der Herrschaft König Philipps vereinigte, gemeinsame Feind: Spanien und Portugal!

Die protestantischen Niederlande befanden sich bereits im einundsechzigsten Jahr eines Unabhängigkeitskrieges gegen Spanien, verzweifelt darum bemüht, das Joch der katholischen Kirche und der Inquisition abzuschütteln. England, mit seiner eigenen Kirche und im Streben nach der alleinigen Weltherrschaft auf dem Meer, hatte sich mit Holland verbündet, doch der Tag, an dem sie sich gegeneinander wenden würden, war abzusehen.

Adriaen Jacobs störte sich nicht am Anblick der englischen Fregatten ringsum. Seit er denken konnte, kämpfte sein Vaterland gegen die auferlegte spanische Regentschaft, und für seine Begriffe wäre die Rebellion ohne britische Unterstützung schon vor langer Zeit niedergeschlagen worden.

1555 hatte Philipp II. die spanischen Niederlande aus den sanften Händen seines Vaters übernommen. Er war ein strenger unnachgiebiger Mann gewesen, ein religiöser Eiferer, der sein protestantisches Erbe mit harter Faust regiert und wirtschaftlich geknebelt hatte. Durch ein striktes Handelsverbot isolierte er die spanischen Niederlande vom restlichen Kontinent und entflammte so den Unmut seiner Untertanen. Römisch-katholisch von Geburt, scheute er nicht davor zurück, eine gefürchtete Institution des Mittelalters wieder aufleben zu lassen, um die zunehmende Verbreitung des Protestantismus in Holland zu unterdrücken. Tausende Anhänger des calvinistischen Glaubens verloren in den Verfolgungen der Inquisition ihr Leben oder wurden verbannt. Der Zorn des Volkes loderte hell, und im Jahr 1566 zogen empörte Menschenmassen durch Hollands Straßen und zerstörten die Heiligenbilder in den katholischen Kirchen des Landes. Die Niederlande lehnten sich auf, allen voran der holländische Hochadel!

Ein erzürnter Philipp entsandte daraufhin spanische Truppen unter Führung des grausamen Herzogs von Alva. Was als religiöser Aufstand begonnen hatte, verwandelte sich in einen erbitterten Kampf um Freiheit. Der Bürgerkrieg konzentrierte sich auf den katholisch geprägten Süden des Landes und hier ganz besonders auf die strategisch bedeutende Hafenstadt Antwerpen. Bald fiel der gesamte Süden der Niederlande unter spanische Kontrolle, und ein Strom von Flüchtlingen rettete sich aus den Provinzen Flandern und Brabant in den autonomen Norden. 1579, drei Jahre vor Adriaens Geburt, verkündeten die sieben nördlichen Provinzen Utrecht, Friesland, Geldern, Holland, Groningen, Overijssel und Zeeland ihre Unabhängigkeit von Spanien. Die spanischen Niederlande hörten auf zu existieren, eine Tatsache, die Philipp weder akzeptieren wollte noch konnte. Er schlug mit aller Macht zurück, fügte der jungen Nation erhebliche Verluste zu, der schwerwiegendste von allen ein tödlicher Anschlag auf ihren Führer, Prinz Wilhelm von Oranien. Erst 1585, zu dem Zeitpunkt, als England zu Hilfe eilte, schien sich das Blatt zu Gunsten des tapferen kleinen Landes zu wenden.

Mit jenem Tag im Jahr 1559, an dem die junge Königin Elisabeth die Kirche von England zur offiziellen Kirche Englands erklärte, hatte sie sich den König von Spanien zum Todfeind gemacht. Philipp sympathisierte offen mit Elisabeths Kusine Maria, der römisch-katholischen Königin von Schottland. Marias Hinrichtung von Elisabeths Hand im Jahr 1587 war für Philipp Provokation genug, um zu einem vernichtenden Schlag gegen das lästige Inselreich auszuholen. Die aufsässigen holländischen Provinzen, so hoffte er, würden ihm nebenbei ganz von selbst in den Schoß fallen. Philipp zog die Streitkräfte des ganzen Landes zusammen, rüstete eine riesige Armada von einhundertdreißig Schiffen aus und setzte sie zur Invasion auf England an. Aber sein großangelegter Plan sollte nicht aufgehen. Zuerst gelang es der englischen Marine, das Auslaufen der Flotte um ein ganzes Jahr zu verzögern, indem sie die Spanier bereits vor Cadiz angriffen. Zahlenmäßig überlegen, schlugen sie dann im darauf folgenden Jahr die große spanische Armada im Englischen Kanal, begünstigt auch durch schnellere wendigere Schiffe und die klügere Gefechtstaktik. Adriaen war noch ein kleiner Junge von sechs Jahren, als sein Vater an der holländischen Blockade von Dünkirchen teilnahm, die das Zusammentreffen der spanischen Armada mit einem Nachschub an frischen Bodentruppen verhinderte. Die südliche Route nach Spanien von den Engländern versperrt, mußte die gescheiterte Armada den Rückzug nach Norden antreten. Auf ihrem Heimweg, entlang der schottischen und irischen Küste, wurde sie von einem bösen Sturm aufgerieben. Nur siebenundsechzig Schiffe kamen zurück, die meisten in einem erbärmlichen Zustand. König Philipp, durch den Verlust seiner Flotte demoralisiert und finanziell stark angeschlagen, war gezwungen, seine kriegerischen Aktivitäten zurückzunehmen, und endlich kehrte eine Periode der relativen Ruhe ein.

Ein zwölfjähriger Waffenstillstandsvertrag mit Philipps Thronfolger dauerte von 1609 bis 1621, doch mit seinem Ablauf flackerte der Krieg zwischen Spanien und den Vereinigten Provinzen erneut auf. Diesmal gelang es den Holländern jedoch, ihre nördlichen Provinzen von spanischen Truppen freizuhalten. Zusammenstöße mit dem Feind fanden in der Mehrzahl auf See statt, wo sie mit ebensolcher

Erbitterung ausgetragen wurden wie einst auf dem Land. Aber das konnte der einst blühenden Hafenstadt Antwerpen nicht helfen, ihre maritime Bedeutung wiederzuerlangen. Amsterdam war während der langen Kriegsjahre zum wichtigsten Hafen in den Vereinigten Provinzen geworden, und dorthin hoffte Adriaen Jacobs, so bald wie möglich zurückzukehren.

Gelangweilt beobachtete er zwei Möwen, die im Tiefflug über das leicht gekräuselte Wasser jagten. Er war es leid zu warten. Schon jetzt war die *Dordrecht* um zehn Tage verspätet, und allein der Himmel wußte, wann die Depesche endlich eintreffen mochte. Jacobs spuckte in weitem Bogen über die Reling und verfluchte dabei den Mann, der ihm das alles eingebrockt hatte. Der große Mogul Jahangir, Herrscher über das indische Reich, hatte es gewagt, von einem Aufenthalt auf seiner Sommerresidenz in den Bergen von Kaschmir nicht mehr lebend zurückzukehren. Er hatte damit nicht nur seinen Hof in Agra, sondern auch die Agenten beider Ost-Indischen Gesellschaften in nervöse Unruhe versetzt. An der Wurzel ihrer Handelsbeziehungen mit Hindustan[1] getroffen, war es für die Ost-Indischen Companien von immenser Bedeutung, aus erster Hand zu erfahren, mit wem sie in Zukunft ihre Verhandlungen führen würden. Der Mogul hatte immer eine freundliche und tolerante Einstellung gegenüber den westlichen Eindringlingen gezeigt. Weder die englischen noch die holländischen Kaufleute wußten, ob sie von seinem Nachfolger die gleiche wohlgesonnene Aufnahme erwarten durften. Und Jahangir hinterließ zwei Söhne von unterschiedlichen Müttern und unterschiedlichem Charakter, die beide für die Erbfolge in Frage kamen. Die Augen ganz Hindustans waren auf Agra gerichtet, wo die Prinzen Khurram und Shahriyar den Kampf um den Thron unter sich austragen mußten. So kam es, daß die *Dordrecht*, sehr zum Verdruß ihres Kapitäns, trotz klaren Himmels und idealer Windbedingungen im Hafen von Surat zurückgehalten wurde.

Die *Dordrecht* zählte zur Kategorie der Retourschiffe, deren Aufgabe darin bestand, zwischen dem Vaterland und dem Gewürzimperium der Gesellschaft in Ost-Indien zu pendeln. Sie vereinigte die Feuerkraft und Manövrierfähigkeit eines Schlachtschiffes mit der Ladekapazität eines Kauffahrers. Natürlich hatte Schnelligkeit ihren Preis. Die langgestreckte, schlanke Unterwasserlinie ging zu Lasten des Stauraums, der kleiner, verwinkelter und schwerer zugänglich war als bei einem herkömmlichen Handelsschiff. Doch alles dies war nur von geringer Bedeutung, wenn Frachten so wenig Platz einnahmen und so kostbar waren wie Gewürze, Farbpigmente und Stoffe. Die *Dordrecht* stand schon lange Zeit im Dienst der Ost-Indischen Companie. Viele Jahre hatte sie als Erkundungsschiff gedient, auf der gefährlichen Jagd nach neuen Kontinenten, neuen Handelsplätzen, neuen Kolonien. Sie hatte schon manche Breitseite in eine portugiesische Galeone gefeuert, um dann mit ihrer Beute triumphierend nach Amsterdam zurückzukehren. Jacobs neigte dazu, seine Schiffe mit Frauen zu vergleichen. Für ihn war die schlichte, etwas schwerfällige *Dordrecht* keine Schönheit, aber reich an Erfahrung. Er hatte den Tag, an dem er sie aus den Händen Frederick de Houtmans übernommen hatte, niemals bereut. Sie machte ihren Weg mit der Bestimmtheit eines Bauernmädchens, ihre Linien ein wenig derber und ihre Bewegungen ein wenig langsamer als die anderer Schiffe. Wenn sie an den Wind gestellt wurde, dann dauerte es etwas länger, bis ihre flatternden Segel und bebenden Planken die Richtung annahmen. Doch dann segelte sie schneller und härter am Wind als jedes andere Schiff. Sie war unbedingt verläßlich. Kein Sturm konnte sie aus der Ruhe bringen, kein Lüftchen, das sie nicht einzufangen wußte. Ihre hundertfach geflickten Segel waren grau und verwittert, und ihre Planken schwarz verfärbt vom Alter und Salzwasser. Sie besaß eine träge Gelassenheit, die Jacobs auch an den Frauen schätzte, mit denen er schlief.

Der Kapitän war hochgewachsen, von einer rauhen dunklen Schönheit. Ohne sich dessen bewußt zu sein, strahlte er eine fast animalische Sinnlichkeit aus. An die meisten seiner Bettgefährtinnen pflegte er keinen zweiten Gedanken zu verschwenden. Sein schön geschwungener, voller Mund verriet, daß er den Genüssen des Lebens sehr zugetan war. Er liebte das andere Geschlecht, gutes Essen und klaren Genever Schnaps. Doch während Speisen und die Freuden des Fleisches nur flüchtige Eindrükke hinterließen, deutete eine leise Spur von Unschärfe in den Linien seiner adlerhaft gebogenen Nase darauf hin, daß er dem Schnaps zu häufig und zu gerne zusprach. Sein Körper hingegen, fest und muskulös, zeugte von viel Bewegung an frischer Luft. Schmale Hüften, breite Schultern und lange kräftige Gliedmaßen ohne jede Spur von überflüssigem Fett formten das Bild eines Mannes, der gut auf sich achtete. Zu den wenigen Gelegenheiten, bei denen er lachte, entblößte er eine Reihe regelmäßiger weißer Zähne, die ihm den Neid anderer Seefahrer einbrachten. Im Gegensatz zu ihrer englischen Namensschwester wußte die holländische Ost-Indische Gesellschaft um das Geheimnis von Zitronen und Orangen und setzte sie ein, um auf monatelangen Schiffsreisen die Auswirkungen der Seemannskrankheit in Grenzen zu halten. Adriaen Jacobs war nicht uneitel; er schützte sich vor dieser Plage der Meere, indem er auf jeder Reise seine knapp bemessene Ration Zitronensaft immer wieder sorgsam einteilte.

Eine Schaluppe legte längsseits der *Dordrecht* an, und ein Mann erklomm das Fallreep.

»Kaufleute!« Jacobs rümpfte voller Verachtung die Nase. Niemals würde er verstehen, warum sie in der feuchten Hitze des Orients darauf bestanden, ihre typische dunkle Tracht aus schwerem wollenen Tuch und dazu einen Hut zu tragen. Sie klagten über das Klima, sie klagten über das Essen, sie klagten über Durchfall. Nach zwei, drei Jahren des Klagens legten sie sich dann hin und starben an einem Fieber, den Pocken oder der Ruhr. Aber das machte nichts, denn jedes Schiff, das in Port Swally einlief, spuckte eine neue Ladung an Senior und Junior Kaufleuten und Kaufmannsgehilfen aus. Der Nachschub schien eine nie versiegende Quelle zu haben, die Anziehungskraft des Orients unwiderstehlich zu sein. Indisches Essen? Nach Monaten auf hoher See mit der eintönigen Kost von Schiffszwieback und Gesalzenem, liebte Adriaen den ungewöhnlichen Geschmack der scharfen, pikant gewürzten Lamm- und Huhn-Curries, herrlich duftenden Himalaya-Reis und flach gebackenes Fladenbrot. Die einheimischen Speisen hatten ihm niemals auch nur eine Stunde lang Unbehagen bereitet. Das offensichtliche Unvermögen der Kaufleute, sich den örtlichen Gebräuchen und Gewohnheiten anzupassen, bestärkte Jacobs in seinem Vorurteil gegenüber ihrer verschworenen Gemeinschaft. Es wäre ihm niemals eingefallen, daß nicht alle Menschen über seine robuste Kondition und seinen ausgeprägten Lebenswillen verfügten. Für ihn waren die Kaufleute ein beständiges Ärgernis, arrogante Narren, die sich im Dienst der Ost-Indischen Companie aufopferten. Er selbst pflegte die Regeln der Gesellschaft nicht allzu eng auszulegen. Was kümmerte ihn die Kleideretikette? An einem dampfend heißen Tag wie heute trug er nichts weiter als ein weit offen stehendes, dünnes Leinenhemd, leichte Kniehosen und abgetragene hohe Seestiefel. Er pfiff auf Kragen, Hut und Feder und band sein langes schwarzes Haar zu einem Pferdeschwanz zurück. Er war der Kapitän, und über ihm stand nur Gott oder der Teufel, je nachdem, an welchen von beiden man glauben wollte.

Der Mann sah sich suchend um. An seiner selbstbewußten Haltung und der Qualität seiner Kleidung konnte man ablesen, daß er zu den besser verdienenden Angestellten der Ost-Indischen Companie gehörte, zumindest den Rang eines Unterkaufmanns bekleidete. Trotz drückender Hitze hatte er einen Umhang über seine Schulter geworfen, und ein kecker Federhut saß auf seinem halblangen, braunen Haar. Zwei Senior Kaufleute, die sich ebenfalls an Deck aufhielten, begrüßten den Neuankömmling freundlich. Während sie ihn in ein Gespräch verwickelten, wanderten seine Augen wiederholt zum Skipper auf dem Achterdeck. Schließlich verabschiedete er sich von seinen Kollegen und stieg forschen Schrittes die kleine Treppe hinauf. Jacobs' Augenbrauen zogen sich unwillig zusammen. Der Fremde brach ein ungeschriebenes Gesetz der See. Niemand hatte sein Achterdeck zu betreten, es sei denn, er wurde ausdrücklich dazu aufgefordert.

»Seid Ihr Adriaen Jacobs, der Navigator dieses Schiffes?«

Jacobs nickte knapp.

»Gut. Dann erlaubt, daß ich mich vorstelle: Mein Name ist François Pelsaert, Kaufmann aus Antwerpen und Agent der VOC!«

Jacobs machte keinerlei Anstalten, dem Händler die Hand zu reichen, und ein Schatten flog über dessen feine

Gesichtszüge. Pelsaert war ihm bereits angekündigt worden, und er hatte die Anweisung erhalten, dem Kaufmann Passage nach Amsterdam zu gewähren.

»Ich erinnere mich, Euer Gepäck wurde bereits gestern an Bord gebracht. Willkommen auf der *Dordrecht*! Ich hoffe, Ihr hattet keine allzu beschwerliche Reise?«

»Nun ja, wir sind scharf geritten, da ich die *Dordrecht* auf keinen Fall versäumen wollte.«

Jacobs erinnerte sich an sein Dilemma, und seine Miene verdunkelte sich erneut.

»Wie es aussieht, hättet Ihr Euch gar nicht beeilen müssen. Unsere Abreise wird sich leider um unbestimmte Zeit verzögern, da wir die Anweisung haben, auf eine dringende Depesche aus Agra zu warten.« Der Kaufmann nahm die Nachricht gelassen auf. Er hatte mit einer Verspätung gerechnet; schließlich war der Tod des Moguls *das* Gesprächsthema in der Provinz Gujarat, und fast nichts ging derzeit seinen gewohnten Gang. Und was machten schon ein paar Tage aus, bei einer Reise, die länger als ein halbes Jahr dauerte? Pelsaert lächelte innerlich. Unbewußt hatte ihm der Skipper das Stichwort geliefert, das er benötigte, um auf sein eigentliches Anliegen zu kommen.

»Aber selbstverständlich, Ihr wartet auf Nachricht aus dem Palast des Moguls! Als ich vor zwei Wochen von dort abgereist bin, gab es leider noch keine Neuigkeiten über die Regelung der Thronfolge. Dennoch freue ich mich, daß Ihr das Thema ansprecht. Wie Euch vielleicht bekannt ist, betreue ich seit vielen Jahren den Indigo-Handel unserer Gesellschaft in Agra. Dadurch genieße ich das Privileg, frei am Hof des Moguls verkehren zu dürfen. Ein Privileg, das, wie mir zu Ohren gekommen ist, auch Euch vergönnt ist, Kapitän!«

Jacobs musterte den kleineren Mann abwartend. Die Spitze in Pelsaerts Worten war ihm nicht entgangen.

»Nun, wie dem auch sei! Meine engen Verbindungen zu Prinz Jahangir und seiner Familie brachten mir auch intime Einsicht in die Vorlieben und Gewohnheiten Seiner Hoheit. Ich glaube, ich verrate Euch kein Geheimnis, wenn ich an dieser Stelle seine Begeisterung für auserlesene Schmuckstücke und andere Spielereien, wie zum Beispiel massiv goldene Bettpfosten oder Nachttöpfe erwähne.«

»... oder für Opium und Wein!« fügte Jacobs in Gedanken hinzu. Es war in weiten Kreisen bekannt, daß Prinz Jahangir sein Imperium in den letzten Jahren durch seine Gemahlin hatte verwalten lassen, während er selbst sich mehr den angenehmen Dingen des Lebens, wie der Tigerjagd oder dem Elefantenkampf, gewidmet hatte.

»Der Prinz war ein Mann mit vielseitigen Interessen«, stimmte er zu. »Bedauerlich, daß seine ausschweifende Lebensweise seiner Gesundheit nicht gerade zuträglich war.«

»O ja, ich kann mir gut vorstellen, daß Ihr seinen Verlust sehr bedauert, Kapitän. Nach allem, was ich gehört habe, ist Euch mit seinem Hinscheiden eine bedeutende Einnahmequelle verlorengegangen.«

Das höfliche Lächeln auf Jacobs' Lippen erstarb. Er begann zu ahnen, wohin die lange Rede des Kaufmanns führen würde.

»Ich befürchte, ich weiß nicht recht, was Ihr damit andeuten wollt?«

»Dann will ich gerne Euer Gedächtnis ein wenig auffrischen. Zu meinem Erstaunen fiel Euer Name im Zusammenhang mit einigen, sagen wir ›Abschlüssen‹, die sich um den Verkauf von kostbaren Halsketten, Ohrringen und Armbändern für den Harem des Moguls drehten.«

Jacobs antwortete nicht. Eine kleine steile Falte hatte sich auf seiner Stirn gebildet.

»Soweit ich es beurteilen kann, Kapitän, betreibt Ihr hinter dem Rücken der Gesellschaft ausgedehnte eigene Handelsgeschäfte«, fuhr Pelsaert unbeirrt fort.

»Soweit *ich* es beurteilen kann, gehen Euch meine Geschäfte nichts an!« entgegnete Jacobs gefährlich leise. »Letztendlich ist es selbst jedem gemeinen Matrosen gestattet, in geringem Umfang mit seltenen Gegenständen zu handeln.«

»Mit Verlaub, Kapitän, aber der Umfang, den Eure Geschäfte angenommen haben, kann keineswegs mehr als geringfügig bezeichnet werden. Ihr bereichert Euch an Profiten, die ganz allein der Gesellschaft zustehen! Im Interesse der Ost-Indischen Companie und als deren offizieller Vertreter verlange ich, daß Ihr Euer unrechtmäßiges Treiben auf der Stelle einstellt!«

»Wie bitte?« Jacobs' schwarze Augenbrauen berührten sich fast über dem Nasenbein. Natürlich waren seine Geschäfte mit dem verstorbenen Mogul illegal im Sinne der Gesellschaft, aber diese Art von Gelderwerb war unter den Angestellten der Ost-Indischen Companie weit verbreitet. Der private Handel zählte zu den Kavaliersdelikten und wurde von jedermann stillschweigend geduldet. Was fiel dieser Jungfrau in Hosen eigentlich ein? Der Kapitän geriet in Hitze. In seinen Augen hatte der Kaufmann ihm den Fehdehandschuh hingeworfen, und er hob ihn bereitwillig auf.

»Vielleicht solltet Ihr zur Kenntnis nehmen, daß ich nicht Euer Befehlsempfänger bin! Falls Ihr eine Beschwerde gegen mich vorzubringen habt, dann steht es Euch frei, das zu tun. Auf dem korrekten Weg. Bei der Ost-Indischen Companie. Und zwar sobald wir in Amsterdam eingetroffen sind. Aber merkt Euch eines: Solange Ihr zu Gast an Bord meines Schiffes seid, haltet Ihr Eure Zunge im Zaum und Eure Nase aus meinen Angelegenheiten!«

Jacobs' aufgebrachte Stimme drang bis zu den Kaufmännern Greif und Ghelinsen vor. Der scharfe schneidende Tonfall entging den beiden Senior-Angestellten nicht, und sie wechselten einen bestürzten Blick. Im Handumdrehen waren sie bei den Streitenden auf dem Achterdeck. Sie fanden einen äußerst wütenden, hochroten Skipper vor. Das Gesicht Pelsaerts hingegen war blaß. Seine Lippen hatten sich zu einem schmalen Strich zusammengezogen.

»Was geht hier vor?« verlangte Ghelinsen zu wissen.

Eisiges Schweigen.

Für Kommandeur Greif, der während seiner Wartezeit an Bord der *Dordrecht* schon ausreichend Gelegenheit gehabt hatte, Einblick in den Charakter des Skippers zu nehmen, gab es keinen Zweifel darüber, wer die Mißstimmung zu verantworten hatte.

»Hört Kapitän, ich weiß nicht, worum es hier geht, aber ich rate Euch dringend, Eure Worte gegenüber Herrn Pelsaert sorgfältig zu wählen! Ich beobachte nun schon eine ganze Weile Eure schlechten Manieren im Umgang mit hochgestellten Kaufleuten.«

Jacobs' Augen füllten sich mit Zorn angesichts dieser erneuten Beleidigung. Er zwang sich selbst zur Ruhe, wohl wissend, daß sein aufbrausendes Temperament seine größte Schwäche war. Er wartete darauf, daß Pelsaert seine Anklage vor Zeugen wiederholen würde, aber nichts geschah.

Pelsaert atmete heftig, während er überlegte, was zu tun war. Aus Gründen, die er gerne für sich behalten wollte, war ihm nicht daran gelegen, vor Greif und Ghelinsen die Ursache des Streites zu offenbaren. Er fühlte, daß alle auf ein Wort von ihm warteten, fühlte den prüfenden Blick des Skippers wie Nadeln auf seiner Haut. Schließlich brach Jacobs das Schweigen. Ein kleiner Muskel in seinem linken Mundwinkel zuckte.

»Ihr habt vollkommen recht, Kommandeur Greif, ich fürchte, ich habe mich vergessen.« Er wandte sich Pelsaert zu und deutete eine leichte Verbeugung an. »Ich bitte Euch, mir mein schlechtes Benehmen zu vergeben. Was die Angelegenheit angeht, die wir besprochen haben, so lege ich Euch nahe, meinem Vorschlag zu folgen. Wenn Sie mich jetzt bitte entschuldigen wollen, meine Herren!«

Es kostete ihn ungeheure Anstrengung, seine Wut zu kontrollieren und gelassenen Schrittes davonzuschreiten. Er war aufgebracht und zugleich zufrieden. Letztendlich hatte er Pelsaert deutlich wissen lassen, daß er keine Einmischung in seine privaten Angelegenheiten duldete.

1. BUCH
Goldene Zeiten

Sie war eine überwältigende Schönheit, selbst ihre schlichte Reisekleidung konnte das nicht verbergen. Sie stand neben der schwarz lackierten, sechsspännigen Kutsche, eine kleine anmutige Gestalt, die unzählige Blicke auf sich zog. Eine sittsame weiße Haube bedeckte üppiges honigfarbenes Haar. Ein breiter weißer Spitzenkragen ruhte auf einer vollkommen gerundeten Brust. Das elegant geschnittene, schwarze Kleid betonte ihre schmale Taille und hob ihren makellosen hellen Teint noch stärker hervor.

»Ich weiß nicht«, seufzte der alte Mann. »Das Ganze will mir einfach nicht gefallen! Die weite Reise, all die Monate auf See, und eine junge hübsche Frau ganz ohne männliche Begleitung.«

Die Frau richtete große blaue Augen auf ihren Ziehvater und hob ihre dunklen Augenbrauen, die in reizvollem Kontrast zu ihrem hellen Haar standen.

»Aber Onkel Jakob! Was soll mir schon zustoßen? Der Kommandeur persönlich hat sich für meine Sicherheit verbürgt. Die Ost-Indische Companie hat mir sogar eine eigene Kabine zugestanden. Und außerdem bin ich nicht ganz allein, schließlich ist Zwaantie bei mir.«

Der Mann warf einen zweifelnden Blick auf das junge Mädchen in der einfachen Dienstmädchentracht. Mißbilligend betrachtete er den schwellenden Busen, das hübsche

Gesichtchen mit den rosigen Wangen und die mühsam ge-
bändigte Pracht haselnußbraunen Haares. »Schlimm genug!« dachte er für sich. Für seinen Geschmack war die
neu angeworbene Kammerzofe viel zu jung und appetit-
lich.

Ihr Name war Zwaantie Hendricks. Sie war gerade
neunzehn Jahre alt, und ihr gesamtes Wesen war völlig
eingenommen von der aufregenden Reise, die vor ihr lag.
Ihre Augen waren überall gleichzeitig. Sie achtete kaum
auf die beiden schweren ledernen Reisetaschen auf dem
Kopfsteinpflaster zu ihren Füßen, auf die sie eigentlich
aufpassen sollte.

»O Mutter!« fuhr es ihr durch den Kopf. »Wenn du sie
nur sehen könntest. All die reich gekleideten Herren und
ihre schönen Frauen. Die Pferde und Kutschen und – oh –
die Schiffe!«

Es waren acht Schiffe, die da vor der Nordseeinsel
Texel lagen. Sie alle trugen auf dem rot-weiß-blau ge-
streiften Hintergrund der holländischen Flagge die drei
ineinander verschlungenen Buchstaben *VOC*, die Abkür-
zung für *Vereinigte Ost-Indische Companie*. Man schrieb
den 29. Oktober 1628; die VOC war gerade zwei Jahre
jünger als das Jahrhundert. Von der holländischen Regie-
rung mit einem Handelsfreibrief ausgestattet, der ihr
sämtliche Hoheitsrechte über die Gebiete östlich vom
Kap der Guten Hoffnung und westlich bis zur Straße von
Magellan einräumte, hatte das Unternehmen fast von der
ersten Stunde an hohe Gewinne abgeworfen. In ganz
Holland gab es keine Menschenseele, die den Namen der
Gesellschaft nicht mit ehrfurchtsvoller Hochachtung aus-
sprach. Die drei Buchstaben waren das Synonym für den
kommerziellen Erfolg und Wohlstand, den das Land seit
seiner Lossagung von Spanien erfahren hatte. Das Kolo-

nialreich der VOC reichte mittlerweile vom nördlichen Indien über die malaiischen Gewürz-Inseln bis hin nach Java[2], wo die Gesellschaft in Batavia[3] ihr Hauptquartier unterhielt. Ihr Reichtum gründete sich vor allem auf den Handel mit Gewürzen, und daher war die berühmte Schiffsschmiede der VOC im Amsterdamer Stadtteil Rapenburg nur unter dem Namen *Die Pfefferwerft* bekannt. Ließ man die Meinung der Engländer einmal außer acht, dann wurden dort die besten und solidesten Schiffe ihrer Zeit gebaut. Ein großes Retourschiff wie die *Dordrecht* brachte es mit voll beladenem Frachtraum auf einen Tiefgang von fast achtzehn Fuß[4]; zu viel für die flachen Wasserstraßen vor Amsterdam. Und genau dies war der Grund, warum sich die Flotte auf einer Zwischenstation vor Texel befand: um Fracht und Passagiere aufzunehmen, bevor sie den weiten Weg nach Java antreten würde. Es war die Herbstflotte, die *Kirmesflotte*, und sie war einen Monat verspätet. Ein Streik der Tuchscherer um höhere Löhne hatte das planmäßige Auslaufen des Konvois im September verhindert. Im ruhigen Hafenwasser lagen drei schnelle kleine Jachten, ein massiges schwer bewaffnetes Kriegsschiff, die *Buren*, und vier große Kauffahrer, darunter die gute alte *Dordrecht*. Sie alle trugen den purpurroten holländischen Löwen als Galionsfigur, sie alle waren reich beschnitzt und bemalt, doch ein Schiff unterschied sich von ihnen wie eine Pfingstrose von der Kornblume auf dem Feld. Es war das Flaggschiff, ein Dreimaster, dreihundert Lasten[5] schwer, vor seiner Jungfernfahrt! Die ordentlich eingerollten Segel leuchteten weiß, die Planken aus hellem baltischen Eichenholz waren von Meerwasser und Witterung noch unberührt. Es war größer, stabiler und eleganter als jedes andere Schiff zuvor. Sein Name war *Batavia*, und es entstammte der liebevollen Hand eines alten Meisters: Jan Rijksen, sechsundsechzig Jahre alt und leitender Schiffbauer im Dienst der VOC, hatte sie entworfen und erbaut. Sie war die späte Leidenschaft seines Lebens. Der weißhaarige Mann hatte all sein Können, all sein Wissen und all seine Erfahrung eingesetzt, um sie so gut zu machen, wie er nur konnte. Und sie war gut!

Bestückt mit vierundzwanzig Kanonen aus Gußeisen, sechs Kanonen aus Bronze und zwei Kanonen preiswerterer Machart, mit eisernem Kern und Kupfer-Ummantelung, war sie nicht allein auf den Schutz der *Buren* angewiesen. Die Kanonenluken waren purpurrot gestrichen, während Aufbauten und üppige Schnitzereien an Bug und Heck in leuchtendem Grün und glänzendem Gold erstrahlten. Sie hatte Platz für mehr als dreihundert Seelen, darunter allein rund hundert Soldaten zu ihrer Verteidigung.

Zwaantie konnte kaum ihre Augen von der *Batavia* abwenden. Ein Mann auf dem Vorschiff fing den staunenden Blick der jungen Frau auf. Er betrachtete sie eingehend von Kopf bis zu den schlanken Fesseln, die der knöchellange Rock freiließ und die in sauberen schwarzen Halbschuhen steckten. Als sie bemerkte, daß sie beobachtet wurde, errötete sie und schlug hastig die Augen nieder. Adriaen Jacobs lächelte amüsiert und vergaß sie auf der Stelle wieder. Mit zwei Fingern fuhr er in seinen steifen gestärkten Kragen und lockerte ihn. Diesmal war er korrekt gekleidet, mit Kragen, Rock und Umhang, auch wenn er es nicht über sich gebracht hatte, einen Hut zu tragen. Er warf einen leicht bedauernden Blick zur *Dordrecht* hinüber. »Du Narr!« schalt er sich selbst, immer noch verwundert darüber, wie schwer ihm die Trennung gefallen war. »Jesus Christus«, dachte er. »Ich habe es wirklich geschafft! Ich bin der Kapitän des reichsten und stolzesten Schiffes, das jemals seine Segel in Richtung Java gesetzt hat! Gott, und was für eine Schönheit sie ist! Wunderbar ausbalanciert, ihre Segelfähigkeit besser, als ich je zu hoffen gewagt habe.«

Kaum, daß er im Juli des Jahres wieder Fuß auf holländischen Boden gesetzt hatte, als er auch schon vor die Amsterdamer Kammer der VOC gerufen wurde. Er ging mit gemischten Gefühlen, den unangenehmen Zusammenstoß mit François Pelsaert noch allzu frisch in seiner Erinnerung. Aber zu seiner großen Freude erfuhr er, daß die *17 Herren*, wie der hohe und mächtige Verwaltungsrat der Gesellschaft genannt wurde, ihn, Adriaen Jacobs aus Durgerdam[6], zum Kapitän ihres neuesten Aushängeschilds bestimmt hatten. Und er hatte nicht nur das Kommando über die *Batavia* erhalten, gleichzeitig waren auch seine Bezüge kräftig erhöht worden. Die *17 Herren* pflegten nicht leichtfertig mit dem Geld der Gesellschaft umzugehen. All das zeigte Jacobs, daß man wirklich zufrieden mit ihm war.

»Beim heiligen Grab meiner Mutter! Sieh dir das blonde Frauenzimmer an! Ich will verdammt sein, wenn ich je ein Weibsbild gesehen habe, das besser ausgesehen hat.«

Die beiden Matrosen waren dabei, eine kleine, mit getriebenem Silber beschlagene Holztruhe über die Landungsbrücke an Bord der *Batavia* zu schleppen. Jetzt setzten sie die Truhe ab, um sich ungehindert dem Anblick widmen zu können.

»Nee Pieter, die andere hat viel hübschere Titten.«

»Was is' los mit dir? Schau dir ihre Haut an! Weiß wie die Milch am Morgen. Meine rechte Hand würde ich für eine Nacht mit ihr geben.«

»Du kannst froh sein, wenn du ihr den Rocksaum küssen darfst. So 'ne vornehme Dame, das is' nix für unsereins. Ich setze mein Geld lieber auf das Mädchen. Die Kleine könnt' mir schon gefallen.«

Die beiden Männer starrten wie gebannt auf Lucretia van der Mylen und ihre Zofe unten am Kai. Trotz des Wortgeplänkels waren sie sich im Grunde einig: Beide Frauen waren es wert, beschlafen zu werden! Nur widerwillig konnten sie sich dazu durchringen, sich wieder ihren Pflichten zuzuwenden, und bei dem halbherzigen Unterfangen, die Truhe anzuheben, entglitt sie prompt ihren Händen und ging mit einem höllischen Lärm zu Boden.

Jacobs wurde von dem Gepolter der Truhe aus seinen Gedanken gerissen. Mit zwei Schritten war er bei den Matrosen, die sie hatten fallen lassen.

»Heh! Was treibt ihr da, nichtsnutziges Gesindel?! Ist das etwa eine Art und Weise, mit dem Eigentum der Gesellschaft umzugehen?« zischte er.

Die beiden Männer murmelten hastig eine Entschuldigung und nahmen die Truhe wieder auf. Sie hatten es eilig, aus der Nähe des Skippers zu entkommen.

»Empfindlicher Bastard!« dachte Pieter Arentz, der unter Jacobs schon auf der *Dordrecht* gefahren war. »Am liebsten möchte ich dir deinen eingebildeten Hals umdrehen. Immer nur schreien und harte Worte, die Peitsche lockerer als bei jedem anderen gottverdammten Skipper. Dabei kann ich mich noch gut an die Zeit erinnern, als du selbst nur ein einfacher Seemann warst. Weiß der Teufel, warum du es zum Skipper gebracht hast und ich noch immer nach anderer Leute Pfeife tanzen muß. Bei Gott, ich kann deine miese Visage nicht ausstehen, auch wenn du angeblich der beste Navigator unter der Sonne bist!«

Jacobs wußte, daß sie ihn haßten, und es hätte ihm

nicht gleichgültiger sein können. Haß war ein Teil des Preises für seinen Aufstieg. Er war der Kapitän, und freundliche Worte halfen recht wenig, wenn es darum ging, ein Schiff sicher von einem Hafen zum anderen zu bringen. Wenn es kein Essen mehr gab und das Trinkwasser faul und brackig wurde, wenn Flaute herrschte und keine Aussicht auf Land, wenn Unzufriedenheit sich ausbreitete wie eine schwärende Wunde, dann verstanden Seeleute nur eine Sprache. Und diese Sprache beherrschte Jacobs perfekt.

»Nicht so schnell! Wo wollt ihr damit hin?« verlangte er zu wissen.

»Wieso? In den Frachtraum natürlich, Skipper.«

»Ich verwette deinen wertlosen Hintern darauf, daß die Truhe da nicht hingehört. Wo, zum Teufel, steckt der Frachtaufseher?«

Ein Mann eilte von der großen Ladeluke herbei, wo er damit beschäftigt gewesen war, das Verladen von Mehlsäcken zu überwachen. Jerome Cornelius, der Frachtaufseher, war gleichzeitig auch der zweite Kaufmann an Bord der *Batavia*. Dreißig Jahre alt, eng zusammenstehende Augen wie die schwarzen Flecken in einer Kartoffel, flache Nase mit weiten Nasenflügeln, pflegte er einen extravaganten Kleidungsstil. Er besaß eine besondere Vorliebe für Spitzen und Brokate, Seidenstrümpfe und Schuhe mit glänzend polierten Silberschnallen. Langes, rötlich-braunes Haar fiel in weichen Wellen auf seine Schultern herab, ein eleganter Schnurrbart bedeckte seine Oberlippe. Kurzum, er war das Abbild eines rechten Stutzers.

Jerome Cornelius wußte noch nicht recht, wie er den Skipper im Hinblick auf seine Bedeutung und seinen Einfluß bei der VOC einordnen sollte, und hatte sich daher entschieden, es sich fürs erste nicht mit ihm zu verderben.

Dienstbeflissen überprüfte er seine Frachtliste. »Ah ja! Da haben wir sie schon. Truhe Nummer Fünf. Ihr habt recht, Kapitän, sie gehört in die Kabine des Kommandeurs. Ist mir vollkommen unverständlich, wie das passieren konnte!«

»Andries!« wandte er sich an den Jüngling in seiner Begleitung. »Kümmere dich darum, daß sie diesmal auch dort ankommt und zwar unbeschadet.«

Der schlaksige junge Angestellte setzte sich gehorsam in Bewegung, die beiden Matrosen im Schlepptau. Jacobs nickte befriedigt und entfernte sich. Als er die kunstvoll beschlagene Truhe gesehen hatte, war ihm auf der Stelle klar gewesen, daß dies kein gewöhnliches Frachtstück war.

Kaum war der Kapitän außer Sichtweite, preßte Cornelius seine schmalen Lippen verärgert aufeinander. Im Gegensatz zu Jacobs wußte er recht genau, was die Truhe enthielt. Er war wütend über seinen Fehler und den sorglosen Umgang mit ihr. Gott sei Dank hatte der Skipper den Irrtum bemerkt! Nicht auszudenken, was es für einen Aufruhr gegeben hätte, wenn das wertvolle Stück zwischen den verschiedenen Kisten, Säcken und Stoffballen im Frachtraum untergegangen wäre.

Während Fässer über die Landungsbrücke und an ihm vorbei, zum Schlund der Ladeluke gerollt wurden, versuchte der Frachtaufseher, sich wieder auf seine Liste zu konzentrieren. Es war die elfte Stunde, und bis Mittag mußte die gesamte Fracht im Rumpf der *Batavia* untergebracht und gesichert sein. Gott im Himmel, und was für eine Fracht! Dem Frachtaufseher wurde fast schwindlig bei dem Gedanken an all die Reichtümer. Seit ihren Anfängen handelte die VOC mit Gewürzen. Sie kaufte Pfeffer, Muskatnuß, Gewürznelke, Kardamom und Safran auf den Molukkas[7] und verschiffte sie weiter nach Indien und Europa. In Indien kaufte die Gesellschaft Indigo, den begehrten blauen Farbstoff zum Einfärben von Tuch und Baumwolle. Im Gegenzug lieferte sie Koschinelle, einen ungleich wertvolleren roten Farbstoff aus der Neuen Welt[8], der aus getrockneten und gemahlenen Insekten gewonnen wurde. Tief unten im Bauch der *Batavia* befanden sich allein drei Fässer Koschinelle und Waren im Wert von zweihundertfünfzehntausend Gulden. Genug, um einem Mann einen Schauer der Erregung über den Rücken zu jagen!

Mit den Jahren hatte sich der Handel ausgeweitet. Perlmutt und Schildpatt waren hinzugekommen, Quecksilber, Perlen, bunter indischer Kattun und edle Seiden aus China. Doch je besser sich die Geschäfte mit den Luxuswaren entwickelten, um so deutlicher trat auch ein prekäres Ungleichgewicht zu Tage: außer Blei, Glas, Brüsseler Spitze, Spiegelglas und Wein produzierten die Vereinigten Provinzen kaum etwas, das für die Kolonien von Interesse war. Also mußten die Waren mit klingender Münze bezahlt werden, buchstäblich! Hollands Silberreserven waren ausgeblutet, aber niemand machte sich ernstlich Sorgen deswegen, denn so war die Lage auf dem gesamten europäischen Kontinent. Allein auf der Liste des Frachtaufsehers standen zwölf Kisten, bis zum Rand gefüllt mit jeweils achttausend Silbermünzen, sogenannten »Stücken zu Acht« in Form von holländischen Dukaten und deutschen Reichstalern. Die Kisten waren so schwer, daß vier Seeleute gleichzeitig Hand anlegen mußten, um sie zu bewegen.

Cornelius wischte sich mit einem spitzenbesetzten Taschentuch den Schweiß von der Stirn. Die schlimmste Arbeit hatten sie bereits hinter sich gebracht: Auf dem Boden der *Batavia* lagen seit dem frühen Morgen einhundertsiebenunddreißig mächtige Blöcke aus Sandstein, ein steinernes Mosaik, das in Batavia zu einem Schloßportal zusammengesetzt werden sollte. Es war dazu bestimmt, an die Stelle einer gähnenden Lücke in der Festung der jungen Stadt zu treten. Geistesabwesend dirigierte der Frachtaufseher die schwer beladenen Matrosen mal hierhin und mal dorthin. So sehr er sich auch anstrengte, er konnte die kleine beschlagene Truhe und ihren Inhalt einfach nicht aus seinen Gedanken verbannen.

Der alte Mann umarmte sein Mündel zum Abschied ein letztes Mal. »Ich wünschte, er würde sich nicht so viele Sorgen machen!« dachte Lucretia. »Baudouin hätte mich niemals gebeten, ihm nach Batavia zu folgen, wenn es gefährlich wäre. Oder etwa doch? Sei wenigstens ehrlich zu dir selbst! Stimmt es etwa nicht, daß du schon seit Wochen schlecht schläfst? Ist es dir etwa nicht schwer gefallen, das schöne Haus in der Herrenstraße zu verlassen? Wünschst du dir nicht manchmal, so unbeschwert wie Zwaantie zu sein?«

Im Gegensatz zu ihrem Vormund mochte Lucretia das junge Mädchen vom Land sehr gerne. Zwaantie hatte ihr vom ersten Augenblick an gefallen, als sie sich in ihrer bäuerlichen Tracht vorgestellt hatte, sauber, adrett und hübsch wie ein polierter Apfel. Sie brachte Lucretia mit ihren drolligen Einfällen zum Lachen, und ihre bodenständige Art war wie ein frischer Wind in dem vornehmen Amsterdamer Haushalt ihres Onkels. Obwohl Lucretia nun schon seit acht Jahren mit dem jungen Baudouin van der Mylen verheiratet war, war sie in das Haus ihres Onkels zurückgekehrt, als ihr Ehemann drei Jahre zuvor dem Ruf der VOC gefolgt war, eine Stellung in Java anzunehmen.

Gegen Ende des letzten Jahres waren Baudouins Briefe immer dringlicher geworden, bis er sie im Sommer schließlich gebeten hatte, doch endlich zu ihm zu kommen. Ihr Onkel war entschieden dagegen gewesen, aber als er sah, wie ernst es ihr war, hatte er sich immerhin bereit erklärt, ihr bei der Suche nach einer Reisebegleitung behilflich zu sein. Lucretia wußte, daß sie ihn enttäuscht hatte, als ihre Wahl auf Zwaantie gefallen war, aber der Gedanke, mit einer ältlichen Matrone auf der monatelangen Reise in einer Kabine zusammengepfercht zu sein, hatte ihr Gänsehaut verursacht. Sie fühlte sich wohler in der Gesellschaft eines Mädchens, das ihrem Alter näher stand. Und schließlich, selbst Sarah, ihre sonst so verschlossene ältere Schwester, hatte Zwaantie gleich ins Herz geschlossen.

»O Sarah, du wirst mir fehlen und auch du, Onkel Jakob!« Lucretia legte ihren Kopf an die Brust ihres Vormunds. Seine Augen wurden feucht, und der alte Mann schalt sich selbst einen sentimentalen Narren. Die Wahrheit war, daß es ihm Freude bereitet hatte, Lucretia wieder in seinem Haus zu haben. Obwohl sie nun fast sechsundzwanzig Jahre zählte und eigentlich schon eigene Kinder haben sollte, betrachtete er sie noch immer mehr als sein Mündel denn als Baudouin van der Mylens Frau.

»Adieu, liebster Onkel!«

Lucretia löste sich aus seinen Armen und nahm entschlossen eine der Reisetaschen auf.

»Ich werde Euch schreiben, sobald wir in Batavia angekommen sind.« Der alte Mann nickte in dem Bewußtsein, daß mindestens sechzehn Monate vergehen würden, bis er wieder von ihr hören würde. Lucretia scheuchte Zwaantie aus ihrer Tagträumerei auf, und die beiden Frauen verschwanden fast auf der Stelle in dem Gewimmel von Menschen, die an Bord der *Batavia* drängten.

»Lebwohl, mein Kind!« murmelte der Vormund. »Lebwohl auch du, kleine Zwaantie!« Er wünschte um ihrer beider Willen so sehr, daß sein Gefühl dunkler Vorahnung nur eine trügerische Vorspiegelung seines übervorsichtigen alten Herzens war.

Die Kabine des Flottenpräsidenten befand sich achtern, unmittelbar unter dem Poopdeck[9] der *Batavia*. Größe und Einrichtung des Raumes entsprachen der Bedeutung des Amtes. Da war Platz für einen zusätzlichen Tisch und Stühle, und die Koje war breiter und komfortabler als die Etagenbetten, mit denen das gemeine Volk vorlieb nehmen mußte. Irgendwo stand eine Seekiste, Kleidungsstücke lagen herum, und auf dem Schreibpult brach sich das Sonnenlicht in einer Schatulle mit Juwelen. Durch die weit geöffneten, bleiverglasten Fenster drangen die Geräusche vom Kai herein. François Pelsaert, in den Anblick der Schmuckstücke versunken, hörte das Klopfen an der Tür erst beim zweiten Mal. Seine Augen leuchteten auf, als er sah, was die beiden Seemänner in Begleitung des jungen Andries de Vries da hereinbrachten. Er befahl dem Kaufmannsgehilfen, ihn alleine zu lassen, und schloß die Tür hinter ihnen ab.

François Pelsaert hätte jeden Lügen gestraft, der ihm vorausgesagt hätte, daß er nur vier Monate nach seiner Ankunft in Amsterdam dem Vaterland den Rücken zukehren würde, um sich wieder nach Ost-Indien einzuschiffen. Er war ein guter Kaufmann. Ausgezeichnete Beobachtungsgabe, Verhandlungsgeschick und ein messerscharfer Verstand hatten ihm zu einer steilen Karriere verholfen. Während seiner sechs Jahre in Agra hatte er die Profite aus dem Indigo-Handel zu schwindelerregenden Höhen hinaufgetrieben. Er kaufte immer nur die beste Qualität zu den niedrigsten Preisen. Darüber hinaus hatte er sich ein Auge für die Menschen und Sitten des Landes bewahrt, und seine Beobachtungen und Erkenntnisse hatten in hohem Maße zur profitablen Gestaltung des Ost-Indien-Handels beigetragen. Ein von ihm persönlich verfaßter, detaillierter Bericht über das Leben in Indien im allgemeinen und die Handelsgepflogenheiten und Sitten am Hof des Moguls im besonderen war daheim in Holland nicht ohne Bewunderung geblieben. Die Gesellschaft hatte sich nicht kleinlich gezeigt und seine Leistungen mit großzügigen Beförderungen belohnt. Innerhalb kürzester Zeit war er vom einfachen Kaufmannsgehilfen zum Kaufmann ersten Ranges aufgestiegen. Agra hätte für François Pelsaert das Paradies auf Erden sein können. Er hatte seine eigenen Dienstboten, ein kühles Haus hinter hohen Mauern mit Blick über die Tempel und Moscheen und einen wundervollen üppigen Garten. Doch das feuchtheiße Klima Indiens war nicht gut für Weiße. Während der Regenzeit stiegen giftige Wolken vom Fluß auf und brachten Fieber und Plagen über die Stadt. Die Hitze nahm jegliche Kraft, Wunden entzündeten sich fortwährend, und selbst kleinste Verletzungen verheilten nur langsam. Mattigkeit zwang dazu, während der heißesten Stunden des Tages zu ruhen. Da war soviel Armut und Schmutz in den Straßen. Straßenhändler, die ihren Tee auf Feuern aus Kuhdung zubereiteten, direkt neben Rinnsalen von menschlichem Kot und Urin. Unvorstellbarer Gestank! Horden bettelnder Straßenkinder mit riesigen dunklen Augen, alt vor ihrer Zeit. Manche von ihren Eltern absichtlich verstümmelt, um das harte Geschäft des Bettelns einträglicher zu machen. Unglaubliches Elend! Schiere Angst um seine Gesundheit hatte

Pelsaert dazu getrieben, seinen Kontrakt mit der VOC nicht zu verlängern. Am Tag seiner Abreise, vor elf Monaten in Port Swally, hatte er sich geschworen, um nichts in der Welt nach Indien zurückzukehren. »Aber jeder Mann hat seinen Preis«, dachte er. »Und mein Preis war der Titel des Flottenpräsidenten und die Aussicht auf eine Karriere als Mitglied des Ost-Indien-Rats[10]!«

In seinem Gepäck befand sich ein Empfehlungsschreiben der *17 Herren*, gerichtet an Jan Pieterszoon Coen, den großen General-Gouverneur von Ost-Indien. Pelsaert kannte zwar nicht den genauen Wortlaut des Schreibens, aber er hatte volles Vertrauen zu seinem Schwager, Hendrik Brouwer, der ein Mitglied des mächtigen Direktoriums der VOC war. Er hatte ihm zugeflüstert, daß seine Ernennung in den Ost-Indien-Rat so gut wie beschlossene Sache war. Pelsaert mußte sich eingestehen, daß es seinen Schwager nicht viel Mühe gekostet hatte, ihn zu der neuen Aufgabe zu überreden. Die Aussicht, Kommandeur der legendären *Batavia*, dem ersten einer neuen Generation Retourschiffe, zu werden, hatte seiner Eitelkeit geschmeichelt. Um so heftiger hatte ihn der Schock getroffen, als er den Namen jenes Mannes erfuhr, der das Schiff nach Java navigieren sollte.

»Aber warum in aller Welt ausgerechnet Adriaen Jacobs?« hatte er seinen Schwager gefragt. »Ist er denn wirklich so gut?«

»Er ist es!« lautete die Antwort, und aus dem Tonfall war deutlich herauszuhören, daß Hendrik Brouwer das Thema nicht weiter zu diskutieren wünschte.

Pelsaert erinnerte sich nur ungern an die Zeit in Port Swally zurück. Ganze sieben Tage nach seinem Streit mit dem Skipper war endlich eine Brieftaube mit der lang ersehnten Nachricht aus Agra eingetroffen. Prinz Khurram hatte in einem überraschenden gewaltsamen Akt seinen Halbbruder Shahriyar und vier weitere Mitglieder der königlichen Familie töten lassen, um dann unter dem Titel Shah Jahan, *Herrscher über die Welt*, den Thron des Mogul Imperiums zu besteigen. Es hatte die Laune des Skippers nur wenig gebessert, endlich in See stechen zu können. Während der gesamten Fahrt hatten Pelsaert und Jacobs nur die nötigsten Worte miteinander gewechselt, und die dünne Fassade der Höflichkeit hatte nur notdürftig den Groll übertünchen können, den die beiden Männer gegeneinander hegten.

»Und jetzt bin ich für mindestens acht Monate auf Gedeih und Verderb auf diesen arroganten Teufel angewiesen«, dachte Pelsaert verdrießlich.

Rangreihenfolge und Aufgabenteilung an Bord eines VOC Kauffahrers waren deutlich und unmißverständlich geregelt. Es war die Aufgabe des Kapitäns, das Schiff zu navigieren und für die Sicherheit der Besatzung und der Passagiere zu sorgen. Der Kommandeur hingegen war der Schatzmeister und trug die volle Verantwortung für die Fracht. Sehr zum Ärger Adriaen Jacobs' war es eine Spezialität der VOC, Senior-Kaufleute ohne seemännische Kenntnisse im Rang über den Kapitän zu stellen. Für die Gesellschaft hatte die Ware an Bord Vorrang gegenüber dem Leben der Menschen, und in allen bedeutenden Fragen hatte der Kommandeur daher das uneingeschränkte Recht, den Kapitän zu überstimmen. Doch auch François Pelsaert war nicht sehr wohl bei dem Gedanken, Jacobs' Vorgesetzter zu sein. Er hatte bereits während der Überfahrt von Surat die Erfahrung gemacht, daß er dem hartgesottenen Skipper kaum das Wasser reichen konnte. Liebend gern hätte er Jacobs bei den *17 Herren* denunziert, aber es war ihm nicht möglich gewesen, da er selbst beabsichtigte, in das profitable Geschäft des privaten Handels einzusteigen. Die Idee war ihm am Hof des Moguls gekommen, und die Mittel waren ihm von allen Seiten freigiebig zur Verfügung gestellt worden.

Pelsaert schloß die Schmuckschatulle, nahm einen Schlüssel aus einem geheimen Fach in seinem Schreibtisch und kniete nieder, um die kleine beschlagene Truhe zu öffnen. Für eine Weile hatte er befürchtet, Caspar Boudaen würde es nicht mehr rechtzeitig bewerkstelligen, die Schatztruhe an Bord zu bringen. Aber da war sie, einzigartig in der Welt, aus Peter Paul Rubens' privater Sammlung und unendlich kostbar! Pelsaert hob sie mit beiden Händen vorsichtig aus ihrem Bett aus Stroh. Es war die *Große Kamée,* geschnitzt aus dunkelgrauem, blauem und hellblauem Achat, eingefaßt in einen sternförmigen ziselierten Rahmen aus massivem Gold, besetzt mit ausgesuchten Perlen, Smaragden und Rubinen. Mit angehaltenem Atem bewunderte Pelsaert das Motiv. Es zeigte einen römischen Kaiser mit seiner Familie, der in einem von galoppierenden Zentauren gezogenen Streitwagen über seine zerschmettert am Boden liegenden Feinde triumphierte. Die antike Arbeit war von höchster Qualität und brachte die verschiedenen Schattierungen des Materials vollendet zur Geltung. Niemand außer Pelsaert wußte, daß der Antwerpener Kaufmann und Juwelier Boudaen nur als Zwischenhändler fungierte. Rubens selbst hatte das Schmuckstück in Pelsaerts Hände gegeben, mit der Auflage, es an den neuen Regenten Shah Jahan zu verkaufen. Ebenso wie die Schmuckschatulle, war die Kamée mit dem Wissen der VOC an Bord gekommen, die für ihre Dienste einen guten Teil der Kommission für sich in Anspruch nehmen würde. Nichts aber wußte die Gesellschaft von dem zweiten Objekt, dessen Verkaufskommission

44

Pelsaert ganz allein zufließen würde und das auf keiner Frachtliste der *Batavia* zu finden war! Es war eine cremefarbene Achatvase, unschätzbar in ihrem Wert und fast noch schöner als die Große Kamée. Sie war aus einem einzigen Stück Achat gearbeitet, und ihr Motiv war weniger streng und harsch. Sie war über und über mit Trauben und Weinranken dekoriert. Ein Rand aus Gold schloß die Vase nach oben hin ab. Stellenweise porzellandünn, war sie von einer exquisiten zerbrechlichen Schönheit. Bei dem Gedanken an den Preis, den er zu erzielen hoffte, huschte ein verträumtes Lächeln über das Gesicht des Kommandeurs. Die Schiffsglocke schreckte Pelsaert aus der Berechnung seiner Gewinne auf, und er beeilte sich, die beiden Kunstwerke und die Schmuckkassette in der Truhe zu verstauen.

Ein warmer Wind spielte mit den Fahnen und Bannern der Flotte. Es war einer jener goldenen Oktobertage, an denen der Sommer ein Nachspiel gab. Jacobs' weittragende Stimme erteilte das Kommando zum Ablegen, gerade als der Kommandeur an Deck erschien. Der Kapitän hatte ein scharfes Auge auf seine Seemänner, die singend das Schiff für die hohe See vorbereiteten. Eines nach dem anderen kamen die Segel der *Batavia* mit einem Ruck nach unten und füllten sich augenblicklich mit Wind. Das Pier zu ihrer Linken begann langsam abzufallen. Jacobs begrüßte den feingliedrigen Mann mit einem knappen Nicken und stellte ihm Lucretia van der Mylen an seiner Seite vor. Vergnügt bemerkte er das plötzliche Aufleuchten in Pelsaerts Augen beim Anblick der blonden Schönheit. Lucretia knickste, und Pelsaert beugte sich über ihre Hand.

»Ich bin entzückt!« murmelte er, und es war keine Lüge.

Der Kommandeur glaubte niemals im Leben eine hinreißendere Person gesehen zu haben. Er war an den Anblick der dunkelhäutigen und glutäugigen Frauen gewöhnt, die in farbenfrohe Schleier gehüllt in den staubigen Straßen Agras umhergingen. Mit seinen fünfunddreißig Jahren war er noch unverheiratet, und obwohl ansonsten nicht schüchtern, fehlten ihm jetzt die Worte. Zum Glück erinnerte er sich, daß er bereits die Bekanntschaft ihres Onkels gemacht hatte, und er wiederholte dankbar sein Angebot, persönlich für ihren Schutz zu sorgen.

Während François und Lucretia miteinander plauderten, streifte Adriaen die junge Kammerzofe mit einem lässigen Blick. Er hatte die Hübsche vom Kai gleich wiedererkannt. Wie unterschiedlich die beiden Frauen doch waren! Die eine strahlend hell, mit der anmutigen Zurückhaltung einer Dame, die andere dunkel, ein junger Fratz noch, frisch und lebendig, voller ungebändigter Neugierde auf das Leben. Welche von beiden würde er wohl lieber in sein Bett nehmen? Eine verheiratete Frau bedeutete immer Ärger! Aber sie war wirklich außergewöhnlich schön und hatte zudem genau das richtige Alter. Ein junges Mädchen? Bedeutete für gewöhnlich noch mehr Ärger! Aber sie wäre das Risiko wert. Ob sie wohl noch unberührt war? Ich möchte doch zu gerne wissen, ob dir schon ein Mann gezeigt hat, wie schön das Leben sein kann! Angesichts ihres prallen Busens und der roten Lippen entschied er, daß es fast gar nicht anders sein konnte. Irgendein Glücklicher hatte diese Blume bestimmt bereits gepflückt. Zwaantie errötete unter dem forschenden Blick des Skippers bis unter die Haarspitzen.

»Ich wünschte, er würde aufhören, mich so anzusehen, als wüßte er, welche Unterwäsche ich trage!« dachte sie verzweifelt. Der Kapitän rief zwiespältige Gefühle in ihr hervor. Einerseits fand sie ihn groß und gutaussehend, andererseits fühlte sie, daß ein Herr einer Dame nicht solch unverschämte Blicke zuwerfen durfte. In seiner Gegenwart war sie angespannt und nervös wie ein kleines Mädchen.

Kanonenschläge waren ihre Rettung. Die *Buren* hatte bereits das Hafenbecken hinter sich gelassen und schoß nun einen dreifachen Salut zu Ehren der auslaufenden Flotte. Drei Decks voller Kanonen produzierten einen ordentlichen Lärm und brachten die beiden Frauen dazu, sich lachend die Ohren zuzuhalten. Rauchschwaden hingen in der Luft und der beißende Geruch von verbranntem Schwarzpulver. Trompeten und Trommelwirbel erklangen. Die Menschen am Kai schwenkten ihre Hüte, wedelten mit spitzenbesetzten Taschentüchern und wünschten dem Konvoi eine gute Reise. Angesichts der begeistert jubelnden Menge verfluchte Jacobs einmal mehr die bittere Ironie des Schicksals, das ihn ausgerechnet zu der besten Zeit seines Lebens mit François Pelsaert zusammengewürfelt hatte.

Der Kaufmann hatte sich äußerlich verändert, seit ihrem ersten Zusammentreffen in Indien vor knapp einem Jahr. Ein Bart verdeckte jetzt seine jugendlichen Züge und verlieh ihm eine würdevollere Autorität. Interessant, daß Pelsaert ihn niemals bei den *17 Herren* angezeigt hatte. Er wäre heute wohl kaum in dieser Position, hätte der Kommandeur damals Vorteil aus seinem Wissen gezogen. Aber Jacobs hatte eine gute Ahnung, was Pelsaert davon abgehalten hatte. Die geheimnisvolle Truhe hatte ihn in seinem Verdacht bestätigt. »Der kleine Bastard will sich selbst eine goldene Nase im privaten Handel verdienen und versucht, mich auszumanövrieren!« dachte er. Es fiel dem Skipper im Traum nicht ein, sich kampflos zurückzuziehen. Bereits vor Jahren war ihm aufgefallen, daß die Kunst des Edelsteinschleifens nach europäischem Vorbild in Indien unbekannt war. Edle Steine wurden in einem einfachen Verfahren rund poliert und verloren so an Glanz und Feuer. Schnell war er bei Prinz Jahangir auf großes Interesse für Schmuckstücke gestoßen, deren Juwelen im Facettenschliff gearbeitet waren. Obwohl er immer nur einige wenige ausgewählte Stücke in seinem Gepäck hatte, brachten ihm seine Reisen nach Agra im Laufe der Jahre ein kleines Vermögen ein. Die VOC war knauserig mit Gehältern, und an Land hatte sich Jacobs einen mehr als großzügigen Lebensstil angewöhnt. Er war durchaus nicht bereit, seine Goldgrube für einen hergelaufenen Kaufmann aufzugeben!

Stille trat ein, und er bemerkte, daß alle ihn erwartungsvoll ansahen. »Was habt Ihr noch gleich gesagt, Kommandeur?«

»Ich frage Euch jetzt bereits zum dritten Mal, was Ihr von einem gemeinsamen Abendessen in meiner Kabine haltet?« wiederholte Pelsaert geduldig.

»Mit Vergnügen!« antwortete Adriaen und richtete seine Augen dabei ganz allein auf Zwaantie.

Lucretia genoß das Gefühl der kräftigen Bürstenstriche in ihrem Haar. Die gleichmäßige Bewegung wirkte beruhigend und machte sie angenehm schläfrig. Auf dem schmalen Bett lag noch das schwarze Kleid, das sie am Abend getragen hatte. Es hatte lange geschlitzte Ärmel, einen hohen weißen Spitzenkragen und der modisch geschlitzte, seidene Rock ließ, ebenso wie die Ärmel, den leuchtend roten Unterstoff sehen. Baudouin hatte das Kleid immer sehr an ihr gemocht. Baudouin!

»Warum nur«, fragte sie sich, »fällt es mir so schwer,

mich an sein Gesicht zu erinnern? Sind drei Jahre wirklich eine so lange Zeit? Schließlich habe ich mehr Jahre mit ihm gemeinsam verbracht als ohne ihn. Ja, wenn da ein Kind wäre, ein kleiner blonder Junge mit seinen schönen blauen Augen. Vielleicht wäre es dann leichter, sich zu erinnern.«

Aber da war niemals ein Kind! So oft hatten sie sich geliebt, so ausdauernd, in jeder erdenklichen Position, begierig, einen Erben zu zeugen. Aber Gott hatte entschieden, ihnen zu verweigern, was sie sich am sehnlichsten wünschten. Unbewußt stieß Lucretia einen Seufzer aus, und Zwaantie hielt mit dem Bürsten inne.

»Ist Euch nicht wohl, Ihr seht plötzlich ganz elend aus?«

»Nein, nein!« versicherte Lucretia. »Ich bin nur etwas müde. Wenn du jetzt bitte das Kleid wegpacken würdest, ich möchte zu Bett gehen.« Gehorsam legte Zwaantie die silberne Bürste zur Seite und nahm das Kleid von der Koje. Sie wollte es zu der großen Kiste in der Ecke der Kabine tragen, besann sich dann aber anders und trat damit vor den Toilettentisch. Sie hielt das Kleid vor ihre Brust und musterte sich kritisch im Spiegel.

»Lucretia?« fragte sie gedehnt. »Glaubt Ihr, ich werde auch einmal ein solches Kleid besitzen?«

Lucretia warf vom Bett aus einen belustigten Blick auf ihre Zofe. Sie war damit beschäftigt, ihr Haar zu einem langen goldenen Zopf zu flechten.

»Aber natürlich, warum denn nicht?! Allerdings ist Schwarz vielleicht nicht ganz der passende Ton für dich. Mit deinem Teint und deinem dunklen Haar kannst du eine lebendigere Farbe tragen.«

Zwaantie ließ das Gewand sinken und betrachtete nachdenklich ihr eigenes einfaches Kleidchen.

»Kaum zu glauben, daß er mich überhaupt bemerkt hat.«

»Von wem sprichst du? Du denkst doch nicht etwa an den Kommandeur?«

»Nein!« antwortete Zwaantie hastig und errötete zum dritten Mal an diesem Tag.

Lucretia lachte laut auf.

»Du hast dich doch nicht in den Kapitän verliebt? In diesen dunklen Mann!«

Lucretia kroch wieder aus den Decken und warf den Deckel der Seekiste zurück. Zwaantie beobachtete sprachlos, wie ihre Herrin in den Kleidern herumwühlte, bis sie schließlich eine burgunderfarbene Robe zum Vorschein brachte.

»Hier!« Sie drückte Zwaantie die Masse aus duftigem Satin in die Hand. »Es ist nicht eines meiner besten, und die Farbe hat mir noch nie richtig gestanden. Sie macht meine Haut fahl und käsig.«

»Das kann ich nicht annehmen«, stammelte das Mädchen. »Es kostet bestimmt mehr als mein Lohn für ein ganzes Jahr.«

»Mag sein«, antwortete Lucretia leichthin. »Aber als meine Gesellschafterin brauchst du hin und wieder auch einmal ein schönes Kleid. Außerdem macht es mir Spaß, dich gut angezogen zu sehen. Leider ist der Saum aufgerissen, den wirst du wohl zuerst flicken müssen.«

Zwaantie drückte selig das Gewand an ihre Brust. Sie bedankte sich überschwenglich bei ihrer Herrin und beschloß, den Schaden gleich am nächsten Tag zu reparieren. Doch dann fiel ein Schatten auf ihre Freude.

»Glaubt Ihr denn, Herr Pelsaert wird uns noch einmal zum Abendessen einladen?«

Lucretia sah, wie glücklich das Mädchen war, und brachte es nicht übers Herz, ihr die Wahrheit zu sagen. Selbstverständlich hatte der Kommandeur seine Einladung nur deswegen auf ihre Zofe ausgedehnt, weil sie gerade anwesend und er ein Ehrenmann war. Gewiß würde er es in Zukunft bevorzugen, ihre Gegenwart alleine zu genießen.

»Ganz bestimmt!« log sie und kuschelte sich wieder unter die Decke. »Warum unterstützt du ihre jugendliche Schwärmerei?« fragte sie sich selbst. Zwaantie und der Kapitän! Was für ein Einfall! Er war alt genug, um ihr Vater zu sein. Abgesehen davon fand sie seinen Zynismus und die Aura von Grausamkeit, die ihn umgab, geradezu abstoßend. Er war das genaue Gegenteil des feinfühligen und zuvorkommenden Kommandeurs, der voller Lebensfreude und Begeisterungsfähigkeit steckte. Lucretia gähnte herzhaft und rief sich das gemeinsame Abendessen in ihre Erinnerung zurück. Es war nichts wirklich Greifbares, aber sie hätte schwören können, daß zwischen François Pelsaert und dem Skipper nicht das beste Einvernehmen herrschte. Zu knapp waren die Antworten des Skippers gewesen, und zu oft hatte die Stimme des Kommandeurs vor Kälte geklirrt. Es würde aufregend werden, herauszufinden, was zwischen den beiden Männern nicht stimmte. Aber jetzt war sie zu müde, um weiter darüber nachzudenken. Sie hatte ja noch so unendlich viel Zeit. Eingelullt von der Bewegung des Schiffes schlief Lucretia ein.

Während Zwaantie in der Kabine umherging und Ordnung schuf, durchlebte auch sie in Gedanken noch einmal den Abend. Der mit schimmerndem Damast, Kerzen und Silber gedeckte Tisch. Die Schüsseln und Platten mit den Speisen: eine ganze saftige Ochsenlende, weiße gekochte Rübchen, Käse, geräucherter Schinken, gesalzene Butter, ein Krug mit Buttermilch und ofenfrisches krustiges Brot.

Und dennoch! Das Essen war bei weitem nicht so schmackhaft gewesen wie in der Herrenstraße oder gar zu Hause auf dem Bauernhof. Der Kommandeur hatte sich lachend entschuldigt und vorausgesagt, daß es im Verlauf der Reise noch viel schlechter werden würde. Aber sie hatte ohnehin nicht viel essen können. Wann immer sie von ihrem Teller aufgeblickt hatte, hatte sie die schwarzen Augen des Kapitäns auf sich ruhend gefunden. Abschätzend. Neckend. Lüstern. Er war der schamloseste Mann, dem sie je begegnet war. Er hatte es sogar gewagt, ihre Fingerspitzen zu berühren, als er ihr das Brot reichte.

Gedankenverloren hob Zwaantie die Hand an ihre Wange und kostete den Moment in ihrer Erinnerung nach. Ihre Erfahrungen mit Männern beschränkten sich auf das Herumtollen im Heu mit einem jungen Burschen aus ihrem Heimatdorf. Sie hatte ihm einen Kuß erlaubt, und im nächsten Augenblick, abgestoßen von seiner Ungeschicklichkeit, hatte sie ihn geohrfeigt. Sie stellte sich vor, wie es wäre, von Adriaen geküßt zu werden, und dabei wurde ihr plötzlich klar, warum ihr der Kapitän eine solche Heidenangst einjagte. So sicher wie Gott grüne Äpfel wachsen ließ, würde der sich niemals mit einem Kuß allein zufriedengeben!

In seiner privaten Kabine, direkt unter der des Kommandeurs gelegen, saß Jacobs an seinem Schreibtisch. Es war tiefschwarze Nacht. Die einzigen Geräusche, die den Raum erfüllten, waren das Kratzen seiner Feder auf dem Papier, das Schlagen der Segel im Wind und das gelegentliche Knacken der Holzbohlen, untermalt von dem vertrauten Plätschern der See. Die Morgenwache war seine eigene, und so hatte er beschlossen, gar nicht erst zu Bett zu gehen. Vor ihm lag ein Handbuch aufgeschlagen, bedeckt mit seiner steilen, energischen Schrift.

*30. Oktober A. D. 1628, zweite Morgenstunde, befinden
uns einen Tag von Texel, Niederlande, auf dem 53. Grad
nördlicher Breite. Leichter Wellengang bei mittelstarkem
Wind, alle Segel gesetzt. Farbe der Nordsee schwarz-grau.
Haben vor fünf Stunden den Marsdiep-Kanal verlassen.
Steuern Süd Süd West auf den englischen Kanal zu. Machen ruhige, stetige Fahrt, bei einer Geschwindigkeit von
sechs Seemeilen, gemessen zur vierten Nachmittagsstunde.
332 Seelen an Bord, sechs Desertionen. Keine besonderen
Vorfälle.*

»Keine besonderen Vorfälle«, dachte er. »Noch keine Unfälle, Verbrennungen, Auspeitschungen, kein Kielholen,
keine Krankheiten, keine gottverdammten Piraten.«

Manchmal wünschte er sich, daß alle Eintragungen so
aussähen wie die allerersten einer Reise, aber es lag nicht
in der menschlichen Natur, für lange Zeit auf engstem
Raum miteinander auszukommen. Die Seeleute blickten
auf die Soldaten herab, die Soldaten auf die Kanoniere,
und die Kanoniere verachteten alle anderen. Einig waren
sie sich nur in ihrem Haß auf den Skipper und in ihrem
Verlangen nach weiblicher Gesellschaft.

»Das ist es vor allem anderen, was sie um ihren Verstand bringt. Aber wie zum Teufel soll ein Mann an Leib
und Seele gesund bleiben, wenn er nicht ab und zu auf seinem Bauch liegen kann? Wie oft bin ich selbst direkt vom
Löschen der Fracht ins nächste Hurenhaus gegangen, um
den pochenden Schmerz in meinen Lenden loszuwerden?«

Jacobs schloß das Handbuch mit einem Seufzer. Gott
allein wußte, was die folgenden Wochen und Monate
bringen würden. Sinnlos, sich jetzt schon den Kopf darüber zu zerbrechen. Auf einer Ecke des Schreibtischs lag
ein Bündel mit Briefen, sorgfältig verschnürt und versie-

gelt. Es war die für Batavia bestimmte Post, der einzige Weg für die Daheimgebliebenen, mit ihren Lieben in Java Kontakt zu halten. Nicht selten brachte er einen Brief wieder zurück ins Vaterland, weil der Empfänger inzwischen verstorben war. Der frühe Tod durch Krankheit oder Krieg war allgegenwärtig in jenen Tagen. Adriaen stand auf und nahm das Bündel mit zu seiner Seekiste in der Ecke des winzigen, aber ordentlichen Raumes. Er verstaute die Post in einer Kassette und entnahm der Kiste an ihrer Stelle zwei zusammengerollte Seekarten. Eine davon breitete er vor sich auf dem Schreibtisch aus. Sorgfältig studierte er die Reiseroute, die im Volksmund auch die *Gewürzroute* hieß. Von Amsterdam, wo die Reise eigentlich begonnen hatte, in südlicher Richtung, immer entlang der französischen, spanischen und portugiesischen Küste. Dann Kurs auf die Inseln von Kap Verde vor der Küste Afrikas. Sobald sie die hügelige Halbinsel von Sierra Leone sichteten, würden sie scharf nach Westen abdrehen und quer über den atlantischen Ozean bis vor die Küste Brasiliens segeln. Auf der Karte war ein Riff eingezeichnet, eine Schiffsfalle direkt vor der brasilianischen Stadt Bahia[11]. Der Skipper blätterte in seinem Handbuch und fand die Stelle, wo er sich eine entsprechende Kurskorrektur notiert hatte. Adriaen lächelte selbstzufrieden. Auf drei Reisen zuvor hatte er den besten Weg ausgelotet, das Riff zu umgehen, und gleichzeitig einen idealen Winkel gefunden, das Schiff wieder nach Osten zu drehen, um es von der Meeresströmung und den beständigen Winden des Südostpassats zum Kap der Guten Hoffnung tragen zu lassen. Dort würde die Flotte dann ankern, um frisches Wasser und Proviant aufzunehmen.

Ein Windstoß kam durch das offene Fenster, erfaßte

die Kerzenflamme und brachte sie zum Erlöschen. Gleichzeitig verwandelte sich das sanfte Schaukeln des Schiffes in eine schwingende Bewegung. Jacobs sah von seiner Karte auf und runzelte die Stirn: Ein Sturm kam auf! Der Sturm verwandelte sich im Laufe der Nacht in einen tosenden Orkan. Ein bösartiger Wind zerrte an den jungfräulichen Segeln der *Batavia* und stellte das brandneue Schiff hart auf die Probe. Jacobs hatte bis auf die Sturmsegel alle einholen lassen. Haushohe Wellen türmten sich auf, kollidierten miteinander in einem Sprühregen von Gischt. Das arme Schiff wurde hoch auf den Kamm der Wellen hinaufgetragen, um gleich darauf wieder tief in die Fluten hinabzustürzen. François Pelsaert fühlte sich elend in seiner Koje, wie die meisten anderen Passagiere, die in dieser Nacht zum ersten Mal Bekanntschaft mit der rauhen See machten. Er starrte an die Decke in dem verzweifelten Bemühen, sein Abendessen bei sich zu behalten.

»Jesus Christus«, dachte er. »Wie lange kann das wohl noch so weitergehen?«

Direkt über seinem Kopf hörte er Jacobs mit seiner Achterdeckstimme Befehle brüllen, irgendwo von nebenan tönte das Knarren der Ruderstange. Der Rudergänger, der auf dem trockenen Zwischendeck die Ruderpinne bediente, war glücklicher dran als die Matrosen, die im strömenden Regen im Tauwerk der *Batavia* herumkletterten. Pelsaert setzte sich auf, und zu seinem Erstaunen besserte sich das flaue Gefühl in seinem Magen sofort. Er mußte zugeben, daß der Skipper gute Arbeit leistete, denn obwohl der Sturm nun schon seit Stunden anhielt, machte die *Batavia* noch immer schnelle Fahrt. Während Pelsaert noch unschlüssig auf seinem Bett saß, hob eine neue Welle die *Batavia* auf und schleuderte sie hoch empor. Ihr Bugspriet stach in den Himmel, und für den Bruchteil einer Sekunde verlor die Schiffsnase jeden Kontakt mit dem Wasser, verharrte schwerelos in der Luft, bevor sie klatschend in ein tiefes Tal sackte. Diesmal kam sie heftig auf. Ein harter Ruck vibrierte durch den Rumpf, ihr Kiel schabte knirschend über eine Sandbank, und sie kam zu einem jähen Halt. Da war keine schwingende Vorwärtsbewegung mehr, nur noch ein unerträgliches Schlingern und Schaukeln, während sich die Wellen über dem Vorschiff brachen. Pelsaert konnte es nicht glauben.

»Wir sind noch keinen ganzen Tag von Texel weg und stecken schon in Schwierigkeiten!«

Hastig kleidete er sich an und verließ die Kabine. Regen durchnäßte ihn sofort bis auf die Haut, aber er achtete kaum darauf. Auf der Brücke fand er den Kapitän und Claas Gerritz, den Rücken zu ihm gekehrt, sich miteinander beratend. Er sah, daß Jacobs auf den Obersteuermann einredete und dieser zustimmend nickte, aber der Wind trug die Worte fort, und er konnte nichts verstehen. Er mußte schreien, um auf sich aufmerksam zu machen. Jacobs drehte sich zu ihm, der Regenumhang schwarz glänzend vor Nässe, Wasserbäche aus seinem Haar rinnend.

»Was zum Teufel ist geschehen?«

»Ich schätze, wir sind auf eine Sandbank aufgelaufen. Wir sind noch immer in Küstennähe und ...«

»Schiffbruch?« Pelsaert war geschockt. »Um Himmels willen, wie konnte das passieren?«

»Ich versichere Euch, die *Batavia* hat keinen Kratzer abbekommen!« Jacobs rief sich ins Gedächtnis, daß Pelsaert keine seemännische Ausbildung hatte. Ihm mußte die Situation ebenso bedrohlich erscheinen wie den verstörten

Passagieren, die wie aufgeschreckte Ameisen aus dem Niedergang heraufwimmelten und Fragen stellten. Es war seine erste Pflicht, Pelsaert zu beschwichtigen und ihn dazu zu bewegen, die Leute von Deck zu vertreiben, bevor noch einer über Bord gespült wurde. Seine Stimme klang betont ruhig und gelassen.

»Es besteht wirklich kein Grund zur Besorgnis. So etwas kommt vor; die Nordsee ist voll von Untiefen. Es ist ein Kinderspiel, die *Batavia* wieder freizubekommen.«

»Ein Kinderspiel! Gnade uns Gott, und wie wollt Ihr das anstellen?«

»Die Flut wird uns helfen. Sie wird das Schiff von der Sandbank heben.«

»Und wann wird das sein?«

»Es hat schon begonnen«, erklärte der Skipper geduldig. »Merkt Ihr denn nicht, daß das Schwanken bereits nachgelassen hat?«

Tatsächlich wurde das Schiff weniger gewaltsam hin und her geworfen als noch Minuten zuvor. Aber Pelsaert hatte dies dem abflauenden Unwetter zugeschrieben, da schließlich auch das Deck nur noch hin und wieder von einer Sturzsee überspült wurde. Er zweifelte noch immer an den Worten des Skippers.

»Wie könnt Ihr so sicher sein?«

»In dieser Sache müßt Ihr mir einfach vertrauen«, entgegnete Jacobs fest. »Ich verspreche Euch, in weniger als fünf Stunden werden wir unsere Reise fortsetzen.«

Er winkte den Kommandeur außer Hörweite der Passagiere und fuhr mit gesenkter Stimme fort.

»Nun Kommandeur, wir können es uns bei diesem Unwetter nicht leisten, all diese Zivilisten hier an Deck zu haben. Das Geringste, was ihnen zustoßen kann, ist, daß sie sich im Regen den Tod holen.«

Pelsaert blickte sich um, und ihm wurde klar, was der Skipper meinte. Die meisten waren nicht einmal richtig angezogen. Sie standen frierend in ihrer Nachtkleidung herum, notdürftig in Decken gehüllt. Sie alle versuchten mit angespannten Mienen, Fetzen ihres Gesprächs aufzufangen, völlig ungeachtet des unvermindert niederprasselnden Regens.

»In Ordnung, Kapitän, laßt das meine Sorge sein!«

Er verstand, daß er Panik verursachen würde, wenn er auch nur den geringsten Zweifel an den Worten des Navigators anklingen ließ. Also begann er, die verängstigten Passagiere zu beruhigen und wieder zurück in ihre Betten zu schicken.

Jacobs und Gerritz blieben im eiskalten Regen zurück. Jacobs beobachtete, wie die Dämmerung sich in einen bleigrauen Tag verwandelte, während der Obersteuermann ihm in viertelstündigen Abständen die Wassertiefe zurief, die er mit Hilfe des Senkbleis auslotete. Wie er es vorausgesagt hatte, stieg der Wasserspiegel weiter an. Die beiden Männer warfen sich einen zufriedenen Blick zu. Keiner von beiden hatte ernsthaft etwas anderes erwartet. Es war noch immer windig, aber der Sturm hatte seinen wütenden Biß verloren. Claas Gerritz war froh über den Wind und den Regen auf seiner Haut. Es half ihm, wach zu bleiben. Die grauen freundlichen Augen des Obersteuermanns waren tief eingesunken und vor Müdigkeit rot umrandet, das Gesicht bleich unter den Sommersprossen. Wie der Skipper hatte auch er seit mehr als vierundzwanzig Stunden nicht geschlafen. Er warf einen verstohlenen Blick auf Jacobs, der so frisch und ausgeruht aussah, als wäre er gerade aus seiner Koje geklettert. Er beobachtete, wie der Skipper unruhig die Augen zusammenkniff. Seine Aufmerksamkeit war auf das umliegende Wasser gerichtet. Er hob das Fernrohr ans Auge, schwenkte es suchend umher, um es dann an ihn weiterzureichen.

»Sieh hindurch und sag mir, was du siehst!«

Gerritz tat, wie ihm geheißen wurde.

»Ich sehe Positionslichter. Zwei Schiffe: die *Buren* und ich glaube, das andere ist die *Assendelft*.«

»Sonst nichts?«

»Sonst nichts!«

Jacobs' Stirn legte sich in Falten. »Ich hoffe, wir haben den Rest der Flotte nicht verloren. Sobald sich diese Milchsuppe gelichtet hat, werde ich den Mastausguck noch einmal Ausschau halten lassen.«

»Es war ein ziemlich übler Sturm, gut möglich, daß wir nicht alle wiederfinden.«

Gerritz blinzelte angestrengt, um seine Augen offen zu halten, und Jacobs erkannte das Ausmaß seiner Erschöpfung.

»Geh nach unten, Claas, und leg dich hin!«

»Tut mir leid Skipper, aber meine Wache ist noch nicht zu Ende.«

Adriaen warf ihm einen freundlichen Blick zu. Er hielt große Stücke auf seinen Ersten Steuermann und konnte den stillen Mann wirklich gut leiden.

»Hier bleibt nichts für uns zu tun, als zu warten. Nun geh schon in deine Koje, ich weiß, du hast eine doppelte Schicht hinter dir.«

»Aye, Kapitän!«

Erleichtert verschwand der Steuermann im Niedergang. Jacobs warf einen Blick auf das Stundenglas. Es war gerade abgelaufen, und er drehte es um und läutete die Schiffsglocke.

»Ah«, dachte er und rieb sich das stoppelige Kinn. »Jetzt könnte ich eine dampfend heiße Tasse pechschwarzen arabischen Kaffee gebrauchen – und eine Rasur!« Er grinste. »Ich bin gespannt, was der kleine Scheißer dazu sagen wird, wenn er hört, daß wir die halbe Flotte verloren haben.«

François Pelsaert war nicht im geringsten erfreut. Es war ihm nur ein kleiner Trost, daß sie aller Voraussicht nach am Kap der Guten Hoffnung wieder zusammentreffen würden. Augenblicklich ließ er den beiden in der Nähe liegenden Schiffen signalisieren, und eine halbe Stunde später kamen die Kommandeure der *Buren* und der *Assendelft* an Bord. Für Stunden saßen die Männer über einem deftigen Frühstück im warmen Salon und berieten, was zu tun war. Sie wußten, daß sie mit ihrer Entscheidung nicht allzu lange zaudern durften, denn sie lagen in bedrohlicher Nähe von Dünkirchen, einer berüchtigten und gefürchteten Brutstätte für spanische Freibeuter. Und wenn es jemals eine lohnende Beute gegeben hatte, dann die *Batavia*! Nach langem Für und Wider kamen sie darin überein, daß sie nicht länger als einen Tag auf die vermißten Schiffe warten würden. François Pelsaert war nicht wirklich glücklich damit, die anderen Schiffe ohne die *Buren* weiterreisen zu lassen, aber die *Batavia* trug die reichste Fracht und war vor allen anderen vor Unheil zu bewahren. Es hätte, wie er zugeben mußte, noch schlimmer kommen können, dann nämlich, wenn sie auch die *Buren* verloren hätten.

Um die zehnte Stunde kam Jacobs in die Offiziersmesse getaumelt, knochentief müde und halb verhungert. Er schlug die Tür hinter sich zu, um sicherzustellen, daß er die ungeteilte Aufmerksamkeit aller Anwesenden besaß.

»Die *Batavia* ist frei und unbeschädigt!« verkündete er triumphierend.

Einige Tage später war das Wetter noch immer ungnädig, mit bedecktem Himmel und recht heftigem Seegang, der die meisten Passagiere dazu zwang, ihre Zeit unter Deck zu verbringen. Der Konvoi war jetzt nur noch mit drei Schiffen unterwegs. Jacobs bohrte seine Augen in eine dumpfe graue See. Er war allein an Deck, bis auf den wachhabenden Offizier und den Mann auf dem Bugausguck.

»Wie seltsam«, dachte er, »daß mir das endlose Wasser keine Angst macht, heute nicht und niemals zuvor.«

Die meisten Seefahrer lebten in der geheimen Furcht, ein nasses Grab zu finden. Er selbst fürchtete sich mehr davor, in seinem Bett zu sterben. Schon immer hatte er die Herausforderung geliebt; es war ihm niemals in den Sinn gekommen, daß er gegen das Meer verlieren könnte.

»Du hast keinen Respekt!« pflegte sein Vater ihm vorzuwerfen. »Du fürchtest weder andere noch die Elemente. Eines Tages wirst du nicht vorbereitet sein, und die See wird dir eine Lektion erteilen, die du nie vergessen wirst.« Er hatte seinen Vater ausgelacht und ihm damit unbeabsichtigt recht gegeben. »Junge«, hatte dieser ihm düster entgegnet. »Das ist genau das, was ich meine. Nicht einmal für deine Eltern hast du etwas Achtung übrig.« Aber sein Vater hatte sich geirrt. Er hatte seinen Vater sehr respektiert, der für ihn der größte Mann war, den er je gekannt hatte, der einzige, den er jemals als überlegen anerkannt hatte. Alles, was er über das Meer wußte, hatte er von seinem Vater gelernt. Von ihm hatte er sein dunkles Aussehen und die Liebe zum Meer geerbt. Mit ihm hatte er auch die glutschwarzen Augen gemeinsam, ein Vermächtnis seiner portugiesischen Großmutter, die der Großvater, der auch Seemann gewesen war, zur Empörung des Dorfes und der gesamten Familie aus Macao mitgebracht hatte. Adriaen hatte seine Großmutter nie kennengelernt, doch man hatte sie ihm als ebenso schön wie jähzornig und aufbrausend beschrieben. Sein Vater hingegen war ein ruhiger sanftmütiger Mann gewesen, der niemals verstanden hatte, woher all die Wut und das unbeherrschte Temperament kamen, die im Laufe der Jahre von seinem Sohn Besitz ergriffen hatten. Er wußte nur, daß es mit der ersten Reise begonnen hatte, von der Adriaen zurückkam, magerer, hohlwangiger und erwachsener als der hübsche Junge, der an Bord gegangen war.

»Ich habe es dir nie gesagt, Vater!« dachte Jacobs, und sein Herz krampfte sich zusammen, als er daran dachte.

Neunundzwanzig lange Jahre waren vergangen, doch die Erinnerung tat noch immer weh. Er wanderte in der Zeit zurück und war wieder in seiner Koje, ein sechzehn Jahre alter Schiffsjunge auf seiner ersten Fahrt, um ihn herum der schale Körpergeruch und das Schnarchen der anderen. Er lag auf seiner Matratze aus Stroh, erschöpft nach einem weiteren Tag ungewohnter harter Arbeit, zu müde, um schlafen zu können. Er hatte sich nicht viel dabei gedacht, als der fette alte Bootsmann und zwei Kanoniere in der Dunkelheit vor ihm aufgetaucht waren. Der Skipper grub die Zähne tief in seine Unterlippe, während er sich daran erinnerte, wie sie ihn überwältigt, auf den Bauch geworfen und festgehalten hatten. Der Schmerz hatte ihm die Tränen in die Augen getrieben, und während es geschah, hatte er nichts anderes tun können, als hilflos auf die Wanzen in der Bettritze zu starren. Noch heute konnte er das faule Aroma des alten Lappens schmecken, den sie ihm in den Mund gestopft hatten. Als es endlich vorbei war, hatte er seine Fäuste benutzt, um die beiden anderen davon abzuhalten, ihm dasselbe noch einmal anzutun. Er hatte seine Fäuste seitdem immer wieder erhoben, sie in blinder Wut gegen jedermann gerichtet, der ihm zu nahe kam. In der folgenden Nacht war der Bootsmann während seiner Wache über Bord gegangen. Lautlos. Niemand hatte etwas gesehen oder gehört. Er war einfach verschwunden. Und das war gut so! Hätten sie ihn erwischt, hätten sie auch nur den Hauch eines Verdachts gegen ihn gehegt, sie hätten ihn mit Freuden an den Hauptmast genagelt. O ja, er hatte seine Rache gehabt, aber das machte das Geschehene nicht ungeschehen! Er stellte sicher, daß es ihm nie wieder geschah, und er sagte seinem Vater niemals ein Wort, aber er konnte nicht vergessen. Manchmal verfolgte es ihn in seinen Träumen. Dann wachte er in seiner Koje auf, schweißbedeckt, nach Atem ringend, den Brustkorb in einem riesigen Schraubstock. Dann fingerte er nach dem Dolch unter der Matratze und der Pistole unter dem Kissen und schlief beruhigt wieder ein. Es war schlimmer, wenn die Erinnerung während des Tages kam. Dann blieb ihm kein anderer Weg, als seine Gedanken mit Schnaps zu löschen. Jene Nacht hatte ihm mehr genommen als nur seine jugendliche Unschuld. Sie hatte ihn hart und kalt gemacht. Er erwartete immer nur das Schlechteste von seinen Mitmenschen, und nur wenige, denen er im Laufe der Jahre begegnet war, hatten ihn eines Besseren belehrt.

Der metallische Geschmack von Blut brachte Jacobs wieder in die Wirklichkeit zurück. Er hatte sich die Lippe aufgebissen. Während er noch nach einem Taschentuch suchte, spürte er eine unerwartete Gegenwart. Er hatte sie nicht kommen hören, aber nun stand sie da, warme, braune Augen auf ihn gerichtet.

»Habe ich Euch gestört, Kapitän?«

»Glaubt mir, dazu wäret Ihr gar nicht fähig!«

Sie trat einen Schritt näher.

»Dann darf ich Euch ein wenig Gesellschaft leisten?«

»Wieso? Natürlich! Ich würde mich freuen, wenn Ihr mir ein wenig die Zeit vertreiben würdet.«

Zwaantie war verwundert. Der Kapitän war in einer ungewohnt weichen Stimmung heute abend. Er hatte seinen spöttischen Ton abgelegt und sprach frei von jeglichen Hintergedanken.

»Man könnte ihn fast mögen«, dachte sie.

»Darf ich mir die Frage erlauben, was eine junge, hübsche Frau bei diesem Wetter an Deck treibt?«

Zwaantie beobachtete die untergehende Sonne, die ihre Strahlen durch einen Riß in der Wolkendecke schickte.

»Ich konnte es in der Kabine nicht mehr aushalten. Ich dachte, ich muß sterben, wenn ich nicht auf der Stelle frische Luft atmen kann.«

»Ja«, antwortete er leise. »Das kann ich wohl verstehen. Es geht mir auch oft so.«

Flimmernde Lichtsäulen warfen einen goldenen Schein auf das bewegte Wasser. Es war, als ob ein Feuer im Himmel brannte und die schwarzgrauen Wolken in rotglühende Kohlestücke verwandelte. Ein Schauer erfaßte das Mädchen.

»Es sieht aus, als wollte Gott persönlich auf die Erde kommen.«

Jacobs studierte ihr feines Profil, die kleine Nase, die aufgeworfenen Lippen, das aufgesteckte Haar. Nichts an ihr war plump oder gar bäurisch.

»Um ehrlich zu sein, ich denke nie viel über Gott nach.«

Sie lachte ein leises ansteckendes Lachen.

»Das sieht Euch ähnlich, Kapitän! Ihr seid ein Heide.«

»In den Augen eines Spaniers ganz bestimmt! In meinen eigenen Augen ...«, er zuckte die Achseln. »Ich mag eben den Gedanken nicht, mein Schicksal in Gottes Hände zu legen. Ich habe größeres Vertrauen in meine eigenen.«

Sie sah ihm voll ins Gesicht.

»Das hat jeder hier an Bord, seit dem Sturm! Ihr habt großen Eindruck gemacht. Sogar der Pfarrer hat zugeben müssen, daß es nicht allein Gottes Hilfe war, die uns von der Sandbank befreit hat.«

Er sonnte sich in ihrer offenen Bewunderung.

»Ach, das war nichts Besonderes. Es ist ein ganz einfaches Verfahren, ein Schiff mit Hilfe eines Wurfankers und der Ankerwinde von einer Sandbank zu heben. Jeder gute Seemann weiß, wie das gemacht wird.«

»Natürlich!« sagte sie und glaubte ihm kein Wort.

Die Sonne war hinter dem Horizont verschwunden und hatte das feurige Farbenspiel mit sich genommen. Auf einmal wurde sich Zwaantie der Kälte bewußt, und ein leichtes Zittern ergriff das Mädchen.

»Ihr solltet um diese Zeit wirklich nicht ohne Umhang nach draußen gehen!«

Adriaen nahm seinen eigenen Umhang ab und legte ihn um ihre Schultern. Seine Hände verweilten dabei länger als nötig. Sein Blick fiel auf ihren Nacken, so schlank und schmal, die Haut so zart. Er roch den leisen Duft ihres dunklen Haares. Sie drehte sich zu ihm, um ihm zu danken, und er fühlte ihre Nähe, die Berührung ihrer Hüfte, ihre sanften Rundungen, und das längst überwunden geglaubte Gefühl des Verlangens stieg in ihm auf.

»Ich begehre sie!« dachte er. »Nein! Das ist unmöglich! Es ist gegen die Regel, die selbst auferlegte Regel, die einzige Regel, die eine friedliche Überfahrt garantiert. Niemals Frauengeschichten an Bord.« Er hatte es schon selbst erlebt. Der Neid, die Unzufriedenheit, der unterdrückte Haß, wenn sich der Kapitän auf See eine Geliebte nahm.

Männer am Rand der Meuterei! Er hatte daraus gelernt. Egal wie groß sein Begehren war, er hatte diese eine Regel immer eingehalten, und es hatte sich bezahlt gemacht.

Er bewegte sich ein wenig fort von ihr, und das brach schließlich den Bann.

»Es wird nicht so kalt bleiben. Jeder Tag, der vergeht, wird uns jetzt in wärmere Breiten bringen«, versprach er.

Wochen vergingen. Die *Batavia* und ihre Begleitschiffe hatten bereits die afrikanische Küste hinter sich gelassen. Fast jeder an Bord war gelangweilt bis an die Grenze des Erträglichen. Jerome Cornelius und Conrad van Huyssen saßen sich im Salon bei einer Partie Schach gegenüber. Van Huyssen war der verwöhnte Sproß eines Landedelmanns, der sich nicht mehr anders zu helfen gewußt hatte, als seinem rebellischen Sohn eine militärische Ausbildung zukommen zu lassen. Er hoffte, daß dabei alles das wiedergutgemacht werden würde, was er in der Erziehung seines Jüngsten versäumt hatte. Der junge Kadett bot einen erfreulichen Anblick, wenn man von seinen kalt glitzernden, blauen Augen absah. Er besaß Haltung und Rasse, Eigenschaften, die einen großen Eindruck auf Jerome Cornelius machten. Die beiden Männer hatten einander verwandte Geister entdeckt und verbrachten eine Menge ihrer freien Zeit miteinander.

»Auf mein Wort, Conrad, wenn Ihr jetzt nicht endlich einen Zug tut, dann schlafe ich auf der Stelle ein.«

»Mein Vater hat mich gelehrt, niemals etwas zu überstürzen. In der Liebe nicht und auch nicht im Leben.«

Der junge Mann hob bedächtig seinen Springer auf und setzte ihn auf ein anderes Feld. Cornelius saugte hörbar Luft ein. Mit einem Schlag wurde er hellwach.

»Ihr bedroht meine Königin!« rief er empört.

Van Huyssen grinste.

»Ist es nicht das, worum es immer geht? Die Königin?«

Er hob die schwarze Dame vom Brett und ließ sie durch seine Finger gleiten, während er den Frachtaufseher mit seinem seltsam eindringlichen Blick musterte.

Alles, was er über Cornelius wußte, war, daß er ein ehemaliger Apotheker aus Haarlem war. Er hatte ihm niemals verraten, was ihn dazu bewogen hatte, seine Apotheke in der Stadt der Tulpen aufzugeben, um Kaufmann bei der VOC zu werden. Leicht für ihn, einen Mann mit dem Wissen über die Wirkung von Kräutern und Gewürzen, eine der wenigen begehrten Stellen bei der Ost-Indischen Companie zu ergattern. Und dennoch! Warum Holland gegen das mörderische Klima in den Kolonien eintauschen? Der Frachtaufseher mußte wahrhaft gewichtige Gründe haben.

»Welche Dame ist Eure Favoritin?« fragte er lauernd.

Cornelius lehnte sich genüßlich in seinem Stuhl zurück. Das Spiel hatte ihn ohnehin schon gelangweilt.

»An Bord dieses Schiffes gibt es nur eine Königin, das wißt Ihr ganz genau.«

»Falsch!« entgegnete van Huyssen. »Wie in jedem Spiel gibt es auch hier zwei Damen.«

»Nun gut! Ihr wißt, wer meine Königin ist, jetzt ist die Reihe an Euch, mir zu verraten, welche Dame Ihr bevorzugt.«

»Meine Königin hat rote Locken und jadegrüne Augen.«

»Des Pfarrers süßes Töchterchen!« platzte Cornelius vergnügt heraus. »Eure Chancen, bei der schönen Judith zu landen, sind nicht viel besser als meine Chancen bei Lucretia. Der alte Bastians würde sie eher dem Teufel geben als Euch!«

Van Huyssen stieß einen gespielten Seufzer aus.

»Was für eine Verschwendung das wäre!«

Sein Blick fiel auf François Pelsaert, der am großen Tisch in ein Gespräch mit dem Schiffsbader vertieft war.

»Ich bin sicher, der Kommandeur teilt Eure Begeisterung für Lucretia van der Mylen. Er geht fast jeden Abend mit ihr an Deck spazieren, und letzte Woche hat er sogar zweimal alleine mit ihr diniert.«

Van Huyssen beobachtete, wie sich die Augenbrauen des Frachtaufsehers unwillig zusammenzogen.

»Getroffen!« dachte er zufrieden.

Er hatte schon immer wissen wollen, wie tief die Zuneigung des Kaufmanns zu Lucretia ging, und es bereitete ihm ein geradezu diebisches Vergnügen, das gequälte Gesicht des Frachtaufsehers zu sehen. »Ihr könnt unbesorgt sein«, beeilte er sich, ihn zu beruhigen. »Lucretia ist eine liebende und treue Gattin. Ich kann mir nicht vorstellen, daß der Kommandeur bei Lucretia auch nur annähernd so weit kommt wie der Skipper bei ihrer Kammerzofe.«

Cornelius vergaß seinen Groll auf der Stelle und wurde hellhörig.

»Was wißt Ihr über Zwaantie und den Skipper?«

Conrad studierte den Frachtaufseher, während er überlegte, ob er dessen Neugierde befriedigen und ihm verraten sollte, was die Frau des Pfarrers ihm erzählt hatte, die vom Schneider gehört hatte, was dieser von der Frau des Kochs gehört hatte, die eine echte Klatschbase war! Er beugte sich nach vorn.

»Es geht das Gerücht um«, flüsterte er, »daß sie ihm zu Willen ist. Ich kann nicht mehr sagen, als daß einer der Offiziere die beiden auf dem Abort miteinander erwischt hat.«

Cornelius stieß einen leisen Pfiff aus. Dieses zierliche Persönchen und der stattliche Kapitän!

»Und sie haben es wirklich miteinander getan?«

»Schockierend, nicht wahr?«

Die beiden Männer wechselten einen bedeutungsvollen Blick.

Es war Neumond, der Himmel mit Sternen übersät. François Pelsaert und Lucretia van der Mylen genossen gemeinsam die laue Sommernacht. Lucretia hatte sich bei Pelsaert eingehängt. Ihr Parfum schwebte in der Luft, und bei jedem Schritt raschelte und knisterte ihr goldbraunes Abendkleid. Zu ihrem beiderseitigen Entzücken hatten sie festgestellt, daß sie außer der Liebe zur Kunst auch die Liebe zur französischen Sprache gemeinsam hatten. Auf ihren abendlichen Spaziergängen sprachen sie französisch miteinander, in der vagen Hoffnung, daß nicht jeder an Deck ihrer Unterhaltung folgen konnte. »Sieh nur, François! Ich habe nie bemerkt, daß der Mond auf einmal falsch herum steht«, rief Lucretia aus.

»Das ist der südliche Himmel. Hier ist alles verkehrt, die Jahreszeiten, der Mond, es stehen sogar mehr Sterne am Firmament.«

Eine Woche zuvor hatten sie mit einem rauschenden Fest die Überquerung des Äquators gefeiert, und jeder der Offiziere hatte sich darum gerissen, mit ihr tanzen zu dürfen. Viermal hatte sie ihm ihre Gunst geschenkt, das größte Zugeständnis, das von der Etikette gerade noch erlaubt war. Er lächelte sie an, glücklich, mit ihr zusammen zu sein. Jetzt, da er sie besser kannte, stand er mehr denn je unter dem Zauber ihrer schillernden Persönlichkeit. Er lebte für die wenigen Stunden, die er mit ihr verbringen durfte.

»Ich hasse den Gedanken, daß unsere schöne Reise nun schon so bald zu Ende sein soll.«

Er schmunzelte.

»Sei versichert, außer mir wirst du niemanden an Bord finden, der deine Meinung teilt. Wir haben erst weniger als die Hälfte des Weges hinter uns, und den ganzen Tag liegen sie mir in den Ohren mit ihren ewigen Beschwerden über das Essen und die Unbequemlichkeiten. Und außerdem – bist du es denn immer noch nicht leid, Zwaantie im Lesen und Schreiben zu unterrichten?«

»Oh, nein!« Sie schlug ihm strafend mit dem Fächer auf die Schulter. »Sie ist sehr begabt und gibt sich wirklich große Mühe.«

»Ich wundere mich, wo sie die Zeit zum Lernen findet«, antwortete er, seine Stimme plötzlich kalt und unpersönlich.

Er hielt an, den Blick starr auf das Deck unter ihnen gerichtet, wo sich die unverkennbare aufrechte Gestalt des Skippers gegen den nächtlichen Himmel abzeichnete. Zwaantie, direkt neben ihm, reichte ihm gerade bis an die Schultern. Sie schienen sehr glücklich miteinander.

»Du weißt, was die Leute reden.«

»Ja!« antwortete Lucretia, peinlich berührt. »Alles, was ich dazu sagen kann, ist, daß sie nachts in ihrer eigenen Koje schläft. Und zwar jede Nacht!«

»Wie töricht von dir, zu glauben, daß diese Dinge nur im Dunkeln geschehen!«

Lucretia war verblüfft.

»Wofür hält er mich? Für eine dumme Bäuerin vom Land? Wie kommt es nur, daß Männer uns Frauen immer wie hirnlose Wesen ohne jeden eigenen Willen behandeln?«

»Sie ist immer noch meine Zofe und während des Tages mit mir zusammen!« entgegnete sie ungewollt scharf.

Pelsaert preßte wütend die Lippen aufeinander.

»Unfaßbar«, dachte er, »daß Jacobs aus seiner Zuneigung zu Zwaantie keinen Hehl macht. Ein Mann in seiner Stellung mit einer einfachen Dienstmagd! Wo hat er nur seinen Verstand gelassen?«

Es kam ihm nicht in den Sinn, daß er dem Kapitän genau das vorwarf, was er selbst recht unbekümmert praktizierte. Der Kommandeur wäre erstaunt gewesen, wenn er gehört hätte, was die Menschen an Bord der *Batavia* von seiner engen Freundschaft mit einer verheirateten Frau hielten.

»Nichtsdestoweniger wäre es deine Pflicht, Zwaantie für ihr schamloses Verhalten zu tadeln.«

»Oh! Du sprichst schon genau so prüde und tugendsam wie der Pfarrer.«

Lucretia war verärgert. Indirekt hatte er anklingen lassen, daß sie ihre Zofe nicht im Griff hatte. Aber was war mit dem Kapitän? Warum rief er seinen Navigator nicht zur Ordnung? Die Magie des Abends war zerstört. Sie wollte nur noch in ihre Kabine. Lucretia murmelte einen Gute-Nacht-Gruß und machte auf dem Absatz kehrt, doch Pelsaert hielt sie am Ärmel zurück.

»Mon Dieu!« stieß er hervor und starrte ungläubig auf das Deck hinunter.

Sie beobachteten, wie der Kapitän seine Begleiterin in die Arme schloß und heftig küßte. Er hielt sie eng an sich gepreßt, und der Kuß schien nicht enden zu wollen.

»Voilà! Es ist ein Skandal!«

»François!« rief Lucretia empört. »Es ist nichts weiter als ein unschuldiger Kuß.«

»Und was für einer«, dachte sie beeindruckt.

Er blickte auf sie nieder. Eine blonde Strähne hatte sich aus ihrer Frisur gelöst und tanzte auf ihrer Wange. Vor

Zorn blitzende Augen. Grübchen. Verlockender Mund. Sein Ärger wuchs noch mehr, als er sich eingestand, wie gerne auch er sie küssen wollte.

»An diesem Kuß ist nichts unschuldig!« entgegnete er finster.

»Großsegel anholen!«

Jacobs sah seinen Männern kritisch beim Trimmen der Segel zu.

»Zu langsam!« dachte er grimmig, während die *Batavia* mit flatternder Leinwand fast bewegungslos im Wasser lag. »Wenn sie noch ein bißchen mehr herumtrödeln, sind wir jeden Augenblick manövrierunfähig!«

Es war ein weiterer warmer und sonniger Tag, der Himmel wolkenlos, die Sicht klar bis an den Horizont, und ein freundlicher Südostpassat bewegte sachte das Meer. Seit Wochen schon machten sie gute Fortschritte, und wenn es so weiterging, würden sie frühzeitig am Kap der Guten Hoffnung eintreffen. Die Eintönigkeit und Ereignislosigkeit der Reise wirkte einlullend und wiegte Passagiere und Besatzung in falscher Sicherheit, machte jeden an Bord bequem und träge, einschließlich seiner eigenen Person. Aber bei Gott! Er wollte es auf gar keinen Fall anders haben! Der Skipper hatte sich gerade dazu durchgerungen, seinen Matrosen eine kräftige Standpauke zu halten, als die Segel der *Batavia* endlich den Wind annahmen und sich prall mit Luft füllten. Das elegante Schiff senkte sich nach Steuerbord und nahm rasch an Fahrt auf.

»Schotten dichtholen!« rief der Skipper und leitete damit das Ende des Wendemanövers ein. Befriedigt überprüfte er den neuen Kurs der *Batavia* und entschied, daß sie noch mehr Segel vertragen konnte.

»Wenn sie damit fertig sind, sollen sie die oberen Marssegel losmachen.«

»Aye, Kapitän!«

Jan Everts, der Bootsmann, hielt die Luft an, bis Jacobs die Brücke verlassen hatte, erst dann wagte er auszuatmen. Auch er hatte gesehen, daß das Brassen der Segel zu langsam vor sich gegangen war und daß das Schiff beinahe hilflos mit dem Kopf im Wind gelegen hätte. Jede Sekunde hatte er damit gerechnet, daß ein Donnerwetter über ihn und die Männer hereinbrechen würde, aber zu seinem Erstaunen war es ausgeblieben. »Der alte Teufel muß heute verdammt gute Laune haben!« dachte er erleichtert.

Der gleiche Gedanke ging auch dem Schiffsjungen durch den Kopf, der mit wackeligen Knien hoch oben in den Seilen hing und seinen Weg in die Spitze des Hauptmastes suchte. Das Wendemanöver hatte seine letzten Kraftreserven aufgezehrt, und er war furchtbar müde. Es war seine erste Fahrt, und bisher hatte er vergeblich versucht, sich dem ewigen Wechselspiel anzupassen. Der Wind sprang um, und die Segel mußten neu getrimmt werden. Der Wind nahm zu, und die Segel mußten eingeholt werden. Der Wind nahm ab, und die Segel mußten wieder losgemacht werden. Im besten Fall bei mildem Wetter und Sonnenschein, im schlimmsten Fall bei zähneklirrender Kälte, Sturzseen von Regen und haushohen Wellen. Mahlzeiten immer nur zwischendurch eingenommen und fast ausnahmslos hastig hinuntergeschlungen. Nach acht Stunden mit regennasser Kleidung ins Bett fallen und schlafen, schlafen, schlafen. Und dann, wenn die Schiffsglocke läutete, aus totenähnlichem Schlaf auffahren und zurück in die unbarmherzige Tretmühle.

»Hopp, hopp, Jungchen! Wir haben nicht den ganzen Tag Zeit.«

Der Schiffsjunge blickte nach unten und fand sich von einem der erfahrenen Seemänner vorangetrieben. Er beschleunigte sein Tempo. Über ihm war schon die zweite Ausguckplattform, wo er sich atemlos niederließ und für den Seemann Platz machte, der kopfschüttelnd an ihm vorbeikletterte. Vorsichtig beugte sich der Schiffsjunge über den Rand hinaus und lugte auf das Deck. Der Skipper war in ein Gespräch mit der schönen blonden Dame vertieft, und der Bootsmann hatte seine Aufmerksamkeit auf den Vormast gelenkt. Niemand beachtete ihn. Erleichtert duckte er sich tiefer in den Schatten des Segels und wartete darauf, daß sich sein Herzschlag beruhigte und das Seitenstechen aufhörte.

»Heh! Du da auf dem Ausguck! Beweg gefälligst deinen faulen Hintern hier rauf!«

Der Junge fuhr vor Schrecken zusammen. Er hatte den Seemann vollkommen vergessen.

»Ich komme!« rief er zaghaft und schickte sich an, wieder in die Wanten zu steigen. Sein Kopf schmerzte, ihm war schwindelig, und der Schmerz in seinen Seiten hatte nicht nachgelassen. Er griff in die Seile, suchte mit dem Fuß nach einem festen Halt in den geknüpften, geteerten Stufen. Unkonzentriert zog er den anderen Fuß nach. Das Pochen in seinen Schläfen nahm zu. Während seines Aufstiegs zwang er sich, tief durchzuatmen und nicht nach unten auf die reflektierende Fläche des Meeres zu sehen. Er befand sich jetzt im letzten oberen Drittel des Hauptmastes, wo die Wanten steil gespannt und die Maschen eng und unzugänglich waren. Wieder griff er mit den Händen nach oben, setzte seinen Fuß in das Netz aus dünnen Stricken, zog den zweiten nach – und trat daneben. Sein nackter Fuß stieß ins Leere, und die unerwartete Gewichtsverlagerung riß auch das andere

Bein aus seinem Halt. Überrascht umklammerte der Junge das Netzwerk und fand sich selbst mit beiden Beinen frei in der Luft schwingend. Er krallte seine Hände in die Seile und versuchte verzweifelt, sein Gleichgewicht wiederzuerlangen.

»Um Gottes willen, halt dich fest, Jungchen! Ich bin gleich bei dir!« Erschrocken ließ sich der Seemann von der Querstrebe des Segelbaums zurück in die Wanten gleiten. Er hatte recht genau gesehen, wie erschöpft der Junge war, und sich an seine eigenen Anfänge erinnert. Er hatte ihn mit Absicht hart angefaßt, denn auf ihn hatte auch niemand Rücksicht genommen, wenn er müde war. Aber das hatte er nicht gewollt!

»Halt aus, Jungchen! Ich bin gleich da!«

Der Schiffsjunge fühlte, wie seine Gelenke aus ihrer Verankerung gerissen wurden. Hilflos zappelte er in den Seilen und kämpfte darum, mit den Füßen wieder Halt zu finden. Unter ihm das Deck schien gar nicht so weit, der Skipper plauderte noch immer, der Bootsmann erleichterte sich auf dem Vorschiff über die Reling, ein paar Soldaten vertraten sich die Beine. Keiner schien zu bemerken, daß er in höllischen Schwierigkeiten steckte. Er spürte seine nachlassenden Kräfte und die beginnende Gefühllosigkeit in allen seinen Fingern.

»Ich kann nicht mehr!« dachte er. Und ließ los.

Er kam mit einem dumpfen Schlag auf dem Rücken auf. Lucretia schlug erschrocken die Hand vor den Mund, und für den Bruchteil einer Sekunde herrschte tödliches Schweigen an Deck. Ein Stapel Segeltuch hatte den Sturz ein wenig abgemildert, aber das linke Bein des Schiffsjungen stand in einem unnatürlichen Winkel ab, und sein Hosenbein war blutgetränkt.

»Gütiger Himmel!« stieß Jacobs entsetzt hervor und

ließ Lucretia stehen, um zu Hilfe zu eilen. Der Seemann kletterte in fliegender Hast den Hauptmast hinunter und sprang hinzu. Als der Schiffsjunge das Ausmaß seiner Verletzung sah, flatterten seine Augenlider, und er fiel in Ohnmacht. Behutsam hoben die beiden Männer seinen schlaffen Körper von der Leinwand, betteten ihn bequemer auf die Planken und machten Platz für den Schiffsbader.

»Was steht ihr hier herum und gafft?« fuhr Jacobs seine Männer an. »Zurück an die Arbeit! In einer halben Stunde will ich alle Segel gesetzt und das Schiff perfekt getrimmt sehen! Und du ...«, er stach mit dem Zeigefinger nach dem unglücklichen Seemann, »hat dir keiner erklärt, daß man ein Auge auf die Neuen haben muß? Wenn deine Wache zu Ende ist, will ich dich in meiner Kabine sehen, verstanden?!«

Die Matrosen entfernten sich nur zögernd, erschütterte Blicke auf ihren Kameraden werfend. Sie bekreuzigten sich heimlich und dankten dem Himmel, daß es nicht sie getroffen hatte. Nachdem der Skipper sich ausreichend Luft gemacht hatte, kniete er neben dem Bader am Boden nieder. Der Doktor hatte die Hose des Jungen aufgeschnitten. Er hielt seinen Handballen fest in die Leiste des Jungen gepreßt und betrachtete nachdenklich die tiefe Wunde. Ein Stück Knochen ragte aus dem Oberschenkel heraus, und Blut sprühte auf die Schiffsplanken.

»Wie ernst ist es?«

»Das Bein ist gebrochen, soviel ist sicher!«

Der Doktor schüttelte bekümmert den Kopf.

»Und der starke Blutfluß macht mir Sorgen. Die große Ader hier ist, so wie es aussieht, bei dem Aufprall schwer beschädigt worden.«

Was sollte er tun? Die Wunde kauterisieren[12]? Das verletzte Gefäß abbinden, nach der neuen Methode, die ein französischer Militärarzt[13] eingeführt hatte? Wenn ich die Wunde ausbrenne, wird das Bein absterben. Wenn ich die Ader abbinde, wird es auch absterben. Ganz gleich was ich tue, er wird sein Bein verlieren. Also gleich amputieren? Gott, wie er es haßte!

»Ich denke, wir müssen das Bein abnehmen.«

Der Junge kam zu sich. Er hatte die letzten Worte des Baders gehört. »Mein Bein!« rief er in wildem Schrecken. »Laßt mir mein Bein! Ich will mein Bein nicht verlieren!«

Einige der Umstehenden traten entsetzt einen Schritt zurück. Sie versuchten, den schmerzerfüllten Augen des Jungen auszuweichen. »Großer Gott, er ist doch noch ein halbes Kind«, murmelte Jacobs betroffen. »Gibt es denn keinen anderen Weg, Meister?«

»Ich fürchte nein.«

Eine Flasche mit Gin und ein Becken mit glühenden Kohlen wurden gebracht. Mitleidig betrachtete Jacobs die bläulich verfärbten Lippen und den eingekniffenen Zug um die Nase des Schiffsjungen.

»Es wäre eindeutig besser für ihn gewesen, wenn er ohnmächtig geblieben wäre«, dachte er.

Der Bader ergriff mit seiner freien Hand die Schnapsflasche und entstöpselte sie mit den Zähnen.

»Kapitän, ich brauche Eure Hilfe. Ihr müßt mich hier ablösen.«

Er zeigte dem Skipper, wo er seine Faust in die Lenden des Verletzten drücken mußte, um das Blut zu stauen. Der Bader nahm seine Hand weg, und für einen Wimpernschlag spritzte das Blut in einem feinen hellen Strahl auf, bevor der Skipper seine Position eingenommen und die richtige Druckstelle gefunden hatte. Dann richtete der Bader den Oberkörper des Jungen auf und hielt ihm die Flasche an den Mund. »Trink, mein Sohn, trink soviel du kannst!«

Der Schiffsjunge schluckte brav, während Aris Janz beunruhigt dessen klamme und kalte Haut zur Kenntnis nahm. Unauffällig suchte er nach dem Puls und hatte Schwierigkeiten, ihn zu finden. In der Zwischenzeit wurde über dem Kohlenbecken eine Eisenstange erhitzt.

»Wir brauchen hier noch einen dritten Mann, um den Jungen festzuhalten.«

Bestürztes Schweigen bei den Zuschauern. Der Schmied, ein beleibter Mann mit nacktem Oberkörper, drehte und wendete das Eisen in den Kohlen.

»Das Eisen ist jetzt heiß genug«, bemerkte er sachlich. »Wenn Ihr wollt, kann ich Euch helfen.«

Wortlos betrachtete der Arzt die schmutzige, speckige Lederschürze des Mannes und die rußverschmierten Hände mit den schwarzen Halbmonden unter den Fingernägeln. Widerwillig wollte er sich gerade dazu durchringen, das Angebot anzunehmen, als sich einer der Soldaten seinen Weg durch die Menge bahnte, ein feiner junger Mann mit reservierten blauen Augen. Ohne ein Wort kniete er neben dem Skipper nieder und legte schlanke und gleichzeitig kräftige Hände auf Arm und Bein des Jungen. Der Doktor warf ihm ein dankbares Lächeln zu, streifte entschlossen seine Handschuhe über und nahm das Eisen entgegen. Er wischte Ruß und Asche an einem Lappen ab und holte tief Luft. Die weißglühende Spitze näherte sich der zerrissenen Arterie. Der Schiffsjunge gab keinen Laut von sich, er starrte nur wie gebannt auf das Brenneisen.

»Wie ist dein Name, Junge?«

»Lukas, Herr!«

»Wie alt bist du?«

»Sechzeh ...«

Der Aufschrei drang den Umstehenden tief ins Gebein. Der Doktor hatte ohne Vorwarnung das heiße Eisen in die Wunde gedrückt, und die Schmerzen schienen den Jungen fast zu übermannen. Der übelkeiterregende Geruch von verbranntem Fleisch zog über das Deck, und die Reihen der Zuschauer begannen sich zu lichten. Der Bader fuhr fort, die Verletzung auszubrennen, und schließlich verlor der Junge wieder das Bewußtsein. Er wurde auf der Stelle ruhiger, und seine Atemzüge wurden tiefer. Jacobs und der Soldat ließen in ihrem Griff etwas nach. Auf der Oberlippe des Skippers standen kleine Schweißperlen, und der junge Soldat mußte denken: »Gott sei Dank, daß ich es nicht bin! Gott sei Dank für meine Arme und Beine!«

»Tapferes Kerlchen!« murmelte der Doktor und wischte sich mit dem blutgetränkten Hemdsärmel den Schweiß aus der Stirn. Der Gestank war jetzt schier überwältigend. Nach einer kleinen Ewigkeit setzte er sich auf seine Fersen und warf das Eisen zurück in die Esse.

»Ihr könnt jetzt Eure Hand wegnehmen, Kapitän, und wir werden sehen, ob meine Arbeit etwas taugt.«

Der Skipper gehorchte, und das Herz des Doktors tat einen kleinen Sprung, als kein neues Blut nachströmte. Aris Janz riß sich die Handschuhe von den Händen, öffnete seine Ledertasche und suchte nach Nadel und Faden, nach reinem Leinen und Verbänden. Er übergoß seine Hände mit Gin, nahm selbst einen tiefen Zug und griff dann zum Skalpell. Behutsam entfernte er das Gewebe, legte den Knochen und die Fraktur frei und ließ einen großen Hautlappen übrig, aus dem er später den Stumpf formen würde.

»Jetzt die Säge!«

Jacobs versuchte an etwas anderes zu denken, während der Doktor sein schauriges Werk tat, aber es wollte ihm nicht gelingen, und sein Blick wanderte immer wieder zu dem blutigen Schauplatz zurück. Es war bei weitem nicht das erstemal, daß er bei einer Amputation assistierte, aber es war eine Sache, an die er sich nicht gewöhnen konnte. Jedesmal verspürte er dieselbe Hilflosigkeit, jedesmal aufs neue dieselbe Wut über die unnötige Verstümmelung. »Aber«, versicherte er sich selbst, »mit diesem Bader hat er eine gute Chance, keine Entzündung zu bekommen. Dieser Arzt wäscht sich die Hände! Dieser Arzt ist nicht gleichgültig, so wie mancher Quacksalber, der denkt, daß es doch nur ein weiterer Seemann ist, Abschaum, für den es sich nicht lohnt, die Mühe zu machen.«

Der Doktor hatte die Säge weggelegt und feilte nun den Knochen zurecht. Das Bein war nur noch ein lebloses Glied, das von seinem Besitzer getrennt auf den Holzbohlen lag. Plötzlich bemerkte Jacobs, daß der Schiffsjunge seine Augen geöffnet hatte und in stiller Ergebenheit auf das Bein starrte, das jetzt nicht mehr zu ihm gehörte. Er räusperte sich.

Der Bader sah auf und strich dem Jungen beruhigend über die Stirn. Er erhielt fast keine Reaktion, und der Doktor erkannte alle Anzeichen eines Schocks.

»Eine Decke! Rasch!«

Er begann, das unversehrte Bein des Jungen zu massieren, und bat Jacobs und den jungen Soldaten dasselbe mit den Armen zu tun. Die Decke kam, und sie packten den Verletzten warm ein. Schließlich breitete der Bader ein sauberes Tuch auf den Planken aus, wählte eine Nadel, fädelte einen Faden ein und legte Schere und Verbandszeug zurecht.

»Haltet ihn jetzt gut fest, damit ich die Wunde reinigen kann. Wenn das Fleisch zu verrotten beginnt, war alles vergebens!«

Jacobs wechselte einen Blick mit dem Soldaten, und beide verstärkten noch einmal ihren Griff. Der Bader goß Gin in die Wunde, und der Schiffsjunge zuckte zusammen. Tränen schossen ihm in die Augen, und er versenkte die Zähne in seine Unterlippe, aber kein Laut des Klagens kam über seine Lippen. Schließlich begann der Doktor, die Wunde zu schließen. Eisern hielten der Skipper und der Soldat den stöhnenden Jungen ruhig, der die eigentliche Amputation kaum wahrgenommen hatte, jetzt aber in großen Schmerzen lag. Endlich schnitt der Doktor den Faden ab und setzte sich zurück. Er schüttete noch einmal eine ordentliche Portion Gin über die frische Naht und leerte den Rest der Flasche dann selbst.

»Lieber Himmel, Bader! Ihr hättet uns ruhig einen Schluck übrig lassen können! Meine Kehle fühlt sich trokken an wie die Wüste.«

Ein kleines Lächeln huschte über das Gesicht des Soldaten. Trotz des leichten Tonfalls standen kleine Schweißperlen auf der Oberlippe des Skippers, und er war fahl unter seiner Bräune. Ganz eindeutig fühlte sich der Kapitän genauso elend wie er selbst. Er bewunderte die Kaltblütigkeit des Baders, der ungerührt damit begann, einen Verband anzulegen.

»Ich gehe davon aus, daß Ihr mich gleich zu einem Tropfen in die Offiziersmesse einladet, Kapitän. Und dieser junge Mann hier hat sich ganz eindeutig eine Sonderzuteilung Schnaps verdient.«

»Die soll er haben! Wie heißt du, Soldat?«

»Wiebe Hayes, Kapitän.«

»Danke, Wiebe Hayes, für die beherzte Hilfe! Wenn er es schafft, dann verdankt er das zu einem guten Teil auch dir.«

»Das war doch selbstverständlich!« antwortete der Soldat bescheiden. Der Skipper gewann in demselben Maße seine Haltung zurück, wie seine Übelkeit abflaute.

»Nun, Bader, wie sind seine Aussichten?«

Aris Janz ergriff das Handgelenk des Jungen, der wieder in den Zustand der Bewußtlosigkeit abgeglitten war.

»Sein Puls ist schon kräftiger geworden. Ich würde sagen, wenn Ihr ihn möglichst ohne große Erschütterungen in ein Bett bringen lassen könnt und sich die Wunde in drei Tagen noch nicht entzündet hat, dann wird er es überstehen.«

Jacobs verriegelte sorgfältig die Tür hinter sich. Dann nahm er Zwaantie in die Arme. Warme weiche Lippen senkten sich auf ihren Mund. Sein Kuß begann zärtlich, wurde dann heftig und leidenschaftlich.

»Zwaantie, Süße!« murmelte er und vergrub sein Gesicht in ihrem Ausschnitt, lauschte ihrem Herzschlag, fühlte ihre Wärme, atmete ihren Duft.

Panik stieg in ihr auf. Warum hatte sie sich überreden lassen, mitzukommen? Allein mit ihm, in der vertraulichen Umgebung seiner Kabine, fühlte sie sich hilflos und ausgeliefert. Sie sah sich um. Ein hoher Stuhl, der Schreibtisch mit Zirkeln und Karten übersät, Rasierzeug auf dem Waschtisch, die sauberen Laken auf der schmalen Koje einladend zurückgeschlagen. Eine kupferne Öllampe hing von der niedrigen Decke und verbreitete einen warmen dämmrigen Schein.

Als hätte er ihre Gedanken gelesen, ließ er sie los, unvermittelt und ohne Vorwarnung. Er war so erhitzt, daß er sie beinahe auf dem nackten Fußboden genommen hätte.

»Ich kann kaum noch bis Batavia warten!« dachte Adriaen.

Er ging zum Fenster und riß es auf, aber die hereinströmende Luft brachte keine Abkühlung. Die Nacht war zu mild. Er drehte sich um und sah sie an: rehbraune Augen, sinnlicher Mund, das volle dunkle Haar im Nacken zu einem Knoten geschlungen und ausnahmsweise einmal ohne die verabscheuungswürdige weiße Haube, die schmale Taille von einem schwarzen Schnürleibchen eng umschmiegt, die langen Beine kaum zu erahnen unter dem dunkelgrünen Rock. Sie war der Inbegriff eines hübschen Landmädchens!

»Das ganze Schiff tratscht über uns! Der Schaden ist bereits angerichtet. Warum tust du es nicht einfach?« flüsterte der Teufel in ihm.

Er ging zu ihr zurück und nahm ihr Gesicht in seine rauhen Hände. »Ich will dich, Zwaantie. Ich will dich so sehr!«

Sie sah zu ihm auf, am ganzen Körper zitternd.

»Sag, daß du es auch willst! Bitte sag ja!«

Er bedeckte ihr Gesicht mit winzigen Küssen. Hungrig folgten seine Lippen der Linie ihres Halses. Er knöpfte ihre Bluse auf, schob den weißen Stoff über ihre Schultern hinab und biß sie sanft in den Nacken.

»Sag ja!«

Seine Hand umfaßte ihre Brust. Er fühlte unter dem dünnen Leinen wie ihre Brustwarze sich aufrichtete.

»Sag ja!« drängte er.

»Ja!« wisperte Zwaantie. »Ja!«

Er hob sie auf und trug sie zum Bett, wo er sie behutsam entkleidete. Sie war leicht und ihr Körper makellos: feste Brüste, schlanke Beine und flacher Bauch. Sie legte eine kleine warme Hand auf seine glatte, gebräunte Brust. Er nahm seine Pistolen ab. Dann half sie ihm aus Hemd und Hose. Hohe Seestiefel fielen schwer zu Boden. Vorsichtig berührte sie die Narben auf seiner Wange mit den Fingerspitzen. Dann löste sie das Haarband. Langes schwarzes Haar fiel in sein Gesicht. Sie spielte mit einer glänzenden Strähne.

»Es ist so weich!« flüsterte Zwaantie, fiebrig von Erwartung und Furcht.

Er lächelte ein schwaches Lächeln. Sein Verlangen wurde zu groß, das Blut pulsierte heiß in seinen Adern. Im nächsten Moment war er über ihr, zwischen ihren Schenkeln. Überrascht stemmte Zwaantie ihre Hände gegen seine Brust, versuchte eine kleine Bewegung der Abwehr. Aber es war zu spät, er war bereits in ihr. Sie zuckte zusammen, als der Schmerz kam, und stieß einen erstaunten Laut aus. Adriaen verharrte in der Bewegung. Beinahe hätte er laut geflucht.

Sie war noch Jungfrau!

»Du hättest es wissen müssen! Ihre vorsichtige Art zu küssen. Ihre Verwunderung, als sie deine Zunge fühlte.« Er erinnerte sich, wie er gelacht und erklärt hatte, daß dies die französische Art sei zu küssen. »Du blöder Idiot! Sie hätte den Unterschied nicht gekannt. Es war ihr erster Kuß!«

Er dachte daran, sich aus ihr zurückzuziehen, sie zurückzuschicken zu ihrer Herrin. Aber es gab keinen Weg zurück, es war schon so lange her für ihn, und er war gefangen in ihrer engen, feuchten Wärme. Er bewegte sich langsam in ihr, fühlte, wie ihre Haut sich mit süßem Schweiß bedeckte, bewegte sich mehr, fühlte wie ihr Herzschlag sich beschleunigte. Er tauchte tief in sie ein und spürte, wie ihr Körper ihm antwortete. Er bewegte sich, hielt sich zurück, bewegte sich, hielt sich zurück, bewegte sich schneller, bis sie einen leisen Seufzer ausstieß. Er hielt sie und wartete, bis ihr Beben sich beruhigt hatte, bevor er wieder tief in sie eindrang, sich selbst unaufhaltsam nach oben schwang, bis auf den Gipfel seiner Lust. Er kam heftig, heftiger als er es je gekannt hatte. Atemlos sank er auf sie hinab. Instinktiv streichelte sie seinen Rücken, und er verbarg seinen Kopf in ihrem Nacken, wo ihr Haar sanft sein Gesicht liebkoste.

Für eine lange Zeit lagen sie einfach beieinander und genossen den Nachglanz ihrer Vereinigung. Dann stützte er sich auf und verließ sie. Da waren die Zeichen, Blutspuren auf seiner Männlichkeit, zwischen ihren Schenkeln und auf dem Laken.

»Warum, um Himmels willen, hast du mir nicht gesagt, daß du noch nie mit einem Mann gelegen hast?«

Sie setzte sich auf, schlang die Arme um die Knie und stützte das Kinn auf.

»Ich hatte Angst!« antwortete sie leise.

»Du hattest Angst? Angst wovor?«

»Angst, daß du mich nicht mehr haben wolltest.«

»In die Falle getappt!« dachte er. »Natürlich hättest du sie nicht mehr gewollt, zumindest nicht mit ihr geschlafen. Oder doch? Ist es nicht deine zweite Regel? Niemals mit einer unschuldigen Frau zu schlafen! Erfahrene Frauen, die wissen, worauf sie sich einlassen, ja. Sogar verheiratete Frauen. Aber niemals, niemals eine Jungfrau!«

»Um Gottes willen, weißt du, was du getan hast?«

»Was wir getan haben!« verbesserte er sich selbst in Gedanken.

»Du hast keinerlei Aussicht auf eine Ehe mit einer verlorenen Jungfernschaft.«

Ihr Herz setzte einen Schlag aus, und eine heiße Welle stieg aus der Tiefe ihres Magens empor.

»Vielleicht, wenn ich dir Geld gebe – ich meine, mit einer guten Mitgift –, vielleicht findest du dann jemanden, der bereit ist, darüber hinwegzusehen.«

Betäubt hörte sie ihm zu, hörte, wie er nach einem Ausweg suchte, und verstand doch nichts. Warum war er plötzlich so aufgebracht? Was hatte sie ihm getan?

»Du willst mich also gar nicht heiraten?«

Er warf ihr einen verdutzten Blick zu.

»Heiraten? Zwaantie! Ich bin Seemann! Ich bin weniger als drei Monate im Jahr zu Hause. Und bei jeder Fahrt ist es aufs neue ungewiß, ob ich wieder zurückkomme. Das ist kein Leben für eine Frau!«

Er brach ab. Das Bild seiner Mutter tauchte vor ihm auf, ihre hagere, ewig über das Spinnrad gebeugte Gestalt. Die grauen Strähnen in ihrem dunklen Haar, das von Sorgen verhärmte Gesicht. Oft war kein Geld dagewesen, weil der Vater jahrelang nicht nach Hause gekommen war. Vier Kinder, in Abwesenheit des Vaters zur Welt gebracht, in Abwesenheit des Vaters erzogen. Zwei davon gestorben. Ein Bruder noch als Säugling, eine Schwester mit elf. Beide in Abwesenheit des Vaters beerdigt, in Abwesenheit des Vaters betrauert. Die Angst, den Vater ihrer Kinder nicht mehr lebend wiederzusehen, hatte seine Mutter frühzeitig zur alten Frau gemacht. Er selbst hatte seinen Teil dazu beigetragen, als er ihr zu der Sorge um den Ehemann auch noch die Sorge um den einzigen Sohn aufgebürdet hatte. Das Leben einer Seemannsfrau war hart und grausam. Aber wie sollte er das diesem blutjungen Ding hier verständlich machen?

»Ich bin kein Mann für die Ehe!« sagte er schließlich. »Das Meer ist meine erste und einzige Liebe.«

Er wartete auf ihren Protest, auf ihre Versicherungen, daß es ihr nichts ausmachen würde, daß sie gerne ihr Leben damit verbringen wollte, auf ihn zu warten. Worte, die er schon tausendmal von anderen Frauen gehört hatte. Aber sie blieb stumm. Sie zog das Laken höher hinauf und starrte auf ihre Zehen. Der Glanz in ihren Augen war verschwunden. Das Klatschen der Wellen gegen den Rumpf der *Batavia* blieb für lange Zeit das einzige Geräusch im Raum. Dann kündigte die Schiffsglocke die zehnte Stunde an. Zwaantie warf den Kopf zurück. Entschlossen kletterte sie über Adriaen hinweg und verließ die schmale Koje. Sie stieg in ihre Unterwäsche, sammelte ihre Kleidungsstücke ein, die überall auf dem Boden verstreut herumlagen, und begann, sich anzukleiden.

»Wo willst du hin?«

»Zurück zu Lucretia! Sie wird zu recht ungehalten sein, weil ich ihr nicht bei der Abendtoilette geholfen habe.«

Er stützte sich auf seinen Ellenbogen und sah ihr dabei zu, wie sie mit den Schnüren an ihrem Mieder kämpfte.

»Komm her und laß dir helfen!«

Sie warf ihm einen giftigen Blick zu.

»Was verstehst du schon von diesen Dingen?«

Er lachte laut auf.

»Mehr als du dir vorstellen kannst! Nun komm schon und hör auf, so ein böses Gesicht zu machen!«

Mißtrauisch ließ sie sich auf der äußersten Kante des Bettes nieder. Er packte sie an der Hüfte und zog sie näher zu sich heran.

»Wie soll ich das verdammte Ding zukriegen, wenn du so weit weg bist?«

Er nestelte an den Schnüren, und das Mieder weitete sich wieder. Zwaantie versuchte, über ihre Schulter nach hinten zu spähen.

»Was machst du da?« rief sie empört. »Du sollst es schließen, nicht öffnen!«

»Ich denke gar nicht daran!«

Seine Hände wanderten in den Ärmelausschnitt ihres Hemdchens und umfaßten zärtlich ihre Brüste. Der

Schock über den verunglückten Jungen steckte noch immer tief in seinen Knochen, und der beste Weg, sich zu beweisen, daß er selbst lebendig und unversehrt war, war die Umarmung einer Frau. Zwaantie versuchte, sich zu befreien, aber sein Griff wurde davon nur fester, seine Hände fordernder.

»Laß mich auf der Stelle los, du Schwein!«

»Später, nicht jetzt!«

Seine Stimme klang rauh, sein Atem traf heiß auf ihren Nacken, ihr ganzer Körper erwärmte sich. Das Mieder fiel zu Boden, und er drehte sie zu sich herum.

»Zuerst muß ich dich noch einmal haben!«

Sie öffnete ihren Mund, um zu protestieren, aber er versiegelte ihre Lippen mit einem Kuß. Sie schloß hilflos die Augen, während sie rückwärts auf das Bett sanken.

»Lieber Gott hilf mir, ich kann ihm nicht einmal böse sein!«

Während der nächsten Stunde war die Kabine von ihrem Flüstern und Seufzen erfüllt.

»Heh! Was liest du da, Wouter?«

»Ach, nichts Besonderes. Irgend so ein heiliges Zeug aus der Bordbibliothek.«

In dem trüben Schein der Schiffslaterne steckte der Angesprochene seine Nase noch tiefer in die Seiten. Er hatte keine große Lust auf ein Gespräch mit dem Obergefreiten, der faul in seiner Hängematte lag, die er zwischen zwei mächtigen Stützpfeilern aufgespannt hatte. Aber Jakob Pieters ließ nicht locker. Er langweilte sich gründlich und wollte unterhalten werden.

»Muß ja ungemein spannend sein! Ich wußte gar nicht, daß du so ein Bibelfanatiker bist.«

»Bin ich nicht! Aber es ist besser, als überhaupt nichts

zu tun. Du würdest dich wundern, was im Alten Testament so alles drin steht. Aber ich vergaß, dafür muß man ja lesen können.«

»Heh, du Hühnerfurz! Willst du etwa behaupten, ich könnte nicht lesen?«

Wouter Loos gab auf. Er legte das Buch zur Seite und machte es sich auf seinem Mehlsack etwas bequemer. Sie befanden sich auf dem Orlop-Deck[14], dem gedrängten, lichtlosen Quartier der Soldaten, wo die Decke an keiner Stelle hoch genug war, daß ein Mann aufrecht stehen konnte. Die Seeleute waren in sicherer Entfernung auf dem Kanonendeck über ihnen untergebracht. Sie kamen für gewöhnlich nicht besonders gut miteinander aus.

»Nichts für ungut! Ich wollte dich bloß ein bißchen nekken.«

»So«, brummte Pieters halbwegs besänftigt. »Na schön!«

Er reagierte empfindlich auf Neckereien jeder Art, aber in diesem Fall war er besonders verletzlich, denn er vermochte tatsächlich nicht zu lesen. Wouter Loos fummelte einen Beutel mit Tabak aus seiner Hosentasche und begann, sich eine Pfeife zu stopfen. Er konnte nicht gerade sagen, daß er den Obergefreiten besonders mochte. Es war weniger dessen schiefes, vernarbtes Gesicht als der verschlagene Blick, der ihm nicht gefiel.

»Aaah! Ich weiß nicht, was ich noch tun soll. Ich schlafe mehr als zwölf Stunden am Tag. Mir ist so sterbenslangweilig, daß ich schon fast diese armen Teufel beneide, die den ganzen Tag und die halbe Nacht zwischen den Segeln herumklettern müssen.«

»Warum gehst du nicht nach oben und vertrittst dir die Beine?« schlug Wouter vor. Ein leiser bissiger Unterton hatte sich in seine Stimme eingeschlichen. Er neidete dem Obergefreiten sein Recht, als einziger an Deck gehen zu dürfen, wann immer es ihm behagte. Die einfachen Soldaten mußten warten, bis der Skipper es erlaubte, und selbst dann durften sie nur in Gruppen und für wenige Minuten das Licht des Tages genießen.

»Wozu? Um über einen Stapel Schiffstaue zu fallen? Nein danke!«

Wouter zuckte die Achseln und erhob sich. Er nahm das Schutzglas von einer der wenigen Schiffslaternen ab, entzündete einen Holzspan an der Flamme und kehrte in gebückter Stellung an seinen Platz zurück. Nach kurzer Zeit stieg Rauch von seiner Tonpfeife auf.

Aus einer Ecke des dicht bevölkerten Raumes, der eigentlich für die trockene Lagerung von Gewürzen und nicht für die Unterbringung von Menschen konstruiert war, ertönten die Klänge einer Geige. Sofort scharte sich eine kleine Gruppe von Soldaten um den Musikanten.

»Bah! Dreckige Froschfresser!« schnaubte Jakob Pieters verächtlich.

Der Mann mit der Geige war Thomas de Villiers, einer der französischen Söldner. Wouter versuchte, den Obergefreiten zu ignorieren und statt dessen der Musik zu lauschen. De Villiers beherrschte das Instrument meisterhaft.

»Das Essen heute war wieder mal ungenießbar«, begann Pieters von neuem. »Der Hering war älter als mein Großvater, und ich konnte die Maden kaum von den Erbsen unterscheiden.«

»Kann denn dieser häßliche Klotz nicht mal für fünf Minuten aufhören zu jammern!« dachte Wouter verärgert.

»Was willst du eigentlich? Wir haben Maden im Essen, die Seeleute haben Maden im Essen, die Passagiere haben Maden im Essen, sogar die Offiziere haben Maden im Essen. Es geht nun mal nicht ohne Maden nach so langer Zeit auf hoher See.«

»Ja«, knurrte der Obergefreite zurück. »Aber dafür haben der Kommandeur und der Skipper ein eigenes warmes Bett, in dem ihre Huren auf sie warten.«

Stille trat ein. Wouter Loos verstand die Anspielung recht gut und hörte nicht gerne, wie respektlos Pieters von der schönen Lucretia sprach. In seinen Augen war sie eine sehr begehrenswerte Frau, und es tat wirklich gut, ab und zu einmal einen Blick auf sie zu erhaschen. Ein Lächeln von ihr konnte den schlimmsten Tag versüßen, es leichter machen, in die qualvolle Enge des Zwischendecks zurückzukehren und einen weiteren Tag in gekrümmter Körperhaltung mit Tagträumen von ihr zu überstehen. Er glaubte nicht an das Gerede, daß sie ein Verhältnis mit dem Kommandeur unterhielt. Ihre Kammerzofe und der Kapitän? Nun, das war eine ganz andere Geschichte.

Er beobachtete im Halbdunkel, wie Pieters sich im Schritt kratzte und dann den Mund zu einem weiten Gähnen aufriß. Heftiger Widerwille packte ihn.

»Paß bloß auf, Pieters! Du bist ja schon ganz grün vor Neid. Ist es nicht so, daß du dich am liebsten selbst auf der Stelle mit Lucretia oder Zwaantie hinlegen würdest, anstatt immer nur selbst an dir herumzuspielen, wenn sie dich nur lassen würden?«

Der Hieb hatte gesessen. Pieters schloß den Mund und drehte sich zutiefst beleidigt in seiner Hängematte um. »Das vergesse ich dir nicht, Wouter Loos!« dachte er. »Denkst du, ich weiß nicht, daß ihr mich hinter meinem Rücken *Steinschleifer* nennt? Denkst du, ich weiß nicht, daß keine Frau mich ansehen mag, weil mein Gesicht verzerrt, meine Arme lang und ungelenk und mein Oberkörper zu eckig sind? Keine kann mir lange ins Gesicht sehen, ganz besonders nicht diese hochwohlgeborene Hure, die immer ihr feines Näschen rümpft und den Kopf in eine andere Richtung dreht. Aber wartet nur, eines Tages werdet ihr mir alle dafür büßen. Ihr werdet alle bezahlen für eure Nichtachtung und eure Beleidigungen!«

2. BUCH

Stürme

Die Bucht am Fuß des schieferdunklen Berges war weit und flach und hellsandig. Nach so vielen Wochen auf dem endlosen Wasser tat das saftige Grün des Hinterlandes den Augen gut. Das Meer lag glatt wie ein Laken, nur vereinzelt rollten Wellen von weit draußen langsam herein. Zu seiner Linken mündete der Tafelberg in einen stumpfen Gipfel, der etwa ein Drittel seiner Masse ausmachte. Der Bergkopf war durch einen Einschnitt vom Rest des Massivs getrennt, das zu seiner Rechten die Form einer Tischplatte annahm, abgeflacht und vollkommen gerade. Wolken zogen über die scharf begrenzten Kanten der Hochebene, wie Dämpfe aus den gläsernen Kolben eines alchimistischen Labors. Sie legten sich über das Gipfelplateau wie ein weißes Tischtuch über eine festliche Tafel, und so war der Tafelberg auch zu seinem seltsamen Namen gekommen.

Verließ man die Bucht und folgte dem Verlauf der südafrikanischen Halbinsel nach Süden, dann erreichte man bald die Landspitze, die die Portugiesen *Cabo de Bona Esperanza*[15] getauft hatten und die den Wendepunkt für alle Schiffe markierte, die auf der Südatlantik-Route ihren Weg in den Indischen Ozean suchten. Hier, wo sich die kalten Wasser des Atlantik mit den warmen Strömen des Indischen Ozeans vermischten, tobten oft heftige Stürme um die Felsen des Kaps. Für die Menschen auf der *Batavia* trug das Kap seinen Namen dennoch mit gutem Recht, denn ihre Hoffnungen hatten sich erfüllt, als sie einen Monat vor der geplanten Ankunft in der Bucht die Schiffe vorfanden, von denen sie in der Nordsee so unerwartet und früh getrennt worden waren. Alle außer der *Gravenhage*, die seit dem Sturm verschollen war.

Es war der 14. April des Jahres 1629. Die in der Sonne liegenden Schiffe boten einen friedlichen Anblick. Der Verlust der *Gravenhage* konnte der allgemeinen Hochstimmung keinen Abbruch tun. Es war erstaunlich, wieviel Freude und gute Laune die Aussicht auf frisches Wasser, Lebensmittel und unbegrenzte Spaziergänge bei den Menschen der Flotte auslöste. Auf den Schiffen reparierten, teerten und putzten die Seeleute mit einem Lied auf den Lippen. Frauen und Männer ließen sich mit den Beibooten an Land bringen und wanderten in kleinen Grüppchen am Strand entlang. Pelsaert verließ die *Batavia* mit einer Delegation bestehend aus dem Pfarrer, seinem persönlichen Assistenten Salomon Deschamps, dem jungen Andries de Vries, einer Handvoll Soldaten sowie einer Kiste mit Werkzeugen, Blei und allerhand Tand, um mit den Eingeborenen wegen der Erneuerung der Vorräte zu verhandeln. Die einheimischen Schwarzen waren ein friedliches Volk von Hirtennomaden, die sich selbst *Khoikhoin – Menschen der Menschen* nannten. Von den Holländern waren sie jedoch mit einem anderen Namen bedacht worden, einer nicht gerade respektvollen Verballhornung ihrer rituellen Begrüßungsworte, die sich in den Ohren der Fremden wie *Hottentot* anhörte. Sie lebten vom Fischen und von der Jagd, von Milch, Wurzeln und wilden Früchten, und genau diese Köstlichkeiten waren es, die Pelsaert von ihnen wollte, um den Speiseplan der *Batavia* aufzubessern.

Jacobs beobachtete vom Achterdeck aus, wie das Langboot mit dem Kommandeur an Bord ablegte und das Ehrenspalier der Seeleute sich fast augenblicklich auflöste. Ein leises Lächeln umspielte seine Lippen. Er hatte seine eigenen Pläne für den Tag. Und er erwartete Pelsaert nicht vor dem nächsten Morgen zurück. Der Kapitän war so gut gelaunt wie schon seit langer Zeit nicht mehr.

»Herr Cornelius«, wandte er sich, einem plötzlichen Impuls folgend, an den Frachtaufseher neben ihm, »vielleicht habt Ihr Lust, mich an Bord der *Sardam* zu begleiten? Der Kapitän ist ein guter alter Freund von mir, und ich denke, wir haben uns eine kleine Abwechslung verdient, was meint Ihr?«

Jerome Cornelius war überrascht. Dies war das erste Mal, daß Jacobs seine Gesellschaft nicht aus beruflichen Gründen suchte. Der Skipper pflegte kein Geheimnis daraus zu machen, daß er nicht gut auf Kaufleute zu sprechen war und ganz besonders nicht auf François Pelsaert. War dies nicht die beste Gelegenheit, sich mit ihm anzufreunden und ein wenig von seinen Beziehungen in Ost-Indien zu profitieren? Hatte er nicht phantastische Geschichten darüber gehört, wie die Angestellten der VOC im Orient zu ungeheurem Wohlstand und Reichtum gekommen waren? Er würde ein paar gute Kontakte gebrauchen können, jemanden, der ihn in die Gesellschaft von Batavia einführte und der gewitzt genug war, ein paar zusätzliche Einnahmequellen aufzutun. Schließlich hegte er nicht die Absicht, in absehbarer Zeit nach Holland zurückzukehren. Weit davon entfernt!

»In der Tat, da kann ich Euch nur zustimmen, Kapitän! Ich nehme das Angebot dankend an.«

»Sehr schön!« Jacobs überprüfte noch einmal die Lage seines Schiffes, dann winkte er seinen Bootsmann heran.

»Jan, laß das Beiboot zu Wasser. Du wirst heute für mich das Kommando übernehmen, ich nehme meinen Landgang. Der Frachtaufseher wird mich begleiten und – zur Hölle, was ist das?«

Er brach ab. Seine Augen hefteten sich auf die elegante Gestalt, die gerade aus dem Niedergang aufgetaucht war. Zwaantie raffte ihre Röcke und trat noch einen Schritt näher, um Cornelius und den Bootsmann zu begrüßen. Dann richtete sie einen unsicheren Blick auf ihren Geliebten. Adriaen wußte nicht recht, ob er beeindruckt oder enttäuscht sein sollte. Seine Zwaantie hatte sich ganz offensichtlich über Nacht in eine Dame verwandelt. Sie trug ein dunkles, weinrot schimmerndes Kleid mit schleifenbesetzten Ärmeln. Der Rock fiel in langen Falten bis auf den Boden. Ein spitz auslaufendes Korsett zwang ihre Brüste nach oben und endete in einem breiten Kragen aus feinster Brüsseler Spitze. Die schlichte Dienstmädchenhaube war verschwunden und hatte der Diademhaube Platz gemacht, die von den Damen der Gesellschaft getragen wurde und die ebenfalls aus Spitze gefertigt war. Zwaantie sah wunderschön aus, ganz ohne Zweifel, aber er bevorzugte eine mehr natürliche erdhafte Schönheit. Die künstlich verfeinerten Frauen der Oberklasse hatten ihn noch nie so richtig angesprochen.

»Heirate mich, Herzchen, und ich sterbe als glücklicher Mann!« schrie einer der Matrosen begeistert von den Masten herab. Die drei Männer versuchten, Haltung zu bewahren und nicht allzu aufdringlich zu starren. Cornelius faßte sich als erster.

»Wenn ich mir die Bemerkung erlauben darf, Fräulein Hendricks, Ihr seid hübsch wie ein Bild.«

»Wie ein Stilleben von Torrentius!« fügte er hinzu.

Zwaantie schenkte ihm ein dankbares Lächeln. Sie hatte

keine Ahnung, was ein Stilleben war, noch hatte sie je etwas von dem Maler gehört, aber es war wichtig für sie, ein Wort der Anerkennung zu hören. Lucretia und sie hatten den Vortag damit verbracht, zu baden und sich gegenseitig die Haare zu waschen. Es tat so gut, einmal nicht das klebrige Gefühl von Salzwasser auf der Haut zu haben. Am Morgen hatte Lucretia dann den Einfall gehabt, sie müsse ihr neues Kleid anprobieren. Danach hatte sie darauf bestanden, ihr das Haar zu frisieren. Zwaantie hatte sich beinahe selbst nicht wiedererkannt. Äußerlich war sie ein ganz neuer Mensch, aber innerlich nervös und verkrampft. Sie fühlte sich eingeengt von dem versteiften Mieder, das ärmellose lange Überkleid empfand sie als Bürde, und darüber hinaus hatte sie das unbestimmte Gefühl, nicht in diese Art von Kleidung zu passen. Und Adriaen hatte noch gar kein Wort gesagt.

»Gefällt es Euch nicht?« fragte sie leise.

»Glaubt Ihr, es ist das passende Kleid für einen Ausflug?«

»Einen Ausflug?«

Er schmunzelte.

»Es ist nichts Besonderes, nur ein kleiner Besuch beim Kapitän der *Sardam*. Wenn Ihr Herrn Cornelius und mir die Ehre erweisen würdet, uns zu begleiten?«

Das wollte sie gerne! Sie war noch niemals von einem Mann ausgeführt worden und schon gar nicht von zweien gleichzeitig. Schließlich war der Frachtaufseher sehr charmant, wie Lucretia einmal bemerkt hatte.

Der würzige Geruch von Tabak und Wacholderschnaps erfüllte die Große Kabine an Bord der *Sardam*. Zwaantie saß zwischen Cornelius und dem Skipper der *Sardam*, Jakob Jakobsen. Sie beobachtete erstaunt, wie Adriaen in gleichmäßig schnellem Rhythmus sein Glas leerte und wieder auffüllte, während sie selbst sich bereits seit einer Stunde an einem kleinen Kelch mit Rheinwein festhielt.

»Ich frage mich«, sinnierte Jakob Jakobsen, »was der *Gravenhage* wohl zugestoßen ist?«

»Vielleicht ist sie im Sturm aufgelaufen, hatte aber nicht wie wir das Glück, wieder loszukommen.«

»Eeh! Es muß kein schönes Gefühl gewesen sein, das neue Schiff gleich auf Sand zu setzen. Ich habe gehört, der Kommandeur ist ziemlich nervös geworden. Der hat wohl geglaubt, die Reise wäre schon zu Ende, was?!«

»Pelsaert? Pah! Der Mann hat keinen Schneid. Vor einer Woche mußte ich einen meiner Männer auspeitschen lassen, weil er während seiner Wache eingeschlafen war. Nach den ersten zehn Hieben ist Pelsaert blaß geworden und mußte sich ganz plötzlich in seine Kabine zurückziehen.«

Jakobsen hob ungläubig seine buschigen Augenbrauen.

»Wahrhaftig, ich hatte schon immer das Gefühl, er ist noch ein bißchen zu jung, um bereits Flottenpräsident zu sein.«

Adriaen hob sein Glas und stürzte den Inhalt in einem Zug hinunter. »Ich kann dir sagen, wie er an diesen Posten gekommen ist! Seine Schwester ist mit Hendrik Brouwer verheiratet.«

Jakobsen und Cornelius stießen fast gleichzeitig einen anerkennenden Pfiff aus.

»Du meinst *den* Hendrik Brouwer? Admiral Hendrik Brouwer?«

»Ganz genau! Admiral und jüngstes Mitglied der *17 Herren*.«

Adriaen füllte sein Glas wieder auf, und der Schnaps verschwand ebenso schnell wie all die anderen zuvor. Er schien keine Wirkung auf den Skipper zu haben.

»Wenn ich nur darüber nachdenke, dann steigt mir die Galle hoch. Nur weil er gute Beziehungen hat, muß ich von diesem jungen Hund Befehle annehmen.«

»Nun komm schon!« versuchte Jakobsen ihn zu beschwichtigen. »Das müssen wir schließlich alle.«

Cornelius beobachtete Adriaen Jacobs verstohlen. Er hatte ja keine Ahnung gehabt, daß der Skipper den Kommandeur regelrecht haßte! Er nahm noch einen Schluck Genever, ein Getränk, das er aufgrund seiner Stärke normalerweise mied, und dachte eifrig darüber nach, wie er diese neue Erkenntnis möglichst gewinnbringend verwerten könnte.

»Schlimm genug«, brummte Adriaen. »Ich habe mir schon oft überlegt, ob ich nicht zur Kriegsmarine oder zur englischen Gesellschaft wechseln soll. Bei denen hat immer noch der Kapitän das Sagen und zwar nur der Kapitän. Stell dir vor, kein lausiger Kaufmann, der sich in alles einmischt. Herr und Meister über das Meer! Niemanden über sich zu haben außer Gott!«

»In diesem Fall wäret Ihr dann wirklich niemandem Rechenschaft schuldig, denn schließlich gibt es weder Gott noch den Teufel.«

Alle Augen am Tisch richteten sich verblüfft auf den Frachtaufseher. »Herr Cornelius«, begann der Kapitän der *Sardam* vorsichtig. »Ihr könnt Euch gewiß vorstellen, daß eine solche Bemerkung, wie harmlos sie auch gemeint sei, leicht einen falschen Eindruck zu erwecken vermag. Ich bin sicher, Ihr könnt uns erklären, was Ihr genau damit sagen wollt.«

»Es ist ganz einfach! Es bedeutet nichts weiter, als daß ich weder an den Teufel noch an die Existenz Gottes glaube.«

Jakobsen war ein untersetzter Mann mittleren Alters,

mit kleinen Rosinenaugen in einem sonst gutmütigen bärtigen Gesicht. Doch als er jetzt die kostbar gekleidete Gestalt des Frachtaufsehers betrachtete, als würde er sie just in diesem Moment zum ersten Mal richtig sehen, war sein Blick sehr ernst.

»Das ist Ketzerei!«

»Nennt es wie Ihr wollt, Kapitän! Ich nenne es gesunden Menschenverstand. Es gibt keinen Gott, in dessen Augen alles beurteilt und bewertet wird, was man im Leben tut. Seht mich an. Ich habe Gott vor Jahren abgeschworen, und es geht mir besser denn je.«

»Genug!« quetschte der Skipper zwischen zusammengebissenen Zähnen hervor. Er wandte sich an Adriaen.

»Ich halte dir zugute, daß ich dich schon seit vielen Jahren kenne. Aus reiner Freundschaft zu dir werde ich diesen Vorfall nicht berichten. Aber ich muß dich bitten, mit deinem Gast auf der Stelle mein Schiff zu verlassen.«

Adriaen nickte langsam und erhob sich. Er bereute, daß er Jerome Cornelius eingeladen hatte, mitzukommen. Wer hätte denn ahnen können, welch ketzerische Ansichten der manierliche Frachtaufseher hegte? Nicht, daß es ihn persönlich besonders störte, er kümmerte sich herzlich wenig um Religion, und jeder Mann hatte das Recht auf seine eigene Meinung. Aber er wußte, daß Jakobsen nicht nur ein fröhlicher Zecher, sondern auch ein strenggläubiger Protestant war. Und auch wenn die Methoden des Calvinismus nicht so rigoros waren wie die der römisch-katholischen Kirche, so war Ketzerei doch noch immer eine Todsünde!

Es war eine recht bedrückte Gruppe in dem kleinen Beiboot der *Batavia*. Jacobs war übel gelaunt. Er hatte sich ein wenig von der strengen Disziplin der letzten Monate erholen wollen, und nun hatte der Frachtaufseher alles verdorben. Zwaantie saß zwischen den Fronten und sprach kein Wort. Angesichts der frostigen Atmosphäre zog sie es vor, zu schweigen.

Cornelius schwirrte der Kopf von zuviel Schnaps, und er hätte sich die Zunge abbeißen mögen wegen seines vorlauten Auftritts. Das Schlimmste daran war, daß Jakobsen ihm noch mit Absicht ein Hintertürchen geöffnet hatte, damit er sich zu seinem eigenen Besten und dem aller Anwesenden wieder aus der Affäre hätte ziehen können. Und ihm war nichts Besseres eingefallen, als die Tür mit lautem Knall wieder zuzuschlagen. Der Himmel mochte wissen, welcher Teufel ihn da geritten hatte. Er räusperte sich und suchte den Blick des Skippers. »Es tut mir leid, Kapitän, daß ich Euren Freund so erbost habe. Aber das Ganze ist mir einfach so herausgerutscht. Ich hoffe, Ihr nehmt meine Entschuldigung an.«

Jacobs' Miene hellte sich beim Anblick der in der Nähe liegenden *Buren* auf, und er beschloß, sich durch den Lapsus des Kaufmanns nicht den Abend verderben zu lassen.

»Ich nehme Eure Entschuldigung an, aber nur unter der Bedingung, daß Ihr Eure religiösen Ansichten auf der *Buren* nicht so laut ausposaunt. Gegen den alten Kniest ist Jakobsen ein harmloses Lamm!«

Er befahl seinen Seemännern, das Boot zu wenden, und wenige Minuten später gingen sie an Bord der *Buren*.

Der Kapitän der *Buren* empfing die Besucher freundlich und lud sie zum Abendessen in die Offiziersmesse ein. Nach dem Essen entschuldigte er sich wegen seiner Pflichten und ließ seine Gäste mit dem Bootsmann und einigen Offizieren zurück. Jacobs hatte mittlerweile das Glas gegen einen Becher getauscht.

Zu Beginn seiner Karriere bei der VOC, als er noch Bootsmann auf der *Berger* war, einem der sogenannten Flugboote[16], die im Frachtverkehr zwischen den ost-indischen Inseln eingesetzt wurden, hatte er viel und gerne getrunken. Später, als er zum Kapitän der *Dordrecht* ernannt wurde, hatte er aufgehört, während einer Überfahrt etwas anderes als Wein und Bier in Maßen zu sich zu nehmen. Ein Freund hatte ihn davor gewarnt, sich einen Ruf als Trinker einzuhandeln. Die VOC gab ihre Schiffe nicht gerne in zittrige Hände, und ein entsprechender Hinweis würde seinem Aufstieg ein rasches Ende bereiten. Adriaen war seinem Rat gefolgt und hatte die nüchterne Überfahrt bald zu seiner dritten Regel gemacht. Das bedeutete jedoch nicht, daß er sich nicht auf Landgängen ab und zu ordentlich einen einschenkte. An diesem Abend machte Adriaen das Trinken keine Freude. Er goß den scharfen Genever hinunter und nahm kaum dessen feinen Geschmack wahr. Er hatte das Gefühl, eine Menge Schnaps zu brauchen, um das Bild François Pelsaerts in seinem Kopf zu ertränken. Zwaantie beobachtete ihn mit Befremden. Der Alkohol hatte schließlich doch noch angefangen, Wirkung zu zeigen, und Adriaen zog mit schwerer Zunge über Pelsaert her. Sie wußte, daß Adriaen den Kommandeur für einen unfähigen Schwächling hielt, aber sie hatte ihn noch nie mit solcher Herablassung und Verbitterung reden hören. Sein Benehmen erfüllte sie mit Abscheu, und sie wandte sich dankbar dem jungen Offizier zu ihrer Rechten zu, der sich schon den ganzen Abend sehr zuvorkommend um sie kümmerte. Er machte ihr Komplimente über ihr Aussehen und darüber, wie nett es sei, sich mit ihr zu unterhalten. Auch Jacobs war nicht entgangen, wieviel Aufmerksamkeit der gutaussehende Offizier seiner Zwaantie schenkte. Vielleicht hatte er einen Fehler gemacht, indem er ein hübsches, junges Ding an Bord eines Kriegsschiffes voller nach weiblicher Gesellschaft ausgehungerter Offiziere, Kanoniere und Soldaten gebracht hatte? Er beobachtete die beiden aus den Augenwinkeln, während er dem Bootsmann der *Buren* seine Meinung über François Pelsaert darlegte. Der junge Mann schien Zwaantie mit seinen Blicken fast aufzufressen. Er erzählte ihr eine lustige Anekdote, und ihr leises, perlendes Lachen erklang, als er zur Pointe kam. Jacobs warf einen irritierten Blick auf das Paar und erwischte den Offizier, wie er vertraulich seine Hand auf die ihre legte. Blinde Eifersucht ergriff Besitz von ihm. Er sprang auf.

»Nehmt sofort Eure schmutzigen Hände weg von ihr!« brüllte er gereizt.

Zwaantie war so geschockt wie ihr Kavalier.

»Ich beobachte Euch jetzt schon eine geraume Weile, und ich sage Euch, Hände weg von ihr, sie gehört zu mir!«

Der junge Mann erhob sich langsam, bis er auf gleicher Höhe mit Jacobs war. Die Augen des Skippers waren blutunterlaufen. Der Offizier zuckte wegwerfend mit den Achseln.

»Es tut mir leid, Kapitän, sollte ich Euch beleidigt haben. Ich wußte nicht, daß sie Euer Mädchen ist. Ich dachte, sie ist irgendeine junge Hure, die leicht zu haben ist.«

In Jacobs' Kopf explodierte etwas. Seine Fäuste kamen mit blendender Geschwindigkeit nach oben, und es gab ein häßliches, knirschendes Geräusch, als er dem Offizier den Wangenknochen zerschmetterte. Für einen kurzen Moment war der Mann starr vor Schmerzen, doch er fing sich wieder und stürmte nach vorn, um seinen Gegner am Kinn zu treffen. Aber der Skipper war schon zur Seite gesprungen, und nun umklammerte ihn der Bootsmann der

Buren von hinten. Jacobs rammte ihm den Ellenbogen in den Magen, und es gelang ihm, sich frei zu machen, während der Bootsmann nach Luft rang. Leichtfüßig ging er in Stellung, um einen neuen Angriff des Offiziers zu parieren. Er war betrunken, aber nicht betrunken genug, um nicht genau zu wissen, was er tat. Seine Handvoll Seeleute hatten in der Zwischenzeit begriffen, was vor sich ging, und beeilten sich, ihrem Kapitän zur Hilfe zu kommen. Im Handumdrehen war eine wilde Schlägerei im Gange.

Zwaantie drängte sich entsetzt in eine Ecke und starrte mit angstvoll geweiteten Augen auf die sich prügelnden Männer. Dort fand schließlich Cornelius das Mädchen und war froh über die perfekte Gelegenheit, sich aus dem Chaos zurückzuziehen. Er faßte sie an der Hand.

»Kommt, Fräulein Hendricks, Ihr könnt hier nicht bleiben. Ich bringe Euch an Deck.«

Sie rührte sich nicht von der Stelle.

»Ich kann nicht ... Adriaen! Wir müssen ihm helfen.«

»Dummes Frauenzimmer!« dachte Cornelius. »Sie wird es noch fertigbringen, daß ich in diese Sauerei mit hineingezogen werde.«

»Wie Ihr seht, kann sich der Kapitän sehr gut selbst helfen. Also, kommt Ihr jetzt mit mir, oder muß ich Euch erst gewaltsam nach oben tragen?«

Stühle und Knochen zerbrachen, ein Seemann wurde genau vor Zwaanties Füße geschleudert. Sie schrie auf und preßte erschrocken ihre Hand vor den Mund. Cornelius war kurz davor, seine Geduld zu verlieren.

»Dann lasse ich sie eben hier. Schließlich hat der ganze Ärger wegen ihr angefangen.«

Er schätzte den Weg bis zur Tür ab und mußte sich zu seinem Unbehagen eingestehen, daß er es niemals schaffen würde, den Raum zu durchqueren ohne den schützenden Schild ihres weiblichen Körpers. Er packte Zwaantie an den Schultern und schüttelte sie, um sie aus ihrer Erstarrung aufzuwecken. Endlich kam das Mädchen zu sich.

»Wir müssen gehen, bevor es zu spät ist. Haltet Euch dicht bei mir, dann kann Euch nichts geschehen.«

»Und mir auch nicht!« dachte er.

Sie gehorchte benommen, und zu Cornelius' ungeheurer Erleichterung erreichten sie gemeinsam unbeschadet den Ausgang.

Tageslicht kroch langsam in Adriaens Bewußtsein und weckte ihn aus einem flachen, unruhigen Schlaf. Zermürbt stellte er fest, daß der Sturm aufgehört hatte und das Schiff nur noch sachte hin und her schaukelte. Seine Lippen waren trocken, seine Zunge fühlte sich pelzig und geschwollen an. Er warf einen sehnsüchtigen Blick auf den Krug mit Wasser, der außer Reichweite auf seinem Schreibtisch stand. »Gott, bin ich durstig!«

Er hob den Kopf, und ein stechender Schmerz fuhr ihm zwischen die Augen. Mühsam schlug er die Decke zurück und blickte an sich hinunter. Er war voll bekleidet, noch nicht einmal seine Seestiefel hatte er ausgezogen. Ganz langsam dämmerte ihm die Erkenntnis, daß es gar keinen Sturm gegeben hatte. Schwerfällig richtete er sich auf und setzte vorsichtig die Beine auf den Boden. Jeder einzelne Muskel schmerzte. Er vergrub sein Gesicht in den Händen und kramte in seiner Erinnerung. Nach und nach kam alles zurück, seine lang aufgestaute Wut auf den Kommandeur, Cornelius' ketzerische Worte an Bord der *Sardam*, zuviel Schnaps, viel zuviel Schnaps, Zwaantie mit einem anderen, einem jüngeren Mann und dann, als Krönung, die Schlägerei mit der Besatzung der *Buren*.

»Jesus Christus«, stöhnte er beschämt. »Ich war betrunken wie ein Schwein. Nein, die Wahrheit ist, ich bin noch immer betrunken.«

Das Klopfen an der Tür wirkte wie ein Schlag mit dem Schmiedehammer auf seinen Kopf.

»Herein!«

Der Kabinenjunge steckte seinen Kopf durch die Tür. Jan Pelgrom war ein magerer Siebzehnjähriger mit dem Gesicht eines Frettchens. Er überbrachte dem Kapitän die Nachricht, daß der Kommandeur ihn in der Großen Kabine zu sprechen wünsche.

»Auf der Stelle!« fügte er schnell hinzu und verschwand wieder. Der Skipper war schon in seinen guten Zeiten nur schwer zu genießen. Der Mann, der da auf seiner Koje saß, sah nach mehr Ärger aus, als er verdauen konnte.

Jacobs stieß einen üblen Fluch aus. Er konnte sich lebhaft vorstellen, was der Kommandeur von ihm wollte! Er raffte all seine Kräfte zusammen, erhob sich vom Bett und warf seinen Rock über. Dabei fiel sein Blick auf den Fremden in dem kleinen Spiegel über dem Waschtisch. Angewidert betrachtete er das eigene Spiegelbild: aschfahle Haut, schwarze Schatten auf den unrasierten Wangen, ein geplatztes Äderchen im linken Auge, beide Augen entzündet, das Haar glanzlos und stumpf.

»Kein Wunder, daß Zwaantie mir gestern nacht keinen zweiten Blick gegönnt hat. Ich sehe aus wie mein eigener Geist!«

Er erinnerte sich, wie böse sie auf ihn gewesen war. Auf dem gesamten Heimweg hatte sie kein einziges Wort gesprochen. Nach dem Anlegen des Bootes hatte er sie um einen Kuß gebeten, aber nur einen angeekelten Blick geerntet. Zwaantie hatte stolz ihre Röcke gerafft und war hocherhobenen Hauptes davongegangen.

»Vermutlich habe ich es verdient«, dachte er. »Ich habe mich wie ein Wahnsinniger aufgeführt.«

Jacobs öffnete den kleinen Tontiegel auf seinem Waschtisch und tauchte seinen Zeigefinger in das braune Pulver darin. Sorgfältig rieb er seine Zähne damit ab, dann nahm er einen Schluck Wasser aus der Karaffe, spülte und spuckte aus. Die Flüssigkeit war rot wie Blut, aber der unangenehme Geschmack in seinem Mund war vergangen und der rauhe Belag von seinen Zähnen verschwunden. Er hatte das Zahnpulver in Indien entdeckt, wo es dazu verwendet wurde, die gelben Flecken zu beseitigen, die vom Teetrinken kamen. Er wußte, daß ihn die Besatzung wegen seines Reinigungsrituals für verrückt hielt, aber er war davon überzeugt, daß ihm das geheimnisvolle Pulver geholfen hatte, sein Gebiß zu bewahren, in einem Alter, in dem die meisten Männer nur noch verfaulte Stummel in ihrem Mund trugen.

Der Skipper zog seinem Spiegelbild eine Grimasse. Leider blieb ihm keine Zeit mehr, sich zu rasieren. Er haßte den Gedanken, François Pelsaert in diesem Zustand vor die Augen treten zu müssen, um so mehr als er wußte, daß der Kommandeur jedes Recht hatte, ihm eine Standpauke zu halten. Er hatte sich seinem Rang völlig unangemessen verhalten. Und zu allem Überfluß saß ihm zur Strafe nun auch noch der Urgroßvater aller Kater im Nacken.

François Pelsaert durchmaß mit großen, ungeduldigen Schritten die Offiziersmesse, blieb am Fenster stehen, warf einen Blick auf die Bucht, ohne die Bucht jedoch wirklich zu sehen, drehte sich um und wanderte wieder zurück. Er folgte diesem Muster nun schon eine ganze Weile, und je länger er auf den Skipper warten mußte, um so größer wurde sein Zorn. Er hatte endgültig genug von den Frechheiten des Kapitäns!

Die anwesenden Offiziere warfen ab und zu einen verstohlenen Blick auf den Kommandeur. Der Tag hatte vielversprechend begonnen. Die Nachricht vom Auftritt des Kapitäns an Bord der *Buren* hatte sich in Windeseile herumgesprochen. Nun warteten alle gespannt auf den lange fälligen Zusammenstoß der beiden ungleichen Männer. Endlich erschien der Kapitän im Eingang.

»Ihr wolltet mich sprechen, Kommandeur?«

Pelsaert drehte sich um und streckte dem Skipper wortlos einen Brief entgegen. Jacobs mußte auf ihn zugehen, um das Papier anzunehmen. Hastig überflog er das Schreiben und sah dann auf. Es war eine scharfe Protestnote vom Kommandeur der *Buren*.

»Nun! Habt Ihr mir nichts zu sagen?«

In der Offiziersmesse herrschte vollkommene Stille. Jacobs räusperte sich und warf einen Blick in die Runde. Jerome Cornelius, Conrad van Huyssen, Salomon Deschamps, sein Bootsmann Jan Everts, alles, was Rang und Namen hatte, war in der Großen Kabine versammelt. Wortlos reichte er dem Kommandeur den Brief zurück. Pelsaert wußte ganz genau, was der Skipper von ihm wollte. Aber er dachte gar nicht daran, die Leute aus dem Raum zu schicken. Er plante, Jacobs zu zeigen, wer an Bord der *Batavia* das Sagen hatte, und zwar ein für allemal.

»Ich warte, Kapitän!«

Jacobs wollte es noch immer nicht glauben. Verlangte Pelsaert wirklich eine Entschuldigung vor seinen Offizieren, vor denselben Männern, denen er morgen wieder Befehle erteilen mußte? Wie konnte er nur so dumm sein? Der Druck auf seinen Schädel verstärkte sich. »Ihr wollt mir nicht antworten? Auch gut! Dann will ich Euch jetzt einmal ein paar Worte sagen. Ihr mögt ein guter Navigator sein, Kapitän, aber das gibt Euch noch lange nicht das Recht, mein Ansehen, das Ansehen dieses Schiffes und das Ansehen der Gesellschaft mit Füßen zu treten. Ihr seid unerlaubt von Bord gegangen und habt dabei den Frachtaufseher und eine Frau mitgenommen, ebenfalls ohne meine Erlaubnis. Von Eurem skandalösen Verhalten an Bord der *Buren* ganz zu schweigen. Wo sind Eure Manieren? Ist Euer Kopf wirklich vollkommen vernebelt?«

Die Worte des Kommandeurs prasselten wie Eiswasser auf Jacobs herab. »Es tut mir aufrichtig leid!« murmelte er. »Ich hatte zuviel getrunken, und außerdem hatte ich nicht angenommen, daß es ein Problem wäre, Herrn Cornelius und Fräulein Hendricks mitzu ...«

»Es wird Euch noch viel mehr leid tun, wenn wir erst in Java angekommen sind. Diesmal seid Ihr zu weit gegangen mit Eurer gottverdammten Selbstherrlichkeit. Ich werde Euch in Batavia melden, und Ihr habt mein Wort darauf: Solange auch nur noch ein einziger Atemzug in mir ist, werdet Ihr nicht einmal mehr als Schiffskoch auf einem Heringskutter angeheuert!«

Einer der Anwesenden saugte hörbar Luft ein. Jacobs fühlte sich, als hätte jemand einen Kübel mit Fischabfällen über ihm ausgeleert. Dies war schlimmer als alles, was er erwartet hatte! Seine Ohren brannten, und sein Kopfschmerz verstärkte sich angesichts seiner Schmach noch mehr. Er spürte Übelkeit in sich aufsteigen.

»Wäre das dann alles?«

Pelsaert machte eine Handbewegung, als wollte er eine Fliege verscheuchen.

»Ihr seid entschuldigt.«

Der Kapitän verließ die Große Kabine. Draußen war der Schiffsjunge gerade dabei, den Gang zu putzen. Jacobs verpaßte dem Holzeimer im Vorbeigehen einen wütenden Tritt, und Meerwasser ergoß sich über die Dielen. Er stieg den Niedergang hinauf und trat an die Reling, wo er sich unter den Augen der schockierten Müßiggänger an Deck bis auf den Hosenbeutel entkleidete. Dann hechtete er kopfüber ins Meer. Das Wasser war kühl und grün, und Adriaen glitt solange er konnte schwerelos dahin, bis ihm die Luft ausging und er auftauchen mußte. Das Pochen in seinem Kopf ließ langsam nach, und sein Kreislauf kam wieder in Gang. Das erfrischende Wasser befreite ihn auch von dem Zorn über seine Demütigung, und er konnte wieder einen klaren Gedanken fassen. Er machte sich nicht allzu viele Sorgen wegen Pelsaerts Drohung. Zu schwer und zu lange war der Weg nach oben gewesen, als daß er dem Kommandeur erlauben würde, seine Karriere zu ruinieren! Batavia war noch weit, und Pelsaert hatte schon einmal gedroht und nicht Wort gehalten. Er war vielmehr besorgt über die Disziplin an Bord des Schiffes. Pelsaert hatte ihm vor Zeugen eine fürchterliche Abfuhr erteilt und damit seine Autorität schwerwiegend untergraben. Aber wie sollte er Disziplin aufrechterhalten ohne Autorität? Eine Meuterei zu vermeiden war vielmehr die Frage eines eisernen Willens als der rohen Gewaltanwendung in Form von Bestrafung. Es war gut, wenn seine Seeleute Angst vor ihm hatten, das machte sie fügsam und willig. Was, wenn sich seine Schande herumsprach, wenn seine Männer anfingen, bei ihm nach Schwächen zu suchen?

»Die Pocken über den Kommandeur!«

Er bemerkte, daß er einen großen Abstand zwischen sich und die *Batavia* gelegt hatte, und drehte um, um zurückzuschwimmen. Mit jedem Zug kehrte ein Stückchen seiner Zuversicht zurück.

Als er wieder an Bord kletterte, stand bereits ein Schiffsjunge mit einem trockenen Tuch bereit. Während der Skipper sich abtrocknete, fiel sein Blick auf das schmutzige Bündel Kleider am Boden. Er hob seine Stiefel auf, befahl dem Schiffsjungen, die Sachen waschen zu lassen, und ging halbnackt davon. Er ignorierte die drei Frauen auf dem Vorschiff, die den Skipper von Kopf bis Fuß mißbilligend musterten und dann empört die Köpfe zusammensteckten.

»Ich warne dich, mein Kind, du gefährdest deine unsterbliche Seele!« Zwaantie sah sich hilfesuchend um, aber es war niemand in der Nähe, der sie von der Gegenwart des Pfarrers hätte befreien können. Er hatte sie auf einem Botengang für Lucretia abgepaßt und predigte ihr nun schon seit einer Viertelstunde von der Hölle, die mit Bestimmtheit auf sie warten würde, wenn sie sich nicht von ihrer unseligen Beziehung zum Skipper lossagen würde.

»Du lebst in Sünde mit einem Mann! Gott wird dich dafür strafen, auf dich wartet die ewige Verdammnis!«

Gisbert Bastians war zufrieden, Zwaantie war den Tränen nahe. Seine Frau lag ihm schon seit Wochen damit in den Ohren, daß jemand das Mädchen zur Vernunft bringen müsse. Aber erst heute hatte sich die Gelegenheit dazu ergeben, als der Kapitän sich in seine Kabine zurückgezogen hatte, um seinen Rausch auszuschlafen.

»Du bist doch mit dem Skipper unkeusch gewesen, nicht wahr?«

Zwaantie ließ den Kopf hängen. In den Worten des Pfarrers klang das, was sie mit Adriaen teilte, plötzlich schmutzig und schäbig. Wie konnte sie einem Sterblichen erklären, was sie fühlte, wenn er sie in die Arme nahm? Die Wärme seines Körpers, sein Mund auf ihrem Mund, das Gefühl seiner harten Männlichkeit in ihr! Es war nicht ihre Schuld, daß er sie nicht heiraten wollte. Sie wünschte sich nichts sehnlicher, als Adriaens Frau zu werden, ein eigenes Heim zu haben und seine Kinder zur Welt zu bringen. Sogar jetzt noch, nachdem er sich so abscheulich benommen hatte.

Sie erinnerte sich an die Standpauke, die Lucretia ihr gehalten hatte, als sie weit nach Mitternacht in die gemeinsame Kabine zurückgekommen war. Lucretia war ernstlich wütend gewesen und hatte sie heute den ganzen Tag mit Arbeit überhäuft, ihr keine Sekunde zum Nachdenken gelassen. Zwaantie stieß einen unglücklichen Seufzer aus, und der Pfarrer nahm dies bereitwillig als sicheres Zeichen ihrer Reue auf.

»Es ist noch nicht zu spät, mein Kind!« begann er mit salbungsvoller Stimme, und sein schlechter Atem schlug Zwaantie entgegen. Sie glaubte, ohnmächtig zu werden.

»Du mußt auf der Stelle mit ihm brechen und ...«

»Ich denke, das reicht nun, Herr Pfarrer!«

Gisbert Bastians erstarrte vor Schrecken. Er hatte nicht damit gerechnet, den Kapitän vor dem nächsten Morgen wiederzusehen.

»Würde es Euch etwas ausmachen, uns jetzt alleine zu lassen, oder wollt Ihr mir vielleicht auch noch einige Eurer höchst interessanten Belehrungen zukommen lassen?«

»Uh, ja nun, wie Ihr wünscht, selbstverständlich, Kapitän!« stotterte der Geistliche verwirrt, raffte sein langes, schwarzes Gewand und hastete davon.

Adriaen ging auf Zwaantie zu. Er hatte sechs Stunden lang fest und traumlos geschlafen und beinahe seine alte Form wiedererlangt. Das Schwimmen hatte ihm gutgetan, und er hatte auch schon eine Kleinigkeit gegessen. Er war glatt rasiert, trug ein frisches Hemd und ein Lederwams, und zu ihrem Kummer fand Zwaantie, daß er besser aussah denn je. Er lächelte sie an, froh, daß sie wieder zu einfachen weißen Blusen und knöchellangen, bunten Wollröcken zurückgekehrt war.

»Hat dich der alte Mann sehr geärgert?« fragte er zärtlich.

»Nicht so sehr wie du!« lautete die schnippische Antwort.

Er lachte.

»Aufsässig wie immer! Dreh dich um und mach die Augen zu, ich habe eine Überraschung für dich.«

Sie gehorchte zögernd, und etwas Kaltes glitt über ihren Hals und baumelte zwischen ihren Brüsten herab.

»Ich bitte dich für gestern um Verzeihung!« sagte er leise.

Sie öffnete die Augen und stieß einen Schrei des Entzückens aus. Es war ein kleines, herzförmiges Medaillon an einer goldenen Kette. Er beobachtete ihre kindliche Freude und genoß dabei das Wissen um ihren Körper und um die leisen Seufzer, die sie von sich gab, wenn sie den Höhepunkt erreichte.

»O Adriaen! Es ist wunderschön!«

»So wie du!«

Sie warf sich an seine Brust, und seine kräftigen Arme schlossen sich bereitwillig um sie. In der Sicherheit seiner Umarmung fiel es ihr nicht schwer, die Predigt des Pfarrers zu vergessen. Es war ihr gleich, was die Leute sagten. Was wußten sie schon von ihr? Von dem harten Leben daheim auf dem Bauernhof, von dem stetigen Kampf des Vaters, der ein kleiner Hopfenbauer war und dem das Schicksal vier Töchter und nur einen Sohn beschert hatte. Im letzten Winter war ihm die Kuh auf den Fuß getreten, und seitdem hatte er ein schlimmes Bein, das immer geschwollen war und nicht mehr heilen wollte. Er hatte einen Landsknecht einstellen müssen, um die Arbeit auf dem Hof zu bewältigen, deshalb war es nötig geworden, daß sie, als die älteste Tochter, eine Stellung in der Stadt annahm, um den Lohn für den Landarbeiter aufzubringen. Es machte ihr nichts aus zu arbeiten, sie war seit frühester Kindheit daran gewöhnt, und Lucretia war eine Herrin, für die es ihr zudem nicht schwer fiel. Aber sie mußte doch immer öfter daran denken, daß Lucretia zu der regierenden Gesellschaftsschicht von reichen Kaufleuten gehörte, an die der Vater seinen Hof zu verlieren drohte, wenn er sein Darlehen nicht mehr zurückzahlen konnte. Es waren Männer wie François Pelsaert und Baudouin van der Mylen, die immer mehr Land an sich rissen und den Bauern keine andere Wahl ließen, als die Scholle, die ihnen einst selbst gehört hatte, zurückzupachten, um sie zu bebauen. Manchmal war es gar nicht mehr so unverständlich für sie, warum Adriaen eine solche Abneigung gegen die Kaufleute aus der Stadt hegte.

»Ich habe gehört, was heute in der Offiziersmesse vorgefallen ist.«

»So so, das hast du also. Wie es scheint, kann hier noch nicht einmal ein Floh husten, ohne daß das ganze Schiff es erfährt.«

»Warum haßt du den Kommandeur so sehr?«

»Das ist eine lange Geschichte.«

Er wollte nicht wirklich darüber sprechen. Für heute hatte er genug von François Pelsaert.

»Wir hatten keinen guten Anfang miteinander, und so wie es aussieht, wird sich das auch nicht mehr bessern.«

116

Sie schwieg eine Weile, dann hob sie den Kopf.

»Ich muß gehen. Lucretia wartet auf mich.«

Widerstrebend entließ er sie aus seinen Armen, noch immer verwundert über seine Eifersucht und die Entdeckkung, wie gerne er das junge Mädchen hatte. Er kam zu einem plötzlichen Entschluß.

»Warum gibst du deine Stellung nicht auf und wohnst in meiner Kabine? Ich werde gut für dich sorgen.«

Sie zögerte. Sein Angebot klang verlockend, und doch war es unannehmbar. Bedeutete es nicht, daß sie ganz offiziell seine Mätresse wurde? Mit allen Pflichten einer Ehefrau, aber ohne ihre Rechte? Und dann, wenn er ihrer überdrüssig wurde, konnte er sie verlassen, so einfach und leicht wie ein Fingerschnippen! Lieber Himmel, was sollte sie bloß tun?

»Ich kann nicht. Ich kann Lucretia nicht allein lassen. Sie ist immer gut zu mir gewesen. Ich bin es ihr schuldig! Vielleicht wenn wir in Batavia angekommen sind ...«

Er nickte.

»Gut. Es ist deine Entscheidung. Ich kann warten.«

Sie stellte sich auf die Zehenspitzen und schmiegte ihre Wange gegen die seine. Ein Blinzeln, und lange, dunkle Wimpern streichelten seine Haut wie der Flügelschlag eines Schmetterlings.

»Gute Nacht!«

»Schlaf wohl!«

Die Nacht verschluckte sie rasch.

Adriaen Jacobs war auf der Hut. Er stand neben seinem Bootsmann auf der Brücke und hatte ein wachsames Auge auf die trügerisch ruhige See. Sie segelten im sicheren Verband der Flotte, die *Batavia* an der Spitze, die *Buren* und die *Dordrecht* gleich hinter ihr, während die anderen vier

Schiffe ein gutes Stück weiter zurücklagen. Sie waren am frühen Morgen aus der Tafelbucht ausgelaufen und hatten gerade Kap Agulhas, den südlichsten Punkt des afrikanischen Festlands, hinter sich gelassen. Die Gewässer um das Kap waren bekannt für plötzlich auftretende Nebel, tückische Strömungen und unsichtbare Felsen, die unter der Wasseroberfläche auf vorbeifahrende Schiffe lauerten. Im Augenblick schien jedoch nichts auf irgendwelche Gefahren hinzudeuten. Der Himmel war klar und blau, das Meer ruhig. Zu ruhig. Am Horizont waren aufkommende Quellwolken zu erkennen.

»Da hinten braut sich was zusammen!«

Um seine Worte zu bekräftigen, spuckte Jan Everts einen braunen Strahl Tabaksaft aus. Er war ein großer, sehniger Mann mit ledriger Haut. Sein sonnenverbranntes Gesicht war von den Narben unzähliger Kämpfe gezeichnet, und seine Zahnstummel braun verfärbt vom Kautabak. Ein rotes Kopftuch verdeckte seine Kahlheit, was ihm von seinem Haar geblieben war, trug er im Nacken zu einem kleinen, geteerten Rattenschwanz zusammengefaßt.

»Noch drei, vielleicht vier Stunden. Schätze gegen Mittag geht es los.«

»Wir müssen raus aus diesem felsenverseuchten Wasser, bevor der Sturm losbricht.«

Everts nickte zustimmend.

»Laß Anker und Kanonen sichern! Und wirf das Log aus!« befahl Jacobs. »Ich muß wissen, wieviel Fahrt wir machen.«

»Aye, Kapitän!«

Das Log war ein schwimmender Holzklotz, oben flach, an seiner Unterseite abgerundet wie ein Ei und mit einem Bleigewicht beschwert. Er war mit einer Rolle leichten Seils am Schiffsheck verbunden. Everts warf das Instrument über Bord, und das Seil begann sich abzuspulen.

»Log ausgebracht, Kapitän!«

Jacobs drehte die kleine Sanduhr um. Nach Ablauf einer Minute würden sie das Log wieder einholen. Die Länge des abgewickelten Seils würde ihm dann Aufschluß darüber geben, mit welcher Geschwindigkeit die *Batavia* sich fortbewegte. Gedankenverloren sah er dem auf dem Wasser treibenden Gegenstand nach. Ein Sturm war ganz nach seinem Geschmack. Nach seiner Zurechtweisung durch den Kommandeur brauchte er etwas, womit er seine Kräfte messen konnte.

Der Bootsmann betrachtete Jacobs forschend von der Seite. Er kannte den Kapitän schon seit unzähligen Jahren und hatte noch niemals erlebt, daß jemand gewagt hätte, so mit ihm zu sprechen wie François Pelsaert, und mit dem Leben davongekommen war.

»Der alte Teufel trägt es mit Fassung«, dachte er bewundernd.

Die drei Männer mittschiffs waren zu derselben Ansicht gelangt.

»Wer hätte gedacht, daß der Kommandeur eine solch scharfe Zunge hat!«

»Es war dumm von ihm, den Kapitän in der Öffentlichkeit zu tadeln. Und auch noch für eine kleine Trinkerei, eine Sache, für die wirklich jedermann Verständnis hat.«

Conrad van Huyssen lehnte lässig an der Reling und ließ sich mit geschlossenen Lidern die Morgensonne ins Gesicht scheinen.

»Es war wohl weniger die Trinkerei als die darauf folgende Schlägerei, die den Kommandeur so aus dem

Gleichgewicht gebracht hat. Ich habe gehört, daß sieben Mann von der *Buren* noch immer krank in ihren Kojen liegen. Der Skipper muß eine ziemliche Wut im Bauch gehabt haben!«

Van Huyssen öffnete träge die Augen.

»Warum fragen wir nicht unseren Augenzeugen? Jerome, Ihr habt noch kein einziges Wort darüber verloren, wie das Ganze eigentlich angefangen hat.«

»Och, da war nichts Besonderes. Einer der Offiziere ist seinem Mädchen zu nahe gekommen, da ist der Kapitän hochgegangen wie ein Pulverfaß.«

Cornelius ordnete seelenruhig die Rüschen an seinem Ärmel.

»Vielleicht hätte ich ihm nicht sagen sollen, daß die Kleine mit dem Skipper schläft. Könnte sein, daß das einen falschen Eindruck erweckt hat.«

David Zeevanck brach in schallendes Gelächter aus. Nach seiner Größe und seinem kräftigen Körperbau zu urteilen, hätte er mit Leichtigkeit zur Besatzung der *Batavia* gehören können, aber der junge Buchhalter war Angestellter der VOC.

Van Huyssen hatte keine Miene verzogen. Seiner Meinung nach fehlte das, was die Natur Zeevanck an körperlichen Kräften mitgegeben hatte, seinem Denkvermögen.

»Ja«, sagte er gedehnt. »Der Skipper hat schon ein scharfes Auge auf Zwaantie. Und er hat recht, ich wäre bei all dem geilen Mannsvolk auch vorsichtig. Den meisten hängt ja schon die Zunge aus dem Maul, wenn sie nur einen Rockzipfel sehen.«

»So wie Euch!« frotzelte Zeevanck.

Van Huyssen lächelte nachsichtig.

»Genau.«

Das Gewitter brach am Mittag über die Flotte herein. Der Wind frischte auf, und tiefhängende, pechschwarze Wolken verwandelten den Tag in eine Nacht. Ab und zu zuckte ein Blitz über den Himmel, dicht gefolgt von einem Donnern. Ein unwirkliches Licht lag über dem Meer und intensivierte seine Farben. Es hatte noch nicht angefangen zu regnen. Jacobs stand neben dem Kompaßhaus, Wind in den Haaren und den langen Falten seines Umhangs.

»Marssegel bergen!« brüllte er.

Der Bootsmann läutete die Schiffsglocke, und die Matrosen kletterten in die Masten.

»Gillisz«, wandte er sich an den Steuermannsgehilfen. »Geh unter Deck und hilf Claas Gerritz an der Ruderpinne! Das hier kann häßlich werden.«

»Aye, Kapitän!«

»Was ist mit dem Großsegel?« fragte der Zweite Steuermann.

»Noch nicht!«

Jacobs ging zu der Reihe von Fenstern, die ihn mit dem Rudergänger auf dem Zwischendeck verband.

»Fünf Grad Steuerbord«, lautete sein Befehl. »Stell sie vor den Wind!«

»Verstanden, Kapitän!«

»Aber das Großsegel!« versuchte es der Zweite Steuermann noch einmal.

»Gottverdammt, Janz! Bist du taub? Ich sagte später! Wenn du nichts zu tun hast, dann geh in die Takelage und hilf deinen Kameraden!«

Der Mann verzog sich mißmutig.

»Der verrückte Hund wird uns alle umbringen. Das Segel wird reißen, wenn der Sturm erst richtig losgeht. Oder noch Schlimmeres.«

Mit dem nächsten krachenden Donnern öffnete sich der

Himmel. Für Jacobs war der Regen wie eine Befreiung. Er hatte die Beine fest auf die schwankenden Planken gepflanzt und lachte dem Unwetter ins Gesicht.

»Auf, meine Schöne! Jetzt zeig mir, was du kannst!«

Die *Batavia* flog über das Wasser, eine riesige Bugwelle vor sich hertragend. Der Kapitän fühlte sich in seinem Element. Dies hier war die Droge seines Lebens! Er wartete, bis die Wogen begannen, das Deck zu überspülen. Dann erst ließ er das Großsegel einholen.

Seine Männer arbeiteten hart. Der Regen peitschte ihre Gesichter, und der tobende Wind schmerzte in ihren Ohren. In dem Augenblick, als sie das Segel festmachen wollten, fuhr eine Windböe in die Leinwand und riß es wieder auf. Jacobs schleuderte seinen Umhang fort und sprang selbst in die Wanten. Im Nu hatte er das Tauwerk erklommen und war bei seinen Seeleuten. Innerhalb einer halben Stunde hatten sie das Segel sicher verstaut.

Seine Männer hatten das Gefühl, es mit einem Seeteufel zu tun zu haben. Der Skipper war überall gleichzeitig. Er schund sich und seine Mannschaft und holte alles aus der *Batavia* heraus. Er wartete bis zur letzten Minute, um das Vormastsegel zu reffen. Während selbst erfahrene Seeleute seekrank wurden, schien ihm der Ritt über die Wellen nichts auszumachen. Er trank wenig und aß nichts während der dreißig Stunden des Sturms. Dann endlich, am Abend des nächsten Tages, beruhigte sich das Meer, und der Himmel klarte auf. In dem milchig trüben Zwielicht der Abenddämmerung erkannten sie, daß sie die anderen Schiffe der Flotte weit hinter sich gelassen hatten. Die *Batavia* war ganz allein!

Es bereitete dem Kapitän geradezu Genugtuung, François Pelsaert die schlechte Nachricht zu überbringen. Zu seiner

Enttäuschung reagierte der Kommandeur gelassen, beinahe unbeteiligt.

»Ich bin sicher, daß wir in höheren Breiten wieder auf die Flotte stoßen werden.«

»Das wäre gut möglich.«

Jacobs musterte den Kommandeur hinter seinem Schreibtisch eindringlich. In seinen Augen wirkte Pelsaert nicht sehr gesund. Hektische Flecken brannten auf seinen Wangen, und seine Augen hatten einen unnatürlichen Glanz.

»Wenn ich mir die Bemerkung gestatten darf, Ihr seht fiebrig aus.«

»Um die Wahrheit zu sagen, ich fühle mich auch nicht besonders gut«, entgegnete der Kommandeur müde. »Wenn Ihr mich jetzt bitte alleine lassen wollt!«

Pelsaert wartete, bis Jacobs die Tür hinter sich geschlossen hatte, dann stützte er seinen Kopf auf die Hände. Die Trennung von der Flotte, besonders von der Feuerkraft der *Buren*, beunruhigte ihn stärker, als er vor Jacobs hatte zugeben wollen. Der Skipper war wie ein Wahnsinniger durch den Sturm gesegelt und hatte dadurch einen guten Teil dazu beigetragen, daß sie die anderen Schiffe verloren hatten. Allein dafür hätte Jacobs eine erneute Abkanzlung verdient! Aber er war jetzt einfach zu müde für eine weitere fruchtlose Auseinandersetzung, und was geschehen war, war unwiderruflich. Pelsaert rieb sich die brennenden Augen und griff wieder zu seiner Feder. Er versuchte, sich auf die tägliche Eintragung in sein Tagebuch zu konzentrieren, aber rasende Kopfschmerzen machten es ihm unmöglich, seine Gedanken zu ordnen. Ein Schauer lief ihm das Rückgrat hinunter. Er begann zu frösteln.

»O nein! Nicht schon wieder!« dachte er.

»Nein, das ist es nicht«, versuchte er sich selbst zu beruhigen. »Dir ist nur kalt, weiter nichts.«

Er nahm eine warme Wolldecke von seiner Koje und hüllte sich darin ein. Dann hob er die Feder auf und tauchte sie in das Tintenfaß. Nach kurzer Zeit mußte er sie hinlegen, so sehr zitterten seine Hände. Er starrte auf das unleserliche Gekrakel auf dem Papier, und plötzlich wußte er, daß er wieder krank wurde. Es war dieselbe unheimliche Krankheit, die ihn bereits in Agra erfaßt hatte. Agra! Wundervolle Stadt der Gärten, schreckliches todbringendes Klima! Er dachte an sein elegantes Haus dort, an die prächtigen handgewebten Teppiche, die wundervollen Bilder und die zerbrechlichen Schüsseln und Flaschen aus buntem Glas. Schöne seltene Dinge, mit viel Mühe und Sorgfalt zusammengetragen. Er sah sich selbst, elend und frierend in seinem großen Bett, während draußen die Mittagshitze herrschte. Seine Haushälterin, die ihm einen Becher Wasser an die aufgesprungenen Lippen hielt. Dann wechselten die Bilder vor seinem inneren Auge, und er wanderte in den Straßen auf und ab. Bettler berührten seinen Rock, seinen Degen, faßten ihn an den Armen, zupften an seiner Kleidung. Er warf ihnen eine Handvoll Kupfermünzen zu und versuchte zu fliehen, aber seine Beine waren wie gelähmt. Er konnte sich nicht von der Stelle rühren.

Die Kerze auf dem Pult brannte nieder. Pelsaert verlor jegliches Zeitgefühl, während er an seinem Schreibtisch saß und phantasierte. Irgendwann schlug die Kälte in Hitze um, und er begann zu schwitzen. Er wischte sich den Fieberschweiß von der Stirn. Sein Blick fiel auf die Koje.

»Nur eine Stunde Schlaf und ich bin wieder in Ordnung. Nur eine Stunde!«

Andries de Vries betrat die Kabine genau in dem Moment, als Pelsaert über seinem Schreibtisch zusammenbrach. Er hatte dreimal geklopft und keine Antwort erhalten. Der Kommandeur lag mit dem Oberkörper auf seinem Tagebuch. Das Tintenglas war umgestürzt und hatte seinen schwarzen Inhalt über die Seiten ergossen. Vorsichtig berührte Andries den Kommandeur an der Schulter. Pelsaert glühte in einem sengenden Fieber.

»Lucretia«, murmelte er. »Lucretia!«

Zur Mittagsstunde des folgenden Tages starrte ein äußerst unzufriedener, mißmutiger Kapitän auf die dicht geschlossene Wolkendecke über seinem Kopf. Um die gleiche Zeit des nächsten Tages bot sich ihm dasselbe Bild. Und auch am Tag darauf zeigte sich nicht die erhoffte Veränderung.

»Scheißwetter!« Der Skipper räusperte sich und spuckte in die Gischt. Er brauchte dringend klaren Himmel mit Blick auf die Sonne, um die Position der *Batavia* neu zu bestimmen. Jeder Sturm brachte dieselben Fragen, dieselben Unsicherheiten mit sich. Wie viele Seemeilen hat das Schiff während des Unwetters zurückgelegt? Wo sind wir? Wie weit sind wir vom Kurs abgekommen? Nach jedem Sturm tagelang derselbe verhangene Himmel, der den lebenswichtigen Blick auf die Sonne verdeckte, deren höchster Stand im Verhältnis zum Horizont die Berechnung des Breitengrades ermöglichte.

Solange der Himmel bedeckt war, lebte Jacobs von Schätzungen. Er war daran gewöhnt, zurückgelegte Entfernungen schätzen zu müssen, und die Genauigkeit, die er dabei erzielte, machte den Unterschied zwischen einem guten und einem schlechten Navigator aus. Es gab absolut keine Möglichkeit, den Längengrad zu bestimmen, und nur wenige Instrumente, die dem Navigator die Berechnung des Fortschritts und die Bestimmung der Breite erleichterten. Wenn die Sonne durch Wolken verhangen war, war das Astrolabium[17] so nutzlos wie Pfeffer nach der Mahlzeit, und der Skipper mußte sich ganz allein auf sein Gefühl verlassen. Ein Schiff über das offene Meer um die halbe Erdkugel zu lotsen grenzte fast an Zauberei, und schon ein winziger Fehler konnte geradewegs ins Verderben führen.

»Verdammtes Pech!« fluchte Jan Everts, während er den Kapitän dabei beobachtete, wie dieser rastlos an der Reling auf und ab wanderte.

»Ich bete für das ganze Schiff, daß der Himmel endlich aufklart. Der Skipper ist empfindlicher als eine Jungfrau in der Hochzeitsnacht.«

Die Hände des Bootsmanns waren nervös damit beschäftigt, Seemannsknoten zu schlingen.

»Aber wen wundert das schon? Ohne die *Buren* sind wir fast hilflos, sollten wir tatsächlich auf ein portugiesisches oder spanisches Kaperschiff stoßen.«

»Vielleicht hätten wir die Flotte nicht verloren, wenn sich der Kapitän mehr um die Navigation kümmern würde als um seine Metze«, entgegnete Jakob Pieters bissig.

»Kein schlechtes Wort gegen den Skipper!« herrschte Everts den Obergefreiten an. »Es kommt immer wieder mal vor, daß Schiffe im starken Sturm voneinander getrennt werden, aber davon habt ihr Landratten ja keine Ahnung.«

Pieters schloß hastig den Mund. Er hatte vergessen, wie bedingungslos der Bootsmann seinem Kapitän ergeben war. Trotzdem wurmte es ihn, daß Jacobs mit der hübschen Kammerzofe der hochnäsigen Lucretia schlief.

»Schlimm genug, daß der Kommandeur den Skipper vor

den versammelten Offizieren zusammengestaucht hat«, fuhr Everts fort. »Das war einfach nicht recht.«

»Ja«, stimmte Pieters zu, eifrig darum bemüht, wieder gute Stimmung zu machen. »Der Hurenbock spielt den Moralapostel, dabei vögelt er des Kaufmanns Frau.«

Everts wurde still. Seine Hände hörten auf, mit dem Seil zu spielen, als er an die schöne Lucretia dachte.

»Wer kann's ihm verdenken?« sagte er schließlich. »Sie hat wohl die schönsten Titten, die ich je gesehen habe!«

»Ist es nicht ungerecht, daß die ganzen Schätze nur für Pelsaert sein sollen?«

Everts blickte von seinem Seil auf, in das mißgünstig verzerrte Gesicht des Obergefreiten.

»Willst du mit ihm tauschen? Der arme Kerl ist krank wie ein Hund. Der Bader sagt, er wird wahrscheinlich die Nacht nicht überstehen.«

»So?« brummte Pieters. »Ich würde auch gerne für ein paar Tage den Kranken spielen, wenn Lucretia van der Mylen an meinem Bett sitzen und mir die Hand halten würde!«

Adriaen Jacobs saß an seinem Schreibtisch, die Schultermuskulatur verspannt, der Rücken verkrampft von einem anstrengenden Tag an Deck. Heute, am sechsten Tag nach dem Sturm, war das Wetter schließlich doch noch umgeschlagen, und er hatte das Astrolabium benutzen können, um den Breitengrad zu bestimmen, auf dem sich die *Batavia* befand. Vor ihm aufgeschlagen lag die obligatorische Segelanweisung der VOC:

Nach dem Kap der Guten Hoffnung 36–42 Grad in östliche Richtung steuern. Nach ungefähr 2400 bis 3000 See-

meilen, sobald das Land der Eintracht[18] in Sichtweite kommt, scharf nach Norden abdrehen, in Richtung der Meerenge von Sunda.

Ein paar Kurskorrekturen waren notwendig, um die *Batavia* wieder auf den richtigen Weg nach Java zu bringen. Alles in allem waren sie nicht so gut vorangekommen, wie Jacobs es sich gewünscht hätte. Knochentief müde trug er die neue Position in sein Logbuch ein.

Es war kein guter Tag gewesen. Wochen zuvor hatte er zwei Matrosen kielholen lassen, die in eine Messerstecherei verwickelt waren. Die Wunde, die der eine dem anderen am Arm zugefügt hatte, hatte bald zu faulen begonnen, und heute hatte der Bader entschieden, den Arm zu amputieren. Der Mann hatte angefangen, zu schreien und zu toben, und noch bevor sie ihn hatten beruhigen können, war er auf den Vormast geklettert, von wo er sich auf das Deck hinuntergestürzt hatte. Der arme Kerl war auf der Stelle tot gewesen. Ein anderer Mann war durch Unachtsamkeit von einem Feuer in der Küche erfaßt worden und hatte schwere Verbrennungen erlitten. Gott sei Dank hatte das Feuer nicht weiter um sich gegriffen, aber der Seemann würde es wahrscheinlich nicht bis zum Morgengrauen schaffen.

»Zwei Dinge töten die Menschen«, hatte ihn sein Vater gelehrt. »Die Angst und ihre Dummheit. Wenn du einmal ein guter Kapitän werden willst, dann mußt du das wissen – und damit leben, denn es gibt nicht viel, was du dagegen tun kannst.«

Der Gedanke an den Vater wärmte Adriaen und ließ ihn den Schmerz in seinem Rücken vergessen. Er erinnerte sich an die Geschenke, die ihm der Vater von seinen Reisen mitgebracht hatte, als er noch ein kleiner Junge war.

Ein Stück duftendes Sandelholz aus Java. Eine besonders schöne Möwenfeder, die er auf dem Meer treibend gefunden hatte. Eine blau-weiße Porzellandose aus China. Eine riesige Trompetenmuschel von der afrikanischen Küste, die er immer wieder verzückt an sein Ohr gehalten hatte, um das Meeresrauschen darin zu hören. Stundenlang hatte der Vater ihn mit Seemannsgarn unterhalten, und er hatte wie gebannt zugehört und jedes Wort geglaubt. Einmal hatte der Vater ihn an den Hafen von Amsterdam mitgenommen und ihm die Barken und stolzen Dreimaster gezeigt. Seit jenem aufregenden Tag hatte Adriaen Navigator werden wollen. Aber der Vater hatte ihm nicht gleich nachgegeben, sondern das Geld aufgebracht und ihn zur Schule geschickt.

»Aber Vater!« hatte er damals protestiert. »Du hast versprochen, daß ich zur See fahren darf.«

»Alles zu seiner Zeit, mein Junge.«

Also lernte Adriaen Lesen, Schreiben und Rechnen, und er haßte es. Er begann erst zu verstehen, als der Vater ihn zum ersten Mal mit nach draußen nahm, um ihm den nächtlichen Sternenhimmel zu zeigen. Er hatte das Astrolabium mitgebracht und dem Jungen erklärt, wie man es halten mußte, wo er hindurchsehen mußte, wie die verschiedenen Markierungen auf den Scheiben und Ringen des seltsamen Instrumentes einzustellen und zu lesen waren. Gemeinsam hatten sie in jener Nacht die Position des Polarsterns bestimmt. Er erinnerte sich auch an die Stimme der Mutter im Schlafzimmer nebenan, wenn sie oft weinte in der Nacht und dem Vater Vorwürfe machte. Lange Zeit hatte er nicht begriffen, daß es dabei um ihn ging. Von seinem Vater lernte er alles, was ein Schiffer wissen mußte. Über die sechzehn Winde und ihre Richtungen, über ihre Beständigkeit und Unbeständigkeit, über die von Windstille geprägten Roßbreiten, über das Wetter, die Gezeiten, die Strömungen des Meeres, den Gebrauch eines Kompasses und auch ein wenig darüber, wie man Schiffe baute. Als Adriaen sich mit sechzehn Jahren als Lehrling auf einem klapprigen Kauffahrer anheuern ließ, wußte er mehr über Navigation als manch ausgewachsener Seemann. Tausende von Seemeilen und drei Landurlaube später kam er nach Hause, um zu erfahren, daß der Vater in einer Seeschlacht mit einem spanischen Freibeuter gefallen war. Adriaen überließ der Mutter und der Schwester seine Heuer und ging zurück nach Amsterdam, um auf einem anderen Schiff anzuheuern. In Holland hielt es ihn nicht, denn wie sein Vater hatte er Geschmack gefunden an den tropischen Nächten, dem südlichen Himmel, dunkelhaarigen üppigen Frauen und vor allem – dem Meer.

François Pelsaert war in seiner eigenen privaten Hölle gefangen. Er schwebte zwischen Wachen und Fieberträumen. Manchmal saß seine Mutter an seinem Bett, manchmal seine Schwester Agnete, dann wieder sah er das gütige lichtbraune Gesicht seiner indischen Haushälterin vor sich. Kühle Hände berührten seine Stirn und legten ihm feuchte Tücher auf. Einmal stand der Bader vor ihm, blickte ihn besorgt an und ließ ihn zur Ader. Danach wurden seine Träume schwarz und kalt, und er warf sich ruhelos in seiner Koje hin und her. Der Bader flößte ihm eine Flüssigkeit ein, ungewohnt und seltsam geschmacklos. Sie brachte merkwürdige Träume, heiß und sinnlich. Einmal erwachte er und fand Lucretia neben seinem Bett sitzend, die blauen Augen ernst und mitfühlend. Traum oder Wirklichkeit? Er wußte es nicht. Er aß, wenn man ihn fütterte, er trank, wenn man ihm Wasser an die Lippen hielt. Dazwischen sank er immer wieder zurück in einen Zustand tiefer Bewußtlosigkeit.

Judith Bastians lief wie von Furien gehetzt. Sie hatte ihre Röcke so hoch gerafft, daß man ihre Strumpfbänder und einen guten Teil ihrer wohlgeformten Beine sehen konnte, aber in ihrem Kopf war kein Platz für Schicklichkeit. Sie bemerkte kaum das Aufsehen, das sie bei den Seeleuten an Deck erregte. In ihren Ohren gellten noch immer die Schreie der armen Frau, die auf dem Kanonendeck in den Wehen lag. Als sie den Niedergang hinunterstürmte, stieß sie beinahe mit einem der Schiffsjungen zusammen.

»Aus dem Weg!« rief sie und schob den verblüfften Jungen zur Seite. Vor der Großen Kabine blieb sie atemlos stehen. Die Offiziersmesse war eine Männerdomäne, und außerhalb der Mahlzeiten waren Frauen dort eigentlich nicht zugelassen. Sie blickte den Gang hinunter auf der Suche nach einem bekannten Gesicht, irgend jemandem, der sie mit hineinnehmen oder für sie dort drinnen nach dem Bader Ausschau halten konnte. Aber der Durchgang war menschenleer, und sie hatte keine Zeit zu verlieren. Judith holte tief Luft, klopfte an und öffnete die Tür.

Die Gespräche verstummten, und alle Augen richteten sich auf die sommersprossige junge Frau in der Tür. Conrad van Huyssen besann sich als erster. Er bahnte sich seinen Weg durch die erstaunten Offiziere und ging ihr entgegen. Judith überlief es heiß und kalt.

»O nein«, dachte sie. »Warum ausgerechnet er? Er, mit dem hübschen Gesicht und den Augen aus Eis.«

Conrad nahm das Mädchen am Arm und führte es nach draußen.

»Was verschafft uns die Ehre Eures Besuchs, schöne Dame?«

»Bitte, ich muß dringend den Bader finden!«

Van Huyssens Augen hafteten am Ausschnitt ihres einfachen grauen Kleides.

»Wie schade, ich hatte schon gehofft, Ihr wärt auf der Suche nach mir, Prinzessin.«

Judith hatte keinen Sinn für seine Galanterien.

»Bitte!« flehte sie. »Es ist wirklich wichtig!«

»Der Bader ist beim Kommandeur. Es geht ihm immer noch sehr schlecht.«

»Könntet Ihr ihn nicht für mich holen? Martje Alberts bekommt ihr Kind, aber irgend etwas stimmt nicht. Ich muß unbedingt den Bader sprechen.«

Conrad blickte auf ihren hübschen Mund. Er fragte sich wohl zum hundertsten Male, wie der farblose griesgrämige Pfarrer mit seiner plumpen teiggesichtigen Frau eine so entzückende Tochter zustande gebracht hatte. Während der vielen Stunden, die er tagsüber totzuschlagen hatte, träumte er davon, seine Hände in ihren rotblonden Locken zu vergraben und in ihren grünen Augen zu ertrinken. Er nickte langsam.

»Es gibt nichts, was ich für Euch nicht tun würde, Prinzessin.«

Van Huyssen legte vertraulich seinen Arm um Judiths Hüften und geleitete sie zur Kabine des Kommandeurs. Auf sein Klopfen hin kam der Bader heraus und hörte sich an, was Judith zu sagen hatte.

»Ist es ihr erstes Kind?«

»Ja!«

»Wie lange, sagtet Ihr, liegt sie schon in den Wehen?«

»Seit zwei Tagen.«

»Und Eure Mutter kommt nicht damit zurecht?«

»Mutter sagt, sie weiß sich keinen Rat mehr.«

»Hm. Das klingt, als ob ich gebraucht würde. Wartet

bitte einen Augenblick, Fräulein Bastians, ich muß meine Tasche holen.«

Aris Janz verschwand wieder in der Kabine des Kommandeurs. Judith verschränkte unbehaglich die Arme vor der Brust und mied den Blick des jungen Kadetten, während sie auf den Arzt wartete.

Die Anwesenheit van Huyssens ließ sie frösteln. Instinktiv fühlte sie, daß die höflichen Manieren des gutaussehenden Edelmannes nur Tarnung waren. Es war, als fehlte es ihm an menschlicher Wärme. Und dennoch – gleichzeitig erregte sie seine Gegenwart. Diese widersprüchlichen Empfindungen verwirrten sie und machten ihr Angst. Zu ihrer Erleichterung war der Bader eine Sekunde später wieder da, und gemeinsam machten sie sich auf den Weg.

Auf dem Kanonendeck hatten die Frauen eine Ecke eingerichtet, wo die Gebärende möglichst ungestört liegen konnte. Sie war mit einem der Kanoniere verheiratet, und das Paar hatte nur das Geld für eine einfache Passage aufbringen können. Die Seemänner, die gerade nicht arbeiten mußten, hatten sich so weit wie möglich zurückgezogen. Die ganze Angelegenheit war ihnen nicht geheuer, und sie verfluchten das Wimmern und Stöhnen der Kreißenden, das ihnen keine Ruhe ließ. Martje Alberts war schweißgebadet und vollkommen erschöpft. Zwaantie saß hinter ihr, die Beine auf der Strohmatratze aufgestellt, die junge Mutter auf ihrem Schoß, mit dem Rücken gegen ihren Oberkörper gelehnt. Sie hatte beide Arme fest um Martje gelegt und stützte sie, wann immer eine neue Welle von Wehen ihren Körper schüttelte. Zwischen den Krämpfen kühlte sie ihr die Stirn mit einem feuchten Tuch. Sie war fast ebenso müde wie die arme Frau in ihrer Obhut, obwohl sie sich mit Judith Bastians bei ihrer anstrengenden Aufgabe abwechselte. Judiths Mutter saß auf einem hölzernen Schemel am Fußende des Lagers. Sie hatte beide Hände unter Martjes Röcken und massierte ihren gewölbten Leib. Maria Bastians war eine erfahrene Hebamme und hatte schon vielen Säuglingen auf die Welt geholfen, aber hier war sie mit ihrer Weisheit am Ende.

»Die Fruchtblase ist schon vor ein paar Stunden geplatzt. Sie hat nicht mehr viel Kraft«, erklärte sie dem Bader. »Wenn das Kind nicht bald kommt, wird sie wohl sterben.«

Aris Janz rollte wortlos seine Ärmel auf, dann wusch er seine Hände mit Kernseife in einem Kübel Salzwasser, sorgfältig darauf achtend, daß dabei auch seine Fingernägel sauber wurden. Maria Bastians beobachtete ihn mißtrauisch. Ihrer Meinung nach waren die Vorkehrungen des Baders unnötiger Unfug, Wichtigtuerei, mit der der Bader seine überlegene Stellung ihr gegenüber unterstreichen wollte. Aris Janz störte sich nicht an den Blicken der Hebamme. Er ahnte wohl, daß Maria Bastians im stillen daran dachte, wie viele Kinder sie schon auf die Welt gebracht und daß ein bißchen Dreck dabei noch keinem geschadet hatte. Endlich trocknete er seine Hände an einem sauberen Leinentuch und rieb sie bis zum Ellenbogen mit Butter ein. Er tauschte den Platz mit der Hebamme und begann, Martje unter den langen Falten ihrer Unterröcke zu untersuchen.

»Falsche Scham!« dachte er mißmutig. »Es ist so gefährlich, nie sehen zu können, immer zu raten, zu tasten und zu hoffen, daß die Hände nicht lügen.«

Er fand den Muttermund weit geöffnet, aber er konnte den Kopf des Kindes nicht erfühlen. Seine sanften Finger prüften, suchten und ergründeten, immer darauf bedacht, der Frau keine unnötigen Qualen zu bereiten. Kein Zweifel, es war eine Steißgeburt!

Der Bader holte tief Luft. Es gab nur eine Möglichkeit, das Kind zu holen, ohne den Tod der Mutter zu riskieren.

»Frau Alberts?«

Die junge Frau war teilnahmslos vor Pein.

»Frau Alberts, das Kind liegt nicht richtig. Es versucht ...«, er lächelte ein wenig, »es versucht, mit dem Popo voran diese Welt zu betreten. Es tut mir sehr leid, aber ich muß Euch wohl noch mehr Schmerzen zufügen, um es wieder in die richtige Lage zu bringen.«

Die junge Frau nickte ergeben. Eine neue Wehe erfaßte sie, und sie wimmerte auf, zu schwach zum Schreien. Geschockt betrachtete Zwaantie die vom Pressen aufgeplatzten Äderchen an ihrem Hals.

Der Arzt sah das Mädchen an und fragte sich, wieviel er wohl von ihm erwarten konnte.

»Es wird ihr sehr weh tun, du mußt sie gut festhalten, falls sie sich wehrt, hörst du?!«

Seine schlanken Hände verschwanden wieder unter den Unterröcken. Judith stand hinter dem Bader und beobachtete ihn bei seiner Arbeit.

»So vorsichtig!« dachte sie. »So behutsam!«

Der Bader wußte, es gab nur den gewaltsamen Versuch, das Kind zu holen, oder eine Operation, bei der die Bauchdecke aufgeschnitten wurde. Der Eingriff war in Fachkreisen umstritten und kostete in fast allen Fällen das Leben. Er selbst hatte ihn bisher immer nur *post mortem* durchgeführt.

Der Bader tastete nach den Beinchen des Säuglings, versuchte den glitschigen kleinen Hintern in seinen festen Griff und aus dem Weg zu bekommen. Seine Zungenspitze tauchte in seinem Mundwinkel auf, er war hochkonzentriert. Endlich bekam er die Beine zu fassen und begann, den Körper, mit den Füßen voran, herauszubringen. Sachte bewegte er das Körperchen mit kleinen drehenden Bewegungen von links nach rechts und von rechts nach links, in dem steten Bewußtsein, wie zart und zerbrechlich so ein kleines Wesen war. Stück für Stück kamen Bäuchlein und Brust zum Vorschein und dann, ganz langsam, die Arme. Der Bader versicherte sich, daß sich die Nabelschnur nicht um den Hals des Kindes gelegt hatte, dann machte er sich an den schwersten Teil: die Schultern.

»Es ist gleich geschafft. Nur der Kopf noch, dann ist alles vorbei.«

Martje Alberts bäumte sich auf und schrie, als er Schultern und Kopf behutsam aus der schmalen Körperöffnung drehte. Zwaantie mußte all ihre Kräfte aufbieten, um sie ruhig zu halten.

»Scht, es ist alles gut. Da haben wir den kleinen Racker ja schon.«

Es war ein Junge, rot und runzlig, das Köpfchen mit blondem Flaum bedeckt. Der Doktor legte das Kind zwischen den Beinen der Mutter nieder. Er band die Nabelschnur mit Leinenschnüren zweimal ab, durchtrennte die Schnur mit einer Schere, dann übernahm Judiths Mutter den Säugling.

»Ihr hättet warten müssen, bis es seinen ersten Schrei getan hat!« erklärte sie dem Bader vorwurfsvoll.

Aris Janz hielt eine passende Antwort zurück. Die Hebammen sahen es als gefährlich an, die Verbindung zwischen Mutter und Kind zu unterbrechen, bevor das Kind nicht durch seinen ersten Atemzug verkündet hatte, daß es gesund und lebendig war. Normalerweise hielt er sich an diese Vorgehensweise, aber der rosige Hautton des Säuglings hatte ihn davon überzeugt, daß er mit dem Zerschneiden der Nabelschnur kein Risiko einging.

Maria Bastians hielt das Kind an den Füßen und versetzte ihm einen kräftigen Klaps auf den Po. Prompt fing der Kleine mit lauter Stimme zu brüllen an.

»Seht nur Martje, Euer Sohn!«

Gestützt von Zwaantie nahm die junge Mutter ihr winziges Kind entgegen. Glücklich küßte sie es auf die Wange. Sie war vollkommen erschöpft, ihre Lider fielen immer wieder zu. Schnell ergriff Maria Bastians das Kind und reichte es an ihre Tochter weiter, die es sorgsam in vorgewärmte Leinentücher einwickelte.

Zwaantie half der jungen Frau, sich auf der Matratze auszustrecken, dann kroch sie aus ihrer unbequemen Position und richtete sich auf, die Hände in den schmerzenden Rücken gestemmt. Ihre Beine waren vollkommen taub, ihre Röcke bis zu den Oberschenkeln mit Blut und Fruchtwasser vollgesogen. Sie schleppte sich zu einer der Kanonenluken und ließ sich erschöpft an der Brüstung nieder, die Stirn in ihre Hand gestützt. Die Luft auf dem Deck war schwer und widerlich, und sie ließ sich dankbar die frische Meeresbrise ins Gesicht wehen. Im letzten Jahr hatte sie ihrer Mutter geholfen, ihr jüngstes Geschwisterchen auf die Welt zu bringen, aber das war ein Kinderspiel gewesen im Vergleich zu den vergangenen zwei Tagen. Alles, was sie sich jetzt wünschte, war ein Bad, etwas zum Essen und vor allem ein langer, erholsamer Schlaf!

Der Bader sah in Martjes Gesicht. Langsam kehrte die Farbe in ihre Wangen zurück. Er fühlte ihren Puls. Mühsam öffnete sie die Augen und schenkte ihm ein schwaches Lächeln.

»Danke!«

Sie schlief auf der Stelle ein.

»Ihr könnt sie doch nicht einfach schlafen lassen!« rief Maria Bastians empört.

»Papperlapapp! Schlaf ist das beste Allheilmittel für eine Frau, die das durchgemacht hat. Ihr dürft mir vertrauen, ich passe schon darauf auf, daß sie mir nicht unter den Händen wegstirbt. Und jetzt will ich kein Wort mehr darüber hören.«

Maria Bastians preßte wütend ihre Lippen aufeinander. Was bildeten sich diese Ärzte eigentlich ein? Als ihr klar wurde, daß Aris Janz ihr nicht erlauben würde, ihm weiter zu assistieren, ging sie davon, um aus der Kombüse eine warme Mahlzeit für die junge Mutter zu holen. Aris Janz war froh, als Maria Bastians endlich weg war. Er wußte, daß sie es nur gut meinte, aber er hatte schon zu oft gesehen, wie wohlmeinende Hebammen und auch Ärzte nicht wiedergutzumachende Schäden angerichtet hatten. Besonders die Ammen mit ihrer Gepflogenheit, den Mutterkuchen an der Nabelschnur herauszuziehen. Er hatte Frauen gesehen, die an Infektionen gestorben waren, weil Reste zurückgeblieben waren, und andere, die ihr Leben lang unter einem dadurch verursachten Vorfall der Gebärmutter zu leiden hatten. Nein, solange er dabei war, würden solch hastige und unbedachte Methoden nicht praktiziert.

Der Bader blieb bei Martje Alberts sitzen, bis die Nachgeburt kam. Dann wartete er, bis ihr Puls wieder kräftiger wurde. Er fühlte besorgt ihre Stirn, aber die Temperatur war normal und ihre Atemzüge regelmäßig.

»Gut!« dachte er. »Sehr gut!« Er hatte nicht die Absicht, sie an das geheimnisvolle Fieber zu verlieren, das so viele Frauen nach der Geburt ihres Kindes ergriff.

Als er alles für Martje getan hatte, ließ er die Frauen alleine. Judith brachte Zwaantie das gewaschene, in eine Decke gehüllte Kind.

»Sieh nur! Ist er nicht süß? Die kleinen Fingerchen und die kleinen Zehen!«

Zwaantie starrte auf den friedlich schlafenden Säugling. Zum ersten Mal wurde ihr schlagartig bewußt, daß sie von Adriaen schwanger werden könnte.

François Pelsaert und Andries de Vries hielten ihre Köpfe tief über einen Stapel Papiere gebeugt, als der Bader ohne anzuklopfen in die Kabine stürmte.

»Ich hatte gehört, daß Ihr wieder auf den Beinen seid, aber ich mußte es erst mit meinen eigenen Augen sehen, bevor ich es wirklich glauben konnte.«

Er stemmte die Hände in die Hüften und musterte Pelsaert vorwurfsvoll.

»Ihr seid noch viel zu krank, um aufzustehen!«

»Es geht mir schon viel besser heute. Ich mußte mich einfach an Deck blicken lassen und nach dem Rechten sehen.«

Aris Janz ließ sich schwerfällig in einem Stuhl nieder.

»Was gibt es da nach dem Rechten zu sehen? Das Schiff ist auf dem Weg nach Java, wie schon seit sechs Monaten. Ich habe nicht den Eindruck, daß Kapitän Jacobs irgendwelche Schwierigkeiten oder Probleme hat.«

Der Bader rieb sich die vor Müdigkeit roten Augen. In letzter Zeit, so schien es ihm, eilte er nur noch von einem Notfall zum anderen. Manchmal verfluchte er den Geiz der VOC, die nicht mehr als einen Bader auf einem Schiff zuließ, in ganz seltenen Fällen vielleicht noch einen Badergehilfen. Ein uneinsichtiger Patient war das letzte, was ihm zu seinem Glück noch gefehlt hatte.

»Keine Schwierigkeiten? Ich frage Euch, wie war das mit dem Mann, der heute an einem brandigen Bein gestorben ist?«

»Das war das Ergebnis einer Messerstecherei, Soldat gegen Seemann, von vor einem Monat! Ich kann Euch alles berichten, was an Bord dieses Schiffes vorgeht, aber Ihr gehört ins Bett und zwar noch mindestens für zwei Wochen.«

Pelsaert nahm Aris Janz die väterliche Zurechtweisung nicht übel. Er wußte, daß der Bader manchmal Zuflucht in einem rauhen Tonfall suchte, meistens dann, wenn er den wahren Umfang seiner Besorgnis zu verbergen wünschte.

»Ich verspreche Euch, daß ich mich schonen werde, aber heute abend kann ich Euren Rat nicht annehmen. Ich habe Frau van der Mylen zum Abendessen eingeladen, und Ihr könnt unmöglich von mir verlangen, daß ich ihr absage.«

Er zeigte ein verschmitztes Lächeln, und die Spuren der Krankheit schienen von ihm abzufallen.

»Hm«, brummte der Bader. »Was kann ich in diesem Fall schon anderes tun, als Euch nachgeben?«

Er wandte sich an Andries de Vries, der dieser Unterhaltung mit offenem Mund lauschte.

»Andries, mein Junge! Sei so gut und hole dem Kommandeur und mir eine Karaffe mit Wein und Gläser. Ach halt! Wenn ich's recht bedenke, dann bring dir selbst auch ein Glas mit.«

Der schüchterne junge Mann errötete vor Freude und machte sich auf den Weg. Nachdem Andries den Raum verlassen hatte, nahm der Bader Pelsaerts Handgelenk und fühlte dessen Puls. Dann legte er sein Ohr an Pelsaerts Brust und hörte den Herzschlag ab. Schweigend nahm er die Blässe des Kommandeurs, das gelblich verfärbte Augenweiß und dessen abgezehrte Züge zur Kenntnis. Zuletzt fühlte er ihm die Stirn. Ohne ein Wort kehrte er in seinen Stuhl zurück.

»So, und jetzt die Wahrheit! Wie fühlt Ihr Euch?«

»Gut genug!«

»Gut genug, um zu sterben? Lügt mich nicht an, François!«

»Nein wirklich! Ich bin vielleicht noch ein bißchen wacklig auf den Beinen, und manchmal wird mir plötzlich ganz heiß, aber ich fühle mich schon sehr viel besser.«

»Ich stimme Euch zu, Kommandeur, Ihr seid auf dem Weg der Besserung. Aber ich muß Euch warnen. Ihr wißt so gut wie ich, daß diese Krankheit zurückkommen kann. Habt Geduld und sammelt Eure Kräfte, hütet das Bett, und vor allem überstürzt nichts!«

Es klopfte an der Tür, und Andries de Vries kehrte zurück, vorsichtig ein Tablett balancierend.

Müde sah der Bader zu, wie Andries die rubinrote Flüssigkeit einschenkte. Er wußte, daß es dem Kommandeur bei weitem nicht so gut ging, wie er vorgab.

»Ich wünschte, es gäbe eine Kur gegen das Sumpffieber[19]«, dachte er.

Die Nacht war ungewöhnlich lau, ein warmer Wind streichelte die Haut und zauste das Haar.

Gillisz Franz wanderte vom Mittelschiff zum Kompaßhaus und warf einen prüfenden Blick auf das Stundenglas. Es war gerade erst zur Hälfte abgelaufen. Die Hälfte der ersten Morgenstunde! Das bedeutete, erst ein knappes Viertel seiner Wache war vorüber, noch mehr als drei Stunden, bis er sich wieder in seine Koje legen konnte. Er gähnte, weniger vor Müdigkeit als vor Langeweile.

»Hör auf!« befahl er sich selbst. »Du weißt genau, wenn du erst damit anfängst, die Stunden zu zählen, dann dauert die Wache ewig.«

Er nahm seine langsame Wanderung entlang der Reling wieder auf. Die *Batavia* glitt unter vollen Segeln dahin. Bis auf das Flappen der Leinwand und das Glucksen des Meeres war es totenstill. Wieder erfaßte ein Gähnen den Steuermannsgehilfen. Er beschloß, einen Rundgang zu machen, um seine Müdigkeit zu bekämpfen.

Zur Hölle, er hatte genug vom Wasser, vom vergammelten Essen und von sterbenslangweiligen Nachtwachen. Gott sei Dank, daß sie in weniger als sechs Wochen in Batavia einlaufen würden. Und Batavia war so gut wie zu Hause, mit seinen Reihen sauberer, holländischer Häuschen, den hohen Giebeln, den Kanälen und Grachten. Gillisz befand sich mittschiffs, auf gleicher Höhe mit einem der Niedergänge, als er einen Laut aus der Tiefe hörte. Er hielt an und lauschte angestrengt.

Nichts.

Er sah sich um. Blasser Mondschein lag auf den Rettungsbooten, der Ankerwinde, den verlassenen Decks. Alles war ruhig, nichts war anders als sonst. Und dennoch!

Gillisz zuckte die Achseln. Während der Wache waren alle seine Sinne auf das Meer gerichtet, dorthin, von wo Gefahr zu erwarten war. Es war gut möglich, daß er sich getäuscht hatte.

Er wollte gerade weitergehen, als er es wieder hörte, diesmal deutlicher. Ganz eindeutig war da ein Geräusch!

Gillisz ging zum Niedergang und blinzelte in die Dunkelheit. Da! Unten, am Fuß der Treppe, lag eine dunkle Gestalt. Vergessen waren Erschöpfung und Heimweh. Rasch schnappte er sich eine der Schiffslaternen und sprang die Stufen hinab. Der Steuermannsgehilfe stellte die Laterne ab und berührte die zusammengekauerte Person vorsichtig an den Schultern. Er schrak zurück, als sie einen hellen Schrei ausstieß und mit den Füßen nach ihm zu treten begann. Es war eine Frau!

»Schscht! Keine Angst, ich tue Euch nichts!«

Ihr hellseidenes Kleid war zerrissen, die linke Brust entblößt. Gillisz schluckte. Er kannte nur eine Frau an Bord der *Batavia*, die Kleidung von solch auserlesener Qualität trug. Ein Mehlsack war über ihren Kopf gestülpt, und er zog ihn behutsam herunter.

Gillisz Franz war zutiefst bestürzt, als er Lucretia van der Mylen erblickte, das blonde Haar zerzaust, das Gesicht von Mehlstaub und Tränen verwüstet.

Was hatten sie ihr nur angetan?!

Hals und Brust waren mit Malen bedeckt, die Röcke bis zur Taille hinaufgezogen, ihre Schenkel mit Teer und Fäkalien beschmiert. Gillisz zog seine Weste aus und bedeckte notdürftig ihre Blöße. Seine Wangen brannten vor Scham. Lucretia begann zu weinen. Sanft nahm er die zitternde, schluchzende Frau in seine Arme und hob sie auf.

»Es ist alles vorbei«, murmelte er beschwichtigend. »Alles vorbei.«

Mein Gott! Wie sollte er das nur dem Kommandeur beibringen?

Gillisz Franz, François Pelsaert und der Skipper warteten ungeduldig vor Lucretias Kabine. Es herrschte bedrückte Stille. Jacobs wanderte, die Hände auf dem Rücken verschränkt, mit großen, unheilschwangeren Schritten umher. Seine finstere Miene verhieß nichts Gutes. Der Kommandeur war erschüttert. Mit vom Fieber glasigen Augen und noch nicht ganz sicher auf den Beinen stand er gegen die Wand gelehnt, die Stirn mit kleinen Schweißperlen bedeckt. Pelsaert konnte sich nicht erinnern, sich jemals in seinem Leben so schwach gefühlt zu haben. Er hatte versprochen, Lucretia zu beschützen, und er hatte versagt.

Gillisz Franz war unwohl zumute in der spannungsgeladenen Atmosphäre. Er war, wie fast alle Männer an Bord, ein heftiger Bewunderer Lucretias. Was mit ihr geschehen war, erfüllte ihn mit tiefer Abscheu und Scham für sein eigenes Geschlecht. Sie alle warteten auf den Bader, der sich jetzt schon seit einer geschlagenen Stunde in Lucretias Kabine aufhielt. Er hatte niemanden zu ihr gelassen, außer Zwaantie, die mehrmals ein- und ausgegangen war, Eimer mit sauberem Wasser hineingebracht und schmutziges Wasser herausgetragen hatte, das Gesicht maskenhaft und angespannt, nicht bereit, auch nur eine einzige Frage zu beantworten.

Jacobs erstickte fast vor Zorn.

Eine Frau mit Gewalt zu nehmen! Wie erbärmlich!

Er allein hatte den Hauch einer Ahnung, was es bedeutete! Festgehalten zu werden, die Kontrolle über den eigenen Körper zu verlieren, die Schmerzen des Augenblicks und die immerwährenden Schmerzen danach. Das Gefühl, an keinem Ort der Welt mehr sicher zu sein. Ab und zu warf er einen bösen Blick auf den Kommandeur. Er konnte sich nicht helfen, aber er mußte immer wieder daran denken, daß dies nicht passiert wäre, hätte Pelsaert es nicht gewagt, ihm vor allen Offizieren eine Standpauke zu halten. Pelsaert hatte damit den Nährboden bereitet für Ungehorsam und Aufstand unter Männern, die es normalerweise nicht wagten, in seiner Gegenwart auch nur einen Wind fahren zu lassen.

Endlich trat der Bader aus der Tür, sichtlich mitgenommen.

»Sie ist jetzt bereit, Euch zu empfangen, François. Aber bitte faßt Euch kurz, ich habe ihr zur Beruhigung etwas Laudanum gegeben. Vielleicht wird ihr das helfen, diesen ungeheuerlichen Vorfall zu vergessen, falls es überhaupt ein Vergessen gibt.«

»Ist sie ... wurde sie?«

Der Bader öffnete den Mund und schloß ihn wieder, sich an das Versprechen erinnernd, das er der armen Frau gegeben hatte.

»Nein, sie wurde nicht vergewaltigt. Sie hat eine Menge blauer Flecken und Schürfwunden, aber sie wurde nicht vergewaltigt.«

Seine Stimme klang seltsam flach und emotionslos.

Erleichtert verschwand der Kommandeur hinter der Tür. Jacobs blickte den Arzt fragend an, doch Aris Janz wich den prüfenden Augen des Skippers aus.

»Jetzt brauche ich was zu trinken, je stärker, desto besser!«

Adriaen sah den Bader davongehen, wäßrigrote Flecken auf seinem Hemd, winzige Blutspritzer auf dem Ärmelaufschlag. Er glaubte ihm nicht.

Eine kleine Ewigkeit verging, bevor der Kommandeur wieder auftauchte. Grenzenlos erschöpft sah er vom Steuermannsgehilfen zum Kapitän.

»Morgen bei Tagesanbruch will ich alle Seeleute und Soldaten zum Appell antreten sehen. Ich ordne hiermit eine vollständige Untersuchung an, und wenn ich jeden einzelnen persönlich befragen muß.«

»Das wird nicht nötig sein, Kommandeur, Ihr habt meine volle Unterstützung.«

»Sie glaubt, die Stimme von Jan Everts erkannt zu ha-

ben«, fügte Pelsaert leise und vorwurfsvoll, nur für Jacobs'
Ohren bestimmt, hinzu.

Lucretia lag alleine in ihrer Kabine und starrte an die Dek-
ke. Sie fühlte sich seltsam warm und ruhig. Mit dem Trank
des Baders in ihren Adern waren die Schmerzen in ihren
Lenden fast erträglich. Er verschaffte ihr den Frieden, den
sie so nötig brauchte, um nachzudenken. François war erst
vor wenigen Minuten von ihr weggegangen.

Hatte er ihr geglaubt? War sie überzeugend genug gewesen?

Zwischen dem Augenblick, als der Steuermannsgehilfe
sie auf das Bett gelegt hatte, bis zu dem Zeitpunkt, als der
Bader ihre Kabine betreten hatte, war ihr nur der Bruchteil
einer Sekunde geblieben, um sich zu entscheiden. Und sie
hatte sich für die Lüge entschieden.

Der Doktor war ein guter Mann. Nach wenigen gestam-
melten Worten hatte er seinen Zeigefinger auf ihre Lippen
gelegt und war ihr Verbündeter geworden.

Niemand durfte wissen, was wirklich geschehen war,
oder ihr ganzes weiteres Leben war ruiniert. Die Gesellschaft war kalt und grausam. Nach außen hin würden sie
Mitleid heucheln mit des Kaufmanns armer Frau. Welche
Tragödie! Aber untereinander würden sie über sie sagen,
daß sie es herausgefordert hatte. Und wie sollte sie jemals
wieder das Bett mit Baudouin teilen, wenn er wüßte, daß
ein anderer Mann oder gar andere Männer sie besessen
hatten?

Diese Erniedrigung!

Lucretia schloß die Augen und schluckte. Sie litt entsetzliche Qualen. Der Abend mit François war so schön
gewesen! Sie hatten miteinander gegessen und getrunken,
geflirtet und gelacht, wie zu den Zeiten vor seiner Krank-

heit. In ihrem Übermut hatte sie ihm zum Abschied einen Kuß auf die Wange gehaucht. Danach hatte sie nicht gleich zu Bett gehen, sondern statt dessen einen kurzen Spaziergang an Deck machen wollen. Die Süße der Nacht hatte sie in Versuchung geführt. Und dort, im Schutz der Dunkelheit, hatten sie auf sie gewartet. Wieder spürte sie, wie grobe Hände an ihrem Haar rissen. Wieder wurde ihr von hinten der leere Mehlsack übergestülpt. Feiner Mehlstaub kroch ihr in Mund und Nase, und bevor sie auch nur einen Laut von sich geben konnte, wurde eine Schlinge um ihren Hals gelegt und zugezogen. Sie mußte husten. Harte, schwielige Hände hoben ihre Röcke, rohe Hände, die weh taten und Schmerz zufügten. In panischer Angst versuchte sie zu schreien, aber sie konnte nicht atmen.

Dann der stechende Schmerz und die Stimme, die sagte: »Haltet sie gut fest, damit ich es ihr ordentlich besorgen kann!«

Und während sein Keuchen immer heftiger wurde, wünschte sie sich verzweifelt, es wäre zu Ende. Dann, endlich, wurde er schlaff, und sie spürte seine unwillkommene Feuchtigkeit in sich. Die Schlinge um ihren Hals lockerte sich ein wenig, aber noch immer hielten Hände ihre Arme und Schenkel mit eisenhartem Griff. Jemand packte die Spitzen an ihrem Ausschnitt und riß das Mieder bis zur Taille auf.

»Seht euch diese Titten an!«

Es war eine andere Stimme als die erste, eine Stimme, die ihr bekannt vorkam.

»Engelstitten!«

Eine Hand umfaßte ihre linke Brust, und sie spürte, wie ein anderer Mann sich an ihr zu schaffen machte.

»Nein!« dachte sie in wilder Panik. »Bitte nein! Bitte nicht noch einmal!«

Doch diesmal war das Schicksal gnädig. Als wieder gewaltsam von ihr Besitz ergriffen wurde, wurde ihr Körper schlaff, und eine tiefe Ohnmacht umfing sie.

In der Sicherheit ihrer Koje biß Lucretia auf ihre Fingerknöchel, um nicht laut aufzuschreien.

Als sie wieder zu sich gekommen war, hatte sie sich auf den staubigen Schiffsplanken wiedergefunden, nahe daran zu ersticken. Sie versuchte zu atmen, aber ihre Lunge verweigerte sich, und ihre Kehle war wund. Sie horchte in die Stille der Nacht, ob ihre Peiniger noch in der Nähe waren, aber sie konnte nichts hören.

»Ich muß um Hilfe rufen!« fuhr es ihr durch den Kopf. »Oder aufstehen! Steh auf!«

Sie versuchte, sich zu bewegen, aber ein heftiger Schmerz durchfuhr ihren Unterleib. Stöhnend blieb sie liegen. Und so hatte Gillisz Franz sie schließlich gefunden. Er hatte sie so mitleidig angesehen und vorsichtig aufgehoben. Dann war sie in ihrer Kabine, und der Doktor war bei ihr. Zwaantie hatte einen Kübel mit Wasser und saubere Tücher gebracht und war leise wieder verschwunden.

Zwaantie!

Zwaantie, die sich mit dem Kapitän im Bett wälzte! Zwaantie, diese undankbare kleine Dirne! Neuerdings fragte sie schon gar nicht mehr, ob sie gehen durfte. Wäre sie heute bei ihr gewesen, dann wäre das Unaussprechliche vielleicht nicht passiert. Zwaantie, die mit ihrem losen Benehmen den Eindruck erweckte, auch sie, Lucretia, wäre leicht zu haben.

Nein, an Zwaantie mochte sie jetzt nicht denken. Und auch nicht an François.

Er hatte versucht, sie zu trösten, aber vor allem hatte er versucht, sie auszufragen. Sie hatten etwas Wunderbares miteinander geteilt. Aber als er sie heute angesehen hatte, war die kleine Flamme in seinen Augen erloschen, und an ihrer Stelle hatte sie nur Mitleid und Schuld finden können.

Die Tür öffnete sich leise.

»Herrin?«

Lucretia fühlte den bitteren Geschmack von Galle aus ihrem Magen aufsteigen.

»Braucht Ihr etwas? Kann ich Euch noch irgend etwas bringen?«

Lucretia setzte sich auf.

»Nein«, sagte sie unendlich müde. »Ich brauche nichts mehr von dir. Gar nichts! Wir sollten diese Farce nicht länger aufrecht erhalten. Pack deine Sachen und geh! Geh zu deinem Kapitän! Es wird nicht schaden, das ganze Schiff weiß ohnehin, daß du dich mit ihm hinlegst.«

Zwaantie senkte beschämt den Kopf. Schweigend sammelte sie ihre wenigen Habseligkeiten ein und verließ ohne ein Wort die Kabine. Das burgunderrote Kleid blieb auf dem Bett liegen. Lucretia starrte es an, erinnerte sich an den ersten Abend, an dem sie es Zwaantie geschenkt hatte. Wenn sie doch nur die Zeit zurückdrehen könnte! Unglücklich drehte sie sich zur Wand und schluchzte leise vor sich hin. Sie fühlte sich elend und entehrt, besudelt von ein paar schmutzigen Seeleuten.

Plötzlich griff eine kalte Hand nach ihrem Herzen.

»Was, wenn ich ein Kind empfangen habe?«

Jan Everts stand zerknirscht vor seinem Kapitän. Jacobs schäumte vor Wut.

»Mein Gott, Everts! Hast du den Verstand verloren? Ich kann nicht glauben, daß du so etwas getan hast.«

Der Skipper hob den Arm und richtete anklagend seinen Zeigefinger auf den Bootsmann.

»Wenn ich nur darüber nachdenke! Einer Frau Gewalt anzutun! Was glaubst du, was sie dafür in Batavia mit dir machen werden? Der General-Gouverneur hat wenig Verständnis für diese Art von Verbrechen, und ich muß nicht erwähnen, daß es mir genauso geht. Sämtliche Knochen im Leib wird er dir brechen lassen.«

Jacobs ging einen Schritt auf Everts zu und blickte ihn drohend an.

»Einmal, in Amsterdam, habe ich gesehen, wie sie es machen. Sie fangen beim kleinen Finger an. Mit einem Metallstab. Ein kleiner Schlag. Tick! Und der Knochen zersplittert! Für so ein Knöchelchen braucht man noch keine Eisenstange. Die kommt später, viel später erst, wenn sie bei den Armen und Beinen angelangt sind. Kein schöner Anblick, wenn ein Mann so zu Brei zerschlagen daliegt. Und es dauert lange, sehr lange! Das sind Meister ihres Handwerks, die passen auf, daß du nicht gleich krepierst. Tagelang, manchmal sogar wochenlang lassen sie dich am Leben!«

Everts erbleichte. Mit zitternder Unterlippe versuchte er einen schwachen Protest.

»Aber ich habe gar nichts getan!«

»Sie hat deine Stimme erkannt!« fauchte Jacobs.

»Ich schwöre, ich habe sie nicht angerührt!« jammerte Everts.

»Lüg mich nicht an!«

»Es war nicht meine Idee«, brachte er schließlich hervor.

»So? Wessen Idee war es dann?«

Everts nagte an seiner Unterlippe und blieb stumm.

»Tod und Teufel, Everts! Du bist mein bester Mann, und wir sind schon so oft miteinander gefahren, aber das kann ich dir nicht durchgehen lassen. Die Angelegenheit ist zu ernst. Sie ist eine Dame und zudem ein persönlicher Liebling von Pelsaert. Es wird auf mich zurückfallen, und ich habe wahrhaftig schon genug Ärger mit dem Kommandeur. Gib mir die Namen, und ich will ein Wort für dich einlegen.«

Everts starrte trotzig auf den Boden.

»Die Namen, oder dein Kadaver hängt noch vor dem Morgengrauen am Vormast!«

Keine Antwort.

Jacobs wanderte einmal um den Bootsmann herum. Sein ohnehin schon recht kleiner Vorrat an Geduld war restlos ausgeschöpft.

»Der Gedanke, daß Schweinehunde, die so etwas einer unschuldigen Frau antun, frei an Bord meines Schiffes herumlaufen, gefällt mir ganz und gar nicht. Wen deckst du? Worauf hast du dich eingelassen?«

»Ich kann nicht! Ich kann es nicht sagen, ich habe geschworen, die Verantwortung zu übernehmen.«

Jacobs holte aus und versetzte Everts einen Schlag ins Gesicht, der den Bootsmann quer durch den Raum schickte, bevor er zu Boden ging. Jacobs massierte seine schmerzenden Fingerknöchel, während Everts sich mit dem Handrücken das Blut aus dem Mundwinkel wischte. Der Bootsmann versuchte, wieder auf die Beine zu kommen.

»Die Verantwortung, wie? Du bist wirklich ein Ehrenmann! Machst solche Sachen, aber hältst dein Wort gegenüber einem Haufen Halunken der übelsten Sorte.«

Jacobs' Stimme war voll ätzendem Spott.

»Geh mir aus den Augen! Du hast bis morgen früh Zeit, dir zu überlegen, ob du mir die Namen nennst oder ob du für diese Sauerei mit dem Leben bezahlen willst.«

Ein zaghaftes Klopfen kam von der Tür.

»Ja!« bellte Jacobs unwirsch.

Seine Züge wurden weich, als er Zwaantie auf der Schwelle erblickte, ihr Bündel unter dem Arm, und er lächelte trotz all seines Ärgers.

»Komm nur herein, wir sind ohnehin fertig.«

Einhundertfünfzig Seemänner und einhundert Soldaten standen im Morgengrauen auf dem Hauptdeck. Zweihundertfünfzig Männer in Reih und Glied. Zweihundertfünfzig Augenpaare, die auf ihre teils beschuhten, teils bloßen Füße starrten. Zweihundertfünfzig Seelen, die nicht wußten, wovor sie sich mehr fürchten sollten, vor Gott, dem Teufel oder ihrem Kapitän. Ungläubig hatten sie von dem schändlichen Überfall auf Lucretia van der Mylen gehört, immer ein Auge auf den Skipper gerichtet, der mit hochgekrempelten Hemdsärmeln ruhelos auf dem Achterdeck hin und her wanderte. In seinen Händen hielt er die locker zusammengerollte Peitsche, geübt mit dem Griff spielend. Normalerweise überließ der Skipper die Ausführung von Bestrafungen seinem Marschall. Die Tatsache, daß Jacobs augenscheinlich vorhatte, sich in diesem Fall höchstpersönlich um den Schuldigen zu kümmern, zeigte den Männern, wie tödlich ernst es dem Kapitän war.

»Es gibt keine Worte für das, was heute nacht an Bord dieses Schiffes geschehen ist!«

Jan Everts, in der ersten Reihe, fühlte den Blick des Kommandeurs wie Nadelstiche auf seiner Haut.

»Ihr seid alle hier versammelt, weil ich Namen von euch hören will! Einer hat sich bereits selbst verraten, und glaubt mir, wir kriegen auch die anderen. Es gibt zwei Wege. Den einfachen, wenn ihr mir die Schuldigen liefert, und den harten, wenn ihr Schwierigkeiten macht.

152

Dann verspreche ich euch, daß ich euch die letzten Wochen bis Batavia zur Hölle auf Erden mache. Ihr habt die Wahl.«

Seine Worte hinterließen eine große Stille.

»Vielleicht habe ich mich noch nicht deutlich genug ausgedrückt. Es liegt an euch, ob es schnell geht und ohne weitere Folgen für den Rest der Mannschaft oder ob ihr den Tag verwünscht, an dem ihr auf diesem Schiff angeheuert habt!«

Niemand trat vor.

Der Morgendunst hob sich und enthüllte eine blasse Sonne am Horizont. Die Offiziere standen hinter Pelsaert auf dem Achterdeck versammelt. Conrad van Huyssen reinigte sich die Fingernägel mit einem Messer und blickte nicht auf. Cornelius, bekleidet mit einem eleganten, roten Reiterrock, wirkte beinahe so gequält wie François Pelsaert selbst. Der Kommandeur war sichtlich entnervt.

»Wie ihr wollt! Falls sich jemand anders besinnt, weiß er, wo ich zu finden bin!«

Pelsaert nickte dem Skipper zu.

»Jetzt gehören sie Euch, Kapitän!«

Jacobs entrollte wortlos die lange Peitsche aus zusammengeflochtenen Lederriemen. Er gab dem Marschall ein Zeichen, und zwei Männer packten Jan Everts, rissen ihm das Hemd vom Körper und ketteten ihn an den Hauptmast.

»Ab heute gibt es halbe Rationen für alle. Bier und Wein sind bis auf weiteres gestrichen. Bedanken könnt ihr euch dafür bei eurem Bootsmann!«

Ein unglückliches Stöhnen ging durch die Menge. Ohne Bier und Wein blieb für sie nichts anderes als Wasser. Sie waren jetzt bereits seit vier Wochen wieder auf hoher See, und das Wasser, das sie am Kap der Guten Hoffnung an Bord genommen hatten, hatte längst angefangen, zu faulen und zu stinken.

Jacobs mißachtete das aufkommende Gemurmel. Er trat an den Hauptmast und stellte sich hinter Jan Everts auf.

»Ich frage dich ein letztes Mal«, raunte er dem Bootsmann zu. »Wer steckt mit dir unter einer Decke?«

Everts schüttelte wortlos den Kopf.

»Gut. Du hast es selbst so gewollt!«

Der Lederriemen sauste in langen, wohlgezielten Schlägen auf den Rücken des Bootsmanns nieder. Jacobs arbeitete routiniert und emotionslos. Er achtete darauf, daß er möglichst keine Stelle ausließ, und schwitzte sein eigenes Hemd durch, während er den Rücken des Bootsmanns mit einem blutigen Kreuzmuster bedeckte. Jedesmal, wenn die Peitsche niederging, zuckten die Soldaten, Seeleute und Zuschauer unwillkürlich zusammen und Everts gab zwischen zusammengebissenen Zähnen einen erstickten Laut von sich.

»Gut so!« dachte Jacobs. »Gut so! Das wird euch lehren, an Bord meines Schiffes Frauen zu schänden, zu tun und zu lassen, was euch gefällt. Ich werde euch Disziplin und Respekt einbleuen, und wenn es mich meinen Arm kostet.«

Endlich, zweihundertfünfzig Hiebe später, als Everts schon nicht mehr auf seinen eigenen Beinen stehen konnte und sein Rücken nur noch eine blutige Masse war, hörte Jacobs auf. Er ging auf den zusammengesunkenen Bootsmann zu und riß ihm den Kopf an seinem geteerten Rattenschwänzchen nach hinten.

»Wenn es nach mir gegangen wäre«, zischte er, »dann wärst du jetzt schon längst bei den Haifischen, du Bastard!«

Jacobs schritt rastlos in der Kabine auf und ab. Ab und zu ließ er den Griff seiner Peitsche zornig auf seine Handfläche niedersausen.

»Ihr könnt ihn damit nicht davonkommen lassen!«

»Zum letzten Mal! Ich kann ihm keinen Prozeß machen ohne sein Geständnis.«

»Dann prügelt es aus ihm heraus!«

Pelsaert schloß ohnmächtig die Augen. Er fühlte sich noch immer schlecht wegen der Vorstellung, die der Skipper an Deck gegeben hatte. Der arme Doktor hatte Jan Everts wieder zusammenflicken müssen, und danach hatte er den Bootsmann noch einmal persönlich befragt. Aber aus dem verstockten Mann war nach wie vor nichts herauszubringen.

»Ist das Eure einzige Antwort auf alles? Prügel?«

»Es ist die einzige Sprache, die dieser Abschaum versteht.«

Jacobs versuchte, seine Gereiztheit nicht durchklingen zu lassen. Dieses eine Mal wenigstens trugen sie ihre Meinungsverschiedenheit in der Abgeschiedenheit von Pelsaerts Privatkabine aus. Er machte einen letzten Versuch, Pelsaert von der Wichtigkeit seines Anliegens zu überzeugen.

»Wenn Ihr mir in dieser Sache kein Gehör schenken wollt, dann laßt das Schiffsgericht zusammentreten. Vielleicht können wir gemeinsam zu einer Entscheidung kommen.«

Pelsaert antwortete nicht, und Jacobs spürte, daß der Kommandeur schwankte.

»Laßt ihn wenigstens in den Stock setzen«, drängte er.

»Es bleibt, wie ich gesagt habe«, entschied Pelsaert. »Ich werde Jan Everts in Batavia der Obrigkeit überstellen. Die werden unter Folter schon die Wahrheit aus ihm herausbringen.«

»Und bis dahin bleiben Everts und seine Mittäter auf freiem Fuß? Das schmeckt mir nicht! Das schmeckt mir ganz und gar nicht! Das ist schlecht für die Moral an Bord.«

»Ehrlich gesagt interessiert es mich nicht, ob Euch das gefällt oder nicht. Solange ich das Kommando habe, wird an Bord dieses Schiffes niemand gefoltert oder hingerichtet. Ich sagte in Batavia, und dabei bleibt es!«

Jacobs drehte sich auf dem Absatz um und stürmte wortlos aus dem Raum. Die Tür fiel mit einem lauten Knall hinter ihm ins Schloß. Pelsaert sank erschöpft in seinen hohen Armstuhl. Er fühlte sich vollkommen ausgelaugt. Er war sich nicht einmal sicher, ob er die richtige Entscheidung getroffen hatte. Die Argumente des Skippers waren einleuchtend gewesen. Wo waren nur sein Urteilsvermögen und sein gesundes Selbstvertrauen geblieben?

»Denk nach!« sagte er zu sich. »Was hättest du getan, wenn Jacobs einfach nur ein anderer Kaufmann gewesen wäre und nicht der Mann, der er ist? Du hättest dich mit ihm beraten, gemeinsam mit ihm beschlossen, was zu tun sei. Ist es nicht vollkommen töricht, mit dem Skipper zu streiten, anstatt mit ihm zusammenzuarbeiten? Ja, das ist es! Aber ich kann nichts dagegen tun. Warum nicht? Weil er all das ist, was ich nicht bin! Rücksichtslos und skrupellos. Hart und grausam, wenn es angebracht ist. Zupackend, wenn die Situation es erfordert. Ein launischer, eitler Hurenbock, aber ein verdammt guter Kapitän.«

Pelsaert rieb sich nachdenklich den Bart. Normalerweise litt er nicht an Selbstunterschätzung, aber es wurde Zeit, der Wahrheit ins Gesicht zu sehen. Er war Kaufmann, kein Oberbefehlshaber, und darüber hinaus ein kranker Mann! Er fühlte sich überfordert mit den Pflichten eines Flotten-

präsidenten und war zu stolz, Jacobs um Rat zu fragen.
Die Kluft zwischen ihm und seinem Navigator hatte un-
überbrückbare Ausmaße angenommen.

3. BUCH

Der Friedhof

Adriaen Jacobs stand an der Reling und starrte gedankenverloren auf das Meer. Es war seine Nachtwache, noch
zwei Stunden bis Tagesanbruch, der Himmel mondhell
und klar. Ein guter, steifer Wind blies aus Südwesten, und
die *Batavia* führte ihre volle Leinwand.

Seit dem Attentat auf Lucretia waren etwas mehr als
zwei Wochen vergangen, und die Stimmung an Bord war
vergiftet, geprägt von gegenseitigem Mißtrauen und
Angst. Adriaen schob die Schuld dafür seinem Erzfeind
Pelsaert in die Schuhe, der sich geweigert hatte, Everts
noch an Bord der *Batavia* für sein Vergehen bezahlen zu
lassen. Dumm, daß Everts sich zu einer solchen Tat hatte
hinreißen lassen. Noch dümmer, daß er es ablehnte, zu
reden und die Namen seiner Mitverschwörer preiszuge-
ben. Am dümmsten von allem aber war, daß Pelsaert ihn
nicht wenigstens auf der Stelle hatte in Ketten legen lassen.

Jacobs stieß einen leisen Fluch aus und zog sein Cape
enger um sich. Sie konnten nicht mehr weit vom Land der
Eintracht entfernt sein, der südliche Winter machte sich
mit immer kühleren Nächten bemerkbar.

Er dachte an Zwaantie. Seit sie bei ihm in der Kabine
wohnte, liebten sie sich bei jeder Gelegenheit, lange, in-
tensiv und leidenschaftlich. Aber außerhalb des Bettes war

sie außergewöhnlich schweigsam und bedrückt. Erst vor zwei Nächten hatte ihn ihr unterdrücktes Schluchzen aus seinem Schlaf geweckt. Aber so sehr er auch mit Fragen in sie gedrungen war, sie hatte darauf bestanden, daß ein schlechter Traum sie zum Weinen gebracht hatte.

Adriaen stieß einen tiefen Seufzer aus.

»Eeh! Wer verstand schon, was im Kopf einer Frau vorging!«

Er hatte sich oft gefragt, in welchem Umfang seine Affäre mit Zwaantie wohl zu dem Überfall auf Lucretia van der Mylen beigetragen hatte. Dumm genug auch von ihm, sich auf hoher See eine Geliebte zu nehmen. Es bedeutete ein Privileg in den Augen von Männern, die monatelang keine Frau besessen hatten, schürte Unruhe und Unzufriedenheit. Aber schließlich war er der Kapitän und ...

Halt! Was war das gerade?

Beunruhigt hob Jacobs sein Teleskop ans Auge. Sorgfältig suchte er die Wasserlinie ab. Der kreisrunde Ausschnitt zeigte ihm das gewohnte Bild: ein gleichmäßiges Wellental bis an den Rand der Welt.

Aber er hatte doch ganz deutlich etwas gehört. Der Skipper lauschte mit angehaltenem Atem in den Wind.

Nichts.

Zögernd schob er das Fernrohr in seinen Gürtel zurück.

Es war auffällig, daß Zwaantie ihre ehemalige Herrin nicht ein einziges Mal besucht hatte. Aber auf der anderen Seite sonderte sich Lucretia seit dem Vorfall auch von allen anderen Passagieren ab. Sie nahm ihre Mahlzeiten nur noch in ihrer Kabine ein. Zweimal war sie für einige Minuten an Deck aufgetaucht, blaß, mager und offensichtlich nur von einem einzigen Wunsch beseelt: etwas frische Luft zu schnappen und in Ruhe gelassen zu werden! Die wenigen Personen, die sie in ihrer Nähe duldete, waren François Pelsaert, Aris Janz und Andries de Vries, den sie wohl aufgrund seiner Jugend nicht als Gefahr betrachtete. Jacobs war sich mittlerweile sicher, daß der Bader und Lucretia eine geheime Vereinbarung hatten, und er konnte auch sehr gut verstehen warum. Das Gerede war schon schlimm genug, auch ohne daß jemand Vergewaltigung schrie!

Eine Unregelmäßigkeit im Muster der Wellen zog die Aufmerksamkeit des Skippers wieder auf das Meer zurück. Seine sämtlichen Sinne gerieten in Aufruhr. Er kniff die Augen zusammen und betrachtete die winzige Schaumkrone auf dem Wasser. Er blinzelte. Sie war weg. Sein Herzschlag beschleunigte sich, und er fühlte, wie Hitze durch seinen Körper strömte. Wieder hob er das Fernrohr und beschrieb einen Halbkreis.

Nichts! Ganz ruhig! Konzentrier dich!

Noch einmal schwenkte er das Teleskop, ganz langsam diesmal, seine scharfen Augen angestrengt auf die See gerichtet. Es war eine helle Nacht, nur wenige Wölkchen am Himmel und die Sicht keinesfalls schlecht. Ein zarter Dunst verschleierte die Grenze zwischen Himmel und Meer. Systematisch suchte er das Wasser ab, Handbreit für Handbreit, aber er konnte noch immer nichts entdekken.

»Hans!« brüllte er zum Vorschiff-Ausguck. »Was zum Teufel ist das dahinten im Wasser?«

Der Kanonier zuckte zusammen. Seit dem Überfall auf Lucretia van der Mylen war mit dem Skipper nicht gut Kirschen essen. Die Rationen waren noch immer halbiert. Dreimal am Tag mußten die Decks geschrubbt werden, und selbst die geringste Nachlässigkeit führte zu einem Zornesausbruch. Gerade gestern hatte der Skipper einem

Mann eigenhändig fünfzig Hiebe versetzt, nur weil er zu spät zu seiner Wache erschienen war.

Hastig hob der Kanonier das Fernrohr ans Auge und suchte den weiten Horizont ab.

»Es ist nichts, Skipper! Nur das Mondlicht, das sich auf dem Wasser spiegelt.«

Jacobs runzelte die Stirn, noch immer beunruhigt, und begann, im Kopf seine Berechnungen erneut durchzugehen. Nach seiner Karte waren sie vom Land der Eintracht, das auch das Unbekannte Land oder das Große Südland genannt wurde, noch mindestens sechshundert Seemeilen entfernt. Warum signalisierte jede Faser seines Körpers Gefahr? Er überschlug noch einmal die seit dem Kap zurückgelegten Meilen. Alles war in Ordnung, erst gestern hatte er die Distanz peinlichst genau berechnet. Aber irgend etwas lauerte dort draußen wie ein Tiger in der Nacht! Für einen kurzen Moment spielte er mit dem Gedanken, in seine Kajüte zu gehen und das Logbuch noch einmal durchzusehen.

Dann brach die Hölle los!

Das Schiff kam zu einem solch plötzlichen Halt, daß der heftige Ruck Jacobs von den Beinen riß und quer über das Deck schleuderte. Felsen zerbrachen. Holz knirschte über Gestein und Korallen und brachte das Schiff zum Schreien. Der Skipper bedeckte seine Ohren mit beiden Händen, so sehr schnitt ihn das kratzende, rumpelnde Geräusch ins eigene Fleisch. Taue gerieten ins Rutschen, ein Teerfaß stürzte um, der Deckel fiel herunter und polterte über die Planken. Ein Kanonenwagen löste sich aus seiner Luke und rollte rückwärts querdeck. Nur seine Geistesgegenwart und Beweglichkeit retteten den Kapitän davor, seine Beine zu verlieren. Er warf sich zur Seite, einen Wimpernschlag bevor das schwere Gerät direkt neben ihm in das

Schanzkleid krachte. Dann, während er noch versuchte zu begreifen, warum die Decks am Bug plötzlich höher lagen als am Heck, trat unvermittelt Ruhe ein, und in der Stille konnte er es ganz genau hören: Brandung rings um das Schiff.

Brandung!

»Tod und Teufel! Wir sind auf Grund gelaufen!«

Heftig atmend zog sich Jacobs an der Reling hoch und starrte in die Tiefe. Gischt sprühte ihm ins Gesicht, Salzwasser biß in seinen Augen, er spürte den bitteren Geschmack von Galle in seinem Mund. Da war es! Die scharfen Ausläufer eines Riffs, so tiefliegend und unscheinbar, daß sie selbst im hellen Licht des Tages kaum zu erkennen gewesen wären, hielten die *Batavia* zwischen ihren spitzen Zähnen gefangen. Das stolze Schiff saß fest, hilflos schlingernd, von der Brandung gewaltsam hin- und hergeschlagen.

»Abrolhos!« Die alte portugiesische Warnung fiel ihm wieder ein: »Achtung! Halt die Augen offen! Gefahr!«

»Zu spät!« dachte er. »Zu spät!«

Alles war zu Ende. Sein Schiff verloren, seine Zukunft in Trümmern, sein ganzes Leben zerstört!

Schritte hinter seinem Rücken brachten den Skipper wieder zur Besinnung, und er fuhr herum. Mit vor Entsetzen geweiteten Augen starrte der Kanonier ihn an.

»Du!« quetschte Jacobs hervor. »Du!«

Er verstummte, als sein Blick auf die bleiche Gestalt im Morgenrock fiel, die hinter dem Mann aufgetaucht war. Die Maske der Höflichkeit war von François Pelsaert abgefallen, und Jacobs las gleichzeitig wilden Schrecken und nackten Haß in den Augen des Kommandeurs. Schweigend trat Pelsaert an die Reling. Ein kurzer Blick genügte, und er wußte alles.

»Jesus Christus, was habt Ihr getan? Ihr habt das Schiff auflaufen lassen! Ihr habt uns in diese verzweifelte Lage gebracht mit Eurer fehlerhaften Navigation! Weil Ihr mit Euren Gedanken ununterbrochen bei Eurer jungen Mätresse seid und nicht bei der Führung dieses Schiffes.«

Jacobs zuckte bei jedem einzelnen von Pelsaerts anklagenden Worten zusammen. Er war versucht, sich zu verteidigen, aber er schwieg, denn er wußte, daß der Kommandeur nicht unrecht hatte. Der Kanonier hatte die Brandung für Mondschein gehalten, aber er selbst hatte die Position der *Batavia* falsch berechnet! Gott, wie hatte das passieren können? Wo lag der Fehler? Und wie hatte es gerade ihm passieren können? Irgendwo in seinen Kalkulationen war ihm ein tödlicher, ein unverzeihlicher Irrtum unterlaufen.

»Eines Tages wirst du nicht vorbereitet sein, und dann wird dir die See eine Lektion erteilen, die du nie vergessen wirst!«

Die Worte seines Vaters hallten wie Peitschenschläge in seinen Ohren wider.

»Vater«, dachte er unglücklich. »Vater! Ich habe versagt!«

Besatzungsmitglieder, Passagiere und Soldaten tauchten auf, hangelten sich mit weit aufgerissenen Augen an der Reling entlang und stellten Fragen über Fragen. Unverhohlene Angst zeichnete sich auf ihren Gesichtern ab. Mit einiger Mühe riß sich Jacobs zusammen und begann, Fragen zu beantworten und Befehle zu erteilen.

»Ja, wir sind aufgelaufen. Nein, wir sinken nicht. Nein, ich weiß nicht, wo wir sind, aber ich habe eine Vermutung.«

Er winkte seinen Steuermannsgehilfen heran.

166

»Rasch! Wir müssen Rettungsleinen über das Deck spannen!«

»Gerritz! Hol das Lot! Schnell!«

Sein Gehirn arbeitete ganz von selbst, es diktierte ihm, was zu tun war. Routinemaßnahmen für den Fall eines Schiffbruchs, von denen er niemals geglaubt hätte, daß er sie einmal benötigen würde. Er wandte sich Pelsaert zu, dessen eiskalter Blick ihn keine einzige Sekunde lang losgelassen hatte.

»Es besteht noch Hoffnung, daß wir von diesem gottverdammten Riff wieder runterkommen.«

»Und wie sollte das möglich sein?«

Adriaen wischte sich mit dem Ärmelaufschlag das Salzwasser aus den Augen.

»Falls die Gezeiten auf unserer Seite sind! Falls wir das verdammte Glück hatten und bei Ebbe aufgelaufen sind! Dann müßten wir das Schiff nur so leicht wie möglich machen. Wir binden Taue an einen Wurfanker und versenken ihn weit draußen. Dann warten wir, bis die hereinkommende Flut uns anhebt, und ziehen die *Batavia* mit der Ankerwinde vom Riff.«

»So ähnlich wie nach dem Sturm hinter Texel?« fragte Pelsaert mißtrauisch.

»Wie nach Texel!« entgegnete der Skipper fest.

»Und wenn wir bei Flut aufgelaufen sind?«

Jacobs antwortete nicht gleich. Es durfte nicht sein! Alles in ihm sträubte sich dagegen, als der Skipper in die Geschichte der VOC einzugehen, der das beste Schiff der gesamten Flotte auf einen verlassenen Felsen irgendwo vor der Küste des Großen Südlands gesetzt hatte. Die Haut über seinen Wangenknochen spannte wie Pergament.

»Dann gnade uns Gott!«

Pelsaert versuchte, seinen persönlichen Groll zu verdrängen. Wie der Skipper war auch er bereit, sich an jeden Strohhalm zu klammern, um zu retten, was noch zu retten war.

Claas Gerritz kam mit dem Lot zurück. Die drei Männer bahnten sich einen Weg durch die Umstehenden und begannen ihre Messungen am Heck der *Batavia*. Mit angespannten Mienen beobachteten Jacobs und Pelsaert, wie das Senkblei hinabgelassen wurde. Leise und jeder für sich zählten sie die geknoteten Markierungen, die unter der Wasseroberfläche verschwanden. Dann wurde das Seil ruckartig schlaff.

»Drei Faden[20]!«

Claas richtete seine ruhigen, grauen Augen fragend auf den Kapitän. Jacobs wagte keine Voraussage. Drei Faden war nicht tief. Es konnte sowohl Ebbe bedeuten als auch Flut, sowohl Leben als auch Untergang.

»Jetzt am Bug!«

Bei der Bugmessung hielt das Lot noch früher an. Claas Gerritz wagte ein verhaltenes Lächeln, als er die Wassertiefe verkündete. Eine kleine Flamme der Hoffnung machte sich in ihren Herzen breit. Es mußte Ebbe sein! Das Wasser konnte unmöglich noch tiefer fallen. Es durfte einfach nicht.

»In einer Stunde wissen wir mehr«, beendete Jacobs barsch alle Spekulationen. »In der Zwischenzeit müssen wir das Schiff vorbereiten. Wir müssen uns von allem trennen, was wir nicht lebensnotwendig brauchen. Zuerst zu den Kanonen. Sie gehen alle über Bord!«

»Aber Kapitän!« Der Oberkanonier war verzweifelt. »Doch nicht die Bronzekanonen?«

Sechs der zweiunddreißig Kanonen an Bord waren aus Bronze gegossen, kunstvoll gearbeitete Stücke, fast zu schade, um daraus zu feuern. Der Oberkanonier, verantwortlich für Waffen und Munition der *Batavia,* hatte gerade sie ganz besonders in sein Herz geschlossen.

»Über Bord damit!«

»Aye, Kapitän!«

Widerstrebend erteilte der Mann den entsprechenden Befehl. Die nächste Stunde verbrachten Jacobs' Seemänner damit, alles über Bord zu werfen, was entbehrt werden konnte, ängstlich der nächsten Wassermessung entgegenfiebernd. Kanonenkugeln folgten den Kanonen, Fässer mit Schwarzpulver folgten den Reservesegeln und dem Holz, das zur Reparatur kleinerer Schäden mitgeführt wurde.

Jacobs rief Gott um Hilfe an wie noch niemals zuvor in seinem Leben, während er seine Männer zur Eile antrieb und lästige Passagiere aus dem Weg fluchte. Das Dinghi wurde mit dem Flaschenzug aufgenommen und aus seiner Huckepackstellung über dem Langboot befreit. Gleichzeitig wurde einer der großen Wurfanker aus dem Frachtraum der *Batavia* nach oben gebracht. Die Arbeiten gingen nervenzerrüttend langsam voran. Ungeduldig mußte Jacobs mitansehen, wie seine Männer drei Anläufe benötigten, bis der große Haken sicher in die Schlaufe einhakte, zu der die vier starken Seile, die das Dinghi trugen, zusammenliefen. Endlich konnte das kleine Boot über die Reling ins Wasser gehievt werden. Passagiere standen herum und beobachteten ängstlich die Anstrengungen der Besatzung, die das Boot langsam und vorsichtig zu Wasser ließ. Dann folgte der mannshohe Anker.

»Halt durch, meine Schöne!« dachte der Kapitän, während er das Fallreep hinunterkletterte und in das Dinghi stieg. »Laß mich jetzt um Gottes willen nicht im Stich, und ich verspreche dir, ich will alles wiedergutmachen!«

Er befahl seinen Männern, das Boot nach achtern zu rudern. Ein Wettlauf mit der Zeit hatte begonnen. Er wußte, wenn er die *Batavia* nicht schnell genug wieder flott kriegte, würde das Riff ihren Rumpf durchbohren und ihr damit einen nicht wiedergutzumachenden Schaden zufügen. Etwa zweihundert Schritte hinter dem Schiff, an einer Stelle, die ihm angemessen erschien, befahl er, das Dinghi zu ankern. Sie brachten den Wurfanker aus, versicherten sich, daß er auch wirklich fest saß, und kehrten mit dem daran befestigten Seil an Bord der *Batavia* zurück. Zurück zu den verängstigten Passagieren, zu bleichen Frauen, die ihre schreienden Kinder zu beruhigen suchten, während sie selbst mit großen Augen den Skipper anblickten, damit der ihnen versichere, daß das alles nur ein böser Traum war.

Jacobs setzte seine Stiefel wieder auf die bebenden Planken und fühlte sofort, daß sich die Lage der *Batavia* während seiner kurzen Abwesenheit verschlechtert hatte. Der Wellengang hatte zugenommen, und auch der Wind drückte nun stärker in die Segel des Schiffes. Die Morgendämmerung tauchte die Decks in ihr erstes milchiges Zwielicht, als Jacobs den Obersteuermann zu sich rief. Wieder nahmen sie die erste Messung achtern vor. Claas Gerritz konnte das leichte Zittern seiner sommersprossigen Hände nicht verbergen, während er langsam das Lot ins Wasser gleiten ließ. François Pelsaert ertappte sich dabei, inbrünstig zu beten, anstatt die Knoten im Seil zu zählen. Bei knapp eineinhalb Faden schlug das Bleigewicht auf dem Meeresgrund auf.

Der Skipper wurde aschfahl.

»Das Wasser geht zurück!«

Eine Welle von Übelkeit überschwemmte ihn angesichts der ungeheuren Bedeutung dieser Erkenntnis. Nicht nur, daß es damit vorerst unmöglich wurde, das Schiff von den Felsen zu winden. Darüberhinaus würde der fallende Wasserspiegel die *Batavia* immer schwerer machen und sie mit ihrem ganzen Gewicht, ihrer ganzen kostbaren Ladung, von Minute zu Minute fester auf das Riff drücken. Bei äußerst niedriger Ebbe konnte sie sogar ganz trockenfallen. Dann würde sie nur noch auf ihrem Kiel stehen und sich unweigerlich nach der einen oder anderen Seite neigen, auf die messerscharfen Spitzen der Felsen, die sich unbarmherzig in ihre empfindlichen Seitenflächen bohren würden. Das arme Schiff würde sich selbst aufspießen, wie ein Schmetterling auf einer Nadel! Dem Skipper wurde eiskalt.

»Ich hoffe, Ihr habt auch darauf eine Antwort, Kapitän! Und zwar eine möglichst gute!« zischte Pelsaert bitter.

Die glühende Feuerkugel der aufgehenden Sonne löste sich vom Horizont, und ihre Strahlen enthüllten die bizarre Schönheit der Landschaft. In einiger Entfernung thronten weiße Inselchen inmitten des Riffs, umgeben von kristallklarem Wasser, das in einer breiten Palette von Blau- und Grüntönen schimmerte.

Jacobs suchte fieberhaft nach einem Ausweg. Was sollte mit den Leuten geschehen, wenn er das Schiff nicht retten konnte? Die Inseln sahen klein und niedrig aus, aber trocken. Was ihn beunruhigte, war das fehlende Grün.

Eine außergewöhnlich hohe Welle schlug gegen den Rumpf und erschütterte die Decks. Einige erschrockene Passagiere schrien laut auf. Das Wasser fiel jetzt schnell, und mit sinkendem Wasserpegel wurde die Lage der *Batavia* zunehmend instabil. Nicht mehr lange und es würde unmöglich werden, sich frei auf ihren Decks zu bewegen. Die *Batavia* reagierte auf jede Bewegung der aufgewühlten See mit einem Zittern ihrer Planken. Immer größere

Brecher stürmten gegen das Riff an und ließen hohe Wasserfontänen aufspritzen. Jacobs sah mit Unbehagen, wie sich dunkle Wolken vor die Sonne schoben. Ein Unwetter war so ungefähr das letzte, was er im Augenblick gebrauchen konnte!

Er warf einen besorgten Blick in die Masten. Das Gewicht des vollgetakelten Hauptmastes verstärkte den Druck auf den Rumpf des Schiffes, nagelte die *Batavia* auf die kalten Felsen wie ein Hufeisen auf einen Pferdefuß. Unter jeder neuen krachenden Welle begann der Schiffskörper, gefährlich zu ächzen und zu schwanken. Der Wind füllte noch immer die Segel, die, unter der vorwärtsdrängenden Kraft bauchig aufgebläht, ihren Teil zu der großen Last beitrugen, die auf den Hauptmast einwirkte. Jeden Augenblick drohte er, den Boden des Schiffes zu durchstoßen. Jacobs holte tief Luft. Er war noch nicht bereit, sein Schiff aufzugeben!

»Wir müssen den Hauptmast kappen, sonst wird der Rumpf bersten!« François Pelsaert glaubte, nicht richtig zu hören.

»Wenn wir die *Batavia* von seinem Gewicht befreit haben, können wir sie mit Hilfe der nächsten Flut vielleicht doch noch vom Riff winden«, fügte Jacobs hinzu.

Der Kommandeur spürte das fehlende Vertrauen des Skippers in seine eigenen Worte. Er packte Jacobs am Arm und führte ihn zur Seite.

»Das ist eine unerhört schwerwiegende Entscheidung. Seid Ihr sicher, daß Ihr wißt, was Ihr da tut?«

»Es macht keinen Unterschied, Kommandeur! Wir müssen den Mast kappen. Schon allein um die Zeit zu gewinnen, die wir brauchen, um die Leute von Bord zu bringen.«

»Angenommen wir können die *Batavia* befreien, seid

Ihr in der Lage, das Schiff allein mit der Hilfe von zwei Masten nach Java zu segeln?«

»Es liegt noch ein Reservemast unten im Laderaum.«

Pelsaert ließ den Skipper los und nickte langsam.

»Also gut! In Gottes Namen!«

Jacobs zog Rock und Umhang aus und ließ die Kleidungsstücke achtlos fallen.

»Everts und Gerritz! Wir brauchen drei Äxte!«

Er hatte die beiden stärksten und nach ihm gleichzeitig ranghöchsten Männer für diese Arbeit ausgesucht. Seine Stimme erhob sich über die Anwesenden.

»Alle herhören! Wir werden jetzt den Hauptmast kappen in der Hoffnung ...«

Er mußte noch lauter schreien, um das aufkommende aufgeregte Gemurmel zu übertönen.

»... in der Hoffnung, die *Batavia* dadurch leicht genug zu machen, um sie von den Felsen zu heben. Ich will niemanden, der nicht unmittelbar an dieser Aktion beteiligt ist, mittschiffs sehen. Die sichersten Plätze sind unter Deck oder im Heck und Bug des Schiffes.«

Unter heftigem Getuschel zogen sich die Leute zurück. Claas Gerritz brachte drei gewaltige Äxte. Eine davon reichte er dem Skipper. Nieselregen setzte ein. Die beiden Männer stellten sich mit nackten Oberkörpern um den Hauptmast, Jan Everts' Rücken über und über mit kaum verheilten Striemen bedeckt. Sie warteten darauf, daß der Skipper den ersten Axtstreich führen würde, so wie es seine Pflicht war.

Jacobs warf einen letzten prüfenden Blick in die Segel. Für den Bruchteil einer Sekunde spielte er mit dem Gedanken, die Takelage einholen zu lassen, damit der freie Fall des Mastes nicht behindert würde, aber genau in diesem Augenblick wurde das Schiff erneut heftig auf das Riff geworfen, und er entschied sich dagegen. Es würde zu lange dauern, und abgesehen davon, daß er nicht unnötig Menschenleben aufs Spiel setzen wollte, zählte jede Viertelstunde in seinem Wettlauf mit der Ebbe.

»Halte durch, meine Schöne! Halte nur noch ein kleines bißchen länger durch!«

Jacobs suchte mit beiden Beinen festen Halt auf den schwankenden Planken und hob die Axt hoch über seinen Kopf. Die weiten Ärmel seines Hemdes flatterten im Luftzug. Sekunden vergingen. Es erschien ihm wie ein Verbrechen, seinem Schiff das anzutun. Mit großer Geschwindigkeit schwang er das Werkzeug nach unten. Während die scharfe Klinge eine helle Kerbe in den Mast fraß, sah er mit unwirklicher Langsamkeit, wie Holzsplitter sich abspalteten und nach allen Seiten wegflogen. Everts und Gerritz fielen ein, und sie hatten die Kerbe gerade auf zwei Drittel des Mastumfangs vergrößert, als der Skipper plötzlich spürte, daß die Sache fürchterlich schiefgehen würde.

Mit einem gequälten Ächzen gab das Holz nach.

»Er fällt!«

Der Mastbaum kippte zur Seeseite hin, doch sein Sturz wurde von Tauen, Seilen, Leinwand und Rahen gebremst. Seine Spitze verfing sich in der Topptakelage des Vormastes und brach. Splitter und Bruchstücke regneten herab. Claas Gerritz ließ bestürzt seine Axt fallen, während Jan Everts' Kiefer nach unten klappte. Die Menschen an Deck, Seemann wie Soldat, Passagiere wie Offiziere, hoch- wie niedriggeboren, beobachteten fassungslos, wie der Mast nicht komplett ins Meer fiel, sondern mit seinem mächtigen Stamm quer auf das Schiff krachte, einen Teil des Schanzkleides einreißend. Das Schiff verlor seine Balance. Langsam, unendlich langsam, neigte sich die *Batavia* nach Backbord. Hysterische Schreie wurden laut. Männer und Frauen griffen erschrocken nach den Halteseilen, die mittlerweile kreuz und quer über die Decks gespannt waren. Sie klammerten sich an Deckaufbauten und Pollern fest, an allem, was sie davor bewahrte, zu fallen und durch das monströse Loch in der Reling ins Meer gespült zu werden. Gestein zerbröckelte, und ein heftiger Schlag zeigte an, daß die verletzliche Seitenfläche des Schiffsrumpfes auf dem scharfen Untergrund zu liegen gekommen war, wo sie sich an den Felsen rieb. Die *Batavia* lag jetzt übergekantet, der große Ballast des gebrochenen Mastes zog sie nach unten und hielt sie in ihrer Schräglage gefangen. Erste Brecher begannen, mittschiffs das Deck zu überspülen. Es regnete noch immer.

»Wir sind verloren!« flüsterte Pelsaert verzweifelt.

Jacobs stand mit dem Rücken gegen eine Schiffsleiter gelehnt, die Axt kraftlos auf den Planken abgestellt. Sein Gesicht war eingefallen. Scharf zeichneten sich seine Wangenknochen ab.

»Es ist aus!« erklärte er mit tödlicher Endgültigkeit. »Die *Batavia* ist am Ende!«

Keiner der Umstehenden bezweifelte sein Urteil. Das letzte Fünkchen Hoffnung war erloschen. Aufgebrachte Stimmen wurden laut.

»Es ist seine Schuld!«

»Wir werden alle umkommen!«

»Der Kapitän hat uns das angetan!«

»Wie kommen wir jetzt nach Hause?«

»Der Skipper hat uns alle auf dem Gewissen!«

»Wir werden verhungern und verdursten!«

»Der Skipper ist schuld!«

»Der Skipper ist schuld!«

»Der Skipper ist schuld!«

Ein Schuß peitschte durch die Luft und bereitete dem Geschrei ein abruptes Ende. Eine kleine Rauchfahne stieg von Jacobs' Pistole auf.

»Schweigt, ihr Narren! Noch seid ihr am Leben, oder? Ihr werdet es auch bleiben, wenn ihr bereit seid, Vernunft anzunehmen. Seht ihr die Inseln dort drüben? Wir werden jetzt das Dinghi nehmen und nachsehen, ob sie der Flut standhalten.«

Ernüchtert richteten sie ihre Blicke auf die elenden Inselchen. Da war kein Zeichen von Wasser, nur Stein, Sand und Gestrüpp unter einem grauen, unfreundlichen Himmel.

Eine Ruhe vortäuschend, die er nicht besaß, nahm Jacobs seinen Pulverbeutel vom Gürtel ab und lud die Pistole nach, zufrieden, daß seine Hände nicht zitterten. Dann drückte er sie Pelsaert in die Hand. »Hier! Haltet den Mob ruhig! Benutzt sie, falls es nötig wird. Ich bin so schnell es geht wieder da.«

Eine Stunde verging, und der Kapitän kehrte zurück an Bord seines sterbenden Schiffes. Es hatte aufgehört zu regnen. Seine Männer hatten in der Zwischenzeit nach ihrem besten Vermögen Wrackteile des Hauptmastes abgehackt und über Bord geworfen. Der Weg zu der eingerissenen Reling war frei, so daß das Dinghi dort anlegen konnte, doch Teile des Mastbaums und zerfetzte Segel behinderten noch immer das Fortkommen auf dem mittleren Deck.

Als die Passagiere des Skippers ansichtig wurden, versammelte sich sofort eine Menschenmenge um ihn. Ihre Augen hingen an ihm wie an einem gefallenen Gott. Noch hatten sie ihren Glauben an ihn nicht gänzlich verloren.

Der Skipper trug die Schuld an ihrem Unglück, aber er war auch der einzige, der ihnen aus ihrer scheinbar aussichtslosen Lage wieder heraushelfen konnte.

Jacobs entdeckte Zwaantie in der Menge, und sie wechselten einen kurzen, vertraulichen Blick. Sie versuchte, ihre Angst um Adriaen zu zügeln. Die Menschen um sie herum waren in einer sonderbaren Stimmung zwischen Schrecken und Aggression.

»Die Inseln sind sicher«, erklärte er kurz. »Sie halten der Flut stand.« »Preiset den Herrn!« rief Gisbert Bastians aus und sank auf die Knie. Einige der Passagiere taten es ihm nach und dankten Gott im Gebet für seine gütige Vorsehung.

Jacobs warf einen erstaunten Blick auf die schwarzgekleidete Gestalt am Boden.

»Laßt das sein!« fuhr er den Pfarrer unwirsch an. »Wir haben jetzt keine Zeit für diesen Schwachsinn. Wir müssen das Schiff verlassen. Kranke, Frauen und Kinder zuerst. Männer, macht das große Beiboot fertig!«

Er fand Pelsaert in seiner Kabine, mittlerweile angezogen und in ein ernstes Gespräch mit dem Frachtaufseher vertieft. Als er das düstere Gesicht des Skippers sah, entließ er Cornelius auf der Stelle.

»Was habt Ihr vorgefunden?« fragte er besorgt.

»Wir konnten nicht anlegen! Das Riff ist stellenweise völlig trocken und mit Korallen und scharfen Felsen übersät. Wir sind so nahe herangegangen, wie die tiefen Stellen es erlaubten, ohne dabei das Dinghi zu gefährden. Nach allem, was ich sehen konnte, sind die Inseln zumindest hoch genug, um bei Flut nicht überspült zu werden.«

»Aber wie sollen wir die Menschen dorthin bringen, wenn wir nicht in der Lage sind, die Boote zu landen?«

»Das wird sich ändern, sobald die Flut zurückkommt.

Nein, soweit ich es beurteilen kann, stehen wir vor einem ganz anderen Problem.«

»Und das wäre?« fragte Pelsaert voll dunkler Vorahnung.

»Wir müssen soviel Wasser und Brot an Land bringen wie nur irgend möglich.«

»Es gibt kein Wasser?«

»Keinen einzigen Tropfen!«

Menschen drängten sich auf den Decks wie Vieh, von einem unsichtbaren Sog in Richtung der Rettungsboote gezogen, panisch, kopflos und achtlos. Lucretia kämpfte um die Luft zum Atmen. Nachdem das Schiff auf Grund gelaufen war, hatte sie sich im Gegensatz zu vielen anderen zuerst angekleidet, bevor sie nach oben gegangen war. Es war ein scheußliches Gefühl gewesen, sich unter den Menschen an Deck zu bewegen und nicht zu wissen, wer der andere Mann war, der sie gegen ihren Willen besessen hatte. Mit Genugtuung hatte sie die rotglänzenden Narben auf Jan Everts' Rücken gesehen und zum ersten Mal so etwas wie Dankbarkeit gegenüber dem Skipper empfunden. Später hatte sie dann inmitten der Menge gestanden und mitangesehen, wie der Mast ein gähnendes Loch in die Reling geschlagen, wie Verzweiflung und Angst um sich gegriffen hatten. Niemand hatte in dem Tumult besondere Notiz von ihr genommen, und sie hatte angefangen, sich sicherer zu fühlen.

Dann war Jacobs von den Inseln zurückgekehrt, und der Wahnsinn hatte begonnen!

Sie stand eingeklemmt zwischen aufgeregten Männern und Frauen, die sich mit Gewalt ihren Weg zu den Booten bahnten. Sie wurde gestoßen, getreten und fast zu Boden gerissen. Ein Ellenbogen traf ihre Rippen und verursachte einen stechenden Schmerz. Sie hatte ihre Haube verloren, und ihr Haar hatte sich gelöst und hing nun offen auf ihre Schultern. Irgendwo in der Nähe der Boote hatte sie François Pelsaert erspäht und versuchte nun verzweifelt, zu ihm zu gelangen. Aber die Menschen waren wie von Sinnen, und die Schräglage der *Batavia* machte die Situation nicht gerade einfacher. Neben ihr kreischte die Frau des Kochs um Hilfe, eine andere verlor ihren Halt an den Rettungsseilen, stolperte und wurde niedergetrampelt. Ein kleiner Junge wurde von seiner Mutter getrennt und gegen ihre Beine gepreßt. Tränen zogen helle Spuren durch den Schmutz auf seinen rosigen Wangen. Lucretia hob den schluchzenden Blondschopf auf und rief seiner verängstigten Mutter zu, sie möge sich keine Sorgen machen. Dann wurde sie weiter fortgezogen und verlor die Frau aus den Augen. Völlig erschöpft hörte der Kleine auf zu weinen und fuhr Lucretia mit naßgelutschten Fingerchen ins Gesicht. Endlich sah sie Pelsaert im Gedränge.

»François!«

Der Kommandeur und zwei Seeleute waren damit beschäftigt, eine kleine, silberbeschlagene Truhe in Sicherheit zu bringen.

»François!«

Pelsaert erkannte die geliebte Stimme. Er hob suchend den Kopf und fand Lucretia in der Menge. Rasch überließ er die Truhe den beiden Matrosen. Er packte Lucretia an den Schultern und zog sie aus dem Menschenstrom.

»Lucretia! Gott sei Dank! Ich hatte schon Angst, es wäre dir etwas zugestoßen! Bist du in Ordnung?«

Sie nickte atemlos. Der kleine Junge wog sehr schwer auf ihrem Arm. Pelsaert blickte besorgt über die vielen Köpfe hinweg, dorthin wo Jacobs breitbeinig das Langboot vor den vollkommen aufgelösten Passagieren verteidigte.

»Hör zu! Der Skipper sagt, es bleibt genug Zeit, um alle von Bord zu bringen. Du könntest in meiner Kabine auf mich warten, aber mir ist lieber, dich jetzt gleich in Sicherheit zu wissen. Es ist nicht mehr weit bis zum Boot, glaubst du, du wirst es alleine dorthin schaffen?« Wieder nickte sie. Der kleine Junge bekam einen Schluckauf.

Pelsaert faßte Lucretia unter dem Kinn und hob ihr schönes Gesicht zu sich empor.

»Ich werde dich auf der Insel wiederfinden, das verspreche ich dir!«

Er beobachtete, wie sie wieder von Menschenleibern eingequetscht wurde, das fremde Kind fest an sich gedrückt.

»Was für eine Frau!« dachte er.

Lucretia wurde von ihrer Krinoline[21] behindert, die sich immer wieder zwischen den Beinen der anderen festhakte. Mehrere Male mußte sie sich mit Gewalt losreißen. Sie blickte nach vorn, wo die Wellen durch das Loch in der Reling auf das Deck schlugen, wo Jacobs und seine Männer, bis zu den Waden im Wasser stehend, sich verzweifelt darum bemühten, zuerst die Alten und Schwachen in Sicherheit zu bringen.

»Nur noch ein paar Schritte und du hast es geschafft!«

In ihrem gedankenlosen Vorwärtsdrang schoben die Menschen sich gegenseitig bis über den beschädigten Schiffsrand hinaus, so daß der eine oder andere von den schlüpfrigen Planken abrutschte und ins Wasser fiel, in die schmale Rinne zwischen dem Langboot und dem Rumpf der *Batavia*. Immer wieder mußten Jacobs und seine Männer schnell zupacken und Nichtschwimmer aus dem Wasser ziehen, bevor sie ertranken oder zwischen dem Rettungsboot und dem Schiffskörper zerquetscht wurden.

Lucretia hielt ihre Augen strikt geradeaus gerichtet. Obwohl sie spürte, wie ihre Schuhe sich mit Wasser füllten, wie ihre Röcke sich vollsogen und schwerer wurden, versuchte sie, sich von der Panik nicht anstecken zu lassen. Der Skipper war nicht mehr weit, und nur noch wenige Menschen trennten sie von dem rettenden Boot. Ein bärtiger Mann packte sie an der Schulter und zog sie brutal zurück. Der Stoff ihres Kleides riß und entblößte ihren nackten Arm. Sie taumelte, aus dem Gleichgewicht gebracht, und der Bärtige drängte rücksichtslos an ihr vorbei. Jacobs hatte die häßliche Szene mitangesehen. Er packte den Mann am Kragen und zog ihn wieder vom Bootsrand weg.

»Frauen und Kinder zuerst, du feiger Hurensohn!« fauchte er.

Dann schrie er die ihn bedrängenden Passagiere an.

»Zurück! Zurück mit euch!«

Er brachte es fertig, ein wenig Platz zu schaffen, und reichte Lucretia über die Köpfe der anderen hinweg die Hand.

»Kommt, Frau van der Mylen, jetzt ist es sicher!«

Adriaen hatte ein Bein auf die Reling gestellt, um das Langboot am Abdriften zu hindern. Mit der einen Hand nahm er Lucretia den Buben ab, mit der anderen half er ihr in das wild schaukelnde Boot. Wütende Flüche folgten ihr. Er wartete, bis sie Platz genommen hatte, dann reichte er das Kind nach, das noch immer vom Schluckauf geschüttelt wurde.

»Ablegen!« rief er Claas Gerritz zu.

Er stellte sich der Menge entgegen.

»Das Boot ist voll! Könnt ihr das nicht sehen? Wenn es kentert, wird es keinen mehr zur Insel bringen.«

Er atmete auf, als das Langboot einen Abstand zwischen sich und die *Batavia* brachte, immer in der Gefahr, von der nächsten großen Woge an ihrem Rumpf zerschmettert zu werden.

»Skipper!«

Jacobs drehte sich um und blickte in das ehrliche Gesicht von Gillisz Franz.

»Was gibt's?«

»Die Soldaten und Kanoniere haben das Flaschenlager in der Speisekammer aufgebrochen und sind jetzt dabei, sich einen Rausch anzutrinken.«

»Von mir aus! Laß sie nur, wir haben hier Wichtigeres zu tun!«

»Ihr versteht mich nicht, Skipper! Sie belagern das Kanonendeck und lassen niemanden vorbei zu den Wassertonnen.«

»In drei Teufels Namen! Haben hier etwa alle den Verstand verloren?«

»Sieht so aus, Kapitän!« entgegnete Gillisz leise.

Jacobs nahm die lange Peitsche von seinem Gürtel ab und reichte sie dem Steuermannsgehilfen.

»In Ordnung, ich kümmere mich darum! Du wirst solange meine Stelle hier einnehmen. Sieh zu, daß diese Wahnsinnigen das Langboot nicht versenken, wenn es zurückkommt.«

Mit schweren Schritten stapfte Jacobs den Niedergang hinunter auf das Kanonendeck. Er war entsetzt, als er sah, was dort vorging. Alkoholdämpfe schlugen ihm entgegen. Soldaten und Kanoniere schwärmten über das Deck, tranken hemmungslos aus Weinflaschen und Branntweinkrügen. Sie pöbelten die Seeleute an, die versuchten, mit kleinen Wasserfässern und Kisten mit Schiffszwieback beladen an ihnen vorbeizukommen. Einige lagen bereits bewußtlos am Boden, zu betrunken, um aufzustehen oder gar zu erkennen, in welcher Gefahr sie sich befanden.

Jacobs stieg über eine der Schnapsleichen hinweg, packte den Mann am Kragen und schüttelte ihn tüchtig. Der Mann brabbelte etwas Unverständliches, drehte den Kopf zur Seite und begann, sich zu übergeben. Angeekelt ließ Jacobs ihn liegen und ging weiter, vorbei an seinen hart arbeitenden Seeleuten, in Richtung Frachtraum. Im Vorübergehen hob er eine Schiffslaterne auf, dann ließ er sich durch eine Bodenluke hinab auf das Zwischendeck gleiten. Die Ebene lag gänzlich verlassen. Seine geübten Ohren vernahmen sofort das Geräusch von eindringendem Wasser. Er öffnete eine weitere Luke, stieg eine kleine Treppe hinab und stand knietief im Seewasser. Adriaen hob die Laterne. In ihrem schwachen Schein konnte er die gewaltigen Steinblöcke erkennen, die der *Batavia* als Ballast gedient hatten und die nun nie mehr ihren Weg in den Schutzwall der Festung von Batavia finden würden. Da lag der Ersatzmast, den das stolze Schiff nicht mehr brauchen würde. Bitter fühlte er sein eigenes Versagen in sich aufsteigen.

»Nur nicht darüber nachdenken! Später, nicht jetzt!«

Jacobs machte sich daran, das Schiff der Länge nach zu durchwaten. Je weiter er sich vorankämpfte, über Ziegel und Backsteine, zwischen Fässern und Kisten hindurch, um so niedriger umspülte das Wasser seine Stiefel, bis es ihm schließlich nur noch bis an die Knöchel reichte. Sein Ziel waren die vorderen Frachträume, wo der Bug der *Batavia* hart auf den Felsen lag. Dort, wo sich die Decke so

weit herabsenkte, daß er nicht mehr aufrecht stehen konnte, war die Schlagseite der *Batavia* am schlimmsten. Er
kletterte zwischen ein paar umgestürzten Kisten hindurch
und fand die leckgeschlagene Stelle. Direkt über einem
Ballen mit Reservesegeln strömte in einem dicken Strahl
das Wasser herein. Er betrachtete das Loch in den gebor-
stenen Schiffsplanken, das im Moment noch vom Felsen
ausgefüllt wurde, und er konnte deutlich hören, wie das
Gestein mit jeder Bewegung der *Batavia* daran schabte
und ein knirschendes Geräusch erzeugte. Es gab keinen
Weg, das Leck von außen mit Segeltuch zu flicken, und
wozu auch? Das geplagte Holz würde ohnehin nicht mehr
lange standhalten.

Der Skipper machte sich auf den Rückweg. Er wollte
gerade die Stufen zum Achterdeck hinaufsteigen, als ihn
etwas zurückhielt. Einer der Soldaten, ein großer, sehniger, dunkelblonder Mann mit kantigem Gesicht und blau-
en Augen, befand sich mitten unter seinen Seeleuten und
half bei der Bergung von Wasser und Brot aus der Tiefe
des Proviantlagers. Ganz offensichtlich war er nüchtern
und bei klarem Verstand. Jacobs wühlte in seiner Erinnerung. Dann wußte er es! Es war der Soldat, der ihm geholfen hatte, den Schiffsjungen festzuhalten, dessen ge-
brochenes Bein der Bader amputiert hatte. Der Junge
hatte überlebt. Das Bein hatte nicht zu faulen begonnen,
und auch wenn er sich nur mit Hilfe von Krücken fortbe-
wegen konnte, so war er doch in der Lage, in der Kombüse zu arbeiten und dort seinen Lebensunterhalt zu verdienen. Adriaen erinnerte sich noch recht gut an den
sicheren Griff des Soldaten und daran, daß er trotz der
Schreie und dem Gestank von verbranntem Fleisch keine
Miene verzogen hatte. Er hatte ihn auf der Stelle gemocht!

Der Soldat fühlte die Augen des Skippers auf sich ruhen und hob den Kopf. Die Blicke der beiden Männer trafen sich. Er löste sich aus der Menschenkette und ging auf den Skipper zu. Hilflos machte er eine entschuldigende Handbewegung auf das Chaos ringsum.

»Was soll ich noch dazu sagen? In Java warten die Aufständischen auf sie, und auf diesen erbärmlichen Inseln da draußen fürchten sie zu verdursten. Sie versuchen, sich noch ein klein wenig gute Zeit zu verschaffen, bevor sie dem Tod ins Auge blicken.«

Jacobs nickte müde. Jeder wußte, daß Jan Pieterszoon Coen mit den Sultanaten von Bantam und Mataram in einer alten Fehde lag und daß beide die Stadt Batavia seit ihrer Fertigstellung im Jahr 1619 mehr oder weniger ununterbrochen belagerten. Der offizielle Spitzname des General-Gouverneurs war *Jan Pieterszoon der Kühne*, ein Name, den er sich durch seine Unerschrockenheit und seine geradezu legendäre Energie erworben hatte. Sein zweiter Spitzname war *Pieterszoon der Schlächter*, ein weitaus weniger ehrenvoller Name, der nur flüsternd ausgesprochen wurde und der von seinem erbarmungslosen Feldzug gegen die Eingeborenen der Banda-Inseln herrührte.

Eine neue Welle hob das Schiff und schlug es auf die Seite, diesmal heftiger denn je. Die beiden Männer mußten sich an der Schiffswand abstützen, um auf den Beinen zu bleiben.

»Wie war noch gleich dein Name, Soldat?«

»Wiebe Hayes, Kapitän.«

»Ah, ich erinnere mich.«

Das Gesicht des Skippers entspannte sich zum ersten Mal an diesem unglücklichen Tag.

»Geh wieder runter, Wiebe Hayes, und hol deine Kameraden und meine Seeleute rauf! Beeil dich, es bleibt nicht mehr viel Zeit, das Schiff wird jeden Augenblick auseinanderbrechen!«

»Was ist mit diesen hier?«

Jacobs warf einen verächtlichen Blick auf die betrunkenen Soldaten ringsum.

»Das Wasser wird so hoch nicht steigen, das Kanonendeck ist sicher.« Wiebe Hayes nickte, und für einen kurzen Augenblick schien es Jacobs, als wollte der junge Mann noch etwas sagen, aber der Moment ging vorüber. Der Soldat entfernte sich.

Jan Pelgrom torkelte an Jacobs vorbei, das magere Gesicht gerötet und aufgedunsen, einen Krug mit Gin in der Hand. Jacobs packte den Schiffsjungen am Genick und zog ihn zu sich heran. Der Krug fiel klirrend zu Boden und zersprang.

»Du! Wo ist der Obergefreite Pieters?«

»Keine Ahnung, Skipper, hab' ihn nicht gesehen.«

Jacobs ohrfeigte den Schiffsjungen links und rechts. Jan Pelgrom starrte den Kapitän an, langsam begreifend, mit wem er da eigentlich sprach.

»Dann geh und such ihn – sofort, oder ich lasse dich die Peitsche spüren! Die Pocken über euch nutzloses Gesindel!«

Ernüchtert und panisch vor Angst stürzte der Junge davon.

Jacobs sah ihm nachdenklich hinterher. Er brauchte den Obergefreiten, damit er sich um seine völlig außer Rand und Band geratenen Soldaten kümmerte. Der Teufel mochte wissen, ob dieser Taugenichts von einem Schiffsjungen ihn finden würde. Manchmal wünschte er sich, er hätte mehr Männer vom Schlage eines Wiebe Hayes an Bord und weniger Produkte aus der Gosse wie Jan Pel-

186

grom. Er konnte den jungen Soldaten gut leiden. Der Skipper hätte es jedem Dritten gegenüber geleugnet, aber ihm gefiel der Gedanke, eine jüngere Ausgabe von sich selbst in ihm zu sehen.

Pelsaert und Jacobs' Seemänner arbeiteten hart, um Menschen, Wasser und Brot zu retten. Noch immer beluden sie das Rettungsboot, das stetig zwischen dem todgeweihten Schiff und der kleinen Insel verkehrte, immer davon bedroht, entweder von einem Brecher an der Längsseite der *Batavia* zerschmettert oder von kopflosen Passagieren zum Kentern gebracht zu werden. Der Kommandeur war gerade dabei, Judith Bastians in das große Beiboot zu helfen, als er ein leises Knarren hörte. Er hielt inne. Die junge Frau stand mit gerafften Röcken im knietiefen Wasser und sah ihn verwundert an. Das Knarren verstärkte sich.

»Was ...«, begann sie.

»Scht!«

Das Geräusch intensivierte sich und schwang sich zu einem schrillen Ächzen auf, das, für alle klar erkennbar, aus dem Rumpf der *Batavia* kam. Das Schiff begann zu vibrieren.

Auch Wiebe Hayes, der den Rückzug der Seeleute und Soldaten aus dem Provantlager überwachte, konnte es deutlich fühlen.

»Rasch!«

Er packte die Hand des letzten Mannes in der Einstiegsluke und kugelte ihm beinahe den Arm aus, während er ihn gewaltsam heraufzog.

Bebend gaben die Planken der *Batavia* dem Druck der Felsen und dem stetigen Hämmern der Brandung nach und zerbarsten. Der Riß begann an dem Leck im Vorschiff und breitete sich blitzschnell entlang ihrer Schlagseite aus. Die Wucht der Erschütterung war im ganzen Schiff zu spüren. Drei betrunkene Kanoniere wurden von dem Seewasser überrascht, das in einem schäumenden, grünen Schwall die hinteren Laderäume, einen Teil des Zwischendecks und die unteren Kabinen überflutete. Mit vom Alkohol vernebelten Gehirnen starben sie.

Wiebe Hayes starrte in die Tiefe des Schachts hinunter, wo das Meerwasser in einem wilden Strudel rasch und unaufhaltsam anstieg. Eine tote Ratte trieb rücklings obenauf und zeigte ihre großen, weißen Nagezähne. Seine Augen begegneten denen des jungen Kadetten, dem er gerade das Leben gerettet hatte. Die beiden Männer lächelten einander dankbar an.

Seit der Warnung des Skippers war keine halbe Stunde vergangen. Während der aufgerissene Rumpf der *Batavia* sich mit Wasser füllte, sank sie tiefer auf den Meeresgrund, bettete sich bequemer auf die Felsen, die nun ihr Grab geworden waren. Obgleich das Schiff mit dem Vorschiff noch immer höher lag als achtern, so hatte sich doch die Schiefe der Decks ein wenig ausgeglichen, und trügerische Ruhe kehrte ein.

In der darauffolgenden Stille ließ Pelsaert Judiths Arm los und blickte auf die drei kleinen Wasserfässer, die sie gerade im Langboot untergebracht hatten. Es sah so wenig aus, und sie waren so viele! Das Proviantlager war überschwemmt, der Weg dorthin für immer abgeschnitten. Er hob den Kopf und las in den grauen Augen des Obersteuermanns seine eigenen Gedanken.

»Gott rette unsere Seelen!«

Adriaen Jacobs beobachtete den Tod seines Schiffes von dem kleinen Strand der Flüchtlingsinsel aus. Sie hatten gerade angelegt, als das letzte Aufbäumen der *Batavia* in ihr Bewußtsein drang.

»Was ist das für ein entsetzliches Geräusch, Kapitän?«

»Die *Batavia*. Sie bricht auseinander!«

Jacobs ließ Andries de Vries beim Dinghi zurück und ging wortlos davon, die Hände in den Taschen zu Fäusten geballt. Es zerriß ihn innerlich, und er wollte keine Zeugen für seine Schwäche. Seine Schritte hinterließen einen knirschenden, tönernen Klang auf ihrem Weg über hohle Muscheln und tote Korallenäste, die den Boden bedeckten, weißgebleicht von der Sonne wie menschliches Gebein.

Er blickte sich um, und was er sah, gefiel ihm ganz und gar nicht. Sein erster Eindruck hatte ihn getäuscht. Die Insel besaß Vegetation, aber was da war, war trocken, dornig und grau vom Staub. Struppiges Gebüsch schwang sich zu ein paar mannshohen Erhebungen auf, schwarzweiß gefiederte, schwalbenartige Vögel[22] saßen in den Zweigen und blickten ihn unerschrocken an. Sie waren überall, schwebten in der Luft und erfüllten sie mit ihrem Geschrei. Das traurige Fleckchen Erde war so klein, daß man es zu Fuß mit Leichtigkeit in einer guten Viertelstunde umrunden konnte. Es hatte nur den einen, für Bootsverkehr halbwegs brauchbaren Strand, ansonsten führte scharfer grauer Korallenschutt direkt ins flache Wasser. Landeinwärts hatten die Zeit und der Wind die toten Korallen so klein gemahlen, daß der Boden aus feinem, weißen Sand bestand. Und hier zwischen den Dünen, wo das Laufen einfacher war, stieß Jacobs auf die erste Gruppe von Passagieren, die mit dem Langboot herübergebracht worden war. Der Pfarrer hatte wieder seine Schäfchen um sich versammelt, und gemeinsam beteten sie um Gottes Gnade. Ein paar Männer und Frauen hielten sich abseits, sie konnten sich weder entschließen, dem Clan des Pfarrers beizutreten, noch wollten sie etwas mit jenen zu tun haben, die die Wasservorräte plünderten. Jacobs betrachtete die kleine, monoton vor sich hinmurmelnde Betgemeinschaft mit Verachtung. Er verabscheute Gisbert Bastians, den er für einen wimmernden, schwächlichen Heuchler hielt. Für seinen Geschmack hatte sich der Prediger einmal zu oft um das Seelenheil seiner Zwaantie gekümmert. Aber der alte Bastians war noch sein kleinstes Problem. Immerhin richtete er keinen Schaden an, im Gegensatz zu jenen unvernünftigen Toren, die sich über die geringen Wasservorräte hermachten. Sie tranken von dem Wasser, das ihrer aller Leben retten sollte, bis ihnen die Bäuche anschwollen.

»Zwei Dinge töten die Menschen, ihre Angst und ihre Dummheit!« Adriaen glaubte noch niemals soviel Dummheit gesehen zu haben wie auf diesem wasserlosen Stück Felsen in der Mitte von nirgendwo. Er war es leid, so leid!

»Sofort aufhören, ihr hirnlosen, hasenherzigen Bastarde!«

Sie starrten ihn kurz an und fuhren dann fort mit ihren sinnlosen Versuchen, einen Durst zu löschen, den sie noch gar nicht verspürten. Jacobs ging auf einen Mann zu, der mit seiner Kelle über einem der Fäßchen kniete. Er schöpfte sich ununterbrochen Wasser in den Mund, obwohl es ihm bereits in breiten Bächen wieder aus den Mundwinkeln rann. Der Skipper trat ihm mit seinem schweren Stiefel mitten ins Gesicht.

»Genug!«

Wimmernd ging der Mann zu Boden, eine Augenbraue aufgeplatzt, das Nasenbein gebrochen und ein Zahn ausgeschlagen. Endlich hatte Jacobs die Aufmerksamkeit, die er brauchte.

»Dieses Wasser hier ist alles, was wir haben, und wir müssen es gut einteilen! Wir können nicht darauf zählen, daß wir noch irgend etwas aus der *Batavia* herausholen, denn – falls ihr es noch nicht bemerkt habt – das Schiff ist gerade eben auseinandergebrochen!«

Er blickte um sich. Niemand bewegte sich, die meisten stierten ihn nur an, als ob er in einer fremden Sprache zu ihnen sprechen würde. »Also! Ihr macht jetzt die Deckel wieder auf die Fässer, und wenn ich noch einmal jemanden an den Wasservorräten erwische, bekommt er hundert Hiebe – für jeden einzelnen Schluck! Habe ich mich klar ausgedrückt?«

Drei Männer ließen wie auf Kommando von ihrem Tun ab und kamen langsam auf ihn zu. Es waren Kanoniere, seine eigenen Leute! Jacobs fühlte die Feindlichkeit, die von ihnen ausging. Sie pflanzten sich vor ihm auf. Einer räusperte sich und spuckte auf die Erde.

»Wem versucht Ihr hier zu drohen, Skipper?«

Adriaen tastete nach der Peitsche an seinem Gürtel, aber seine Hand griff ins Leere. Siedendheiß fiel ihm ein, daß er sie Gillisz Franz gegeben hatte. Und der Kommandeur hatte noch immer seine zweite Pistole. Er verspürte keine Angst. Er hatte noch einen Schuß und das Messer in seinem Stiefel gegen eine Handvoll Abschaum.

Die drei Männer rückten näher.

»Seht ihn euch an, den hochnäsigen Skipper! Er will uns einschüchtern, uns davon abhalten, Wasser zu trinken. Aber wessen Schuld ist es denn, daß wir hier festsitzen?«

Der Anführer war ein Bulle von einem Mann, groß, massig, mit schlechten Zähnen und fettigen Haaren.

»Wenn wir schon sterben müssen, dann geht der Skipper zuerst, sage ich euch.«

Der Wind wehte den Gestank seines ungewaschenen Körpers in Jacobs' Nase. Unbeeindruckt erwiderte er den grimmigen Blick des Kanoniers, während er sein seitliches Sehvermögen einsetzte, um nach dem Dinghi zu suchen. Aus den Augenwinkeln sah er, daß das Boot noch immer entladen wurde. Der Anführer war ihm indes so dicht auf den Leib gerückt, daß seine Abneigung gegen fremde körperliche Nähe in ihm hochkochte. Er zog die Pistole aus seinem Gürtel, spannte den Hahn und zielte.

»Keinen Schritt weiter oder ich blase dir ein Loch in den Kopf!«

Der Mann blieb stehen. Adriaen sah, wie es hinter seiner Stirn arbeitete, und er zog langsam den Abzugshahn zurück. Im nächsten Augenblick machte der Mann eine flinke Bewegung. Seine rechte Hand fuhr in den Ärmel seines Hemdes, und mit einem Sprung stürzte er sich auf den Kapitän. Ohne zu zögern drückte Jacobs ab.

Der Kanonier fiel wie ein Stein, die Augen weit aufgerissen, die Stirn in eine klebrige, dunkelrote Masse verwandelt. Seine Hand umklammerte noch immer die wurfbereite Klinge. Fliegen schwärmten, und ein paar Frauen schrien auf. Seine Kameraden wichen entsetzt zurück. Adriaen wurde übel bei dem Gedanken, wie nahe er dem Tod gewesen war. Es war ein alter Seemannstrick, ein Messer, mit einem Tuchfetzen auf den Bizeps gebunden, versteckt unter dem Hemd zu tragen. Er wartete nicht, bis sie sich darauf besannen, daß er nun unbewaffnet war. Er machte ein paar Schritte rückwärts, drehte sich um und zwang sich, langsam und ruhig davonzugehen. Schweißtropfen bildeten sich auf seiner Schläfe. Jede Sekunde erwartete er den Angriff von hinten, eine Reaktion in der unnatürlichen Stille, die er hinter sich zurückließ. Aber nichts geschah, und er ging weiter. Er erreichte das Dinghi gerade, als es im Begriff war abzulegen.

Die Sonne ging bereits unter, als das Dinghi wieder einmal längsseits der *Batavia* anlegte. Sie tauchte die Decks in ihr warmes, rotgoldenes Licht und verlieh der Szenerie einen geradezu grotesken romantischen Anstrich. Die Luft war erfüllt von dem Kreischen schwarzweiß gefiederter Vögel, die zu Tausenden in ihre Nester zurückkehrten. »Was für ein wundervoller Sonnenuntergang!« fuhr es Pelsaert durch den Kopf.

Er hatte den Nachmittag damit verbracht, mit Hilfe der Seeleute das Silber aus dem Rumpf der *Batavia* zu bergen und an Deck aufzustapeln. Wie durch ein Wunder waren die meisten Truhen vom Seewasser verschont geblieben. Doch Pelsaert war ruhelos. Er wurde verzehrt von dem Gedanken, der Gesellschaft soviel von der kostbaren Fracht zu retten, wie er nur irgendwie bewerkstelligen konnte. Nun schämte er sich fast dafür, daß er sich von der Schönheit des sterbenden Tages hatte bezaubern lassen, während noch soviel zu tun war.

Die schwitzenden Seeleute betrachteten François Pelsaert mit verengten Augen. Sie hatten so ihre eigenen Gedanken. Sie konnten nicht verstehen, warum sie sich mit den schweren Silbermünzen abmühen mußten, während rings um sie herum das Schiff in seine Einzelteile zerfiel. Konnte man Silber essen? Konnte man es etwa trinken, wenn man durstig war? Also was zum Teufel sollte das Ganze? Mit Erleichterung sahen sie den Kapitän an Bord zurückkommen, der den Tag mit Pendelfahrten zwischen dem Schiff und den beiden Inseln verbracht hatte. Gott sei Dank! Jetzt würde der Unsinn bald aufhören. Jacobs betrachtete erstaunt die aufgestapelten Kisten, während er nach Pelsaert suchte. Er traf den Kommandeur auf dem Achterdeck. Auf *seinem* Achterdeck!

»Was ist los? Sind die Passagiere etwa schon alle von Bord?«

»Die Passagiere ja. Die Soldaten und Kanoniere – hört selbst!« Pelsaert zuckte gleichgültig mit den Achseln.

Vom Kanonendeck klang ein Seemannslied herauf, mehr gegrölt als gesungen.

»Hm. Ich verstehe.«

Mißtrauisch betrachtete Pelsaert das verhärmte Gesicht des Skippers im schwindenden Tageslicht.

»Warum seid Ihr schon wieder zurück?«

»Ich bin gekommen, um Euch abzuholen. Es herrscht wenig Disziplin auf der großen Insel. Einige fallen wie die Krähen über die Wasservorräte her. Wir müssen dringend ein paar Wachen aufstellen. Ich habe keinen Einfluß mehr auf die Leute und brauche Euch, um wieder Ordnung herzustellen.«

»Das kommt überhaupt nicht in Frage!«

Jacobs hob erstaunt eine Augenbraue.

»Wie bitte?«

Der Kommandeur begann, auf dem Achterdeck umherzuwandern.

»Ich kann jetzt nicht von Bord gehen. Ich muß dafür sorgen, daß das Silber der VOC in Sicherheit gebracht wird.«

Jacobs war verblüfft.

»Wie? Alle zwölf Kisten? Heute noch, in der Dunkelheit?«

Pelsaert blieb vor dem Kapitän stehen.

»Selbstverständlich heute noch! Wer weiß, wie lange diese paar Bretter hier noch zusammenhalten.«

Jacobs hielt sich mühsam unter Kontrolle. Am liebsten hätte er Pelsaert an der Gurgel gepackt und kräftig geschüttelt für seinen Mangel an Verstand.

»Kommandeur! Wenn Ihr Euch jetzt nicht um das Durcheinander auf der Insel kümmert, dann werden nur noch unsere weißen Knochen übrigbleiben, um dieses Silber zu bewachen. Ich habe bereits einen Mann töten müssen. Wir ...«

Er rief seine Gedanken zur Ordnung.

»Wir kommen morgen zurück, um das Silber zu bergen.«

Ein Schatten fiel auf das Gesicht des Kommandeurs.

»Es ist meine gottverdammte Pflicht, die Fracht der *Batavia* zu retten, so wie es Eure gottverdammte Pflicht gewesen wäre, dieses Schiff heil nach Java zu bringen!«

»Ja, Ihr habt recht! Und jetzt ist es meine gottverdammte Pflicht, uns alle vor dem Verdursten zu retten!«

Jacobs' breiter Brustkorb hob und senkte sich vor Zorn.

»Ich verspreche Euch, daß wir morgen zurückkehren, um dieses verfluchte Silber abzuholen, und wenn es Katzen regnet.«

»Ich nehme Euch beim Wort, Skipper!«

Jacobs zählte innerlich bis zehn, um sich zu beruhigen. Er wünschte, er müßte nicht mehr länger freundlich sein zu Pelsaert, und obwohl es angesichts ihrer verzweifelten Lage völlig unsinnig war, wünschte er, der Kommandeur würde nicht so arrogant auf seinem Achterdeck herumstolzieren.

»Gut. Wer von meinen Leuten hat Euch dabei geholfen? Wie viele sind noch an Bord?«

Er machte eine ausladende Handbewegung über die Kistenstapel.

»Alles in allem etwa acht Leute.«

»Tut mir den Gefallen und nehmt sie mit in das Dinghi. Ich komme gleich nach.«

Jacobs ging in seine Kabine, um dort seine Navigationshilfen einzusammeln, lebenswichtige Instrumente, die er hütete wie seinen Augapfel. Kompaß, Astrolabium, Seekarten und sein Handbuch, Gegenstände kostbarer als Wasser. Er war für sie mit seinem Leben verantwortlich und mußte sie nach jeder Fahrt an die VOC zurückgeben. Unter der Tür blieb er stehen und ließ noch einmal seinen Blick durch den Raum schweifen, der ihm nur für solch kurze Zeit gedient hatte. Auf dem Boden vor der Koje lag Zwaanties Nachthemd, ein weißer, duftiger Haufen Stoff, hastig ausgezogen und achtlos liegengelassen in den schreckerfüllten Minuten nach dem Schiffbruch. Es schien ihm, als wäre seit dem Moment ein Jahrhundert vergangen. Nichts war mehr so, wie es einmal gewesen war, und für ihn würde es auch niemals wieder so werden! Er hob seinen Regenumhang von der Stuhllehne und ging, ohne sich noch einmal umzudrehen.

Zu seinem Erstaunen traf er auf seinem Weg nach oben den Frachtaufseher.

»Was zum Teufel? Ihr solltet längst nicht mehr hier sein, Herr Cornelius!«

»Warum, Kapitän? Ihr wollt doch nicht etwa behaupten, das Schiff sei ernsthaft in Gefahr?«

Jacobs runzelte unwillig die Stirn. Hörte dieser Alptraum denn überhaupt nicht mehr auf?

»Die *Batavia* ist verloren! Anscheinend kann ich das gar nicht deutlich genug sagen.«

Ein Ausdruck schieren Unglaubens überzog Cornelius' Gesicht.

»Aber sie liegt doch ganz ruhig im Wasser.«

Jacobs' Augenbrauen fuhren erstaunt in die Höhe. Dies hier ging über seinen Horizont. Dieser Mann war ganz offensichtlich kein Dummkopf, warum verschloß er seine Augen vor der Wahrheit?

»Ihr müßt von allen guten Geistern verlassen sein! Nicht mehr lange und die *Batavia* wird sich komplett in ihre Einzelteile auflösen. Sind außer Euch etwa noch mehr Offiziere an Bord geblieben, in der irrigen Meinung, daß wir das Schiff wieder flott kriegen?«

»Nicht, daß ich wüßte.«

»Dann kommt Ihr jetzt am besten gleich mit mir mit. Das Dinghi wartet schon.«

Cornelius wich einen Schritt zurück. Sein Blick flackerte.

»Lieber nicht, ich möchte noch ein paar persönliche Dinge zusammenpacken. Ich nehme das nächste Boot.«

»Es gibt kein nächstes Boot. Dies ist die letzte Fahrt für heute. Wir kommen frühestens morgen zurück.«

Cornelius zuckte die Achseln.

»Auch gut, dann sehe ich Euch eben morgen, Kapitän.«

Cornelius stand im Halbdunkel des Treppenaufgangs, ein seltsames Glimmen in den Augen. Jacobs betrachtete den Mann im Brokatanzug nachdenklich. Irgend etwas an dessen Haltung gefiel ihm ganz und gar nicht. Er überlegte, ob er ihn einweihen sollte, daß er nicht daran glaubte, daß die Bergungsaktion morgen weitergehen würde, daß die Gefahr bestand, daß die *Batavia* in der Nacht noch weiter auseinanderbrechen würde. Dann verwarf er den Gedanken wieder. Der Frachtaufseher wollte bleiben, dann sei's drum! Er hatte gründlich genug von diesen Narren, denen es selbst am kleinsten bißchen gesunden Menschenverstand zu fehlen schien.

Erleichtert beobachtete Cornelius, wie der Skipper nach oben verschwand. Er war mächtig erschrocken, als er in ihn hineingerannt war. Hatte er doch angenommen, daß alle hohen Offiziere mittlerweile das Schiff verlassen hatten! In der sich langsam herabsenkenden Dunkelheit lauschte er auf die Geräusche des ablegenden Beiboots. Erst als er vollkommen sicher war, alleine zu sein, erklomm er ebenfalls die Stufen. Zu seiner Überraschung drang lautes Stimmengewirr an seine Ohren. Vorsichtig streckte er den Kopf aus dem Niedergang und überschaute die Decks.

Die Plünderungen hatten begonnen! Eine kleine Gruppe volltrunkener Soldaten versuchte ihr Glück an den Kisten mit den Silbermünzen. Unter lautem Gejohle und mit Hilfe einer Axt gelang es ihnen, eine der Truhen aufzubrechen. Cornelius beobachtete, wie sie die glitzernden Münzen in die Luft warfen und auf sich herabregnen ließen. Gegen den flammendroten Abendhimmel wirkten sie wie eine Schar wildgewordener Hexen in der Walpurgisnacht.

Gut! Die Soldaten waren zu beschäftigt, um ihn zu stören. Auf Zehenspitzen kam Cornelius aus seinem Schlupfwinkel heraus. Sein Ziel war die Privatkabine des Kommandeurs, gleich unterhalb des erhöhten Achterdecks. Behutsam drückte er die Klinke nieder. Die Tür war unverschlossen. Rasch trat er ein und holte tief Luft, grenzenlos erleichtert, daß er unentdeckt geblieben war. Noch bevor sich seine Augen an die Dunkelheit gewöhnen konnten, spürte er die Gegenwart einer zweiten Person im Raum. Hitze durchströmte seinen Körper, sein Atem stockte. Ein Windstoß kam durch das offene Fenster und bewegte die Bettvorhänge. Conrad van Huyssen trat aus dem Schatten neben dem Fenster. Mondlicht beleuchtete eine Hälfte seines Gesichts und verlieh ihm eine dämonische Aura.

»Zwei Männer – ein Gedanke!« sagte er ruhig.

Er tastete nach dem Feuerstein und entzündete die Kerze auf Pelsaerts Schreibtisch.

»Laß uns gemeinsam suchen!« schlug er vor.

»Woher hast du gewußt, daß ich hier sein würde?«

»O komm schon, Jerome! So wie du von den Juwelen und dem Kunstwerk gesprochen hast! Ich wußte, du würdest Schätze im Wert von fast hunderttausend Gulden nicht den Wellen überlassen. Also brauchte ich nichts weiter zu tun, als darauf zu achten, ob du mit den anderen VOC Kaufleuten von Bord gehen würdest. Du hast es nicht getan, und hier sind wir nun.«

»Dieser gerissene Hund!« dachte Cornelius und beschloß, im Umgang mit dem Kadetten in Zukunft etwas vorsichtiger zu sein.

»Wer ist sonst noch alles geblieben?«

»David Zeevanck, Lennart Michels, Mattys Beer, die Brüder van Welderen und der Steinschleifer. Sie warten in der Großen Kabine.«

Cornelius' Stirn umwölkte sich.

»Ich hatte nicht vor, mit so vielen zu teilen.«

Van Huyssen setzte ein spöttisches Grinsen auf.

»Kein Gedanke! Die haben keine Ahnung, hinter was wir her sind.«

Er griff unter seinen Waffenrock und zog das kleine Beil hervor, das er in weiser Voraussicht mitgebracht hatte.

»Womit fangen wir an?«

Der Frachtaufseher sah sich um. Dann deutete er auf Pelsaerts Seekiste in der Ecke, und mit vereinten Kräften brachen sie sie auf. Rücksichtslos zerrte Cornelius die persönliche Kleidung des Kommandeurs hervor. Reine weiße

Leinenhemden, rote Umhänge, Kniebundhosen, Seidenstrümpfe, Schuhe und Röcke landeten achtlos auf den Dielen, aber keine Spur von der Schatulle mit den Juwelen oder der Großen Kamée, von denen er genau wußte, daß sie an Bord gekommen waren.

»Der Schreibtisch!«

Unter der rohen Gewalt des Beils gab das zierliche Schloß schnell nach, und knarrend hob sich der Deckel. Enttäuscht starrte Cornelius in die aufgeräumte Lade. Er hob ein ledergebundenes Buch heraus und blätterte darin.

»Sieht aus wie ein Tagebuch!«

Er legte es zur Seite und schnürte einen kleinen, braunen Samtbeutel auf. Eine spanische Goldmünze und ein ovales Goldmedaillon mit dem Bild des Prinzen Frederik Hendriks, dem Stadthalter der holländischen Republik, kamen zutage. Blut schoß in des Frachtaufsehers Gesicht.

»Verdammt!« zischte er. »Sie müssen sie bereits an Land gebracht haben! Aber wann?«

Wutentbrannt riß er das Fenster noch weiter auf und schleuderte sowohl das Tagebuch als auch den Beutel mit der Münze in hohem Bogen hinaus. Das goldene Medaillon hingegen steckte er in seine eigene Tasche. Van Huyssen beobachtete schweigend, wie der wohlerzogene Frachtaufseher seine guten Manieren vergaß.

»Wer hätte gedacht, daß sich unter der aalglatten Apothekerfassade ein Vulkan verbarg. Das verspricht ja interessant zu werden!«

Für den Kadetten war das Ganze ein Riesenspaß. Keine Sekunde lang verspürte er Angst.

»Was nun?« fragte er Cornelius.

»Still! Ich muß nachdenken!«

Cornelius war sichtlich aus dem Gleichgewicht gebracht.

Wann war er unachtsam gewesen? Wann hatte die kostbare Kiste das Schiff verlassen? Er wußte es nicht. Sein ganzer schöner Plan war zum Teufel! Es wäre so leicht gewesen, den Schmuck und die Große Kamée an sich zu bringen. Niemand hätte später gewußt, wie und wann die Sachen verlorengegangen waren. Wer achtete schon auf eine kleine Schatulle und eine zwei Handteller große Gemme in dem Tumult? Doch so wie es jetzt aussah, war er völlig vergebens an Bord eines Schiffes geblieben, das in seinem Todeskampf lag.

Van Huyssen ließ sich in die Koje fallen und schlug die langen, gestiefelten Beine übereinander.

»Ich würde vorschlagen, wir stellen uns zuerst einmal aus Pelsaerts Speisekammer ein Abendessen zusammen. Ich für meinen Teil bin hungrig wie ein Wolf! Was hältst du von einem guten alten, spanischen Portwein?«

Cornelius musterte den Kadetten erstaunt. Van Huyssen war für sein Alter erstaunlich abgebrüht.

»Vorsicht!« dachte er. »Dieser Kerl ist mit allen Wassern gewaschen. Er ist nicht so einfach zu täuschen wie die anderen.«

Er nickte sein Einverständnis.

»Gut! Wir wollen in der Offiziersmesse speisen. Der Kabinenjunge kann uns auftischen.«

Das Feuer war klein und unzulänglich, zusammengetragen aus dem kümmerlichen Buschwerk, das die karge Insel abwarf. Bedrückt beobachtete François Pelsaert, wie die dünnen Ästchen und Zweiglein Feuer fingen, rot aufglühten und kurz darauf zu feinem, hellgrauen Aschestaub zerfielen. Um ihn herum saßen knapp fünfzig Menschen, dicht aneinandergedrängt und zusammengekauert im frostigen Nachtwind. Niemand sprach.

Auf der anderen Insel, der größeren, die weiter vom Wrack entfernt lag, befanden sich noch einmal einhundertachtzig Überlebende. Achtzig waren an Bord der *Batavia* geblieben, ihre trunkenen Stimmen und Schreie waren bis ans Lagerfeuer zu hören.

Pelsaert wagte es nicht, den anderen ins Gesicht zu sehen. Er hatte Angst, daß sie seine eigene Mutlosigkeit erkennen würden. Und er fürchtete sich vor dem Ausdruck der Verzweiflung in ihren Augen. Sie hatten nur so wenig Wasser und Brot bergen können, zu wenig, um alle zu retten. Was sollte er nur tun?

Nachdem sie das Schiff verlassen hatten, waren sie zuerst zu der großen Insel gerudert. Dort hatte er sich mit eigenen Augen davon überzeugen können, daß Jacobs nicht übertrieben hatte. Die Insel wurde von schierer Unvernunft regiert! Die Menschen benahmen sich, als wären sie von bösen Teufeln besessen. Sie hatten eine Wache bei den Wasserfässern zurückgelassen, waren aber gezwungen gewesen, den größten Teil der Vorräte mit auf die kleine Insel zu nehmen, um zu verhindern, daß noch mehr davon sinnlos vergeudet wurde. Eine eilig ausgehobene, flache Grube diente als Grab für den toten Kanonier, notdürftig mit Korallensand und Steinen zugeschüttet. Schuldbewußt dachte er an Lucretia. Sie war auf der Insel zurückgeblieben, die bereits von allen *Batavias Friedhof* genannt wurde.

Pelsaert seufzte tief auf und wickelte sich fester in seinen Umhang ein.

Als er Lucretia endlich gefunden hatte, hatte sie einen schnellen ängstlichen Blick auf Jan Everts geworfen, der auf der Stirnseite im Langboot saß. »Kommt *er* etwa auch mit?«

Unbehagen war in ihm aufgestiegen. Er hatte nicht daran gedacht, daß Lucretia sich weigern würde, mit ihrem Übeltäter in einem Boot zu sitzen, und zu Recht!

»Er wird dir nichts zuleide tun, das verspreche ich dir.«

Kopfschüttelnd war sie zurückgewichen und hatte hilfesuchend Judith Bastians' Hände ergriffen.

»Ich bleibe hier! Bei den Bastians!«

Ihr Entschluß war unumstößlich gewesen, und schließlich waren sie ohne sie auf die andere Insel übergesetzt. Er hatte versucht, den Kapitän zu überreden, den Bootsmann an Lucretias Stelle zurückzulassen, aber der hatte nichts davon wissen wollen.

»Ich will Everts im Auge behalten!« hatte er knapp entgegnet.

Pelsaert fühlte, daß ihm unaufhaltsam jegliche Kontrolle entglitt. Er warf einen bitteren Blick aufs Ufer, wo sich die Silhouette des Skippers gegen das im Mondlicht glitzernde Meer abzeichnete, unbeweglich wie ein Felsen.

Adriaen wußte nicht, wie lange er schon so saß, abgesondert von den anderen, den Blick starr auf den Mond gerichtet. Dies waren die ersten Minuten des Tages, die ihm allein gehörten, und das ganze Ausmaß seiner Misere war mit voller Gewalt über ihn hereingebrochen.

»Sie ist tot! Und du hast ihr mit deinen eigenen Händen das Genick gebrochen!«

Unglücklich schloß er die Augen, und ein Stöhnen entrang sich seiner Kehle.

»Mein wunderschönes Schiff!«

Sie war noch so jung gewesen, fast ein Kind noch, genau wie die Frau, die er wider besseres Wissen in sein Bett genommen hatte. Armes Schiff, auf der Jungfernfahrt den Tod zu finden!

In seinen Händen hielt er das Handbuch, das er wieder

und wieder durchgelesen hatte auf der Suche nach dem Fehler. Sechshundert Meilen! Sechshundert gottverdammte Meilen! Wie hatte er sich um eine solche Entfernung verrechnen können? Er hatte keine Erklärung dafür. Zwaantie kam und ließ sich lautlos hinter ihm nieder.

»Bitte!« sagte er schwach und abwehrend.

Zögernd erhob sie sich wieder.

»Ich habe dir ein Stück Brot gebracht – und etwas Wasser. Ich dachte, du bist vielleicht hungrig?«

Adriaen schüttelte den Kopf. Er fühlte sich, als würde er nie mehr in seinem Leben Hunger oder Durst verspüren oder gar das Verlangen nach einer Frau.

»Bitte, laß mich allein! Ich kann jetzt nicht, kann nicht ...«

»Ja. Natürlich. Wie du willst.«

Sie sprach zu seinem Rücken. Ihre Röcke raschelten, als sie sich leise wieder entfernte, den Blick auf seinen Nacken gerichtet, verzweifelt wünschend, daß sie es ungeschehen machen und ihm sein Schiff zurückgeben könnte.

Erleichtert hörte Adriaen, wie die Schritte seiner Geliebten verklangen. Er brachte es nicht fertig, sich ihr zu öffnen. Und das letzte, was er ertragen konnte, war das Mitleid in ihren Augen. Alles, nur das nicht!

Er machte sich wenig Illusionen über sein weiteres Leben. Im besten Fall würde er unehrenhaft aus den Diensten der VOC entlassen, im schlimmsten Fall würde er am Galgen hängen. Beides war ihm gleich, denn seine Ehre war verloren, seine Karriere beendet. Niemand würde ihm jemals wieder ein Schiff anvertrauen, auch nicht die englische Ost-Indische Gesellschaft. Adriaen hatte niemals zuvor ein Schiff verloren, und er hoffte noch immer, aus einem bösen Traum zu erwachen. Hilflos drehte und wendete er das Logbuch in seinen Händen. Was ihn am härtesten ankam, war die Tatsache, daß eine winzige Kurskorrektur sie alle hätte retten können. Ein paar Grad nach Steuerbord und sie hätten Houtmans Riff unbeschadet umsegelt. Denn daß dies die Inseln waren, die Frederik de Houtman knapp zehn Jahre zuvor gesichtet und kartographiert hatte, stand für ihn jetzt fest. Ein paar lächerliche Grad nur und sie wären in Sicherheit gewesen!

Mit einem Schrei sprang Adriaen auf und schleuderte das Handbuch so weit er nur konnte. Glucksend versank das Buch im Meer, wo das salzige Wasser begann, die Seiten aufzulösen und die Handschrift des Skippers wegzuwaschen.

»Piß auf dich!« brüllte er. »Verflucht seien diese gottverdammten Inseln!«

Die Gesichter der Seeleute waren grau und eingefallen, ihre Arme bleischwer vom Anrudern gegen Flut und Wind. Müde beobachteten sie den Abstand zwischen sich und dem Skelett der *Batavia*, der einfach nicht kleiner werden wollte.

»Es hat keinen Zweck so!« erklärte Jan Everts schließlich. »Wir müssen es von der Leeseite aus probieren.«

Die Matrosen fluchten aus tiefster Seele. Sie waren durchgefroren, erschöpft und am Ende ihrer Kräfte angelangt. Den ganzen Morgen schon versuchten sie, die kurze Seemeile zum Wrack zurückzulegen, das kleine Dinghi von Wellen geschüttelt und von Sturmböen gepeitscht. Jetzt mußten sie mühevoll um das ganze Schiff herumrudern, um zur Windschattenseite zu gelangen. Und wozu? Um die wertlosen Trunkenbolde zu retten, die sich, mittlerweile wieder halbwegs nüchtern, auf dem Oberdeck versammelt hatten.

Pelsaert betrachtete schweigend die Überreste der stolzen *Batavia*. Die Vorschiff-Plattform, dort wo das Schiff auf dem Riff lag, war intakt, und auch das Mittelschiff mit den Silbertruhen schien zum Glück den Kräften der Natur noch standzuhalten. Aber einige Brecher überspülten bereits das Achterdeck, wo sie am tiefsten lag, und die meisten Deckaufbauten waren weggewaschen. Ein paar Fässer trieben in der Nähe, und der aufgetakelte Vormast und Besanmast wirkten seltsam unwirklich in diesem Bild der Zerstörung.

Adriaen Jacobs blickte nicht auf. Der Anblick quälte ihn. Die halbe Nacht hatte er sich schlaflos auf der harten Erde herumgewälzt, erst gegen Morgen hatte ein leichter, unruhiger Schlaf seiner Seele etwas Linderung verschafft. Das Geräusch starker Brandung hatte ihn geweckt, und als er zu sich kam, war die furchtbare Erinnerung an das, was geschehen war, sofort wieder in sein Bewußtsein getreten. Er erkannte, daß das Wetter umgeschlagen hatte. Der Himmel hing tief und bleiern, und ein heftiger Wind sorgte für hohen Seegang. Er erinnerte sich auch an das Versprechen, das er Pelsaert gegeben hatte, und er wußte, daß es nicht leicht werden würde, wieder an Bord der *Batavia* zu gelangen.

Endlich hatten sie das Wrack umrundet. Allerdings nur um festzustellen, daß auch von dieser Seite aus keine Möglichkeit bestand, mit dem wild schaukelnden Dinghi längsseits zu gehen. Das Wetter verschlechterte sich rapide.

»Wir müssen den Rettungsversuch abbrechen, Kommandeur! Ich fürchte, es wird Sturm geben.«

»Ich kann nicht«, erklärte Pelsaert starrköpfig. »Wir müssen das Silber retten und ...«

Er brach ab. Sie wurden von der *Batavia* aus angerufen. Wortfetzen wehten durch den Wind zu ihnen her-

über. Pelsaert erkannte die elegante Gestalt des Frachtaufsehers auf der Bugplattform, direkt neben ihm Conrad
van Huyssen.

»Mein Gott! Der Frachtaufseher ist noch an Bord!«

»Ja«, murmelte Jacobs trotzig. »Ich weiß.«

»Geschieht ihm ganz recht!« dachte er. Er verspürte
kein Mitleid mit dem affigen Stutzer. Cornelius formte die
Hände vor seinem Mund zu einem Trichter.

»Das Wrack ... von Minute zu Minute gebrechlicher!
Auf dem ganzen Schiff ... keine trockene Stelle mehr! ...
brauchen Hilfe!«

»Wir können nicht anlegen!« schrie Pelsaert zurück.
»Vollkommen unmöglich!«

Die Überlebenden auf der *Batavia* steckten heftig ge-
stikulierend ihre Köpfe zusammen. Dann trat einer der
Männer an die Reling und zog sich bis auf die Hose aus.
Er war klein und stämmig, mit starken Armen und mus-
kelbepackten Schultern. Jacobs erkannte in ihm einen der
Zimmerleute wieder. Ungeschickt köpfte der Mann in die
Fluten. Mit kräftigen Zügen erkämpfte er sich seinen
Weg durch die Brandung. Dann, nachdem er etwa die
Hälfte der Distanz zurückgelegt hatte, erwischte ihn eine
große Welle und verschluckte ihn. Für einige bange Mo-
mente suchten die Männer im Boot die Wasseroberfläche
ab. Dann tauchte er wieder auf. Nach Luft schnappend
und wassertretend hielt er sich schließlich am Schanzkleid des Dinghis fest, seine Lippen schimmerten bläulich von der eisigen Kälte des Meeres. Noch einmal trug
der Mann die Bitte um Hilfe vor, doch Pelsaert schüttelte
bedauernd den Kopf.

»Es gibt keine Hilfe! Wir können nicht längsseits gehen,
der Seegang ist zu stark!«

»Dann sollen wir wohl alle ertrinken?«

»Du bist doch Jan Egberts, der Zimmermann?« mischte sich Jacobs ein.

Der Mann nickte, noch immer atemlos von der Anstrengung.

»Dann weißt du, wie man ein gutes Floß baut. Auf der *Batavia* liegen doch genug Bretter und Seile herum. Benutzt die Planken, von mir aus auch die Rahen und baut euch einen schwimmenden Untersatz. Keiner von euch braucht zu ertrinken.«

»Aye, Kapitän! Das ist eine gute Idee! Laßt uns hoffen, daß sie dort drüben auch drauf kommen.«

Jan Egberts machte Anstalten, sich am Schanzkleid hinauf an Bord des Dinghis zu ziehen.

»Halt!« rief Pelsaert aus. »Willst du nicht zurückschwimmen und deinen Kameraden helfen?«

»Ich denke gar nicht dran! Jeder ist sich selbst der Nächste. Ich bin froh, daß ich es bis hierher geschafft habe.«

»Ich befehle dir, zum Schiff zurückzukehren und den Vorschlag des Skippers auszuführen! Und vergeßt nicht, das Silber mitzubringen! Die Truhen stehen verladebereit an Deck.«

Der Zimmermann war versucht, den Befehl zu ignorieren, doch dann nickte er grimmig und stieß sich ab. Kurze Zeit darauf halfen ihm seine Gefährten wieder an Bord der *Batavia*.

»Was ist los?«

»Was hat er gesagt?«

»Schicken sie das Langboot, um uns zu holen?«

Schwer atmend blickte der Zimmermann von einem zum anderen.

»Nein! Es gibt kein Boot. Sie können nicht nahe genug rankommen. Wir müssen uns selbst helfen und Flöße bauen.«

208

Die Männer sahen sich an. Der Vorschlag klang einleuchtend. Jan Egberts räusperte sich und spuckte ein bißchen Seewasser aus, das ihm in die Kehle geraten war.

»Der Kommandeur meint, wir sollen auch brav das Silber mitbringen, das er schon so schön aufgestapelt hat.«

Aufgebrachtes Gemurmel brach aus.

»Wir wissen nicht, wie wir hier lebend runterkommen sollen, und der Herr Kommandeur hat nur seinen Schatz im Kopf!«

»Unverschämtheit, das!«

Die Arme vor der Brust verschränkt, beobachtete van Huyssen die helle Aufregung, die um ihn herum herrschte. Er selbst war seelenruhig. Als sich der Tumult wieder etwas gelegt hatte, zog er seinen Waffenrock aus. Dann nahm er seinen Degen ab. Er zog die Klinge ein Stück aus der Scheide und fuhr mit dem Daumen liebevoll über den glänzenden Stahl. Dann, mit einem Ausdruck des Bedauerns in seinen kalten Augen, schob er den Degen entschlossen zurück in seine Hülle und versenkte ihn im Meer. Zuletzt zog er seine Stiefel aus und band sie mit einem Stück Tau zusammen. Er hängte sie sich um den Hals und kletterte auf die Reling.

»Jetzt heißt es jeder für sich und Gott mit den Mutigen!« erklärte er und sprang über Bord. Die Zurückgebliebenen beobachteten, wie van Huyssen sicher den flachen Teil des Riffs erreichte, über die scharfen Korallen watete und sich schließlich am Ufer niederließ, wo er damit begann, das Wasser aus seinen Stiefeln zu leeren. In ihren Köpfen arbeitete es. Warum eigentlich nicht? Einige taten es dem Kadetten nach und schwammen durch die Brandung zur Insel. Nur Cornelius trat vorsichtig einen Schritt von der Reling zurück. Er konnte nicht schwimmen!

»Und ich sage es noch einmal! Das Langboot muß nach Java aufbrechen, ausgerüstet mit Brot und einem Teil des Wassers, und zwar auf der Stelle. Wir können es uns nicht leisten, auch nur noch einen einzigen Tag zu vergeuden!«

»Und ganz ohne Zweifel traut Ihr Euch zu, das Boot über zwölfhundert Seemeilen weit nach Batavia zu navigieren.«

»Natürlich! Wer sonst?«

Jacobs saß mit gekreuzten Beinen auf dem Boden, seine Seeleute um sich versammelt. Jan Everts und Claas Gerritz saßen links und rechts von ihm, François Pelsaert ihm gegenüber. Gillisz Franz war nicht anwesend. Der Steuermannsgehilfe hatte auf Jacobs' Anweisung hin eine Handvoll Männer und das Dinghi genommen und sich auf den umliegenden Inseln auf die Suche nach Wasser gemacht. Sie hatten gerade die Berechnung ihrer Wasserreserven beendet und herausgefunden, daß ihnen kaum mehr als hundertfünfzig Kannen[23] zur Verfügung standen, um den Durst von zweihundertdreißig Menschen zu löschen.

»Das ist unmöglich!« zischte Pelsaert. »Ich kann die *Batavia* nicht einfach so zurücklassen, mit all dem Silber und den Menschen an Bord.« Jacobs' Augenbrauen fuhren in die Höhe. Er musterte den Kommandeur scharf.

»Wer hat davon gesprochen, daß Ihr mitkommen sollt? Einer von uns beiden muß hier bei den Gestrandeten bleiben, und es liegt auf der Hand, daß ich es nicht sein kann.«

»Aber ich kann Euch ebensowenig alleine gehen lassen!«

»Warum nicht? Es ist gar nicht nötig, daß Ihr mitkommt.«

»O doch, das ist es! Ich traue Euch nämlich nicht, Kapitän!«

Jacobs erbleichte. Er sprang auf, und auch der Kommandeur erhob sich. Sie starrten einander mit haßerfüllten Augen an.

Beide waren sie Männer mit kristallklarem Verstand, beide brillant in ihrem Fach, und doch gab es einfach kein Auskommen zwischen ihnen.

»Wie könnt Ihr es wagen! Ich habe schon Männer für weitaus weniger getötet!«

»Nur zu, Kapitän, haltet Euch nicht zurück! Was macht ein weiterer Fleck auf Eurer Weste jetzt schon noch aus?«

Adriaen ballte die Rechte zur Faust, und die Knöchel seiner Finger verfärbten sich weiß. Er kämpfte den Impuls nieder, seine Pistole zu ziehen und die Affäre Pelsaert ein für allemal zu beenden. Gott, wie er sich danach sehnte, den Kommandeur mit gebrochenen Augen auf dem Rücken liegen zu sehen. Die Genugtuung würde ihn für alles entschädigen, sogar für sein armes Schiff!

Pelsaert beobachtete das Wechselspiel in der Miene des Skippers und entschied, daß er Oberwasser hatte.

»Was hättet Ihr davon, das Boot nach Batavia zu steuern? Nichts! Im Gegenteil, Euer Leben wäre in Gefahr. Aber Ihr würdet alles gewinnen, wenn Ihr nach Macao segeln würdet oder nach Goa, um mit den Portugiesen gemeinsame Sache zu machen. Ihr sprecht doch Portugiesisch? Fließend, nicht wahr? Ihr seid fertig, Skipper, und deswegen komme ich mit, um sicherzustellen, daß die Menschen hier wirklich Hilfe erhalten.«

Adriaens Mund war plötzlich staubtrocken. Er hörte die höhnische Stimme des Kommandeurs wie durch einen Nebel in seinem Gehirn. »Vielleicht habt Ihr recht, und ich bin am Ende, Kommandeur, aber ich habe noch immer etwas Ehre im Leib! Ich weiß, was ich der Gesellschaft schuldig bin und nicht zuletzt den hundertachtzig Menschen auf der Insel dort drüben.«

Er schluckte hart.

»Ich allein habe das Wissen und die Fähigkeiten, dieses Boot heil nach Batavia zu bringen. Und ich werde diese Möglichkeit wahrnehmen, ganz gleich, ob Ihr dabei seid oder nicht. Ich werde keinen einzigen Tag mehr damit vertrödeln, hier Löcher in den Sand zu buddeln oder auf besseres Wetter zu hoffen.«

»Wir stehen hinter dem Kapitän!« warf Jan Everts ein.

Die Seemänner brachen in zustimmendes Gemurmel aus. Kein Zweifel, der alte Teufel würde sie nach Java navigieren. Wenn einer das fertigbrachte, dann Jacobs!

Pelsaert musterte den Bootsmann mit einem eisigen Blick.

»Nimm dich in acht, Bastard!« dachte er. »Ich habe dich noch nicht vergessen.«

»Vielleicht finden wir Wasser auf dem Weg dorthin. Dann können wir immer noch umkehren und die anderen versorgen.«

Die Bemerkung kam von Claas Gerritz.

»Ist das möglich? Gibt es Wasser auf dem Festland?« Pelsaerts Stimme klang hoffnungsvoll.

Jacobs zuckte die Achseln.

»Wir wissen nicht genug über das Große Südland. Da ist ein Fluß auf einer Landzunge hoch oben im Norden, Jakob Remessens Fluß[24], aber den Berichten nach zu urteilen ist er salzig bis tief ins Landesinnere.«

»Aber es wäre doch möglich, daß wir schon vorher Wasser finden?« fragte Pelsaert beharrlich.

»Natürlich«, schnappte Jacobs. »Irgendwo auf diesem verlassenen Kontinent muß es Wasser geben. Die Frage ist, ob wir es finden, und wenn ja, ob wir an Land gehen können.«

Pelsaert überlegte. Der graue Himmel vom Morgen hatte sich in einen trockenen Sturm verwandelt. Für eine Weile hatten sie die Hoffnung gehegt, daß es regnen würde, aber es dachte gar nicht daran zu regnen. Der Wind trieb die Wolken erbarmungslos weiter, ungeachtet des dringenden Bedürfnisses der Gestrandeten nach Wasser. Von einer Insel in der Ferne ragte ein Hügel in den Himmel. Pelsaert traf eine Entscheidung.

»Einen Tag noch! Wir werden zu der hohen Insel da drüben rudern und es dort noch einmal mit der Suche nach Wasser versuchen.«

»Aber jeder Tag, den wir verlieren, macht ein Gelingen unwahrscheinlicher!« rief Claas Gerritz entsetzt aus.

Jacobs legte ihm beruhigend die Hand auf die Schulter.

»Schon gut, Claas, diesen einen Tag können wir gewinnbringend nutzen.«

»Aber wie?«

»Alles zu seiner Zeit.«

Er wandte sich an den Kommandeur.

»Ich bin einverstanden. Aber was ist mit den Menschen auf *Batavias Friedhof?* Mir gefällt der Gedanke überhaupt nicht, sie hier alleine zurückzulassen.«

»Ich werde sie über unsere Pläne informieren. Dazu brauche ich ein Boot, heute noch.«

Der Skipper zuckte mit den Achseln. Er suchte wahllos fünf Männer aus.

»Ihr werdet den Kommandeur übersetzen!«

Als die Gestrandeten das Langboot näherkommen sahen, strömten sie ans Ufer, allen voran Gisbert Bastians.

»Gott sei Dank, der Kommandeur!«

Mit wachsendem Unbehagen beobachteten die Matrosen im Boot die wild gestikulierende, laut schreiende Menschenmenge. Das Bild erinnerte sie lebhaft an die Panik, die gestern an Bord der *Batavia* geherrscht hatte. Jan Everts stellte sein Ruder auf, und die vier anderen taten es ihm nach.

»Was ist los? Warum geht es nicht weiter?« fragte François Pelsaert scharf.

»Ich weiß nicht, das Ganze ist keine gute Idee!«

»Was sagst du da, Bootsmann?«

»Ich sage, das ist schlecht, ganz schlecht! Sie werden Euch dabehalten, sie werden uns alle dabehalten, und das wird uns am Ende ganz furchtbar leid tun!«

Die Menschen an dem kleinen Strand beobachteten mit Entsetzen, daß das Langboot sich nicht mehr weiter fortbewegte. Viele stolperten ins seichte Wasser dem Boot entgegen und schrien laut in ihrer Aufregung. Pelsaert hörte sie seinen Namen rufen und fühlte Nervosität in sich aufsteigen.

»Was redest du da, Bootsmann! Nimm sofort die Ruder wieder auf!«

»Nein! Sie werden uns nie wieder von der Insel weglassen.«

»Nein, sagst du? Das ist Meuterei!«

»Das ist mir gleich, ich will nicht elend verdursten oder vor Hunger sterben.«

Die ersten hatten den Rand des äußeren Riffs erreicht, wo das Wasser tiefdunkel wurde und die korallenbewachsenen Felsen mehr als hundert Fuß steil abfielen. Todesmutig stürzten sie sich in die Wellen und schwammen auf das Langboot zu.

»Seht! Sie kommen näher!« warf ein Seemann ein.

»Zum letzten Mal, Everts! Befiehl deinen Männern weiterzurudern!«

»Nein, wir kehren um.«

Pelsaert blickte hilflos von Everts zu den Matrosen

und wieder zurück zum Bootsmann. Die schreckerfüllten Schreie der Gestrandeten gellten in seinen Ohren.

»Ich muß ihnen aber mitteilen, was wir vorhaben. Ich muß einfach!« Er erhob sich und machte Anstalten, über Bord zu springen. Everts zögerte für den Bruchteil einer Sekunde.

»Ich kann ihn nicht gehen lassen. Ich muß ihn in meiner Nähe behalten, muß versuchen, ihn auf dem Weg nach Batavia zu beseitigen. Er muß sterben, damit er mich dort nicht belangen kann.«

Kurz entschlossen sprang er auf und stürzte sich auf François Pelsaert. Das Boot geriet aus dem Gleichgewicht und begann, heftig zu schaukeln. Mit beiden Händen klammerten sich die Matrosen an ihren Bänken fest. Im letzten Moment erwischte Everts Pelsaert an seinem Rockzipfel und zog ihn zurück ins Boot.

»Morgen werden wir Wasser finden, dann kommen wir zurück«, versprach er.

Die Ruder tauchten ein. Still setzte sich Pelsaert auf seinen Platz und starrte ans Ufer, wo die Menschen in sprachlosem Entsetzen mitansehen mußten, wie sich das Langboot wieder entfernte. Er erkannte Lucretia, eine zierliche Gestalt im dunklen Kleid, das blonde Haar zu einem schweren Zopf geflochten. Wieder einmal war er nicht imstande, sie zu beschützen! Sein Gewissen wog schwer von Schuld. Und dennoch fühlte er sich irgendwie erleichtert, daß Everts ihn zurückgehalten hatte.

Lucretia drehte sich um und watete durch das knietiefe Wasser zurück. Andries de Vries reichte ihr die Hand und half ihr über die spitzen Steine und Korallenbäumchen zurück an Land.

»Warum sind sie wieder umgekehrt?«

»Ich weiß es nicht, ich weiß es wirklich nicht.«

»Aber sie haben doch versprochen, bald wiederzukommen! Sie haben das meiste Wasser mitgenommen.«

Der junge Mann war außer sich. Lucretia betrachtete seine hektisch geröteten Wangen. Andries war noch so schrecklich jung und arglos! Beruhigend drückte sie seine Hand.

»Sie werden bestimmt wiederkommen, ich habe François' Wort darauf.«

Tapfer blinzelte Andries die aufsteigenden Tränen zurück.

»Es sieht nicht so aus, als hätten die anderen noch viel Vertrauen in das Wort des Kommandeurs.«

Lucretia sah sich um. Sie konnte die nackte Angst ihrer Leidensgenossen sehen, die Panik, die ihnen die Kehlen zuschnürte und ihren Stimmen einen schrillen Unterton verlieh. Ein Mann ließ das Wort zum ersten Mal fallen, und die anderen nahmen es bereitwillig auf.

»Verräter! Elende Verräter!«

Als das Boot zu der kleinen Koralleninsel zurückkam, erwartete sie der Skipper schon. Er hatte vom Ufer aus alles mitangesehen.

»Was ist geschehen? Warum seid ihr nicht an Land gegangen?«

Everts warf Jacobs einen schuldbewußten Blick zu und stapfte wortlos an ihm vorbei. Pelsaert zitterte am ganzen Körper, das Gesicht eine angespannte Maske.

»Euer Bootsmann hat sich geweigert!«

»Was?«

»Ich konnte nichts machen, er war nicht bereit, das Boot zu landen.«

Jacobs lief dunkelrot an. Er ließ den Kommandeur ste-

216

hen, um Everts nachzugehen. Mit wenigen großen Schritten stellte er den Bootsmann.

»Was fällt dir ein? Hast du vergessen, wo dein Platz ist? Seit wann hast du hier das Kommando?«

Der Bootsmann wich dem Blick des Skippers aus.

»Ihr wißt, was da drüben los ist, Kapitän. Ich konnte es nicht wagen, mich und meine Männer in Gefahr zu bringen.«

»Paß gut auf, Everts! Wenn du das nächste Mal einen Befehl von mir nicht ausführst, dann wirst du das bitter bereuen! Hast du etwa das Gefühl meiner Peitsche schon vergessen?«

Everts starrte verdrießlich auf den Boden.

»Bei Gott, das habe ich nicht! Jede Minute des Tages werde ich daran erinnert, bei jeder unbedachten Bewegung und in der Nacht, wenn ich mich aus Versehen auf den Rücken drehe. Du kannst beruhigt sein, Bastard, du bist der nächste auf meiner Liste. Aber zuerst muß ich den Kommandeur loswerden«, dachte er.

Jacobs beobachtete Jan Everts eindringlich. Er konnte ziemlich genau nachvollziehen, was in dessen Kopf vorging, und er wußte, daß er seinem Bootsmann nicht mehr vertrauen durfte.

»Ich warne dich, Everts, ich habe ein wachsames Auge auf dich! Wenn dem Kommandeur auf unserer Reise auch nur ein Haar gekrümmt wird, wenn ihm auch nur die geringste Kleinigkeit zustößt, dann prügele ich dir eigenhändig die Seele aus dem Leib, noch bevor ich dich dem Henker übergebe, ist das klar?«

»Wie du willst!« dachte Everts. »Aber wenn ich in Batavia an den Galgen gehe, dann werde ich dafür sorgen, daß du neben mir hängst!«

217

Sie gruben. Sie gruben schon den ganzen Morgen Löcher in den felsigen Boden der *Hohen Insel*, in den feinen Sand an dem schönen Strand und sogar zwischen den gesprungenen Kalksteinplatten, die einen Teil der Insel bedeckten. Sie fanden nichts! Nicht einen einzigen Tropfen Wasser.

Jacobs wanderte zu einem der Männer, der tief gebückt mit Hilfe einer Planke in der Erde herumstocherte. Der Mann blickte zu ihm auf und blinzelte geblendet in die Sonne. Er war nicht mehr jung, sein Haar wurde langsam grau, und seine Augen waren von einem wasserhellen Blau.

»Du kannst aufhören. Zimmermann! Ich brauche deine Hilfe.«

Der Mann stützte sich auf das Brett und blickte den Skipper erwartungsvoll an. Adriaen deutete auf einen Haufen Treibholz, den sie auf sein Geheiß rings um das Wrack der *Batavia* aus dem Wasser gesammelt und fein säuberlich am Strand aufgeschichtet hatten.

»Wir müssen das Langboot für die hohe See vorbereiten. Wenn wir so damit losfahren, wie es jetzt ist, kommen wir beim ersten Unwetter in Teufels Küche.«

Adriaen hockte sich auf die Fersen. Er benutzte seine Handflächen, um den Boden zu glätten. Dann zog er den Dolch, den er in seinem Stiefelschaft versteckt hielt, und kratzte eine Zeichnung in den Sand. »Wir müssen das Schanzkleid höher bauen – so und so – und dann hier – etwa über der Hälfte des Bootes – ein zweites Deck einziehen, gerade genug, um ein paar Vorräte darunter zu stapeln oder um einem Kleinkind Schutz vor der Sonne zu bieten.«

Er hob den Kopf und sah gespannt den Zimmermann an, der sich ebenfalls am Boden niedergelassen hatte.

»Ich weiß, wir haben kaum die richtigen Werkzeuge, aber kannst du das hinkriegen?«

Der Zimmermann kratzte nachdenklich seinen langen Bart.

»Wie viele Leute gebt Ihr mir dafür?«

»Wie viele brauchst du, um das Boot bis morgen seetüchtig zu machen?«

»Acht! Und Ihr seid auch dabei, Kapitän! Ich kann immer jemanden brauchen, der was vom Schiffsbau versteht.«

Adriaen grinste. Er hielt dem Zimmermann seine offene Hand entgegen, und der schlug ein.

»Abgemacht. Das scheint mir ein gerechter Handel.«

4. BUCH

Hitze

Sie segelten entlang der rauhen Küstenlinie des Großen Südlands, bedroht von den zerfransten Ausläufern hoher Klippen und der weißschäumenden Brandung. Das Bild hatte sich seit zwei Tagen kaum verändert: baumlose, flache Einöde endete in tief abfallenden, dumpfbraunen Sandsteinfelsen. Eine Meeresschildkröte hatte sie ein Stück des Weges begleitet und ab und zu ihren faltigen Hals mit dem uralten Kopf aus dem Wasser gestreckt, um sie mit riesigen dunklen Augen anzublinken.

Sie waren achtundvierzig Personen an Bord, achtzehn mehr als das Langboot normalerweise fassen konnte. Unter ihnen waren zwei Frauen, Zwaantie und Martje Alberts, die ihr drei Monate altes Kind fest an sich gedrückt hielt. Das leere Dinghi hatten sie im Schlepptau. Sie hofften darauf, daß es ihnen die Landung erleichtern würde, wenn es denn eine Landung geben würde. Aber die unfreundliche, zerklüftete Landschaft schien wild entschlossen, dies nicht zuzulassen. Ehrfürchtig betrachtete François Pelsaert die steil abfallenden Klippen. »Was tue ich hier?« fragte er sich selbst. »Was, in Gottes Namen, tue ich hier nur?«

Jeden Tag fühlte er deutlicher, daß sein Platz auf *Batavias Friedhof* gewesen wäre, gemeinsam mit den Unglücklichen, die sie dort im unklaren und mit unzulänglichen

Wasservorräten zurückgelassen hatten. Es wäre besser gewesen, in Ehren zu verdursten, als in Schande zu leben! Er erinnerte sich an den Morgen, an dem sie von der *Hohen Insel* aufgebrochen waren. Er hatte noch einmal alle zusammengerufen und eine Erklärung verlesen, die sie dazu verpflichtete, alles in ihrer Macht Stehende zu tun, um den Zurückgebliebenen zu helfen. Bevor sie ablegten, hatte er sie unterschreiben lassen, alle, ohne Ausnahme. Die höhnischen Worte des Skippers klangen noch immer in seinen Ohren.

»Was, schon wieder ein Papier? Schon wieder eine schriftliche Absicherung?«

Der Kapitän hatte nachlässig seinen Namen unter das Dokument gekritzelt und dann die Feder verächtlich fallen lassen. Tinte war nach allen Seiten weggespritzt.

Pelsaert tat einen tiefen Atemzug. Da war wieder dieses beengende Gefühl in seinem Brustkorb, wie eine mächtige fremde Faust, die seine Rippen in eiserner Umklammerung hielt.

Natürlich hatte der Skipper auf den Zettel angespielt, den er auf der kleinen Insel unter einer Brotkiste zurückgelassen hatte. Ein Zettel, der zu erklären versuchte, warum sie in aller Stille und im Schutz der Dämmerung aufgebrochen waren, um nach Batavia zu segeln. Er hoffte so sehr, daß die anderen ihn dort finden würden. Vielleicht würden sie dann begreifen, daß sie nicht im Stich gelassen wurden.

Jacobs hielt das Ruder. Er hatte ganz ähnliche Gedanken wie der Kommandeur. Auch er fragte sich, ob es auf den Houtman Inseln wohl noch Wasser gab oder ob der große Durst schon eingesetzt hatte. Sechs Tage waren seit dem Schiffbruch vergangen, drei Tage ohne Wasser reichten aus, um zu töten. Er warf einen kritischen Blick in den schmutzigen Himmel. Über ihm türmten sich graue Wolken. Regenwolken? Er wußte es nicht. Seine Augen wanderten über die frierenden, von der Gischt durchnäßten Menschen im Boot und blieben an Zwaantie hängen. Sie fing seinen Blick auf und schenkte ihm ein schüchternes Lächeln. Automatisch lächelte er zurück, innerlich erwärmt. Seine Lebensgeister waren mittlerweile zurückgekehrt, und ihr Anblick bereitete ihm wieder Freude. Ein heftiges Grollen erschütterte seine leeren Eingeweide. Er versuchte, das brennende Gefühl in seinem Magen zu ignorieren.

»Morgen früh bekommst du wieder etwas zu essen, und bis dahin darfst du dir keinen Hunger anmerken lassen. Sieh sie dir an! Sie vertrauen dir. Wenn du Schwäche zeigst, dann geben sie auf, und wir sind alle verloren!«

Der Wind frischte auf, und gelegentlich brachte eine Böe den Geruch von Regen mit sich. Immer höhere Wellen stürmten gegen die Felsen an und ließen das dunkelgrüne Wasser weiß aufschäumen. Entschlossen warf Jacobs das Ruder herum.

»Besser, wir halten wieder auf das offene Meer zu«, erklärte er. »Wir geraten geradewegs in ein Unwetter.«

Das Langboot war so hoffnungslos überfüllt, daß es unmöglich war, sich zum Schlafen auszustrecken. Die Nacht war hereingebrochen, das Meer war rauh und aufgewühlt, einzelne Windböen Vorboten des Sturms. Jacobs hatte seinen Posten an der Ruderpinne mit Claas Gerritz getauscht, aber er schlief nicht. An die Außenwand gelehnt, wachte er über die aufrecht sitzenden, aneinandergelehnt Schlafenden. Zwaantie hatte sich in seinem Schoß zusammengerollt und schlief wie ein Kätzchen. Wegen der nächtlichen Kälte durchlief ab und zu ein Zittern ihren Körper. Sanft strich er ihr über das dunkle Haar. Sie spürte die kleine Zärtlichkeit in ihrem Traum und bewegte sich ein wenig, aber erwachte nicht davon. Ganz in seiner Nähe, in sicherer Entfernung zu François Pelsaert am anderen Ende des Bootes, schnarchte Jan Everts. Jacobs versetzte ihm mit seinen Seestiefeln einen Tritt, und das Schnarchen verstummte. Müde legte er den Kopf in den Nacken und blickte in den Himmel.

In seinen schwachen Momenten erlaubte er sich den Luxus, zu glauben. Er glaubte daran, daß er das kleine Boot sicher nach Batavia bringen würde. Er glaubte daran, daß er mit einer schnellen Jacht rechtzeitig zu de Houtmans Klippen zurückkehren konnte, um die Gestrandeten und die Fracht der *Batavia* zu retten und von der VOC Vergebung zu erlangen. Aber solche Gedanken hielten nie lange an, bevor seine Vernunft, sein praktischer Verstand, ihn wieder auf den Boden der Tatsachen zurückbrachten. Sein unbändiger Lebenswille gab ihm die Gewißheit, daß er das Langboot nach Java navigieren konnte. Er wußte den Weg, hatte ihn schon immer gewußt. Sein Orientierungssinn hatte ihn noch nie getäuscht, selbst ohne Landmarke hatte er immer gefühlt, wo er sich gerade befand. Aber es war eine absurde Hoffnung, in den Augen der *17 Herren* Gnade zu finden, die fern von jeder Wirklichkeit war. Sein Vergehen war so enorm, so kolossal, so vernichtend. Er hatte sein Schiff vernichtet, und er hatte sich selbst vernichtet, gründlich und unwiderruflich!

Ein Netz von Blitzen erleuchtete die schweren, schwarzen Wolken in Purpurrot und Violett und hinterließ den fauligen Geruch von Schwefel. Nur kurz darauf ein grollender Donnerschlag. Dann ein Tropfen. Und noch einer. Zwaantie regte sich und schlug benommen die Augen auf. Adriaen lächelte auf sie hinab.

wurde ich dann irgendwann gefragt, ob ich nicht zu HSV gegen Eimsbüttel mitkommen will. Da war ich 15, 16 Jahre alt. Natürlich wollte ich! Wir gingen zum Rothenbaumplatz, das werde ich nie vergessen. Ein bitterkalter Märztag, und es war proppenvoll. Die hatten ein Riesengitter in der Kurve, das war so ein altes U-Boot-Netz, da konnte man obendrauf gut sitzen. Da haben wir dann in der Kälte gesessen, und unten spielten diese ganzen Größen. HSV hat gewonnen und spielte 14 Tage später gegen Belenenses Lissabon. Ende der 40er Jahre gab es die ersten internationalen Spiele, und da war eine irrsinnige Stimmung. Das gibt es heute bei Freundschaftsspielen nicht. Das hat mir so gut gefallen, da kam ich immer wieder.

Fußball war mein großes Hobby. Samstags gingen wir, sagen wir mal, zu Altona 93, Sonntagvormittag zu St. Pauli und Sonntagnachmittag zum HSV oder zu Concordia, je nachdem wer spielte. Oder wir spielten sonntags vormittags selber und fuhren dann nachmittags noch zum Auswärtsspiel. Bei meinen Freunden und mir war es im allgemeinen so: wir hatten unseren HSV, gingen auch mal zu St. Pauli, mal zu Concordia. Und wenn St. Pauli mal ein gutes Spiel machte, feuerten wir die natürlich auch an. Nicht so wie heute. Wenn da durchgesagt wird, daß der HSV zurückliegt, jubelt der ganze St. Pauli-Platz. Oder beim HSV umgekehrt genauso. Man freute sich nur, wenn ein Rivale verloren hatte, weil man Luft in der Tabelle hatte, aber diese Gehässigkeit gab es nicht. Der HSV hat Concordia sogar mal 80.000 Mark gegeben, weil es denen sehr schlecht ging. Die wären sonst kaputt gewesen. Und das ist von uns allgemein mit Beifall aufgenommen worden. Das Unglück wollte es nur, daß ausgerechnet die Concorden vor dem wichtigen Spiel gegen Barcelona 1961 zwei HSV-Spieler zusammengetreten hatten. Und das führte wohl zur Niederlage. Da sagten die Leute schon: »Jetzt gebt mal die 80.000 Mark zurück.«

Als es in der Bundesliga noch einen Winter gab

Die Vereine hatten ein sehr unterschiedliches Publikum. Beim HSV war es eher so Mittelstand, obwohl die Seelers aus einer Arbeiterfamilie kamen. Erwin Seeler war Schauermann im Hafen. St. Pauli war ein Arbeiterverein, auch aufgrund des Stadtteils. Die Leute waren generell sehr stadtteilgebunden. Es kamen zwar auch einige von außerhalb, aber nicht viele. Eimsbüttel und Victoria waren die Vereine des mittleren und gehobenen Beamtentums. Altona 93 war ein Mittelding. Die hatten die Arbeiter aus Altona und die Vornehmen aus Othmarschen und Blankenese. Das war relativ deutlich ausgeprägt. Es gab zwar auch unter uns Mittelständlern Leute, die zu St. Pauli gingen und Arbeiter, die zum HSV gingen. Die Fußballverrücktheit war nicht für Arbeiter reserviert, wie mein Beispiel schon zeigt.
In den Stadien standen die Leute durcheinander. Bei uns am

»Es regnet!« wisperte er.

Ihr Gesicht hellte sich auf, und wieder einmal war er erstaunt über die Wärme, mit der sie ihn erfüllte.

Dann brach das Wasser wie ein Sturzbach über sie herein und weckte auch die anderen. Im Handumdrehen waren sie naß bis auf die Haut und glücklich wie die Kinder. Wasser! Wasser! Endlich Wasser!

»Gott sei Dank!« flüsterte Pelsaert.

Er fing die süßen Tropfen mit der Zunge auf. Seine Erleichterung war grenzenlos. Regen für sie, das bedeutete auch Regen für Houtmans Inseln.

Doch die anfängliche Freude schlug in panischen Schrecken um, als die ersten Wellen über das Schanzkleid stiegen. Das Gewitter verwandelte sich in ein wütendes Unwetter. Das Langboot wurde heftig in den riesigen Brechern umhergeworfen, oft nur um Haaresbreite davon entfernt, zu kentern. Das klatschnasse Segel schlug gefährlich hin und her, so wie auch die Insassen hin- und hergeschleudert wurden und sich verzweifelt an allem festhielten, was sich ihren Händen bot. Vom Regen und den hereinschlagenden Wellen füllte sich das Boot jetzt rasend schnell mit Wasser. Der Säugling schrie, und der Sturm war so laut, daß man sein eigenes Wort nicht verstehen konnte.

»Segel einholen!«

Des Skippers tragende Stimme erhob sich über den brüllenden Wind. Er reichte sein Messer an den Obersteuermann weiter.

»Kapp die Fangleine! Schnell!«

Claas Gerritz verstand sofort. Wasser strömte in das Beiboot. Jeden Augenblick drohte es, unterzugehen und sie alle mit in die Tiefe zu reißen. Hastig zerschnitt er das Tau, welches das Dinghi mit dem Langboot verband. Die wilde See verschluckte das kleine Boot auf der Stelle, doch der Kapitän war noch lange nicht zufrieden.

»Alles über Bord, was entbehrt werden kann! Alles, sage ich! Auch das Brot! Denkt nicht darüber nach, über Bord damit! Es geht um unser Leben!«

Sie gehorchten wie unter Schock, taten alles, was er von ihnen verlangte, ohne Widerspruch.

»Männer an die Ruder!«

Der Skipper packte selbst mit an und legte sich in die Riemen. Bald geriet er ins Schwitzen. Sein Leben lang war er der Überzeugung gewesen, daß es in einer Krise besser war, etwas zu tun, als auf den Tod zu warten. Jetzt hielt er die Menschen an Bord davon ab, ihrer Angst nachzugeben, indem er sie beschäftigte. In Schichten ruderten sie durch die ganze Nacht, und wer nicht ruderte, schöpfte Wasser. Als das sanfte Morgenlicht sie willkommen hieß, waren sie ausnahmslos völlig erschöpft und spürten ihre Arme nicht mehr, aber der Sturm war besiegt, und sie waren am Leben.

In seinem ganzen Leben hatte Jerome Cornelius noch niemals solche Angst gehabt. Mit jeder Welle, die am Bugspriet der *Batavia* emporschwappte, überkam ihn ein neuer Schwall des Schreckens, brachte seine Hoden zum Schrumpfen und seine leeren Gedärme dazu, sich krampfhaft zusammenzuziehen.

Er war der letzte an Bord der *Batavia*. Acht lange Tage hatte er mitangesehen, wie Männer, die ihr Heil im Sprung über Bord gesucht hatten, ertrunken waren. Andere wiederum hatten es geschafft und sicher das rettende Ufer gewonnen. Während dieser acht Tage war das Schiff um ihn herum buchstäblich in seine Einzelteile zerfallen. Der Wind und die See hatten zuerst die beiden Masten und die verbliebenen Aufbauten genommen. Dann hatten sie das

Achterdeck fortgewaschen. Zuletzt hatte er sich auf dem Vorschiff aufgehalten, als das Mittelschiff der *Batavia* direkt hinter ihm zusammengesackt und gurgelnd im Wasser versunken war. Es war ihm nichts weiter übrig geblieben, als auf die winzige Bugspriet-Plattform zu klettern, wo er sich nun schon seit zwei Tagen hungrig und frierend unter dem Mast versteckte und sich vor den mächtigen Brechern duckte, jedes einzelne seiner Glieder gefühllos und taub. Unter sich, durch das Holzgitter zu seinen Füßen, konnte er das Meer sehen, das ihm in seiner schäumenden Wildheit bedrohlicher erschien denn jemals zuvor. Er bereute bitterlich, daß er der Aufforderung des Skippers, von Bord zu gehen, nicht gefolgt war. Wie hatte er nur so dumm sein können?

Sogar in seinem anderen Leben, als er in letzter Minute den Schergen entgangen war, die ganz Haarlem nach den Anhängern des ruchlosen Malers Torrentius durchkämmt hatten, hatte er nicht diese nackte, übelkeiterregende Angst um sein Leben verspürt. Haarlem! Stadt der Künstler und des freien Lebens! Er mußte verrückt gewesen sein, seine gutgehende kleine Apotheke aufzugeben, seine Tränke und Salben, seine Elixiere, Einreibemittel und Tinkturen. Er war eine hoch angesehene Persönlichkeit gewesen. Keiner seiner Kunden hatte auch nur den geringsten Verdacht gehegt, daß er Torrentius gekannt, geschweige denn, daß er zu seinen engsten Vertrauten gehört hatte. Torrentius, der Maler! Dessen außerordentlich schöne Stilleben ihn zu einem der reichsten und berühmtesten Männer Hollands gemacht hatten. Torrentius, der Lasterhafte! Dessen ausschweifendes, zügelloses Leben die Gesellschaft von Haarlem erschüttert und seine Jünger mit Bewunderung erfüllt hatte. Torrentius, der Gotteslästerer! Dessen frevelhafte Lehren jedes Mittel rechtfertigten, sich auf dieser

Welt mit Luxus und Vergnügen zu umgeben, und die in ihrer letzten Konsequenz soweit gingen, die Existenz des Bösen vollkommen zu verleugnen. Alles was auf Erden geschah, war von Gott gewollt. Und ist es nicht so, daß von Gott nichts Böses kommt? Also konnte keine unserer irdischen Taten, was auch immer es sei, wirklich schlecht sein. Cornelius glaubte daran mit aller Inbrunst, deren er fähig war. Ja, er war sogar noch weiter gegangen, hatte Torrentius' Thesen für sich selbst weiterentwickelt und Gott als allmächtiges Wesen vollkommen aus seinem Denken verbannt.

Einige seiner besten Kunden waren ihm von Torrentius zugeführt worden. Zumeist waren es die Verzweifelten, die Ratlosen, die nur in seinem Hinterzimmer mit ihm sprechen wollten. Die herumdrucksten und von einem Fuß auf den anderen traten, bis sie endlich mit der Sprache herausrückten, und denen er dann gegen ein fürstliches Entgelt ein Aphrodisiakum mitgegeben hatte oder den ganz Unglücklichen Arsenik gegen die französische Krankheit. Arme Teufel! Jeder gute Apotheker wußte, daß es keine Kur gegen die Syphilis gab. Allein mit den Geschäften, die er in seinem Hinterzimmer abgewickelt hatte, hätte er auf lange Zeit ein sorgloses und bequemes Leben führen können. Und dann, vor nicht ganz einem Jahr, hatte sich in Windeseile die unfaßliche Nachricht verbreitet: Torrentius, mit bürgerlichem Namen Jan Simons van der Beecks, war verhaftet worden! Die ehrbaren Bürger Haarlems vernahmen die Neuigkeit mit Genugtuung, seine Anhänger mit Furcht und Schrecken. Mit einem Schlag wurde ihnen der Boden unter den Füßen weggezogen. Haarlem wurde zu einem gefährlichen Pflaster für die Freunde dieses Mannes. Tag für Tag waren Kunden in seine Apotheke gekommen, um mit ihm den neuesten Stand der Gerichtsverhandlung zu diskutieren.

»Er führt die Richter an der Nase herum.«

»Er will nicht gestehen.«

»Er widersteht sogar der Folter.«

Das war zuviel für ihn gewesen. Der Gedanke an die Folter hatte ihm den kalten Angstschweiß ins Gesicht getrieben. Seine Apotheke verkaufen und bei der VOC vorsprechen war eins gewesen. Gott sei Dank sprach er fließend Latein und Französisch. Gott sei Dank war die VOC stets auf der Suche nach Gebildeten, die die Qualität von Gewürzen zu beurteilen verstanden und obendrein über diplomatisches Geschick verfügten. Mit jeder Seemeile, die er zwischen sich und den Magistrat von Haarlem hatte legen können, war er ruhiger geworden. Seine Tarnung hatte vorzüglich funktioniert, bis auf jenen dummen Moment an Bord der *Sardam*, als er – benommen vom Alkohol – unachtsam gewesen war. Aber Jacobs hatte den Vorfall anscheinend vergessen, und der Kapitän der *Sardam* hatte Wort gehalten und sich nicht beschwert. Er hatte der unbekannten Welt des Orients mit Spannung entgegengesehen, hatte sich darauf gefreut, ein neues aufregendes Leben unter Palmen anzufangen, und jetzt dies!

Cornelius war so verzweifelt, daß er beinahe die Existenz eines höheren Gottes anerkannt und versucht hätte, sein Leben mit einem Gebet zu retten. Sein Gesicht war naß und salzig, und er wußte nicht, ob von der sprühenden Gischt oder von Tränen. Er hatte Durst, seine Kräfte verließen ihn allmählich, und er fühlte, daß ihm nicht mehr viel Zeit blieb.

»O Gott! Ich will noch nicht sterben!«

Brausend schlugen die Wellen gegen den Bug der *Batavia*, das einzige Teil von ihr, das noch über der Meeresoberfläche herausragte. Zum abertausendsten Mal erwog der Frachtaufseher, sich an einem losen Balken festzuklammern und den Sprung ins Meer zu wagen. Und wohl zum abertausendsten Mal verwarf er den Gedanken wieder. Er hatte einfach zuviel Angst.

Eine neue Sturzflut brach über die *Batavia* herein und erschütterte die Vorschiff-Plattform. Der Schwall traf Cornelius mit aller Wucht. Der glitschige Bugspriet-Mast bot seinen nassen Händen keinen Halt mehr. Er ließ los und wurde von der wütenden See mitgerissen. Wassermassen stürzten auf ihn ein und drückten seinen Kopf unter die Wasseroberfläche. Er fühlte sich herumgewirbelt, nicht mehr wissend, wo oben oder unten war, und er spürte, daß er jetzt sterben mußte. Blut schoß ihm in den Kopf, und die ganze Welt begann, sich um ihn zu drehen. Er versuchte zu schreien, aber als er seinen Mund öffnete, drang nur salziges Wasser ein und erstickte ihn. Er paddelte mit Armen und Beinen, wehrte sich verzweifelt gegen die Elemente, dann, als ob das Meer es sich anders überlegt hätte, gab es sein Opfer frei. Cornelius durchbrach die Wasseroberfläche, riß Mund und Augen auf, füllte seine Lungen mit Luft. Und dann sah er es: Unter dem stetigen Hämmern der enormen Brecher war die Bugspriet-Plattform der *Batavia* weggesplittert und ins Meer gefallen. Und ein Segelbaum des Bugspriet-Mastes schwamm genau vor seinen Augen. Der Frachtaufseher machte eine letzte gewaltige Anstrengung, sein Leben zu retten, und erreichte den Balken. Erstaunt stellte er fest, daß er noch lebte, daß das Holz ihn sicher trug und daß er vielleicht doch noch nicht sterben sollte. Er begann, Wasser zu treten.

Das erste, was er sah, als er wieder zu sich kam, waren die sehnigen gestiefelten Beine Conrad van Huyssens. Benommen blinzelte er in die Sonne, versuchte zu erkennen, wer da über ihm aufragte und wo er sich befand. Flimmernde kleine Punkte bildeten sich vor seinen Augen, und er öffnete den Mund, um eine Frage zu formulieren, nur um festzustellen, daß er sich nicht erinnern konnte, was er eigentlich in Erfahrung bringen wollte. Dann verlor er wieder das Bewußtsein.

Van Huyssen stand im seichten Wasser, beide Hände in die Hüften gestemmt, und betrachtete kopfschüttelnd den Frachtaufseher, der, sich noch immer am Bugsprietholz festhaltend, halb bewußtlos in den Wellen trieb.

»Wer hätte gedacht, daß wir uns in diesem Leben noch einmal wiedersehen.«

Er bückte sich und schüttelte Cornelius.

»Wach auf, Jerome! Du kannst hier nicht liegenbleiben. Nun komm schon zu dir!«

Cornelius hob abwehrend die Hände.

»Laß mich! Ich will schlafen.«

Der Kadett versetzte ihm eine schallende Ohrfeige, und das brachte den Kaufmann wieder unter die Lebenden.

»Verdammt, ich muß in der Hölle sein! Anders kann ich mir nicht erklären, daß ich dein Gesicht schon wieder sehen muß.«

Van Huyssen grinste erleichtert.

»Und ich dachte schon, du seist dem Tode nahe! Freut mich zu hören, daß es dir besser geht.«

Er reichte dem Frachtaufseher die Hand und half ihm, aufzustehen. Zuerst wollten ihn seine Beine nicht tragen, und Cornelius fiel zurück ins Wasser auf die Knie. Dann versuchte er es noch einmal, langsam diesmal und unter Aufbietung aller Kräfte, die ihm geblieben waren. Schwankend kam er auf die Füße, und auf van Huyssen gestützt machte er sich auf den Weg zum Lager.

Sie verursachten einen Menschenauflauf, noch bevor sie die ersten Zelte erreichten.

»Seht nur! Der Frachtaufseher!«

»Kommt schnell, Herr Cornelius lebt!«

»Wo habt Ihr ihn gefunden?«

Sie bereiteten ihm ein warmes Willkommen, bestürmten ihn mit Fragen, zupften an seinen Kleidern und ließen ihm keinen Augenblick Ruhe. Cornelius sonnte sich in dem Gefühl der Wichtigkeit, mit der er aufgenommen wurde. Vergessen waren die Tage an Bord des Wracks, vergessen der Hunger und die Kälte. Er sah Lucretia unter den Menschen, schöner denn je, und sein Herz schlug einen Takt schneller. Ah, es war so gut, am Leben zu sein!

Er hätte gerne mit ihr gesprochen, aber das hatte Zeit bis später. Zuerst mußte er seinen leeren Magen füllen.

»Ich bin am Verhungern!«

»Keine Bange, du wirst gleich etwas bekommen. Es geht uns gar nicht mal so schlecht hier, seit es geregnet hat.«

»Das kann ich sehen.«

Der Frachtaufseher war erstaunt. Auf der kleinen Insel war eine Zeltstadt entstanden, zusammengebaut aus angespülten Wrackteilen der *Batavia*. Unter Anleitung der Zimmerleute waren kleine und große Zelte aus Segeltuch und Planken errichtet worden, Notbehelfe zwar, aber sie wirkten warm und einladend und boten Schutz vor dem Wind und den frostigen Nächten des südlichen Winters. Kleine Feuer prasselten einladend, und auf den Hecken zwischen den Behausungen lag manches Stück Wäsche zum Trocknen ausgebreitet.

Van Huyssen führte Cornelius zu einem großen Zelt am nördlichen Zipfel der Insel. Jan Pelgrom saß davor und briet einen aufgespießten Fisch über dem Lagerfeuer. Van Huyssen nahm ihm die Rute weg und reichte sie weiter.

»Lauf und hol Brot und Wein für den Frachtaufseher und trockene Kleidung, damit er sich nicht doch noch den Tod holt!«

Gehorsam sprang der Junge auf und verschwand im Zelt. Cornelius grub seine Zähne in das weiße, trockene Fleisch und schlang den Fisch hinunter. Er war groß, sein Fleisch fest und von gutem Geschmack. Er hatte nur wenige starke Gräten, und Cornelius hörte nicht auf zu essen, bis er ihn komplett verputzt hatte. Dann schleuderte er Kopf und Schwanzflosse ins Feuer und rülpste laut.

»Ah! Jetzt geht es mir besser!«

Er zog mit den Zähnen den Korken aus der Weinflasche und trank in großen Zügen. Van Huyssen brach ein Stück Brot ab und bot es dem Frachtaufseher an.

»Woher kommt der plötzliche Reichtum an Wein und Wasser?« fragte Cornelius mit vollem Mund.

»Am Anfang sah es gar nicht gut für uns aus! Das Wasser war schnell zu Ende, und die Leute sind gestorben wie die Fliegen. Manche haben das salzige Meerwasser getrunken, andere ihr eigenes Wasser. Ein paar sind einfach verrückt geworden, durchgedreht, wenn du weißt, was ich meine. Aber dann, vor zwei Tagen, ist der große Regen gekommen, und wir konnten alle Fässer und Behälter mit Wasser auffüllen.«

Cornelius nickte kauend.

»Aber der Wein? Ihr hattet doch die ganze Zeit den Wein?«

»Ja, aber der ist nicht für die einfachen Leute! Den haben wir persönlich unter Verwahrung genommen.«

»Wer ist wir?«

»Wir, das sind die Kadetten und meine Wenigkeit.«

Cornelius hörte verblüfft auf zu kauen.

»Und wo sind der Kommandeur und der Skipper?«

»Wußtest du nicht, daß die beiden abgehauen sind? Klammheimlich haben sie sich aus dem Staub gemacht, mit dem Langboot, dem Dinghi und vierzig anderen. So spinnefeind waren sie sich dann anscheinend doch nicht.«

Cornelius schüttelte den Kopf.

»Das glaube ich nicht. Nicht von François Pelsaert.«

Van Huyssen vergewisserte sich, daß der Schiffsjunge außer Hörweite war, dann senkte er die Stimme.

»Nun gut. Ich gebe zu, ganz so, wie ich es gesagt habe, war es nicht.« Er zog einen zerknüllten Zettel aus der Tasche und entfaltete ihn.

»Hier! Das habe ich unter einer Kiste mit Schiffszwieback auf der anderen Insel gefunden.«

Cornelius las mit gerunzelter Stirn.

»Laß mich raten! Du hast dieses Papier bisher niemandem gezeigt?«

»Niemandem außer dir.«

»Keiner auf der Insel weiß, daß der Kommandeur Hilfe holen will? Alle denken, er hätte sie im Stich gelassen?«

»Sie nennen die Insel die *Insel der Verräter*!«

Ein listiges Lächeln machte sich auf den Lippen des Frachtaufsehers breit.

»Langsam wird mir klar, warum hier alle so froh sind, mich zu sehen.« Er hob das restliche Stück Brot auf und brach mundgerechte Bissen davon ab.

»Woher habt ihr das Brot und die anderen Nahrungsmittel?«

»Es wird angeschwemmt. Ein Faß mit Essig hier, eine Kiste mit Zwieback da. Wir haben einen Wachdienst eingeteilt, um sicherzugehen, daß wir alles aus dem Wasser fischen, was vorbeikommt. Und natürlich gibt es auch einiges auf der Insel. Weil es keine Bäume gibt, nisten die

Vögel in der Erde. Es ist ganz einfach, die Nester auszuräumen, wenn sie tagsüber auf Futtersuche sind. Siehst du die lange Insel dort drüben? Wir nennen sie die *Robbeninsel*. Es sieht dort nicht viel anders aus als hier, bis auf die Sandbänke, die Sümpfe und die Seehunde. Wir haben ein Floß zusammengezimmert, und alle paar Tage rudern wir rüber, fangen eine Robbe und schlachten sie. Sie sind dick, fett und langsam, und man kriegt eine Menge hungriger Mäuler mit ihnen satt.«

Cornelius verschluckte sich fast an seinem Bissen.

»Gütiger Gott! Ihr teilt das ganze Essen unter den Leuten auf?«

Van Huyssen erwiderte den Blick des Frachtaufsehers mit gerunzelter Stirn.

»Natürlich teilen wir das Essen miteinander. Wieso? Was ist daran nicht in Ordnung?«

»Ja, verstehst du denn nicht? Du gibst deine einzige Hoffnung zu überleben mit weit geöffneten Händen weg!«

Van Huyssen verstand nicht. War es denn nicht seine christliche Pflicht, seine Mitmenschen am Leben zu erhalten? Wenn sie ihnen die Nahrung verweigerten, was sollte dann aus ihnen werden? Er sah dem Frachtaufseher ins Gesicht, und seine Augen weiteten sich.

»Du meinst ...?«

»Ich meine gar nichts! Ich sage dir ganz deutlich: Wenn du alle hungrigen Bäuche hier weiter so großzügig mit dem wenigen stopfst, was wir haben, dann werden wir es keinen weiteren Monat aushalten.«

Cornelius ließ seine Eröffnung auf van Huyssen wirken. Der Kadett war schlau, und seine Anregungen würden bei ihm auf fruchtbaren Boden fallen. Er schob sich das letzte Stückchen Brot in den Mund und streckte sich.

»Gott! Ich bin so müde, daß ich kaum die Augen offen

halten kann. Gibt es hier irgendwo einen Platz, wo ich mich für ein Weilchen hinlegen kann?«

»Natürlich! Und ich habe außerdem auch noch eine kleine Überraschung für dich.«

Van Huyssen erhob sich und hob den Vorhang beiseite, der vor dem Zelteingang hing. Das Zelt beherbergte drei Schlafgelegenheiten, einen improvisierten Tisch und vier gleichermaßen behelfsmäßige Stühle. In einer Ecke waren Kisten mit Wein und Nahrungsmitteln aufgestapelt. In seiner Mitte stand eine kleine, kunstvoll beschlagene Truhe. »Nein! Das glaube ich einfach nicht!«

Van Huyssen grinste stolz.

»Doch! Das ist sie, die berühmte Schatztruhe! Und ich muß zugeben, daß du recht hattest, die Große Kamée ist unvergleichlich. Aber darüber hinaus habe ich noch eine andere Kostbarkeit darin gefunden, mit der weder du noch ich gerechnet haben.«

Eine halbe Stunde später sank Cornelius dankbar auf das weiche Lager nieder. Vor seinem inneren Auge sah er noch immer die cremefarbene Achatvase, das wunderbarste Kunstwerk, auf das er je seine Hände hatte legen dürfen. Torrentius hatte ihn gelehrt, mit dem Auge eines Künstlers zu sehen, sein angeborenes Talent für Ästhetik, Farben und Formen weiterzuentwickeln. Die Vase war in ihrer Schönheit einzigartig, so wie Lucretia van der Mylen einzigartig war! Cornelius kuschelte sich tiefer in die Dekken. Er schwebte am Rand des Schlafes, sein Körper angenehm schwerelos, sein Kopf angenehm leicht. Dann, gerade als er die Schwelle übertreten wollte, wurde er mit einem Schlag wieder hellwach.

»Jerome, mein Bester! Du bist jetzt der Senior Repräsentant der VOC auf dieser Insel. Du ganz allein hast jetzt das Sagen!«

Und sein letzter Gedanke, bevor er einschlief, war: »Als erstes lasse ich ein Zelt für mich allein errichten!«

Nach dem Sturm war die Hitze gekommen. Ein gnadenloser, azurblauer Himmel hatte sich wie ein Kessel über die Menschen im Langboot gestülpt. Seit vier Tagen brannte die Sonne auf ihre Köpfe nieder und dörrte ihre Kehlen aus. Ausnahmslos litten sie unter Brandblasen auf Nase, Stirn und Wangen und unter aufgesprungenen Lippen. Für die beiden Frauen war es besonders schlimm, ihr heller Teint war nicht an Sonnenlicht gewöhnt, und sie konnten ihre Gesichter nicht hinter Bärten verstecken. Martje Alberts war dankbar für das schützende Deck. Wenigstens die zarte Haut ihres kleinen Jungen blieb von den sengenden Strahlen verschont. Die Matrosen hatten sich Tücher um den Kopf gebunden, sie pflegten sich schon seit ewigen Zeiten so vor der Sonne zu schützen. Jetzt um die Mittagszeit war ihre zerstörerische Kraft am stärksten. Der Skipper hatte ein Auge zugekniffen, in seiner rechten Hand hielt er das Astrolabium. Er war gerade dabei, den Stand der Sonne zu nehmen. Tiefbraune Haut und ein struppiger, schwarzer Bart verliehen ihm das verwegene Aussehen eines Seeräubers.

»Wasser, Kapitän!«

François Pelsaert teilte die spärlichen Rationen aus. Er hielt Jacobs einen tönernen Becher entgegen, zwei Fingerbreit mit trüber Flüssigkeit gefüllt. Jacobs nahm den Becher mit seiner freien Hand und schluckte das lauwarme Wasser in einem Zug. Es schmeckte brackig und faul. Er reichte das Gefäß zurück, aber Pelsaert nahm es nicht an. Gebannt starrte der Kommandeur in Richtung Festland.

»Ich glaube fast, ich sehe Feuer!«

Tatsächlich! Von der zerklüfteten Küste stieg eine dünne Rauchsäule auf. Aufregung machte sich breit.

»Gebe Gott, daß wir dort auf Menschen stoßen und Wasser finden.« Claas Gerritz wendete das Boot, und sie steuerten auf die Stelle zu, aber je näher sie dem Ufer kamen, um so betretener wurden ihre Gesichter. Die Klippen fielen nach wie vor steil ab, und scharfe Felsvorsprünge machten es unmöglich, an Land zu gehen. Schweigend und enttäuscht beobachteten sie die hochaufsprühende Brandung.

»Scheiße!«

Einer der Seeleute spuckte erbittert aus.

»Ich hätte so gerne beim Pissen mal wieder festen Boden unter den Füßen gehabt!«

»Das kannst du gerne haben.«

Platschend versank der Anker im Wasser.

»Du, Janz, Gillisz, Haas, Wenzel und Willems! Ihr schwimmt an Land und sucht nach Wasser!«

»Aye, Kapitän!«

Zähneknirschend zogen die sechs Männer ihre Hemden aus und sprangen über Bord, während die anderen sich auf eine lange Wartezeit vorbereiteten.

»Heh! Was gibt es heute zu Mittag?«

Conrad van Huyssen ließ seine schlanke Gestalt neben Cornelius an der Feuerstelle nieder.

»Na was schon? Seehund natürlich!«

David Zeevanck wendete die blutigroten Fleischstücke auf dem Metallgitter, das sie aus angeschwemmten Faßreifen gebastelt hatten.

»Gott, Zeevanck! Hat dir schon einmal jemand gesagt, daß du nicht kochen kannst? Kannst du das nicht Pelgrom überlassen? Der macht wenigstens keine Holzkohle ...«

Der Kadett brach ab. Seine Augen wanderten zu den zwei Frauen, die Arm in Arm vorbeischlenderten, die eine blond wie Gold, die andere rot wie Kupfer, beider Gesichtszüge ebenmäßig wie feines Porzellan. Seine Kopfhaut begann zu prickeln, und das Blut strömte pochend in seine Lenden. Er fing Cornelius' Blick auf und schüttelte mit einiger Anstrengung seine Erregung ab.

»Bei Gott! Jede für sich allein ist schon eine Augenweide, aber beide zusammen sind einfach hinreißend.«

Cornelius beobachtete ihn unauffällig von der Seite. Van Huyssen mochte sich dessen vielleicht selbst nicht bewußt sein, aber der junge Edelmann war ganz eindeutig verliebt. Konnte es sein, daß die schöne Pfarrerstochter der Köder war, den er für den Kadetten auswerfen mußte?

»Jaa«, stimmte er gedehnt zu. »Dieser Flecken könnte das Paradies auf Erden sein – müßten wir nicht alles Wasser und jeden Bissen rationieren.«

Van Huyssen antwortete nicht. Er schien gar nicht zu hören, daß der Frachtaufseher zu ihm sprach, sein Blick hing noch immer an Judiths einladenden Formen.

»Nun reiß dich schon los, Conrad, und laß uns selbst ein wenig spazierengehen. Es gibt da etwas, das ich gerne unter vier Augen mit dir besprechen möchte.«

Sie wanderten ein paar Schritte, bis sie sicher waren, ungestört zu sein. Dann holte Cornelius tief Luft.

»Hör zu, Conrad! Ich habe lange nachgedacht, was wir anstellen könnten, damit der Schatz in der Truhe uns gehört und vielleicht das Silber an Bord der *Batavia* dazu.«

Van Huyssen warf Cornelius einen erstaunten Blick zu.

»Entschuldige, Jerome, aber das ist dummes Zeug! Das Silber ruht sicher auf dem Meeresgrund, gemeinsam mit den Trümmern der *Batavia*, und weder du noch ich, noch sonst jemand wird es jemals wiedersehen.«

»Nicht so hastig, junger Freund! Du kennst die Ost-Indische Companie nicht. Glaubst du etwa im Ernst, die überlassen Reichstaler im Wert von zweihundertfünfzigtausend Gulden den Fischen? Weit gefehlt! Sobald sie von unserem Mißgeschick erfahren, werden sie ein Schiff zu unserer Rettung schicken, und an Bord werden Taucher sein – zur Bergung ihres Vermögens. Erinnere dich! Die Kisten waren zuletzt an Deck aufgestapelt, sie können nicht allzu tief liegen.«

Van Huyssen schwieg verblüfft. Zweihundertfünfzigtausend Gulden! Sein Kopf schwirrte bei dem Versuch, sich diese Summe vorzustellen. »Siehst du denn nicht, Conrad? Du hast uns einen großen Dienst damit erwiesen, daß du den Abschiedsgruß des Kommandeurs geheimgehalten hast. Keiner hier erwartet ein Rettungsschiff! Alle haben einen Riesenzorn auf den Kommandeur! Wir können sie spielend um den kleinen Finger wickeln, und bevor sie noch gemerkt haben, was los ist, haben wir sie fest in unserer Hand.«

»Fest in unserer Hand wozu?«

Van Huyssens Stimme klang rauh und kehlig.

»Was glaubst du? Wie viele Leute braucht man wohl, um eine Jacht zu bemannen? Dreißig? Vierzig?«

»Ich verstehe nicht, worauf du hinauswillst.«

»Nein, das tust du nicht«, dachte Cornelius. »Du magst ein kluger Bursche sein, aber soweit reicht deine Vorstellungskraft nicht.«

Er beschloß, alles auf eine Karte zu setzen.

»Sagen wir, Jacobs schafft es, das Langboot nach Batavia zu navigieren. Das würde uns vier Wochen Zeit verschaffen. Sagen wir, die VOC ist sehr sehr besorgt um uns – und um ihr Silber. Sie wird ein kleines, aber schnelles Rettungsschiff schicken, eine Jacht. Noch einmal vier Wochen für uns. Und sagen wir, das Schiff trifft hier ein und wird von einer kleinen, aber sorgfältig ausgewählten und mit Musketen bewaffneten Armee in Empfang genommen. Wie viele Männer würden wir wohl brauchen, um die Besatzung zu überwältigen und das Schiff selbst zu übernehmen?«

Van Huyssens Augen weiteten sich ungläubig.

»Das kann nicht dein Ernst sein!«

»Sei versichert, es ist mein blutiger Ernst!«

»Das wird niemals gelingen, niemals! Jacobs wird es nicht bis Java machen, ausgeschlossen.«

»Natürlich wird er das! Der alte Seebär ist ein zu guter Kapitän. Er wird innerhalb kürzester Zeit wieder hier sein, du wirst sehen.«

Van Huyssen verfiel in nachdenkliches Schweigen, und Cornelius ließ ihn in Ruhe, während ihre Schritte gleichmäßig über die toten Korallen knirschten.

Endlich hob van Huyssen den Kopf und sah ihm direkt ins Gesicht. »Wie genau hast du dir das vorgestellt?«

»Wir weihen Pieters, Zeevanck und die anderen Kadetten in unseren Plan ein. Wir töten jeden, der sich nicht auf unsere Seite stellt. Wir kapern das Rettungsschiff. Und das Silber und der Schmuck gehören uns!«

Van Huyssen schluckte.

»Aber wo ... wo willst du damit hin? Wir können nie mehr zurück nach Holland. Wir werden Heimatlose sein, Ausgestoßene ...«

»Ich habe an alles gedacht. Wir lassen uns an der Berberküste nieder. Algier, Tunes[25], Tripolis, Anfa, du kannst es dir aussuchen.«

»Afrika?!« stöhnte van Huyssen unglücklich. »Unter Piraten leben? Da oben wimmelt es nur so von Türken und mutterlosen Spaniern.« Cornelius trat einen Schritt näher.

»Denk an den Reichtum! Denk an all das Geld!«

»Ich habe Geld. Ich muß nur warten, bis mein Vater das Zeitliche segnet, und dann schwimme ich in Geld. Mehr, als ich in einem ganzen Leben ausgeben kann.«

»Ja, aber dieses Geld wird dir schon jetzt gehören. Wer weiß? Vielleicht erreicht dein Vater ein hohes Alter. Willst du wirklich so lange warten?«

Van Huyssen nagte an seiner Unterlippe.

»Denk an dein eigenes Leben! Wir können es uns einfach nicht leisten, alle durchzufüttern.«

Da war es wieder! Töten, um selbst zu überleben! Van Huyssen fühlte sich nicht wohl bei dem Gedanken. Bisher waren sie mit ihren Vorräten doch gut zurechtgekommen. Warum konnte es nicht so weitergehen? Es würde wieder regnen, ganz sicher würde es das. Oder?

Cornelius beobachtete den inneren Kampf des Kadetten und entschied, die Herzdame ins Spiel zu bringen.

»Denk an Judith! Ist sie nicht alles, wovon ein Mann nur träumen kann? Diese Rosenlippen, dieser Busen! Schon nächste Woche könntest du sie in dein Bett nehmen!«

Van Huyssens Mund öffnete sich einen winzigen Spalt, seine Züge wurden weich, und sein Blick verschleierte sich. Cornelius wußte, daß er gewonnen hatte.

Er legte seinen Arm um van Huyssens Schulter und führte ihn runter ans Wasser. Dort stellte er ihm seinen Plan bis in alle Einzelheiten vor. Van Huyssen hörte sehr aufmerksam zu, manchmal flackerte sein Blick in das unbewegte Gesicht des Kaufmanns, verwundert über dessen kaltblütige Berechnung und Gerissenheit. Als Cornelius geendet hatte, sah er Blutlust in den Augen des Kadetten.

»Ah, mein junger Freund«, dachte er selbstzufrieden.

»Ich habe dich an der Angel! Das perfekte Instrument für meinen perfekten Plan.

Und tödlich dazu!«

»Sie sollten schon lange zurück sein.«

Jacobs antwortete nicht. Er suchte das Ufer mit dem Fernrohr ab, die rundpolierten Steine, über die die Matrosen an Land geklettert waren, die rötlichbraunen Klippen dahinter, wo sie sic aus den Augen verloren hatten. Mehr als sechs Stunden waren vergangen, die Rauchzeichen längst erloschen, aber die Männer waren nicht wieder aufgetaucht.

»Hört Ihr mich, Kapitän? Sie sind überfällig.«

»Ihr müßt lernen, Euch in Geduld zu üben, Kommandeur!«

Das Langboot schaukelte sanft auf den Wellen, Wasser umspülte die rostige Ankerkette und produzierte ein klatschendes Geräusch. Martje Alberts hatte ihr Kleid geöffnet und gab dem Kind die Brust. Die Seemänner starrten verlegen in den Himmel oder ins Wasser in dem Versuch, dem intimen Anblick auszuweichen.

»Rindviecher!« dachte Jacobs. »Man sollte meinen, daß sie sich langsam daran gewöhnt haben, schließlich schreit der kleine Wurm alle drei Stunden nach Milch. Unglaublich, daß das dieselben Männer sein sollen, die sonst keinen Weiberrock unkommentiert lassen.«

»Da! Sie kommen zurück!«

Claas Gerritz rutschte aufgeregt auf seinem Platz hin und her. Pelsaert riß Jacobs das Teleskop aus der Hand.

»Sie sehen vollkommen erledigt aus. Nach ihren sauren Mienen zu urteilen, haben sie nichts gefunden.«

Wenig später kletterten die sechs Männer wieder an Bord. Sie waren über und über mit blutigen Schürfwunden bedeckt, wo die Brandung sie gegen die Felsen geschleudert hatte, ihre Gesichter fahl von der Anstrengung. Kalter Abendwind blies über ihre nasse Haut und brachte sie zum Zittern. Jacobs bestand darauf, daß sie zuerst einen Schluck Wasser tranken und sich wieder anzogen, dann hörten sie sich den Bericht an.

»Da is' nix, Skipper!« sagte einer der Männer düster. »Kein Baum, kein Strauch, kein Grashalm, nur heiße trockene Erde.«

»Aber der Rauch! Woher kam der Rauch?«

»Schwarze, Kommandeur! Stinkende, schmutzige Eingeborene! Wir müssen ihnen einen ziemlichen Schrecken eingejagt haben, sie sind gleich aufgesprungen und weggelaufen, als sie uns gesehen haben.«

»Wer wäre das nich' bei deinem Anblick? Mit deiner Visage könntest du den Teufel aus der Hölle vertreiben.«

»Halt's Maul, Wenzel, oder ich ...«

»Heh! Gib ihm eine Chance, ja?«

Der Matrose warf Jacobs einen dankbaren Blick zu und fuhr fort.

»Die waren splitterfasernackt, Kapitän! Kein Schamgefühl im Leib, diese Schwarzen! Alle Geschlechtsteile offen sicht ...«

Er fing Zwaanties entgeisterten Blick auf und brach ab.

»Tut mir leid, hatte ganz vergessen, daß Frauen an Bord sind.«

»Soll sich mal nich' so anstellen«, dachte er für sich. »Schließlich is' sie des Skippers Hure, da wird sie schon wissen, wovon ich rede.«

Jacobs warf einen Blick in die Runde. Er sah nichts als grenzenlose Enttäuschung, bei dem einen mehr, bei dem anderen weniger gut verborgen.

»Warum, in drei Teufels Namen, sind sie immer gleich

so mutlos? Bei der geringsten Schwierigkeit empfehlen sie Gott ihre Seele und geben sich auf. Dies war unser erster Versuch. Können sie nicht das Gute sehen, das darin liegt?«

»Gillisz, du übernimmst das Ruder! Gerritz, du die Nachtwache!«

»Aye, Kapitän! Wie lautet der Kurs?«

»Nach Norden, immer an der Küste entlang!«

»Wo Menschen sind, da muß es auch Wasser geben«, erklärte er aufmunternd. »Und wir werden es finden!«

Das Floß schabte mit seinem Boden über den hellen Korallensand und stieß knirschend ans Ufer. Eine Handvoll Kadetten sprang ab. David Zeevanck und Conrad van Huyssen eilten herbei und halfen, den schwimmenden Untersatz an Land zu ziehen.

Sie waren alle noch jung, zwischen zwanzig und vierundzwanzig, hitzköpfig und ungeduldig, mit fanatischen Gesichtern. Oliver van Welderen blieb vor Cornelius stehen. Er war das Ebenbild seines jüngeren Bruders, einen Kopf größer als der Frachtaufseher, ein hübscher, gefährlicher Jugendlicher, bartlos, mit dunklem Haar und blauen Augen. Bevor er noch seinen Mund öffnen konnte, brachte Cornelius ihn mit einer Handbewegung zum Schweigen.

»Kommt alle mit in mein Zelt, dort ist es sicherer!«

Der Frachtaufseher hatte sich gemütlich eingerichtet. Ein Wandteppich verhängte den Eingang seiner Behausung. Stapel von kostbarem Tuch bildeten seine Matratze, ein seidener Umhang diente ihm als Decke. Auf dem mit Brokat verkleideten Tisch stand eine bunte Sammlung von Zinnkelchen, Zinntellern und Pokalen aus Silber, alles Treibgut aus dem auseinanderbröckelnden Wrack der *Batavia*. Die Kadetten verteilten sich im Raum, van Huyssen stand lässig in den Eingang gelehnt, die Arme vor der Brust verschränkt. Cornelius selbst thronte in einem beschnitzten Armstuhl, für dessen Fertigung aus angespülten Mastteilen der Tischler drei Tage gebraucht hatte.

»Nun, was habt ihr gefunden?«

»Schlechte Nachrichten!«

Oliver van Welderen ergriff das Wort. Er war der Anführer des Suchtrupps, dessen Aufgabe es gewesen war, die *Hohe Insel* zu erkunden. »Alles in allem dasselbe Bild wie hier. Es gibt eine kleine Anhöhe, etwa fünfzig Fuß hoch, vielleicht etwas höher, einen weißen Sandstrand, aber kein Wasser. Der Boden ist steinig und mit Dornengestrüpp überwachsen, ein paar vertrocknete Büsche, jede Menge verdammte Nisthöhlen in der Erde, in denen man sich die Beine bricht, aber kein Wasser.«

Cornelius tippte nachdenklich mit dem Zeigefinger auf seine Lippen. Ein zufriedener Ausdruck lag in seinen Augen.

»Gut, gut! Kein Wort zu den anderen, hört ihr? Wenn euch jemand fragt: Die Insel ist grün und saftig und hat Wasser in Hülle und Fülle. Oder besser noch, ihr sagt überhaupt nichts, ist das klar?«

Verwirrt murmelten die Kadetten ihre Zustimmung.

»Ihr könnt gehen!«

Van Huyssen wartete, bis der letzte seiner Kameraden an ihm vorbeimarschiert war, dann ließ er sich gegenüber dem Frachtaufseher nieder. »Was jetzt, Jerome?«

»Als nächstes werden wir eine kleine Kriegstaktik anwenden, die schon gegen die spanische Armada wunderbar funktioniert hat. Wir werden den Feind versprengen.«

Van Huyssen erinnerte sich dunkel, daß die Engländer, viele Jahre vor seiner Geburt, brennende Boote zwischen die Schiffe der spanischen Armada geschickt hatten, um

Panik und Verwirrung zu stiften und die Phalanx der Spanier auseinanderzutreiben. Aber ihm war nicht ganz klar, was der Frachtaufseher in ihrer Situation damit meinte. Cornelius hievte sich aus dem Stuhl.

»Sag Pieters Bescheid! Er soll unser kleines Dorf auf dem kahlen Platz am Ufer zusammentrommeln. Der Bürgermeister wird eine Rede halten.«

Kurze Zeit später schritt Cornelius in Richtung der höchsten Düne der Insel, die sich auf der westlichen, dem Wind ausgesetzten Seite befand. Die Stelle war ideal für seine Zwecke. Sie erlaubte ihm, von oben auf die Menschen hinabzusehen, die sich langsam unten am Ufer einfanden und die gezwungen sein würden, zu ihm aufzuschauen. Der Frachtaufseher war reich gekleidet, wie es dem ehrenvollen Amt eines großen Führers entsprach. Es störte ihn nicht im geringsten, daß seine neuen Hemden, Kniehosen und Umhänge einmal François Pelsaert gehört hatten. Unmittelbar unter dem Achterdeck gelegen, war die Kabine des Kommandeurs als eine der ersten der Brandung zum Opfer gefallen, die nach und nach seine irdischen Besitztümer an das Ufer von *Batavias Friedhof* gespült hatte. Die Sachen paßten Cornelius ausgezeichnet, wenngleich er auch einen etwas auffälligeren Stil bevorzugt hätte.

Er bahnte sich einen Weg durch die Menge und erklomm den kleinen steinigen Pfad, der auf die Anhöhe führte. Oben pflanzte er sich neben dem Obergefreiten auf. Alle Gespräche erstarben. Erwartungsvoll richteten die Menschen ihre Aufmerksamkeit auf den ehemaligen Frachtaufseher. Cornelius war zufrieden. Seine Stimme würde für jedermann laut und deutlich zu vernehmen sein.

»Freunde!« begann er salbungsvoll und breitete seine

Arme aus. »Meine lieben Freunde! Wie ihr alle wißt, war ich der zweite Kaufmann an Bord unseres unglücklichen Schiffes und bin damit dem Rang nach der alleinige und rechtmäßige Vertreter der Vereinigten Ost-Indischen Companie auf diesen Inseln. Da wir weder damit rechnen können, daß Hilfe kommt, noch damit, daß wir den Kommandeur jemals wiedersehen, müssen wir uns wohl oder übel auf eine lange Zeit des Wartens einrichten. Unmöglich können wir weiterhin derart ungeregelt zusammenleben und nach Lust und Laune tun, was uns gefällt! Allzu schnell könnte eine neue Wasserknappheit eintreten oder eine Seuche ausbrechen, oder tausend andere Dinge könnten uns zustoßen, die wir mit ein wenig Bedacht hätten vermeiden können. Es gibt noch viele Dinge zu regeln, und ich kann mich auf keinen Fall um alles alleine kümmern. Aus diesem Grund habe ich beschlossen, einen neuen Verwaltungsrat in Kraft zu setzen.«

Cornelius machte eine dramatische Pause.

»Dieser Verwaltungsrat besteht aus Conrad van Huyssen, David Zeevanck, Jakob Pieters und selbstverständlich meiner Person. Der alte Verwaltungsrat ist hiermit entlassen.«

Aufgeregtes Gemurmel setzte ein.

»Warum können wir nicht selbst bestimmen, wer uns verwaltet? Was war mit dem alten Verwaltungsrat nicht in Ordnung?«

Der Zwischenruf kam von einem der Zimmerleute, einem kräftigen, starken Mann mit wettergegerbter Haut und scharfen Zügen.

»Nun, ich muß zugeben, daß auch ich zuerst an die Möglichkeit einer freien Wahl gedacht habe. Aber außergewöhnliche Situationen erfordern nun einmal außergewöhnliche Maßnahmen, und zu eurem eigenen Besten habe ich entschieden, die Mitglieder des Verwaltungsrates selbst auszusuchen.«

Cornelius ließ seinen Blick durch die Reihen wandern, aber keiner wagte einen Widerspruch.

»Gut! Nachdem wir das geklärt haben, müssen wir uns einem weiteren wichtigen Thema zuwenden: der Reinlichkeit. Wie euch unser Meister Janz hier bestätigen kann, bringt das Zusammenleben so vieler Menschen auf engem Raum nicht unerhebliche Schwierigkeiten mit sich. Und dies wiederum kann zum Ausbruch solcher Plagen wie Pest, Fieber und der Schwindsucht führen, um an dieser Stelle nur einige zu nennen.«

Der Bader runzelte irritiert die Stirn. Er wünschte, der Frachtaufseher hätte mit ihm gesprochen, bevor er sich als Experte in seinem Fachgebiet aufspielte.

»Kurz und gut, wir können nicht alle hier auf *Batavias Friedhof* leben. Die Insel ist schlicht und einfach zu klein. Die Latrine ist jetzt schon voll bis zum Überlaufen, und ihr wißt, wie schwer es ist, in diesem harten Boden neue Gruben auszuheben. Deswegen werden wir in den nächsten Wochen rund fünfzig Leute auf die *Robbeninsel* umsiedeln und weitere fünfzehn auf die *Insel der Verräter*.«

»Du schlauer, kleiner Bastard!« dachte van Huyssen. Er konnte nicht anders, als die Listigkeit des Frachtaufsehers zu bewundern. Seine Logik war fehlerlos, selbst der Doktor fand daran nichts auszusetzen.

»Wer entscheidet, wer hierbleibt und wer auf die anderen Inseln umzieht?«

Judith Bastians wischte sich eine Locke aus der Stirn. Auf dem Arm hielt sie ihr jüngstes Geschwisterchen, einen kleinen Jungen von knapp zwei Jahren.

Cornelius setzte ein wohlwollendes Lächeln auf.

»Wir lassen das Los entscheiden!«

Er sandte Conrad van Huyssen ein unmerkliches Nicken zu. Er würde schon dafür sorgen, daß das Los zuerst die meisten Frauen und die Schiffsjungen traf. Und später dann die gefährlichsten aus den Reihen der Männer.

»Und du, schöne Judith, wirst auf jeden Fall hierbleiben!« dachte er für sich, bevor er mit ernster Stimme fortfuhr.

»Zu guter Letzt müssen wir noch eine sehr ernste Angelegenheit besprechen, die uns alle angeht: unsere Sicherheit! Wie ich vernommen habe, hat es bereits einen Toten gegeben, verursacht durch den einfachen Umstand, daß einige von uns bewaffnet sind und andere wiederum nicht. Deswegen werden wir im Namen der VOC die Verwaltung aller Waffen übernehmen. Alle Waffen müssen bis zum Abend in Conrad van Huyssens Zelt abgegeben werden. Messer, Äxte, Sägen, Pistolen, Musketen, Schwerter, Steinschleudern – alles!« Eine Welle von Zorn ging durch die Menge.

»Ich nehme an, das gilt nicht für uns Soldaten!«

Wiebe Hayes stand auf seine Muskete gestützt. Sein Tonfall ließ nicht den geringsten Zweifel daran, daß er keine Frage stellte, sondern eine Feststellung machte. Er sprach für die rund dreißig Söldner auf der Insel, die sich hinter ihm aufgebaut hatten. Dolche hingen an ihren Gürteln, und Musketen ragten an ihrer Seite auf. Sie kampierten etwas abseits von den Zivilisten, ein zähe Mischung aus Flamen, Deutschen, Engländern und Franzosen, Kriegsveteranen im Dienst der VOC.

Der Frachtaufseher geriet für den Bruchteil einer Sekunde aus dem Konzept. Er fühlte die versteckte Feindlichkeit und das Mißtrauen, das von der Gruppe disziplinierter und durchtrainierter Männer ausging. Dies war der kritische Moment! Er hatte befürchtet, daß die Söldner

Schwierigkeiten machen würden, und sich darauf eingestellt, nachzugeben. Fürs erste jedenfalls!

»Selbstverständlich dürft ihr eure Waffen behalten! Ihr
Soldaten vertretet die Interessen der Gesellschaft ebenso
wie ich. Ich rechne daher fest mit eurer Unterstützung.«

Das gefährliche Glimmen in Hayes' Augen erlosch.

»Ihr könnt jederzeit auf uns zählen – solange Eure Interessen sich mit denen der Gesellschaft decken.«

Hayes' Stimme klang arglos, er hielt den Blick des
Frachtaufsehers mit ruhigen Augen fest. Cornelius versuchte, darin zu lesen, ob der Soldat einen Verdacht hegte, aber aus dessen unbewegter Miene wurde er nicht
schlau.

»Je schneller ich mir die Söldner vom Hals schaffe, um
so besser!«

Am Abend zuvor hatten sie lange darüber beratschlagt,
ob sie einen Versuch wagen sollten, die Söldner auf ihre
Seite zu bringen. Doch Jakob Pieters hatte sie rasch aller
Illusionen beraubt.

»Auf gar keinen Fall! Die verstehen keinen Spaß, wenn
es um ihre Treue zur VOC geht. Allen voran Wiebe Hayes!
Wenn der Lunte riecht, ist unser Plan für die Katz. Und ihr
könnt mir glauben, das sind harte Brocken, wenn es zu einem Kampf kommt. Viele sind schon zehn Jahre und länger dabei, und wenn du so lange durchgehalten hast, dann
weißt du, wie man eine Lanze führt.«

»Pah«, hatte Gisbert van Welderen ausgerufen. »Das
sind einfache Soldaten! Wie können sie sich mit uns messen? Wir hatten alle eine militärische Ausbildung, wir verstehen mit dem Degen umzugehen, wir sind in jeder Beziehung besser als das gemeine Volk.«

Das schiefe Gesicht des Obergefreiten war bei den herablassenden Worten des jungen Kadetten noch finsterer

geworden, und er, Cornelius, hatte schnell eingreifen müssen, um einen Streit zu verhindern.

»Pieters hat recht! Wir können es nicht darauf ankommen lassen, daß irgend etwas durchsickert. Gebt mir ein paar Tage Zeit, und ich werde mir eine todsichere Lösung einfallen lassen.«

Die trostlosen Neuigkeiten über die *Hohe Insel* hatten ihm schließlich den Schlüssel zu seinem Problem geliefert, und jetzt, Angesicht zu Angesicht mit dem Kopf der Söldner, mußte er unwillkürlich lächeln.

»Bist du der Anführer?«

»Nicht dem Rang nach, aber ja, ich schätze, das kann man so sagen.«

»Gut! Komm gleich morgen früh in mein Zelt. Ich habe etwas Wichtiges mit dir zu besprechen.«

Cornelius wandte seine Aufmerksamkeit wieder allen Anwesenden zu.

»Für die anderen gilt nach wie vor: Die Waffen müssen bis zur Dämmerung in van Huyssens Zelt sein. Wer danach noch bewaffnet angetroffen wird, wird der Meuterei angeklagt!«

Die Gestrandeten tuschelten untereinander, und einer trat vor.

»Was soll das, Kaufmann? Ich bin Zimmermann! Ich brauche Beil und Säge, um meine Arbeit zu tun. Und es gibt hier weiß Gott genug zu zimmern.«

Cornelius blickte den Aufmüpfigen unwillig an. Der Mann begann ihn zu ärgern.

»Wie ist dein Name?«

»Roland Schonewille, Herr.«

»Hast du heute nicht schon einmal deine Stimme erhoben?«

»Ja, Herr«, entgegnete der Zimmermann unerschrocken.

»Nun, wenn du eine Arbeit zu erledigen hast, dann werden wir dir selbstverständlich das nötige Werkzeug aushändigen.«

Die Antwort gefiel dem Mann ganz offensichtlich nicht, aber er wußte darauf nichts zu entgegnen. Mit salbungsvollen Worten löste Cornelius die Versammlung auf, und die Menge begann, sich nach allen Seiten zu zerstreuen. Er hielt David Zeevanck zurück.

»Merk dir den Mann!« raunte er ihm zu. »Finde heraus, in welchem Zelt er wohnt.«

Der neue Tag hatte verheißungsvoll begonnen. Zum erstenmal seit einer Woche waren sie nicht dem Anblick steil aufragender Felswände ausgesetzt. Sie hatten einen Küstenstreifen entdeckt, dessen düniges Vorland sich etwa eine Meile weit ins Land erstreckte. Erst dahinter begann eine felsige Hügelkette, die den Blick auf das Hinterland verhinderte. Ein vorgelagertes Riff sorgte für ruhige Brandung. Auf der Suche nach einer Öffnung segelte das Langboot bereits seit einer geraumen Weile am äußeren Riff entlang. Die Aussicht auf eine Landung war in greifbare Nähe gerückt.

Adriaen Jacobs hielt seinen prüfenden Blick streng auf die Brandung gerichtet. Seine scharfen Augen suchten ebenso nach Felsvorsprüngen, die ihnen den Kiel aufreißen konnten, wie nach einem Eingang. »Da!«

Entspannt atmete er auf.

»Kannst du es sehen, Claas? Da hinten ist die Brandung unterbrochen. Eine etwa zwanzig Fuß breite Schneise. Gerade groß genug für uns, um durchzuschlüpfen.«

Der Obersteuermann nickte und ließ das Langboot etwas abfallen. Dann legte er das Ruder hart nach Backbord und bereitete das Boot für eine Wende vor. Diejenigen, die unmittelbar unter dem großen Segel saßen, zogen rasch ihre Köpfe ein. Gillisz Franz holte das Segel herum, und das Boot verlor an Fahrt, während es sich widerwillig in den Wind drehte. Die Leinwand wurde schlaff, flatterte und füllte sich dann wieder. Rasch kam die Einfahrt zum Riff näher. Hart nach links gekantet schoß das Boot auf die Öffnung zu. Unwillkürlich hielten sie die Luft an. Im nächsten Moment waren sie hindurch, das Boot richtete sich auf, und der Wellengang wurde zahm und friedlich.

»Schönes Manöver!«

Claas Gerritz grinste stolz. Ein Kompliment vom Kapitän war selten und daher doppelt wertvoll. Er hielt auf das Ufer zu, und eine halbe Stunde später zogen sie das Boot an Land. Erleichtert testeten sie die Tragfähigkeit ihrer Beine, streckten ihre verspannten Glieder und lockerten ihre verkrampften Muskeln.

»Gott, tut das gut!«

Claas Gerritz entfernte sich ein gutes Stück von den Frauen und öffnete dann seine Hose. Dankbar erleichterte er sich in den Sand. Gillisz Franz stellte sich gleich neben ihm auf, und nur kurze Zeit später bildete sich eine ganze Reihe von Männern, die ihre übervollen Blasen leerten.

Zwaantie warf einen neiderfüllten Blick zu ihnen hinüber.

»Männer haben es doch wirklich gut! Bei ihnen ist das Ganze keine umständliche Angelegenheit, die man nur im Hocken erledigen kann.«

Martje brach in ein heiteres Lachen aus.

»Wenn man es so betrachtet, dann haben es kleine Kinder noch viel einfacher. Ich hoffe, ich kriege hier wenigstens eine von seinen beiden Windeln trocken. Kaum habe ich die eine gewaschen, hat er die andere wieder naß gemacht. Das arme Kerlchen ist schon ganz wund!«

Martje nieste und wischte sich die Nase mit dem Rock-zipfel. Sie waren alle mehr oder weniger stark erkältet.

»Kein Wunder!« dachte sie. »Tagsüber Hitze und eisige Kälte in der Nacht.«

»Wer weiß, vielleicht bleiben wir ja etwas länger.«

Zwaantie sah sich um. Rote Felsen lagen im Sand ver-streut, wie faule Walrosse in der Sonne. Der Wind und die Gezeiten hatten sie rundgewaschen. Ohne nachzudenken erklomm sie einen von ihnen und wanderte auf ihm herum. Er ging in einen zweiten Felsen über, der sich etwas höher erhob. Leichtfüßig sprang sie über eine Felsspalte und hielt unwillkürlich die Luft an. Die Witterung hatte runde, rostige Löcher unterschiedlicher Größe in das poröse Ge-stein gefressen. Sie waren bis zum Rand mit klarem Was-ser angefüllt. Zwaantie bückte sich und schöpfte die Flüs-sigkeit mit der hohlen Hand. Vorsichtig kostete sie. Es war Regenwasser!

Sie sprang auf, um den anderen die freudige Nachricht zu überbringen, als ihr Blick auf einen von Felsen ge-schützten Platz fiel. Ihr Herz setzte einen Schlag aus. Da lagen die Reste eines Lagerfeuers im hellen Sand! Schwar-ze Asche, halbverkohlte Äste und Zweige, Schalen von Krabben und Muscheln ringsum verstreut. An manchen Stellen glimmte das Feuer noch.

Erschrocken drehte Zwaantie sich um und rannte gera-dewegs in Adriaen hinein, der ihr gefolgt war.

»Hoppla! Hoppla! Nicht so hastig!«

Er fing sie auf, und für eine Weile verbarg sie ihr Ge-sicht an seiner breiten Brust. Es war so lange her, daß sie sich wirklich nahe waren! Aber der Augenblick ging schnell vorüber, und er stellte sie recht abrupt wieder auf ihre eigenen Füße.

»Was ist los, warum rennst du so?«

Aufgeregt zeigte sie ihm die Feuerstelle und die Felslöcher, in denen sich das Regenwasser angesammelt hatte.

»Das hast du gut gemacht! Ich denke, wir sollten tatsächlich für ein Weilchen hierbleiben.«

Sie gingen zurück zu den anderen und berichteten von ihren Entdeckungen. Keiner hatte etwas dagegen, die Nacht an Land zu verbringen und das Hinterland erst am nächsten Morgen zu erkunden. Es war schon spät, und sie alle waren begierig auf erholsamen Schlaf, in ausgestrecktem Zustand, ohne die Knie oder Ellbogen eines anderen in den Rippen und ohne den schalen Körpergeruch eines Fremden in der Nase. Innerhalb kürzester Zeit brachten sie das schwelende Lagerfeuer wieder zum Brennen. Sie löschten ihren Durst aus den Regenpfützen, und es blieb immer noch genug, um die leeren Wasserfäßchen daraus aufzufüllen. Gillisz Franz brachte triumphierend zwei riesige, silberglänzende Fische, die er gefangen hatte. Er trug sie an den Kiemendeckeln, und sein braunes Gesicht strahlte unter dem sonnengebleichten Haar. Heute nacht wenigstens sollten sie nicht hungrig einschlafen!

Zwaantie saß mit angezogenen Knien auf einem Felsen am Strand und beobachtete Jacobs, der im Wasser herumwatete. Ab und zu bückte er sich und schnitt mit der Klinge seines scharfen Dolches eine Handvoll Austern aus einer Felsspalte, die er dann zu ihr brachte und in ihren Schoß legte. Sie war satt, und ihr war warm in Adriaens Seejacke, und dennoch konnte sie ihre Unruhe nicht verbergen.

»Hast du gar keine Angst wegen des Feuers?«

Er warf ihr einen belustigten Blick zu.

»Du?«

»Ehrlich gesagt, ja! Wer weiß, wer dort kurz zuvor gewesen ist?«

Er fand ein anderes Nest Austern, das sich zwischen den vom Wasser umspülten Steinen versteckt hielt. Vorsichtig trennte er es heraus.

»Vermutlich nackte Wilde, so wie gestern.«

»Und woher weißt du, daß sie nicht gefährlich sind?«

»Ich weiß es nicht. Aber für diesen Fall habe ich meine Pistolen.«

Eine Möwe schwebte über ihren Köpfen. Gegen den Wind anfliegend verharrte sie lautlos auf der Stelle, dann ließ sie sich zur Seite abfallen und flog davon.

»Ich fürchte mich zu Tode!«

Jacobs kletterte zu ihr auf den Felsen. Er faßte sie an den Händen und sah sie an.

»Hast du etwa Angst, daß wir niemals in Batavia ankommen werden?«

»Nein!«

»Warum nicht?«

»Weil ich weiß, daß du uns dorthin bringen wirst.«

Er schmunzelte.

»Dein Vertrauen ehrt mich. Ich verspreche dir, daß du auch keine Angst vor diesen Wilden zu haben brauchst. Sie fürchten sich vermutlich mehr vor dir als du dich vor ihnen. Und außerdem würde ich niemals zulassen, daß dir etwas zustößt. Nicht solange es in meiner Macht steht, es zu verhindern.«

Er stand auf und hielt ihr seine Hand entgegen.

»Komm! Wir gehen spazieren.«

Seine Stimme war voller Versprechen. Sie erhob sich, und eine Weile schlenderten sie schweigend am Strand entlang.

»Adriaen?«

»Hm.«

»Es tut mir so leid – wegen deines Schiffes. Ich wünschte – nun, ich wünschte, ich könnte dir irgendwie helfen.«

Er antwortete nicht. Sie waren keine zwei Minuten miteinander alleine gewesen seit dem Unglück, dies war das erste Mal, daß sie darüber sprachen. Jacobs blickte starr geradeaus. Zwaantie versuchte, in der Dämmerung sein Gesicht auszumachen. Sie sah die tiefe Traurigkeit darin, und ihr Herz sank.

»Tut mir leid, ich hätte nicht davon anfangen sollen.«

»Schon gut. Es macht mir nichts aus, jedenfalls nicht mehr soviel wie zu Anfang.«

Zwaantie wußte, daß er log, aber sie nahm es hin. Es gab so vieles an ihm, was sie nicht verstand, und am meisten schmerzte es sie, daß er sich ihr niemals mitteilte. Jacobs blieb stehen und half ihr, über ein paar Felsbrocken zu klettern, die den Weg versperrten. Sie hielt noch immer die Austern in ihrer Schürze.

»Wie ist es eigentlich dort, in Batavia?«

»Ein bißchen so wie zu Hause – und doch ganz anders. Das Leben dort ist viel freier.«

»Kannst du es mir nicht beschreiben?«

Die Nacht brach jetzt schnell herein.

»Nun, gleich am Hafen liegt die Festung. Alles Leben in der Stadt dreht sich um das Schloß. Durch ihre Mitte verläuft der Große Fluß, er teilt die Stadt in zwei Hälften. Sie ist von einer hohen Mauer umgeben und kreuz und quer von Kanälen durchzogen, der breiteste von allen ist die Tigergracht. Sie verläuft vollkommen gerade durch die Westseite der Stadt, und zu ihren Seiten wachsen hohe, schattige Palmen.«

»Das klingt wunderschön!«

»Es ist schön, wenn man sich an den Nebel und die Pestilenz gewöhnen kann. Sie nennen die Stadt auch die Königin des Ostens.«

»Wie sind die Menschen dort?«

»Reich!«

Er lachte leise in sich hinein.

»Sie füllen sich die Säckel mit dem Geld der VOC, und die Dummköpfe merken es nicht einmal. Sie schmuggeln, unterschlagen und veruntreuen, haben Land und Sklaven, und einige von ihnen sind sogar mit einheimischen Frauen verheiratet.«

»Wirklich?«

»O ja! Sie kommen von den Molukkas, aus Ceylon oder von der Coromandel Küste, alles gute Christinnen, von den Portugiesen konvertiert. Manche von ihnen sind wirklich bildschön, mit schwarzglänzendem Haar, großen Schlehenaugen und goldener Haut, so weich wie Samt.«

Zwaantie blieb stehen. Sie hatten sich mittlerweile ein großes Stück von ihrem Nachtlager entfernt. Adriaens Stimme war bei seinen letzten Worten dunkler geworden, und sie konnte heraushören, daß er die Schönheit der orientalischen Frauen nicht nur aus der Entfernung bewundert hatte. Sie verspürte einen leisen Stich von Eifersucht.

»Hast du mit einer von ihnen geschlafen?«

Jacobs seufzte.

»Mit mehr als einer, um genau zu sein!«

»Oh!«

»Ich kann mich heute kaum mehr daran erinnern, wie sie ausgesehen haben.«

Zwaantie schwieg. Ein unglücklicher Ausdruck hatte sich auf ihrem Gesicht ausgebreitet, und sie blieb ein wenig zurück. Adriaen blieb stehen und wartete auf sie.

»Was ist los?«

»Ich frage mich nur gerade, ob du eines Tages auch nicht mehr wissen wirst, wie ich ausgesehen habe?«

Er packte sie an den Schultern und drehte sie zu sich herum.

»Gottverdammt! Ich wünschte, ich könnte dieses Gesicht vergessen, aber ich sehe es in meinen Träumen, bei Tag und bei Nacht. In Batavia ...«

In letzter Sekunde verschluckte er die Worte, die er hatte zu ihr sagen wollen. Irgendwann, irgendwo zwischen dem Kap der Guten Hoffnung und de Houtmans Riff, war sie ihm so sehr ans Herz gewachsen, daß er alle seine Prinzipien über Bord geworfen und sich vorgenommen hatte, sie zu seiner Frau zu machen. Gleich nach ihrer Ankunft in Batavia hatte er mit ihr das Rathaus aufsuchen wollen. Doch nun war alles anders!

»Was? Was wird passieren, wenn wir in Batavia angekommen sind?«

Sie schrie es fast heraus. Es war die Frage, die ihr seit Tagen auf der Seele brannte, ihre haltlose Angst um ihn fraß sie von innen auf. Adriaen hörte die Sorge in ihrer Stimme, sah die unverhohlene Angst in ihren braunen Augen.

»Ich weiß es nicht«, log er.

Dann, mit einer unerwarteten Bewegung, schlang er seine Arme um sie. Überrascht ließ Zwaantie ihren Rocksaum los, und die Austern kullerten in den Sand. Er küßte sie wie ein Ertrinkender. Alles, was er nicht zu ihr sagen konnte, legte er in diesen einen Kuß.

Nach einer Ewigkeit nahm er seinen Rock von ihren Schultern und breitete ihn auf dem Sand aus. Er kniete darauf nieder und zog sie an der Hand zu sich herunter. Sie hob langsam die Arme, löste die Nadeln aus dem Knoten in ihrem Nacken, und dichtes, braunes Haar fiel wie ein Teppich bis zu ihren Hüften herab.

»Wie schön du bist!«

Seine Stimme war kaum wahrnehmbar. Zwaantie beugte sich nach vorn und leckte zärtlich die kleine Vertiefung an seiner Kehle, wo die Haut rauh und von der Sonne gerötet war. Ein Stöhnen entfuhr seinen Lippen. Er teilte seine Kleidung und bat sie mit Gesten und Berührungen, sich auf ihn zu setzen. Heiße Hände hoben ihre Röcke, umfaßten ihre Schenkel, während er langsam, quälend langsam, in sie eindrang. Sie öffnete ihr Kleid für ihn und bot ihm ihren Busen dar. Adriaen schmiegte seine rauhe Wange in das Tal zwischen ihren Brüsten, wo sein Bart die zarte Haut scheuerte. Zwaantie stützte das Kinn auf seinen Scheitel und schloß die Augen. So saßen sie, lautlos miteinander verschmolzen und bewegten sich kaum.

In stetigem Rhythmus schäumten die Wellen an Land und zogen sich gluckernd wieder zurück, über den unzähligen Höhleneingängen der Strandkrebse winzige Blasen zurücklassend.

Nach einer langen Zeit wurde Adriaen der salzigen Nässe auf seinem Gesicht gewahr. Er sah zu ihr auf und fand sie weinend.

»Bitte nicht! Nicht weinen, bitte!«

»Ich will dich nicht verlieren!«

Hilflos küßte er ihre Tränen fort.

»Etwas Schreckliches wird geschehen, ich weiß es genau!«

Ihr schlanker Körper wurde von wildem Schluchzen erschüttert, und er fühlte seine Erregung wachsen. Kein Ton kam über seine Lippen, nur eine steile Falte zwischen seinen geschlossenen Augen zeugte von seiner Ekstase. Er rieb seine wunde Seele an ihr, und dann wurde er fortgetragen.

»Mein Liebling ...«, murmelte er.

Keuchend klammerte er sich an ihr fest, während er versuchte, sein Zittern zu kontrollieren, und er wünschte sich das Unmögliche, daß er nicht nach Batavia gehen mußte, in den sicheren Tod!

In der Nacht erwachte Roland Schonewille von dem Druck auf seiner Blase. Er richtete sich auf und blickte über die lange Reihe von Schlafenden hinweg. Sie lagen auf Säkken, alten Decken, Segelfetzen, was immer sie hatten finden können, manche sogar auf dem nackten Boden. Für eine Weile dachte er darüber nach, seinen Drang zu ignorieren und einfach weiterzuschlafen, aber es war unmöglich. Seufzend machte er sich daran, über seine Kameraden hinwegzuklettern.

»Eeh! Was soll das?«

»Tut mir leid, ich muß mal pinkeln.«

Der Mann drehte sich um, murrte etwas Unverständliches und schlief wieder ein.

»Muß mir merken, nächstes Mal nicht genau in der Mitte zu liegen«, dachte der Zimmermann und setzte seinen Weg fort.

Schlaftrunken taumelte er nach draußen, wo ihn der Anblick der Sterne in schieres Erstaunen versetzte. Sie waren so nah, daß man das Gefühl hatte, sie beinahe mit der Hand berühren zu können. Je kälter die Nacht, desto heller schienen sie zu leuchten. Roland räusperte sich und spuckte aus, dann schlurfte er müde zum Ufer hinunter. Er zog seinen Hosenbeutel zur Seite und nickte fast wieder ein, während er seinen Strahl beobachtete. Ein Vogel kehrte zurück in sein Nest und raschelte im Gestrüpp.

Roland Schonewille gähnte mit weit aufgerissenem Mund. Der Vogel war noch immer in der Nähe und hüpfte im Gebüsch herum. Endlich verebbte der Strahl. Roland brachte seine Kleider wieder in Ordnung. Dann drehte er sich um.

»Was zum Teufel ...«

Ein gurgelndes Geräusch drang aus seiner Kehle. Seine Augen wurden groß und glasig, mit fahrigen Händen umfaßte er das Heft des Dolches, der tief in seiner Lunge steckte. Blut strömte ihm aus Nase und Mund, und er sank auf die Knie. Sein Leben verrann langsam auf dem kalten, grauen Korallengestein, unter einem klaren südlichen Himmel, der vor Sternen nur so funkelte.

Sie blickten sich schweigend um, kläglich darum bemüht, ihre Enttäuschung voreinander zu verbergen. François Pelsaert hatte die kleine Gruppe auf den Kamm der niedrigen Hügelkette geführt, doch ihr mühsamer Aufstieg war nicht belohnt worden. Nichts als ockerfarbene Sandwüste soweit das Auge reichte! Flecken mit gelbem, stacheligen Gras bedeckten den Boden, überragt nur von den riesigen, roten Ameisenhügeln, die sich gleichmäßig über die trockene Erde ausbreiteten. Ein dünner Wolkenstreifen hing tief am Horizont und tauchte die bizarren, burgenähnlichen Türme in einen rosigen Nebel. »In meinem ganzen Leben habe ich noch nie so ein erbärmliches Stück Erde gesehen!«

Pelsaert machte einen fruchtlosen Versuch, die Fliegen aus seinem Gesicht zu verscheuchen, aber es war ein aussichtsloser Kampf. Fast augenblicklich kehrten sie zurück, krochen ihm in Augen, Nase und Mundwinkel oder ließen sich auf seinem Rücken nieder, wo sie auf der Stelle bewegungslos erstarrten und sich tragen ließen.

»Diese Mücken sind eine verdammte Plage, schlimmer als alle Spanier und Portugiesen zusammen!«

Schweißperlen glänzten auf seiner Stirn. Seine Augen

suchten den Skipper. Jacobs hatte den Fuß auf einen Felsbrocken gesetzt und betrachtete mit ausdrucksloser Miene
die trostlose, windstille Gegend. Das feuchte Hemd klebte
an seinem Oberkörper.

»Wir müssen umkehren. Wir werden hier kein fließen-
des Wasser finden, und es wäre zwecklos, noch weiter dem
Verlauf des Kontinents zu folgen. Hinter diesem Kap biegt
die Küste scharf nach Osten ab, und wir entfernen uns nur
immer weiter von unserem Ziel. Nach meiner Karte ist
dies der ideale Punkt, um nach Nordwesten abzudrehen –
in Richtung Java.«

Er wandte sich um und sah dem Kommandeur direkt in
die Augen. Pelsaert begann, mit den Füßen auf dem Boden
zu scharren. Nun war doch noch der Augenblick gekommen, vor dem er sich am meisten gefürchtet hatte. Eine
Reise in einem Boot über das offene Meer! Keine Landmarke, die ihnen den richtigen Weg anzeigte, nichts als
Wasser. Aber so sehr er auch nachdachte, es gab keinen
anderen Weg. Jacobs beobachtete den Kommandeur genau.

»Er vertraut mir nicht!« dachte er bitter. »Er traut mir
nicht zu, das Langboot nach Java zu navigieren.«

Endlich blickte Pelsaert auf, sein eingefallenes Gesicht
noch düsterer als sonst, seine Stimme kaum mehr als ein
heiseres Krächzen.

»Ich stimme mit Euch überein, Kapitän.«

Ein erleichtertes Aufatmen ging durch die Reihe der
Seeleute. Sie würden es schaffen, dessen waren sie sich sicher! Jetzt, wo die Entscheidung gefallen war, wollten sie
so schnell wie möglich aufbrechen. Ungeduldig machten
sie sich auf den langen Rückweg. Pelsaert ging voran. Keiner sprach, und in der heißen Stille klang das Knirschen
ihrer Schritte auf dem steinigen Boden unnatürlich laut.

Sie waren noch nicht weit gegangen, als sie auf acht Eingeborene stießen, die zwischen den Felsbrocken hockten. Entermesser kamen aus ihrer Scheide, Jacobs' Pistolen aus seinem Gürtel. Beim Anblick der zerlumpten, weißhäutigen Truppe sprangen die Wilden auf ihre Beine, packten ihre langen Wanderstäbe und ergriffen die Flucht.

»Halt, so wartet doch!«

Die Eingeborenen liefen unbeeindruckt weiter. Sie waren untersetzt, mit großen, braunen Augen, zotteligem Haar und stumpfer, schwarzer Haut. Wie die sechs Matrosen bereits berichtet hatten, waren sie vollkommen nackt, bis auf den Riemen, den sie sich um den Bauch geschnürt hatten, und die weiße Farbe auf ihrer Brust und in ihren flachnasigen Gesichtern.

Die Männer blieben einen Moment stehen, um zu verschnaufen. Ohne es zugeben zu wollen, waren sie über die unerwartete Begegnung mindestens so sehr erschrocken wie die Eingeborenen. Pelsaert wischte sich mit dem Ärmel den Schweiß aus der Stirn. Seine Gedärme waren in Aufruhr.

»Lieber Himmel!« brach es aus ihm hervor. »Der eine sah aus wie ein Totenschädel, mit dem kalkweißen Gesicht und den schwarzen Augenhöhlen.«

Die Männer brachen in entspanntes Gelächter aus.

»Bei Gott, Ihr habt recht, Kommandeur! Es war wie am Jüngsten Tag! Ich hätte mir vor Angst fast in die Hosen gemacht.«

Sie setzten ihren Abstieg fort, kopfschüttelnd und ab und zu von einem unterdrückten Lachen gepackt.

Zur Mittagsstunde stach das Langboot wieder in See, um die noch fast tausend Meilen nach Java zu überwinden. Tausend Meilen gegen die wilden, unberechenbaren Kräfte der Natur, ein winziger Fleck Leben auf einer enormen, blauen Fläche, so leicht auszulöschen, als wäre er nie gewesen!

»Alle Anzeichen deuten darauf hin, daß auf der *Hohen Insel* Wasser existiert! Es gibt dort Gras, Bäume, Tiere, also muß es auch Wasser geben. Ihr könnt Euch nicht vorstellen, was für eine Enttäuschung es für mich war, daß unser Suchtrupp nicht in der Lage gewesen ist, es zu finden.«

Es war Wiebe Hayes' Aufmerksamkeit nicht entgangen, daß der Frachtaufseher vom herablassenden »du« zum respektvollen »Ihr« übergegangen war. Er saß mit ihm am Tisch in dessen Zelt, vor sich einen noch unberührten Kelch mit Rotwein.

Nachdenklich legte er die Fingerspitzen beider Hände aufeinander. »Und was hat das mit mir und meinen Männern zu tun?«

Cornelius hatte in seinem Gegenüber sogleich den gebildeten Mann erkannt. Was auch immer Wiebe Hayes dazu getrieben hatte, Soldat zu werden, er stammte aus gutem Hause und sprach mit der angeborenen Autorität eines Mannes, der sich selbst nicht gering schätzte.

»Ganz einfach! Ich brauche jemanden, auf den ich mich unbedingt verlassen kann. Einen Mann mit Erfahrung, jemanden, der dieses Wasser für uns findet und soviel wie möglich davon hierher bringt. Ich muß nicht betonen, daß unser aller Überleben davon abhängt!«

Wiebe hörte die einschmeichelnden Worte und fragte sich, warum er dem aalglatten Frachtaufseher nicht traute.

»Ich wundere mich schon die ganze Zeit, warum Ihr während der gestrigen Versammlung niemandem etwas von Eurer Vermutung verraten habt?«

Cornelius erhob sich und begann, im Zelt auf und ab zu

wandern. »Ihr wißt, wie die Leute sind! Sie regen sich zu leicht auf, und später, wenn die Dinge nicht so eintreffen, wie sie es sich ausgemalt haben, sind sie bitter enttäuscht. Ich wollte niemanden in Euphorie versetzen, solange wir nicht absolut sicher sind.«

Er drehte sich um und richtete seinen lauernden Blick auf den Soldaten.

»Nun, wie lautet Eure Antwort?«

Wiebe gab sich einen Ruck.

»Wie ich bereits sagte, solange es darum geht, die Interessen der Gesellschaft zu wahren, sind wir dabei. Und ich denke, unseren Brüdern und Schwestern zu helfen, sollte der VOC ein wichtiges Anliegen sein.«

»Fein! Ich wußte, daß ich auf Euch zählen kann.«

Cornelius glitt wieder in seinen Stuhl zurück.

»Wir wollen folgendermaßen vorgehen: Wir werden Euch und Eure Männer mit ausreichend Proviant ausrüsten und mit unseren Flößen übersetzen. Sobald ihr das Wasser gefunden habt, werdet ihr drei große Feuer entzünden. Das ist dann für uns das Zeichen, Euch wiederabzuholen.«

»Wann soll es losgehen?«

»Gleich auf der Stelle! Je früher wir das Wasser finden, um so besser.« Wiebe war überrascht. Er hatte nicht damit gerechnet, daß der Plan so schnell in die Tat umgesetzt werden sollte. Er hatte das unbestimmte Gefühl, überrumpelt worden zu sein.

»So bald schon?«

»Ist das ein Problem für Euch?«

»Nein, nein, keineswegs. Aber ich brauche ein wenig Zeit, um meine Männer über unser Vorhaben ins Bild zu setzen und ein paar Sachen zu packen.«

»Gut! Wir treffen uns in einer Stunde in der kleinen Bucht.«

Wenig später huschte Conrad van Huyssen aus dem Zelt des Frachtaufsehers. Er wanderte schnellen Schrittes in seine eigene Behausung und weckte die Brüder van Welderen aus ihrem verlängerten Morgenschlaf. Sie schnallten ihre Degen um und verließen das Zelt zu dritt. Auf ihrem Weg zur Bucht schlossen sich ihnen Lennart Michels, Jan Hendrix und David Zeevanck an. Dort, bei den selbstgebauten Flößen, erwarteten sie die Söldner, die sich nach und nach einfanden, ihre Musketen auf den Rücken und ein kleines, gut verschnürtes Bündel in der Hand. Wiebe Hayes traf gleichzeitig mit dem Frachtaufseher ein, in seiner Begleitung Thomas de Villiers, der ein guter Freund von ihm war, und Otto Schmidt, der Kadett, dem er an Bord der *Batavia* das Leben gerettet hatte.

Cornelius begrüßte Hayes mit großer Wichtigkeit, dann begann er, die Soldaten auf die beiden Flöße aufzuteilen.

»Gebt eure Musketen bei Conrad van Huyssen ab, er wird sie bis zu eurer Rückkehr in Verwahrung nehmen.«

Hayes stockte in seiner Bewegung, und die Augen der Söldner richteten sich überrascht auf den Frachtaufseher.

»Ich dachte, wir hätten bereits darüber gesprochen. Die Regel gilt nicht für uns Soldaten.«

»Gewiß, gewiß! Keiner verlangt, daß ihr alle eure Waffen abgeben sollt. Nur die Musketen, damit sie euch bei der Suche nicht hinderlich sind.« Einer der Söldner trat an Wiebes Seite. Er war ein großer, hagerer Mann in den besten Jahren. Eine dünne Narbe verlief quer über seine Wange, und er hatte mit fragenden Augen den Worten des Frachtaufsehers gelauscht.

»Qu'est-ce qu'il a dit?«

Wiebe übersetzte für den Mann, einen stolzen Wallonen, der kein Flämisch sprach und sich schon seit Jahren erfolgreich weigerte, es zu lernen. Als Hayes geendet hatte, spuckte er vor dem Frachtaufseher auf den Boden.

»Mon fusil, c'est mon amour! Je ne quitte jamais mon fusil!«

Cornelius wurde unruhig. Alles hing jetzt davon ab, daß er diesen Männern eine glaubhafte Erklärung dafür lieferte, warum sie ihre Musketen nicht mitnehmen konnten. Er brauchte diese Musketen dringend, sie waren ein wichtiger Bestandteil seines Plans.

»Auf der Insel gibt es nichts, was ihr fürchten müßtet. Ihr könnt die Gewehre mit ruhigem Gewissen hierlassen.«

Er wies auf die leeren Fässer, die bereits sicher an Bord der Flöße vertäut waren.

»Hier! Das sind die Fässer, die ihr mit Wasser füllen und über die halbe Insel schleppen sollt. Glaubt ihr wirklich, daß ihr dabei noch eure Musketen tragen könnt?«

Er zuckte mit den Schultern.

»Bitte, dann nehmt sie meinetwegen mit.«

Wiebe gab eine zusammenfassende Erklärung. Er spürte, wie die Augen seiner Männer auf ihm ruhten. Er wußte, wie auch immer er entscheiden würde, sie würden ihm bedingungslos folgen. Aber zum ersten Mal war er unsicher, zum ersten Mal empfand er das Vertrauen, das er bei seinen Kameraden genoß, als eine Last. Er studierte den Frachtaufseher, und wieder warnte ihn eine innere Stimme davor, dem Mann zu glauben. Wenn sie jetzt ihre Musketen aus den Händen gaben, behielten sie nichts weiter als ihre Messer und die Munition zurück. Aber auf der anderen Seite war Jerome Cornelius in ihrer besonderen Lage das offizielle Sprachrohr der VOC, und wenn ihm daran lag, dann konnte er ihnen sogar befehlen, die Musketen dazulassen. Zögernd und wider besseres Wissen trat Wiebe vor, nahm seine Waffe von der Schulter und drückte sie

Conrad van Huyssen in die Hand. Der junge Kadett hatte sich völlig unter Kontrolle. Seine Miene blieb vollkommen unbewegt. Nach und nach traten auch die anderen Söldner vor, und der Stapel zu van Huyssens Füßen wuchs. Zuletzt gab der Mann mit der Narbe seine Waffe ab. Sein Name war Edouard Cout. Er musterte van Huyssen mißtrauisch, dann stach er ihm mit dem Finger hart in die Brust.

»Fais attention! Si c'est un piège, je reviens et je te prends ta vie, salaud!«

Van Huyssen machte nicht die kleinste Bewegung. Er wartete, bis die Flöße abgelegt hatten, dann stiefelte er zu Cornelius, bebend vor Zorn.

»Hast du das gehört? Das Schwein hat mir gedroht!«

»Warum regst du dich auf? Die werden wir nie mehr wiedersehen.« Aber in diesem Punkt sollte der Frachtaufseher sich irren.

François Pelsaert machte Eintragungen in sein Tagebuch. Auf seiner Stirn lösten sich die von der Sonne verbrannten Hautfetzen und ließen hellrosa glänzende Flecken zurück. Nach zehn Tagen auf hoher See litten sie alle unter Verbrennungen im Gesicht und an den Armen. Das Meer war unruhig und das Wetter unfreundlich, das Wasser war wieder knapp geworden und ringsum kein Land in Sicht. Der Säugling schrie und quengelte und strapazierte ihrer aller Nerven, die ohnehin schon bloß lagen. Martje nahm das Kind von ihrer Brust und knöpfte ihr Kleid zu. Sie wechselte einen unglücklichen Blick mit ihrer Freundin.

»Was ist los?« fragte Zwaantie ahnungsvoll.

»Keine Milch mehr!«

Zwaantie wußte nicht, was sie darauf erwidern sollte. Für sie war es ein reines Wunder, daß Martje ihren Jungen überhaupt so lange hatte stillen können. Das letzte bißchen Zwieback war seit zwei Tagen zu Ende, und sie ernährten sich von nichts anderem als den wenigen Fischen, die sich ab und zu an die selbstgebastelten Haken ihrer Fangleinen verirrten und die sie dann roh und in kleinen Stückchen verzehrten. Sie hatte entsetzliches Mitleid mit der jungen Frau, deren Mann bei dem Wassereinbruch auf der *Batavia* ums Leben gekommen war. Was mußte das für ein Gefühl sein, seinem Kind keine Nahrung mehr geben zu können!

»Wir werden alle umkommen.«

Jacobs' Kopf schnellte herum.

»Halt deine Zunge im Zaum, Willems!«

Der Seemann blickte mißmutig auf seine nackten Füße.

»Wir werden allesamt verhungern oder verdursten.«

»Nichts dergleichen werden wir. Aber wenn du nicht auf der Stelle mit dem Gewimmer aufhörst, dann benutze ich deine Karkasse als Fischköder!«

Der Seemann duckte sich wie unter einer körperlichen Züchtigung und versank wieder in dumpfes Brüten.

Zwaantie betrachtete Adriaens scharfes Profil von der Seite. Er hatte schon seit drei Tagen nicht gegessen und seine Rationen Martje zugesteckt. Dennoch hatte sie ihn nie klagen hören. Im Gegenteil, er erstickte den geringsten Versuch zu jammern bereits im Keim. Ihr eigener Magen hatte das Knurren schon vor einiger Zeit aufgegeben. Sie spürte ihn gar nicht mehr, nur manchmal erinnerte sie ein leichtes Schwindelgefühl daran, daß sie eigentlich Hunger haben müßte. Jacobs versuchte, sich wieder auf den Wind zu konzentrieren. Schon im Verlauf des Nachmittags hatte er bemerkt, daß die Luft einen neuen Geruch angenommen hatte, eine fast unmerkliche Veränderung, unmerklich jedenfalls für die stumpfen Sinne der meisten Menschen. Und gerade eben, kurz bevor ihn der Matrose aus dem Gleichgewicht gebracht hatte, hatte seine Nase eine bekannte Witterung wahrgenommen. Schwach, ganz schwach, hatte er den würzigen Moosgeruch feuchter Erde gerochen. Er schnupperte noch einmal in den Wind, und sein Gesicht entspannte sich zu einem Lächeln. Er hatte sich nicht geirrt! Ganz deutlich entnahm er der salzgeschwängerten Luft das für einen Schiffer unverkennbare Aroma von Land. Sein Blick wanderte über das Wasser auf der Suche nach weiteren Anzeichen für die unmittelbare Küstennähe. Eine glitschige, olivgrüne Masse schwamm vorbei.

»Claas!«

»Ja, Kapitän?«

Er deutete auf das Treibgut.

»Aye, Kapitän!«

Der Obersteuermann hob eines der Ruder auf und fischte das gummiartige Kraut aus dem Wasser. Jacobs rieb die Pflanze andächtig zwischen den Fingerspitzen. Es waren *Neptuns Perlen*, Seetang, der sich von Felsen losgerissen hatte. Felsen, die an einem Ufer ganz in ihrer Nähe liegen mußten!

»Land!«

Jacobs ließ die entkräfteten Männer zu den Rudern greifen, und bald schon konnten sie einen Küstenstreifen am Horizont erkennen. Die Umrisse einer vorgelagerten Insel zeichneten sich ab, grün, üppig, mit Palmen und Farnen bewachsen.

»Java! Gott sei gedankt, wir sind gerettet!«

Ihre unbändige Freude kannte keine Grenzen. Sie fielen einander um den Hals und brachten in ihrem ungestümen Glück beinahe das Boot zum Kentern.

Der Skipper wartete, bis ihre Freudentränen getrocknet waren. Dann setzte er der Euphorie einen Dämpfer auf, indem er den Anker über Bord warf.

»Was ist los, Skipper?«

»Wir ankern für die Nacht«, entgegnete er ruhig.

Sie blickten einander unsicher an.

»Was? Warum?«

»Wir haben Durst, wir wollen an Land gehen!«

Jacobs schüttelte den Kopf.

»Es ist zu gefährlich! Es wird bald dunkel, das heißt Jagdzeit für alle möglichen wilden Tiere, vom Tiger bis zum Leoparden. Ganz zu schweigen von der schädlichen Nachtluft, in der ihr euch alle möglichen Krankheiten holen könnt. Dies hier ist Java! Laßt uns bis morgen warten und die Insel bei Tageslicht erkunden.«

»Ganz egal, Kapitän! Mit den paar Biestern werden wir schon fertig.«

»Ach ja?«

Jacobs musterte seine abgemagerten Männer von oben bis unten. »Ein Windstoß könnte euch umblasen! Es bleibt dabei, wir ankern für die Nacht.«

Sie bewegten sich in einer langen Karawane durch den dichten Wald. Claas Gerritz und Gillisz Franz gingen voran und schlugen mit Entermessern einen Pfad in das Dickicht. Gleich hinter ihnen kam der Kapitän, beide Pistolen im Anschlag. Sie waren umgeben von einer fremden, exotischen Welt. Ringsum erhoben sich riesige, jahrhundertealte Bäume, manche von solch gewaltigem Umfang, daß die Arme von drei Männern nicht ausreichten, sie zu umspannen. Hirschgeweihförmige Gewächse schmarotzten an ihren moosbewachsenen Stämmen. Farne breiteten ihre gigantischen Fächer aus, und über allem lagen der modrige Geruch und die unheimlichen Geräusche des Dschungels. Da waren die Schreie der Affen, das Kreischen bunter Papageien und der vereinzelte peitschenknallähnliche Zungenschlag eines seltenen Vogels. Sie hatten die beiden Frauen in die Mitte genommen und bahnten sich nur langsam ihren Weg über den schlüpfrigen Boden, über umgestürzte Baumstämme und unter niedrighängenden Schlingpflanzen hindurch. Sonnenstrahlen fielen durch die hohen Baumwipfel und warfen tanzende Lichtflecken auf die unheimliche Landschaft. Im stillen taten sie dem Skipper Abbitte, den sie gestern so sehr verflucht hatten, weil er sie davon abgehalten hatte, sofort an Land zu gehen. Heute, in der Helligkeit des Tages betrachtet, verstanden sie seine Gründe sehr gut.

»Achtung!«

Claas Gerritz blieb stehen und hob seinen Arm vor Gillisz' Brust, um ihn am Weitergehen zu hindern. Der Skipper trat einen Schritt vor und sah sogleich, was die beiden aufhielt. Eine hell- und dunkelbraun gefleckte Schlange hing von einem Zweig und versperrte den Weg.

Er stieß einen leisen Pfiff aus.

»Sollen wir sie töten, Skipper?«

»Ich glaube, es genügt, wenn wir einen großen Bogen um sie herum machen. Oder nein, wartet!«

Jacobs hob einen großen Ast vom Boden auf und stupste die Schlange an. Im Verhältnis zu ihrem Körper hatte sie einen kleinen Kopf. Er stupste sie noch einmal. Zischend riß sie ihre Kiefer auf und zeigte ihm ihre Fangzähne. Ungerührt attackierte er sie noch einmal, und endlich fiel sie von ihrem Zweig herunter, ringelte sich ins Unterholz und verschwand. Jacobs schleuderte den Ast zur Seite und ging weiter. Ein Rauschen drang an sein Ohr. Er ging schneller. Das Rauschen wurde lauter. Schließlich lichtete sich das Dickicht und gab den Blick auf einen Wasserfall frei. Kristallklares Wasser stürzte aus einer Schlucht in ein dunkles, mit wagenradgroßen

Seerosen bewachsenes Becken, das sich schließlich zu einem kleinen Fluß verjüngte.

Überglücklich stürzten die halb Verdursteten am Skipper vorbei zum Ufer. Sie fielen auf die Knie, tranken Wasser im Überfluß, schöpften es mit den Händen, ließen es über ihre verbrannten Köpfe laufen, stolperten hinein. Adriaen stand bis zu den Oberschenkeln im Wasser. Lachend schwenkte er Zwaantie herum, küßte sie leidenschaftlich, bis sie beide ins Wasser fielen. Selbst dann hörte er nicht auf, sie zu küssen. Er fühlte sich so unendlich lebendig, ihr Körper war so warm, so voller Leben. Zwaantie befreite sich aus seiner Umarmung. Nach Luft schnappend schob sie ihn abwehrend von sich.

»Du wirst uns beide noch ertränken«, rief sie lachend aus.

»Was für ein schöner Tod!« murmelte er und verschloß ihre Lippen von neuem.

Sie ließen sich nicht viel Zeit, sich an dem paradiesischen Flecken zu erfreuen. Sie füllten ihre Wasservorräte auf, und noch vor Mittag desselben Tages stachen sie wieder in See.

Drei Tage lang bewegte sich das Langboot in nordwestlicher Richtung entlang der Küste von Java. Am vierten Tag traten sie in die Meerenge von Sunda, zwischen Sumatra und Java, ein und gerieten dort in eine Flaute. Wieder einmal mußten sie zu den Rudern greifen und das Langboot allein mit der Kraft ihrer geschwächten Körper voranbringen. Die hohe Luftfeuchtigkeit trug ihren Teil dazu bei, daß sie nur geringe Fortschritte machten. Jacobs hatte den Kommandeur von der Arbeit am Ruder befreit. Pelsaert hatte wieder angefangen zu fiebern, und der Skipper verspürte nicht die geringste Lust, einen toten Flottenpräsidenten nach Batavia zu bringen, nachdem er ihn während des ganzen Weges vor dem Bootsmann beschützt hatte.

»Da! Ein Segel am Horizont!«

François Pelsaert streckte aufgeregt einen Arm aus und wies auf den Eingang der Meeresstraße hinter ihnen. Inmitten der Passage lag eine kleine Insel und verhinderte die Durchfahrt auf dem direktesten Weg. Und vor ihren palmengesäumten Ufern bewegte sich ein Zweimaster. Rasch zog Jacobs die Ruder ein und griff zu seinem Fernrohr. Ein Anflug von Panik überrollte ihn. In den Gewässern, in denen sie sich befanden, konnte ein Segel sowohl Gutes als auch Schlechtes bedeuten. Sollten sie etwa so kurz vor dem Ziel noch in die Hände von Piraten fallen? Angestrengt blinzelte er in die Dämmerung. Er hatte Kopfschmerzen vor Hunger, und vor seinen Augen flimmerte es. Die anderen beobachteten den Skipper nicht minder gespannt. Eine kleine Ewigkeit verging. Endlich ließ er das Teleskop sinken. »Werft den Anker! Es ist die *Sardam*!«

»Ahoi, *Sardam*!«

»Ahoi, Kapitän!«

Jakob Jakobsen reichte Adriaen die Hand und half ihm an Bord seines Schiffes.

»Ich hätte nie gedacht, daß ich einmal so froh sein würde, dein Gesicht zu sehen, alter Mann!«

Jakobsen biß sich auf die Lippen, um eine passende Erwiderung zurückzuhalten. Zum erstenmal seit er Adriaen kannte, sah dieser keinen Tag jünger aus, als er war. Noch nie hatte er den Freund so abgekämpft und verbraucht gesehen. Er machte das Fallreep frei und überließ es seinen Männern, die völlig verwahrlosten und entkräfteten Menschen aufzunehmen. Decken wurden gebracht und dankbar angenommen, ebenso Becher mit heißer Suppe und Brot.

»Was, zum Teufel, ist geschehen? Wo ist die *Batavia*? Ihr seid uns in dem Sturm so schnell davongesegelt, daß wir dachten, ihr würdet lange vor uns am Treffpunkt sein.«

Er beobachtete, wie das Gesicht seines Freundes einen leidenden Zug annahm, und wußte die Antwort schon, noch bevor sie ausgesprochen wurde.

»Ich habe das Schiff auf Houtmans Riff verloren.«

Jakobsen klopfte Adriaen mitfühlend auf die Schulter. Es gab nichts zu sagen. Nicht unter Navigatoren. Sein Schiff zu verlieren war der größte Alptraum eines Kapitäns, und er fühlte, daß gerade dieser Mann das nicht verdient hatte.

»Ihr seid mit dem Langboot den ganzen Weg von de Houtmans Klippen bis hierher gesegelt?«

Adriaen nickte.

»Bei meinem Bart! Das ist eine navigatorische Meisterleistung, die dir so schnell keiner nachmachen wird.«

Adriaen rieb sich die entzündeten Augen.

»Es mußte sein. Wir haben zweihundertfünfzig Leute auf den Inseln zurückgelassen, die dringend Hilfe brauchen.«

Er sah sich suchend um.

»Wo ist der Kommandeur?«

Jakobsen war verblüfft.

»François Pelsaert ist mitgekommen? Aber wer ist dann bei den Leuten geblieben?«

»Ehrlich gesagt, ich weiß es nicht. Vielleicht der Unterkaufmann Cornelius.«

»Was? Dieser gottlose Heide?«

»Vielleicht. Falls er es geschafft hat, das Wrack zu verlassen.«

Kapitän Jakobsen schüttelte entgeistert den Kopf, froh, nicht in der Haut seines Freundes zu stecken.

Der kleine Mann entdeckte François Pelsaerts ausgemergelte, abgezehrte Gestalt unter den an Deck versammelten Schiffbrüchigen und ging ihm rasch entgegen.

»Willkommen an Bord, Kommandeur! Kapitän Jacobs hat mir bereits in groben Zügen geschildert, was vorgefallen ist. Darf ich Euch mein tiefstes Bedauern ausdrücken?«

Pelsaert nickte nur.

Jakobsen musterte ihn verstohlen. Der Kommandeur sah furchtbar mitgenommen aus. Auf seinen eingefallenen Wangen blühten Fieberrosen, und von allen Geretteten war er unübersehbar in der schlechtesten körperlichen Verfassung.

»Es dürfte Euch interessieren, daß die *Frederik Hendrik* ganz in der Nähe liegt, Herr Rambruch befindet sich an Bord. Wenn Ihr wollt, kann ich gleich das Beiboot zu Wasser lassen und Euch übersetzen.«

Pelsaert vernahm die Nachricht mit gemischten Gefühlen. Crijn Rambruch war Mitglied des Ost-Indien-Rates, eine bedeutende Stimme in dem Vorstand, in den er so sehr gehofft hatte, bald selbst eintreten zu können. Was würde er wohl zu ihrem Unglück sagen, wie würde der Rat darauf reagieren? Und das Allerschlimmste stand ihm überhaupt erst noch bevor. Ein eiskalter Schauer lief ihm über den Rücken bei dem Gedanken, General-Gouverneur Jan Pieterszoon Coen persönlich Rede und Antwort stehen zu müssen.

»Danke, Kapitän, ich weiß Eure Anteilnahme zu schätzen. Vielleicht darf ich mich zuerst rasieren?«

»Natürlich, Kommandeur, betrachtet Euch als meinen Gast. Mein Bootsmann wird Euch den Weg in meine Kajüte zeigen.«

Pelsaert folgte dem Maat in die Kabine, wo heißes Wasser und Rasierzeug auf ihn warteten. Jakobsen blieb mit Adriaen zurück.

»Gott, Adriaen, diese verdammte Schiffsfalle ist auf der Karte eingezeichnet! Die VOC läßt kein Schiff aus dem Hafen von Amsterdam ohne eine Warnung. Wie konnte das nur passieren?«

Der Skipper der *Sardam* war sichtlich geschockt. Das beste Schiff der gesamten Flotte zerschmettert auf einem Felsen, vor dem immer wieder eindringlich gewarnt wurde. Wenn es selbst diesem Navigator passieren konnte, der ein außerordentliches Gespür für den richtigen Weg hatte, dann konnte es jedem von ihnen zu jeder Zeit genauso zustoßen.

Alles in Adriaen verkrampfte sich, und er wurde blaß unter seiner Bräune. Wieder einmal übernahm sein Elend die Gewalt über ihn.

»Ich habe mich verschätzt. Um sechshundert Meilen!« fügte er leise hinzu.

Jakobsen sagte nichts mehr. Er wußte, wie leicht einem ein Fehler unterlaufen konnte. Eine falsche Orientierung nach einem Sturm. Die Ungenauigkeit der Instrumente. Breitengrade immer nur mit Abweichungen. Keine Möglichkeit, den Längengrad, den Fortschritt von Westen nach Osten, zu berechnen. Eine kurze Messung mit dem Log sollte Aufschluß über die Geschwindigkeit des Schiffes während eines ganzen Tages geben.

»Was wirst du jetzt tun?«

Adriaen zuckte die Achseln.

»Einen guten letzten Blick auf das Meer werfen, wenn wir in Batavia ankommen, – und berichten!«

Einmal mehr war der Skipper der *Sardam* froh, nicht an Adriaens Stelle zu sein. Die *17 Herren* kannten keine Gnade mit einem Navigator, der sein Schiff verloren hatte, ganz zu schweigen von dem Prunkstück der gesamten Ost-Indien Flotte. Das sensationelle Kunststück, mit dem Langboot den weiten Weg nach Batavia zurückzulegen, würde bei ihrem Urteil nicht im geringsten ins Gewicht fallen. Er schüttelte den Kopf und pfiff dabei leise durch die Zähne.

»Meine verdammte Hochachtung, Adriaen. Mehr als zwölfhundert Seemeilen über das offene Meer – in dieser Nußschale! Ich kann's immer noch nicht glauben. Du bist schon ein Teufelskerl!«

»Ich bin ein toter Mann, Jakob, das weißt du so gut wie ich.«

»Was sagtest du gerade, wann du dein erstes Mädchen geküßt hast?« Andries de Vries errötete. Er saß mit Lucretia und Judith am Lagerfeuer der Bastians, und die beiden Frauen machten sich einen Spaß daraus, den schüchternen jungen Mann zu necken. Wybrecht, das fünfzehnjährige Dienstmädchen der Bastians, unterdrückte ein Kichern. »Wie? Du hast noch kein Mädchen geküßt? Du machst dich über uns arme Frauen lustig! So ein gutaussehender Mann wie du!«

Lucretia sah die Verlegenheit in seinen Augen und tätschelte gutmütig sein Knie.

»Laß es gut sein Judith, ich glaube, wir haben ihn genug geärgert.«

Doch die vertrauliche Geste machte alles nur noch schlimmer. Andries war bis über beide Ohren in Lucretia verliebt, und obwohl er ziemlich genau wußte, daß es eine aussichtslose Sache war, tauchte die Berührung seine glatten Wangen in ein noch tieferes Rot.

Er hatte sich den beiden Frauen angeschlossen, weil

zwischen den Männern auf der Insel kein Platz für ihn war. Während der langen Reise war er die meiste Zeit mit François Pelsaert und dem Bader zusammengewesen und hatte es versäumt, sich unter den anderen Angestellten der VOC Freunde zu machen. Nun war der Kommandeur weg, der Bader den ganzen Tag unterwegs, um die größeren und kleineren Krankheiten in der Kolonie zu versorgen, und mit den Schiffsjungen, die seinem Alter näherstanden, konnte er keine Gemeinsamkeiten finden. Andries war mit vier Schwestern aufgewachsen, er fühlte sich wohl unter Frauen, und Judiths mollige Mutter hatte ihn anstandslos an ihrem Herd aufgenommen, als wäre er einfach ein weiteres ihrer zahlreichen Kinder.

Sein Blick folgte Judiths feingliedrigen Fingern, die den Deckel von dem Topf über dem Feuer hoben. Ein Schwall weißen Dampfes stieg auf, und sie rührte mit einem Zweig im Seehundgulasch.

Das Wasser lief ihm im Mund zusammen. Andries war gerade achtzehn Jahre alt, ein Alter, in dem ein Junge noch sechsmal am Tag die Portionen von drei erwachsenen Männern verdrückt, wo ein zweiter Wachstumsschub die Gliedmaßen lang und ungeschickt aussehen läßt, wo er, kein Kind mehr und noch kein Mann, mit sich selbst uneins war, von Unsicherheiten und Selbstzweifeln geprägt.

Judith warf ihm einen freundlichen Blick zu.

»Na, hungrig, Andries?«

Er nickte, beschämt darüber, daß man ihm seine niedrigen Instinkte so leicht von den Augen ablesen konnte.

»Du mußt dich wohl noch ein wenig gedulden, der Eintopf muß noch mindestens eine Stunde garen.«

Sie zwinkerte zu Lucretia hinüber.

»Hast du eine Ahnung, wo diese jungen Männer das

ganze Essen hinstecken? Mein kleiner Bruder ist ganz genau so, ständig den Mund voll, aber dünn wie eine Hopfenstange.«

Schritte knirschten über den Sand, ein Schatten fiel über sie. Sie blickte auf, direkt in die blauen Augen Conrad van Huyssens.

»Möwenaugen!« fuhr es ihr spontan durch den Kopf. Sie hatte lange überlegt, woran sein seltsam glitzernder Blick sie erinnerte, aber jetzt wußte sie es. Seine Pupillen hatten die silbrige, transparente Kälte von Seemöwenaugen.

»Guten Abend, Prinzessin!«

Sie zwang sich, in aller Ruhe den Deckel wieder auf den Topf zu stülpen, obwohl sie genau wußte, daß er von dort oben direkt in ihren Ausschnitt sehen konnte. Dann setzte sie sich zurück.

Wouter Loos und Mattys Beer, ein Soldat, den sie nur vom Sehen kannte, hatten sich hinter dem Kadetten aufgebaut, die Musketen fest in der Hand, Bajonette aufgepflanzt.

»Können wir etwas für Euch tun?« fragte sie betont förmlich.

Van Huyssen ließ seine Augen genüßlich über ihre Arme gleiten, über ihr prachtvolles Haar, über die goldenen Sommersprossen auf ihrer Nase und ihrem Dekolleté.

»O ja!« dachte er für sich. »Ich wüßte schon etwas, das du für mich tun könntest, aber das muß vorerst warten.«

»Nein«, sagte er laut. »Leider nichts, meine Damen. Wir sind gekommen, um Andries zum Fischen abzuholen.«

Judith wechselte einen nervösen Blick mit Lucretia.

»Was, jetzt? Zu dieser späten Stunde? Es wird jeden Augenblick dunkel werden.«

Aber Andries war bereits eifrig aufgesprungen.

»Es heißt, in der Dämmerung beißen die Fische am besten«, antwortete van Huyssen leichthin.

Er legte seinen Arm um Andries' Schultern und führte ihn fort.

Die drei Frauen blieben ratlos beim Feuer zurück.

»Ich kann wirklich nicht sagen, daß ich mich in van Huyssens Nähe wohl fühle«, erklärte Judith mit einem Schaudern. »Er sieht mich immer so aufdringlich an. Und was ist das für ein merkwürdiger Einfall, mitten in der Nacht fischen zu gehen?«

»Sie hatten gar kein Angelzeug dabei«, piepste Wybrecht dazwischen. Lucretia blickte Judith unbehaglich an. Zu viele waren über Nacht verschwunden, lautlos und ohne eine Spur zurückzulassen.

»Die Bajonette!« rief Lucretia plötzlich aus. »Sie spießen die Fische mit ihren Bajonetten auf.«

»Ach ja! Natürlich!« stimmte Judith erleichtert zu.

Aber ihre Zweifel wollten nicht schwinden, und sie wurden von einer merkwürdigen Unruhe erfaßt, die dem heiteren Abend den Glanz nahm.

Die drei Männer hatten Andries in ihre Mitte genommen. Zielstrebig führten sie ihn zum Strand, wo David Zeevanck und Lennart Michels bereits auf sie warteten. Sie saßen in einem kleinen Boot, dem neuesten Beweis der Geschicklichkeit der Zimmerleute auf *Batavias Friedhof*. Zwei Männer waren bei ihnen, ihre Gesichter bleich und angespannt. Andries blieb wie angewurzelt stehen. Alle in dem Boot waren mit Entermessern bewaffnet, bis auf die beiden Männer, die er nicht kannte und deren Gesichtsausdruck er nicht zu deuten vermochte. Mattys Beer klopfte ihm von hinten mit dem flachen Bajonett auf die Schulter.

»Los, weitergehen!«

Zögernd setzte sich Andries wieder in Bewegung. Er hatte plötzlich gar keine Lust mehr zum Fischen, aber es blieb ihm keine andere Wahl, als in das Boot zu steigen. Sie wurden zur *Insel der Verräter* übergesetzt. Unbeholfen und von den anderen vorangetrieben, stolperten sie an Land. Die Nacht hatte sich mittlerweile auf die kleine Koralleninsel herabgesenkt, und Andries begann zu frösteln.

»Ist es nicht schon viel zu dunkel zum Fischen?«

»Halt den Mund, Junge!«

Conrad van Huyssen packte ihn von hinten und hielt ihm einen Dolch an die Kehle. Langsam zwang er Andries, sich zum Wasser umzudrehen.

»Heilige Einfalt! Hast du wirklich geglaubt, wir holen dich zum Fischen ab? Wenn du wissen willst, was wir mit dir vorhaben, dann sieh jetzt ganz genau hin!«

Andries blinzelte in die Dunkelheit. Er sah, wie Zeevanck und Beer einen der Männer ergriffen, Michels und Loos den anderen. Sie banden die sich verzweifelt Wehrenden an Händen und Füßen und schleppten sie ans Ufer, wo sie ihre Köpfe unter Wasser drückten, bis sie aufhörten zu zappeln. Als es zu Ende war, waren seine Beine gefühllos. Sein Magen hob sich in Stößen, und er mußte würgen.

»Und jetzt bist du an der Reihe.«

Van Huyssen lächelte ihn kalt von der Seite an. Er drehte ihm den Arm auf den Rücken und zwang ihn zurück zum Wasser, wo die Körper der beiden Männer leblos auf der Oberfläche trieben. Michels und Loos waren eifrig damit beschäftigt, Steine aufzusammeln, um die Leichen zu beschweren. Van Huyssen übergab den verängstigten Jungen in die groben Hände des Buchhalters. Zeevanck machte sich nicht einmal die Mühe, sein Opfer zu fesseln. Er tauchte den Jungen unter, so wie er war, überzeugt, daß er nicht mehr Gegenwehr leisten würde als ein neugeborenes Kätzchen.

Das kalte Wasser klärte Andries' Kopf, und er erwachte aus seiner Betäubung. Noch niemals zuvor hatte er dem Tod ins Gesicht gesehen, und jede Faser in ihm sträubte sich jetzt gegen das, was hier mit ihm geschehen sollte. Ziellos begann er, um sich zu treten und zu schlagen, fest entschlossen, sein junges Leben zu retten. Überrascht von der unerwarteten Attacke ließ Zeevanck los, und Andries' Kopf kam über Wasser.

»Laßt mich! Ich will nicht sterben! Ich will nicht!«

Er versuchte, von Zeevanck loszukommen, doch der Buchhalter packte ihn am Hemd und hielt ihn zurück. Brutal klemmte er den Kopf des Jungen unter seine kräftigen Arme und hielt ihn erbarmungslos unter Wasser. Van Huyssen stand breitbeinig am Ufer, ein ungerührter Zuschauer, mitleidlos und ohne jede Gefühlsregung.

»Nicht so schnell!« rief er schließlich aus. »Laß ihn ein bißchen Luft schnappen!«

Zeevanck gehorchte, und Andries kam hustend und spuckend nach oben. Wasser floß ihm aus den Haaren, seine Nase lief, und sein Herz hämmerte gegen seine Brust. Van Huyssen wartete einen Moment, dann gab er Zeevanck ein Zeichen. Wieder wurde Andries unter Wasser gedrückt. Seine Lungen brannten, und in seinem Kopf explodierte ein wilder Regenbogen bunter Farben.

»Halt! Warte!«

Van Huyssen watete ins Wasser, stieß den verdutzten Buchhalter beiseite und zog Andries am Kragen hoch.

»Bist du bereit, uns zu helfen, wenn wir dir das Leben schenken?«

Der Junge keuchte und rang nach Luft, kaum in der

Lage zu sprechen. »Ja! Ja!« antwortete er mit bebender Stimme. »Alles was ihr wollt, aber laßt mich leben!«

»Hm. Wenn du mich fragst, das sieht ziemlich garstig aus.«

Thomas de Villiers hatte seinen linken Schuh ausgezogen und untersuchte den tiefen Einschnitt in seiner Ferse, der zu eitern begonnen hatte. Wiebe Hayes zog ein Tuch aus der Tasche und reichte es de Villiers. Sie saßen unter einem verkrüppelten Bäumchen auf dem Eiland westlich der *Hohen Insel*. Die Verletzung an de Villiers' Fuß stammte von der Überquerung der schlammigen, mit scharfen Korallen gespickten Untiefe, die zwischen den beiden Inseln lag.

Ein paar Tage zuvor hatte die kleine Gruppe von Söldnern auf der unbedeutenden Anhöhe gestanden, der Wind hatte ihnen die Tränen in die Augenwinkel getrieben, und sie hatten ihre Blicke nach Westen gerichtet, wo große grüne Flächen auf der Schwesterinsel sie magisch anzogen. Sie hatten die Wasserfässer am Ufer zurückgelassen und sich daran gemacht, den seichten Morast zu überwinden, was ihnen allesamt kaputte Schuhsohlen und blutende Füße eingebracht hatte. Auf der anderen Insel angekommen, hatten sich die grünen Stellen als Buschwerk erwiesen, das ihnen kaum bis zu den Oberschenkeln reichte, aber in gewissem Sinne war das Unternehmen doch keine Enttäuschung gewesen. Sie hatten sofort jede Menge Eßbares gefunden, als Ergänzung zu den kargen Rationen an Schiffszwieback, die Cornelius ihnen mitgegeben hatte und die sich langsam mit blaugrünem Schimmel überzogen.

De Villiers knotete das Tuch um seinen verletzten Fuß und zog den Schuh wieder an.

»Ich glaube nicht, daß es brandig wird. Das Salzwasser hat wohl den meisten Dreck herausgewaschen.«

Er griff in seinen Proviantbeutel und nahm vorsichtig ein kleines gesprenkeltes Ei heraus. Mit zurückgelegtem Kopf zerbrach er das Ei und schlürfte es direkt aus der Schale. Sie litten wahrhaftig keinen Hunger! Überall nisteten Vögel in der Erde, und es gab Unmengen von Austern und Fische, die bei Ebbe in seichten Becken zurückblieben. Sie ließen sich ganz einfach mit der Hand herausfangen. In den Büschen hingen kleine, rote Beeren, die zwar sauer schmeckten, aber dennoch gierig verzehrt wurden. Die Schiffskrankheit war das Schreckgespenst, vor dem sich die Söldner fürchteten! Und sie hatten Wasser gefunden. Brackiges Wasser, das vom Regen zurückgeblieben war und sich zwischen den Felsen angesammelt hatte. Es war nicht viel und doch genug, um sie noch ein paar Tage vor dem Verdursten zu bewahren. Kostbare Tage, die sie für ihre Suche nach richtigem Wasser verwenden konnten.

Die Soldaten hatten sich in kleine Gruppen aufgeteilt und damit begonnen, die Insel systematisch zu durchkämmen. Wiebe Hayes und Thomas de Villiers waren gemeinsam losgegangen, nicht nur, weil Wiebe fließend Französisch sprach, sondern auch, weil sich die beiden von Anbeginn an sympathisch waren und gegenseitig respektierten.

Wiebe schob sich sein Bündel unter den Nacken, verschränkte die Hände hinter dem Kopf und blickte in den Himmel. Ringsum, über der heideähnlichen Landschaft, herrschte Zwielicht. Wie immer, wenn er Muße hatte, drängte sich ihm die Erinnerung an die glücklichen Tage seiner Kindheit auf. Die Erinnerung an den würzigwarmen Geruch dampfender Pferde in einer langen Reihe von Unterständen, an endlose grüne Wiesen, endlos wie das Meer

– und vor allem die Erinnerung an *sie*! So lange war sie immer nur die kleine Schwester seines besten Freundes gewesen, ein quengelndes, lästiges Anhängsel, das es loszuwerden galt, um sich wahren Männerangelegenheiten zu widmen. Männerangelegenheiten wie am Weiher sitzen und angeln, mit den Jagdhunden spielen, Reste aus der Gutsküche ergattern und sich vor der Arbeit drücken.

Er war gerade elf geworden, als sein Vater die Stellung als Stallmeister auf dem kleinen Gutshof in der Nähe von Winschoten angenommen und damit einer vierjährigen, rastlosen Wanderschaft ein Ende bereitet hatte. Der Vater war 1602, während des großen Freiheitskampfes gegen England, aus Irland herübergekommen. Wie jeder waschechte Ire war Theodor Hayes ein glühender Anhänger von Hugh O'Neill und seinem erbitterten Kampf gegen die Engländer gewesen, aber er hatte für sich selbst keine Zukunft mehr in Irland gesehen. Es waren nicht der Krieg oder die religiöse Unterdrückung, die ihn dazu getrieben hatten, seine Heimat zu verlassen, sondern schlichtweg Hunger. Eine beispiellose Hungersnot tobte zu der Zeit in Munster, der Provinz, in der er geboren und die von den Engländern in Schutt und Asche gelegt worden war. In den Niederlanden angekommen, mußte er feststellen, daß die Holländer Fremde nicht mit offenen Armen willkommen hießen. Die strengen, beschützenden Regeln der holländischen Handwerkszünfte machten es ihm unmöglich, Arbeit in seinem Beruf als Hufschmied zu finden. Es zog ihn aufs Land, wo das Leben billiger war und er sich mit Gelegenheitsarbeiten als Knecht über Wasser hielt. Auf einem der Höfe hatte eine hübsche Magd sein Auge angezogen. Sie war blond und anziehend und hatte das Lächeln des nicht mehr ganz jungen Fremden schüchtern erwidert. Einen ganzen Winter lang hatte er um sie geworben, und im

Frühling hatte sie ihm dann endlich nachgegeben. Sie heirateten, und im Jahr darauf wurde ihnen ein Junge geboren. Mit Esther wurde alles besser für Theo Hayes. Er fand Arbeit als Hufschmied in Amsterdam, und während sie sich um das Kind und den Haushalt kümmerte, half er auch hin und wieder bei einem kranken Pferd aus. Sechs Jahre vergingen, in denen das Paar ohne weitere Kinder blieb, doch dann kam Esther erneut in Hoffnung. Diese Schwangerschaft war anders. Die morgendliche Übelkeit wollte nicht vergehen, und als Esthers Zustand fortschritt, kam eine bleierne Müdigkeit hinzu, die ihr jegliche Kraft raubte. Zum Zeitpunkt ihrer Niederkunft konnte keine Hebamme und kein Arzt ihr helfen. Das Kind war zu groß. Sie starb qualvoll im Kindbett und mit ihr Wiebes Schwester. Theodor Hayes war am Boden zerstört. Er nahm seinen kleinen Sohn und begab sich auf eine ziellose Reise durch das Land, unfähig, sich irgendwo länger als ein paar Wochen niederzulassen. Solange Wiebe denken konnte, hatte sein Vater mit Pferden gearbeitet, als Pfleger, als Kutscher, als Bereiter. Pferde waren der Dreh- und Angelpunkt in seinem Leben, und nach dem frühen Tod seiner jungen Frau hatte er auch seinen Sohn wie ein Füllen erzogen: Behandle das Pferd stets mit fester Hand, und das Pferd wird es dir mit Sanftmut danken! Theodor Hayes war der festen Überzeugung, daß seine goldene Regel, die sich im Umgang mit Pferden als ein Segen erwiesen hatte, auch im Umgang mit dem eigenen Sprößling nicht falsch sein konnte. So bildete er Wiebe zu einem ausgezeichneten Reiter und Stallburschen aus und merkte dabei nicht, daß er andere Seiten der Erziehung vollkommen vernachlässigte. Doch das sollte sich ändern, als er den Jungen nach Winschoten auf das Gut der ten Berges brachte. Es begann damit, daß er Wiebe und den jungen Niklas an einem kalten, nebligen Wintermorgen bei einer wilden Keilerei in einem leeren Pferdestand erwischte.

»Wiebe! Was fällt dir ein?«

Er packte den Jungen am Kragen und zerrte ihn vom Sohn des Gutsbesitzers weg. Wiebe war hochrot bis über beide Ohren und fuhr fort, mit geballten Fäusten ziellos in die Luft zu schlagen. Niklas rappelte sich auf und spuckte einen Strohhalm aus.

»Und es bleibt dabei, du bist dumm wie Bohnenstroh!«

Wiebe stieß einen wilden Schrei aus und wollte sich erneut auf seinen Beleidiger stürzen, aber der Vater hielt ihn mit eiserner Hand zurück, die Beine fest in die Streu gepflanzt.

»Worum geht es hier?« fragte er drohend.

»Er behauptet, ich kann nicht lesen.«

Niklas, der sich unverletzbar fühlte, jetzt, da Wiebes Vater die Kontrolle übernommen hatte, hob ein dünnes Buch auf, das in einer Ecke im Stroh lag, und warf es Wiebe ins Gesicht.

»Er stottert wie ein kleines Kind. Selbst meine Schwester kann besser lesen, und die ist erst sieben!«

Wiebes Vater hob das arg zerfledderte Buch auf und betrachtete nachdenklich den Titel.

»Ich denke, das reicht jetzt, Niklas! Laß uns ein wenig allein, und ich verspreche dir, bis heute nachmittag ist alles vergessen.«

Niklas warf einen schuldbewußten Blick auf seinen Spielkameraden und trollte sich. Wiebe blickte nicht auf. Mit finsterer Miene starrte er auf den Boden zu seinen Füßen und zog die Nase hoch.

»Nun Wiebe?«

»Er hat recht! Ich kann nicht lesen. Es fällt mir furchtbar schwer, die Buchstaben zu Wörtern zusammenzubauen.«

Theodor Hayes reichte seinem Sohn das Buch.

»Würdest du mir den Gefallen tun und mir etwas daraus vorlesen? Es ist lange her, daß ich die Fabel von Reineke dem Fuchs gehört habe.«

Freudlos öffnete Wiebe das Buch und begann, mit stockender, monotoner Stimme zu lesen. Er verhaspelte sich, stolperte über die Wörter, und schließlich verstummte er ganz.

Wiebes Vater nickte bekümmert.

»Ich fürchte, das ist meine Schuld, Sohn! Ich habe mich wohl nicht ausreichend um deine Schulbildung gekümmert, seit Mutter gestorben ist.«

Er kratzte sich einen Augenblick hilflos im Nacken, dann klopfte er Wiebe aufmunternd auf die Schultern.

»Aber nun gräme dich nicht, Sohn. Das ist nichts, was man nicht wieder in Ordnung bringen kann.«

Der Vater war auf seinen krummen Beinen davongestiefelt, und schon am selben Tag saß Wiebe mit den beiden Sprößlingen des Gutsherrn im Studierzimmer und lauschte den Worten des Hauslehrers. Eine völlig neue Welt tat sich ihm auf, und er sog sie begierig in sich hinein. Der Vater hatte ihm alles über Pferde beigebracht, ihre Fütterung, ihre Krankheiten, wie man sie sattelte, wie man sie pflegte, wie man sie ritt. Jetzt vervollkommnete er mit demselben Eifer sein Lesen und Schreiben, lernte Französisch und Latein, Arithmetik und Mathematik und studierte die Psalmen und den Katechismus. Und an jedem neuen Schultag saß die kleine Nita rechts von ihm und lächelte ihm aufmunternd zu, wenn er bei einer Antwort stockte, trat ihm unter dem Tisch ans Schienbein, wenn sie ihn ärgern wollte, und neckte ihn, wenn er wieder einmal seine Schiefertafel zerbrochen hatte. Er rächte sich, wenn der Vater ihr auf dem Reitplatz Unterricht gab. Dann pflegte er, auf der Umzäunung zu sitzen und ihr zuzusehen. Wenn sie nach der Stunde ihr Pferd wegführte, zog er sie an den langen Zöpfen und schnitt ihr Grimassen.

»Gib es auf, Nita! Du lernst es nie!«

»Pah«, schnaubte sie. »Aus mir wird einmal eine gute Reiterin, dein Vater hat es selbst gesagt. Und du bist bloß neidisch, weil du kein eigenes Pferd hast.«

Das war der Moment, in dem er sich erinnerte, daß sie beide nicht von gleichem Stand waren. Sie war die Tochter eines Gutsbesitzers, und er war der Sohn des Stallmeisters. Und er verdankte es ganz allein dem Wohlwollen Herrn ten Berges, daß er mit dessen Kindern am Unterricht teilnehmen durfte.

»Nita, du bist die Pest!«

Sie streckte ihm die Zunge heraus, er schubste sie, und schon waren sie in die schönste Rauferei verwickelt. Für gewöhnlich war es Nita, die aufgab und um Frieden bettelte, wenngleich sie es auch niemals so ausdrückte. Statt dessen pflegte sie, den Kopf zurückzuwerfen, sich ein paar losgelöste Haarsträhnen hinter die kleinen Ohren zu streichen und die Hände in die Hüften zu stemmen.

»Los! Auf ein Wettrennen zum Weiher!«

Er sattelte dann gewöhnlich eines der alten Arbeitspferde, während Nita den Damensattel von ihrer kleinen Fuchsstute abnahm und gegen einen Herrensattel vertauschte.

»Du wirst Ärger bekommen, wenn dein Vater das sieht.«

»Pah! Wer kann schon ein anständiges Wettrennen im Damensitz reiten!«

So verbrachten sie die Tage ihrer Kindheit mit Spielen, Reiten und Lernen, und keiner von ihnen bemerkte, daß sie älter wurden und plötzlich keine Kinder mehr waren. Die Veränderungen kamen leise und unmerklich. Niklas und Wiebe begannen, sich für die Mägde auf dem Hof zu interessieren. Ein tiefer Ausschnitt wurde plötzlich kichernd zur Kenntnis genommen, ein ausladendes Hinterteil mit verstohlenen Blicken bedacht. Fast zur selben Zeit durfte Nita nicht mehr mit Wiebe ausreiten.

»Vater hat es verboten«, maulte sie und spielte mit ihren langen Zöpfen. »Er sagt, es schickt sich nicht, im Herrensitz zu reiten und wie die wilde Jagd über die Felder zu stürmen.«

Wiebe zuckte mit den Achseln und verbrachte wieder mehr Zeit mit Niklas. Zufrieden vertändelten die beiden Jungen einen ganzen glücklichen Sommer damit, auf die Jagd zu gehen, im Korn zu liegen und zu dösen oder ganz einfach schweigend miteinander am Ufer des dunklen Weihers zu sitzen und Forellen zu fangen. Sie verstanden sich ohne Worte. Niklas sollte im kommenden Frühjahr auf die Universität nach Leyden gehen, und sie fühlten beide, daß dies der letzte unbeschwerte Sommer sein sollte, den sie miteinander teilen durften. Und dann kam jener Tag im Spätsommer, als Wiebe den neuen Hengst im Hof angebunden hatte und sein glänzendes, schwarzes Fell striegelte. Fünfzehnmal hatte er bereits den Striegel ausgeklopft, die kleinen Staubhäufchen lagen in einer langen ordentlichen Reihe auf dem Mauervorsprung, als das Pferd den Kopf hob, die Nüstern blähte und nervös hin und her zu tänzeln begann.

»Ruhig, Torian! Ganz ruhig!«

Das Pferd beruhigte sich beim Klang seiner Stimme, und Wiebe wandte den Kopf, um zu sehen, was den Hengst so aufgeregt hatte.

»Wie wär's mit einem Wettrennen?«

Nita strahlte ihn an, sie hielt ihre Stute am langen Zügel und trug ein Reitkleid aus schwarzem Tuch. Ihre langen Zöpfe waren verschwunden, statt dessen hing ihr Haar in goldbraunen Flechten auf den Rücken herab. Wiebe schluckte. Er hatte niemals zuvor ihre schmale Taille bemerkt oder die schlanken Fesseln, die in den zierlichen Reitstiefeletten steckten.

Er sattelte Torian mit zitternden Händen und wider besseres Wissen. Es war ihm strengstens verboten, den Hengst zu reiten, aber jetzt handelte er ohne nachzudenken. Er schwang sich in den Sattel und nahm die Zügel auf.

»Auf zum Weiher!«

»Zum Weiher!«

Sie galoppierten über das Kopfsteinpflaster im Hof, vorbei an einer Magd, die Birnen pflückte, vorbei an dem kleinen Brunnen und raus aufs offene Land. Wiebe spürte, wie die starken Muskeln des Hengstes arbeiteten, und der Wind trieb ihm Tränen in die Augenwinkel. Eine unwiderstehliche Lebensfreude stieg in ihm auf. Für eine kurze Strecke ließ er dem Tier freien Lauf, genoß die ungebändigte Kraft, die er allein mit einer leichten Hand und dem sachten Druck seiner Schenkel beherrschte, dann sammelte er es wieder und verlangsamte das Tempo, damit Nita mit ihrer Fuchsstute aufschließen konnte. Der Weiher tauchte vor ihnen auf, aber keiner von beiden machte Anstalten anzuhalten, und sie ließen den kleinen See hinter sich. Eine Weile galoppierten sie Seite an Seite dahin, dann waren die Besitztümer der ten Berges zu Ende, und ein Weidezaun versperrte den Weg. Nita jauchzte und trieb ihr Pferd noch stärker an.

»Nicht! Du bist zu schnell!«

Sie schoß an Wiebe vorbei und setzte in einem perfekten Sprung über den Zaun. Mit einem befreiten Lachen drehte sie sich zu ihm um.

»Oh, ich könnte bis ans Ende der Welt mit dir galoppieren!«

»Nita! Paß auf!«

Sie hatte den zweiten Zaun nicht gesehen und die kleine Stute nicht darauf vorbereitet. Das arme Pferd wußte nicht, ob es springen oder anhalten sollte, und so entschied es sich im letzten Augenblick zum Sprung. Es kam zu spät vom Boden weg und krachte mit den Vorderbeinen in den Zaun. Morsche Latten zerbarsten, die Stute stürzte, und Nita wurde vornübergeschleudert und kam hinter den Trümmern des Zaunes zu liegen. Die kleine Stute rollte zur Seite weg, ihre Vorderhufe gefährlich nahe an Nitas Kopf, und kam mit einem Wiehern wieder auf die Beine. Wiebe wurde es heiß und kalt. Er lenkte Torian zu der Unglücksstelle und sprang ab, noch bevor das Pferd ganz zum Stehen kam. Zutiefst erschrocken kniete er neben Nita nieder. Sie lag leblos auf dem Boden, das Gesicht leichenblaß und von zerzausten Haarsträhnen bedeckt.

»Nita! Nita, bist du in Ordnung?«

Sie bewegte sich stöhnend.

»Mein Pferd! Was ist mit Elfe?«

Die Stute stand neben den Überresten des Gatters und rupfte ungerührt Grasbüschel aus. Ein kleiner, blutiger Schmiß verlief quer über ihren rechten Vorderfuß.

»Elfe ist in Ordnung. Sie hat nur einen Kratzer abbekommen.«

Nita setzte sich auf und vergewisserte sich selbst.

»Im Herrensitz wäre mir das nicht passiert«, maulte sie.

Wiebe antwortete nicht. Er betrachtete fasziniert die sanften Schwellungen ihrer Brüste. Sie war doch gerade erst vierzehn. Ohne daß er es bemerkt hatte, hatte sie sich vom Mädchen zur Frau entwickelt. Wie hatte er das übersehen können? Das Herz schlug ihm bis zum Hals. Langsam streckte er seine Hand aus und versuchte, ein wenig feuchte Erde von ihrer Wange fortzuwischen, aber er machte es nur noch schlimmer. Nita fing lachend seine Hand auf und preßte sie gegen ihre Lippen. Sie wurde ernst, und eine seltsame Schwere überkam ihn. Und dann, er wußte nicht wie und warum, lag seine Hand auf ihrer Hüfte, berührten seine Lippen ihre Lippen, er küßte sie, und sie küßte ihn still und entzückt wider, und sein ganzer Körper sang vor Glück. Für Wiebe sollte seine erste Erfahrung in der Liebe für immer untrennbar mit goldenem Herbstlicht, Bienensummen und dem Duft von frischem Gras verbunden sein. Die beiden jungen Menschen waren so tief ineinander versunken, wie nur Liebende es sein können. Sie hörten den näherkommenden Hufschlag nicht. Erst als es zu spät war, stoben sie auseinander, hastig und schuldbewußt. Niklas starrte sie von der Höhe seines großen Braunen aus an, bevor er den Wallach wortlos an den Zügeln herumriß, ihm die Sporen in die Seite hieb und davongaloppierte.

Ernüchtert richteten sich die beiden auf. Wiebe half Nita, ihre Röcke zu glätten und das Heu aus ihrem Haar zu entfernen. Dann fing er die Stute ein, die ein gutes Stück entfernt graste, und hielt Nita den Steigbügel. Sie stützte sich auf seine Schulter, machte aber keine Anstalten, sich in den Sattel zu schwingen.

»Ob er uns verraten wird? Ich habe ihn noch nie so gesehen. O Gott, ich habe solche Angst!«

Wiebe ließ das Pferd los und legte seine Arme um sie.

»Hab keine Angst! Ich werde bei deinem Vater um deine Hand anhalten, und alles wird gut werden, du wirst sehen!«

In seinem Herzen war alles so einfach. Aber in seinem Kopf hämmerte es wieder und immer wieder: Sie ist die Tochter eines wohlhabenden Gutsbesitzers, und du bist nichts weiter als der mittellose Sohn des Stallmeisters!

Ein kleiner Kiesel traf Wiebe auf der Brust und holte ihn gewaltsam in die Wirklichkeit zurück. Benommen stützte er sich auf seinen Ellenbogen. De Villiers grinste ihn verschmitzt von der Seite an.

»Endlich wach, Schlafmütze? Ich finde, wir sollten hier unser Nachtlager aufschlagen. Nicht mehr lange, bis es dunkel wird.«

Wiebe packte de Villiers plötzlich am Arm und bedeutete ihm, still zu sein. Er setzte sich auf und lauschte angestrengt in die Dämmerung. Ein Rascheln drang aus einem nahegelegenen Gebüsch. Sie mußten nicht lange warten, und ein seltsames Geschöpf kam daraus hervorgekrochen. Seine Vorderläufe waren ungleich kürzer als die Hinterläufe. Es benutzte sie als Stütze, wie eine Katze, die mit einem Wollknäuel spielt, und zog seine kräftigen Hinterbeine nach. Zutraulich blieb es vor den beiden Männern sitzen und guckte sie mit großen Augen an. De Villiers entspannte sich wieder.

»Ach, es ist nur eins von diesen Katzentieren[26]!«

Die kleinen Wesen bevölkerten die Insel zu Hunderten. Sie waren kaum höher als eine Elle, hatten einen flauschigen, braunen Pelz, ließen sich leicht fangen und schmeckten wie köstliches Wildbret.

»Sollen wir es töten? Es würde ein wunderbares Abendessen für uns abgeben.«

»Nein, nein. Auf gar keinen Fall! Mir ist gerade etwas eingefallen.«

Wiebe machte keine Bewegung, um das Tier nicht zu verjagen. Er und das Geschöpf blickten sich an.

»Hast du eigentlich schon einmal darüber nachgedacht«, fragte er leise, »daß jedes Lebewesen trinken muß?«

De Villiers sah etwas ratlos auf Mann und Tier. Dann traf ihn die Erleuchtung wie ein Blitzschlag.

»Aber ja natürlich, du hast recht! Daß wir darauf nicht schon früher gekommen sind!«

Er richtete sich auf und wartete. Als das Tier jetzt weiterhüpfte, folgten ihm die beiden Männer.

Es bewegte sich mit flinken, kleinen Sprüngen vorwärts, und sie hatten Mühe mitzuhalten. Kniehohe Dornenbüsche zerkratzten ihre Waden und verdeckten die Sicht auf das Katzentier. Dann verloren sie es in der hereinbrechenden Dunkelheit ganz aus den Augen.

»So ein Mist!« fluchte de Villiers.

»Scht! Da ist es wieder.«

Das Tier war auf einem Felsplateau sitzengeblieben, wo schon zwei seiner Artgenossen hockten und ihre Köpfe in einen Spalt im Kalkstein gesenkt hielten. Ihre langen Schwänze lagen hinter ihnen auf dem grauen Gestein. Atemlos schlichen Hayes und de Villiers sich an. Die Tiere witterten ihre Gegenwart. Sie hoben die Köpfe, sahen zu ihnen herüber und sprangen schließlich davon. Die beiden Männer kamen näher und ließen sich auf die Knie fallen, um zu sehen, was die Geschöpfe dort angelockt hatte. Sie fanden eine tiefe, runde Öffnung in dem Felsen, einen natürlichen Brunnen, dessen Spiegel das Licht des schwindenden Tages zurückwarf. Wiebe wölbte die Hände, schöpfte Wasser und trank davon. Er hob den Kopf, sah de Villiers erst todernst an und fing dann an zu grinsen.

»Koste selbst! Das ist gutes kühles Wasser und kein bißchen brackig!«

»Ihr Narren!« rief Cornelius entrüstet aus. »Ihr habt ihn tatsächlich leben lassen.«

Seine Brust hob und senkte sich ärgerlich, die Adern auf seinen Schläfen traten hervor vor kaum verhülltem Zorn. Van Huyssen beobachtete den aufgeregten Kaufmann mit Befremden.

»Warum sorgst du dich?« entgegnete er ruhig. »Er ist doch nur ein unbedeutender kleiner Junge, ein Welpe noch. Was schadet es, wenn er ein paar Tage länger lebt?«

»Du verstehst mich nicht! Er ist mir zu gut mit Lucretia befreundet. Viel zu gut!«

Der Frachtaufseher versetzte van Huyssen immer wieder in Erstaunen. Was war das bloß für ein Mann, der auf der einen Seite so verschlagen war und auf der anderen Seite Angst vor der Konkurrenz eines halben Kindes hatte?

Er zuckte gleichgültig mit den Achseln.

»Ich fand es amüsant, ihn umzudrehen. De Vries wird tun, was immer wir von ihm verlangen. Er kann uns mit den Schwachen im Krankenzelt helfen. Später können wir ihn dann immer noch töten.«

»Und außerdem«, fügte er langsam hinzu, »sollte Lucretia nicht länger im Zelt der Bastians wohnen. Hol sie doch in dein eigenes Zelt!«

Cornelius' Zorn verflog auf der Stelle.

»Du meinst, ich soll sie ganz einfach entführen?« fragte er halbwegs besänftigt.

»Sagen wir, du bietest einer Dame deinen Schutz an.«

Cornelius schwieg nachdenklich. Nach einer Weile hellte sich seine Miene auf, und seine dünnen Lippen verzogen sich zu einem schiefen Lächeln.

5. BUCH

Scharlachrot

François Pelsaert wartete. Er wartete bereits seit zwei Stunden. Von Zeit zu Zeit erhob er sich von der hölzernen Bank in Jan Pieterszoon Coens Vorzimmer und wanderte rastlos durch den weiß gekalkten Raum. Dann pflegte der Sekretär des General-Gouverneurs, sich zu räuspern und ihn von seinem Schreibpult aus, über den scharfen Rand seiner Augengläser hinweg, mißbilligend zu mustern.

Es war Sonntag, und der kurzsichtige Mann war nicht im mindesten froh darüber, daß er der Morgenandacht fernbleiben mußte, wegen der dringlichen Angelegenheiten, die mit diesem Kaufmann hier zu tun hatten. Die Nachricht vom Untergang der *Batavia* war am Sonnabend wie ein Feuersturm durch die Stadt gefegt und hatte Anlaß zu heftigem Gerede und Spekulationen gegeben. Die Glocken der kleinen Kapelle innerhalb der schützenden Mauern der Festung begannen zu läuten und erinnerten den schmächtigen Sekretär daran, daß der große Jan Pieterszoon Coen noch niemals während seiner gesamten Amtszeit am heiligen Sonntag Audienzen gegeben hatte. Wahrhaftig, die Affäre *Batavia* schien von immenser Bedeutung zu sein!

Pelsaert trat an das große, offenstehende Fenster. Das Warten zermürbte ihn, beraubte ihn seiner letzten Kräfte und ließ seine Nerven roh und blutig zurück. Unten auf der sonnenüberfluteten Straße strömten die Bürger der Stadt zur Kirche hin. Die Angestellten der Ost-Indischen Companie unterschieden sich durch ihre hohen Hüte, ihre Sklaven und ihre prächtig gekleideten Frauen von den Freibürgern, die sich mit den weniger ehrenvollen Geschäften der Stadt ihren Lebensunterhalt mehr schlecht als recht verdienten. Sie unterhielten Wirtshäuser, Brauereien und Bordelle und lebten so von den Krumen, die die mächtige VOC ihnen zuwarf, den profitablen Handel jederzeit unter ihrer alleinigen Kontrolle haltend. Als die Glocken zum dritten Mal einsetzten, war die Straße wie leergefegt bis auf die chinesischen Siedler in ihren seidenen Gewändern, mit ihren schwarzen geflochtenen Zöpfen, und die zumeist barfüßigen Kulis, bekleidet mit wattierten Jacken und weiten schwarzen Hosen, die bis auf ihre Knöchel reichten.

Ein helles Glöckchen ertönte. Der Sekretär ließ prompt seine Feder fallen und verschwand hinter der zweiflügeligen geschnitzten Teakholztür. Er war ein kleines, verhuschtes Männchen, dessen fahlem, ungesunden Hautton man zuviel Arbeit und zu viele Stunden in geschlossenen Räumen deutlich ansehen konnte. Kurze Zeit später tauchte er wieder auf.

»Der General-Gouverneur ist jetzt bereit, Euch zu empfangen.«

Pelsaert holte noch einmal tief Luft und trat durch die Tür.

Der Raum war unglaublich tief, und seine Schritte hallten auf dem polierten Fußboden mit den exquisiten hölzernen Einlegearbeiten. Wunderbare Ölgemälde und Teppiche aus der berühmten Weberei Gobelin bedeckten die Wände. Ein mächtiger Kronleuchter aus Messing hing von der getäfelten Decke herab. Am Ende des Saales thronte

Jan Pieterszoon der Kühne hinter einem massiven Schreibtisch. Seine überwältigende Präsenz erfüllte den Raum. Er arbeitete an einem Dokument und schenkte dem Kommandeur keinerlei Beachtung. Schwungvoll kratzte die Feder über das Papier und produzierte das einzige Geräusch im Zimmer. Endlich legte er sie nieder, streute Sand über die naßglänzende Schrift und lehnte sich zurück.

Der Gouverneur war eine imposante Erscheinung. Er trug sein von weißen Strähnen durchzogenes Haar kurz geschnitten, sein spitz getrimmter Bart war ebenfalls graumeliert, jedoch nicht so Augenbrauen und Schnurrbart, die noch immer ihre volle dunkelbraune Farbe besaßen. Er war prächtig und dennoch zurückhaltend gekleidet. Steife gefältelte Rüschen umschlossen Hals und Handgelenke. Eine topasbesetzte Kette mit breiten goldenen Gliedern hing quer über seinem Wams aus dunklem Brokat. Am beeindruckendsten jedoch waren seine Augen. Tiefbraun und voller Leben, spiegelten sie die Willenskraft und Energie jenes Mannes wider, welcher der VOC ein beispielloses Handelsreich auf orientalischem Boden errichtet hatte und dieses auch mit eiserner Faust regierte.

»Kommandeur François Pelsaert, wie ich annehme. Euer Schwager hat Euch bereits in den wärmsten Tönen empfohlen. Ich hatte allerdings gehofft, Eure Bekanntschaft unter etwas – sagen wir – günstigeren Umständen zu machen!«

»Glaubt mir, das hatte ich auch gehofft!« entgegnete Pelsaert leise.

»Ihr kommt mit schlechten Nachrichten zu mir?«

»Mit den denkbar schlechtesten.«

»Wie Ihr Euch sicher vorstellen könnt, haben mich die Gerüchte bereits erreicht, noch bevor ich die Zeit gefunden habe, Euch zu empfangen. Laßt Euch daher Zeit mit

Eurer Schilderung der Vorfälle. Ich will alles wissen, bis ins kleinste Detail!«

Die unglaubliche Dominanz des Mannes war beinahe körperlich spürbar. Stockend begann Pelsaert zu sprechen. Mit unbewegtem Gesicht hörte der General-Gouverneur Pelsaerts Bericht, seine Hände spielten dabei mit einem Brieföffner aus Elfenbein. Erst als der Kommandeur auf den Überfall auf Lucretia van der Mylen zu sprechen kam, regte sich etwas in dem steinernen Ausdruck seiner Miene. Er hob eine Augenbraue und legte den Brieföffner weg. Irritiert bewegte er sich in seinem hohen Armstuhl. Der steife Lederbezug knarrte. Der Kommandeur rechnete damit, unterbrochen zu werden, aber Jan Pieterszoon Coen schwieg. Als Pelsaert geendet hatte, blieb es für eine geraume Weile sehr still im Raum.

Pelsaert wartete mit weichen Knien. Er warf einen sehnsüchtigen Blick auf den Besucherstuhl vor dem schweren Schreibtisch, in dem Bewußtsein, daß Coen ihn nicht bitten würde, Platz zu nehmen. Endlich brach der General-Gouverneur das Schweigen. Er zwang sich, jede persönliche Wertung aus seiner Stimme herauszuhalten.

»Das ist eine ernste Angelegenheit, Herr Pelsaert, geradezu unerhört ernst! Ich werde gleich für morgen eine außerordentliche Ratsversammlung einberufen, und Ihr werdet Eure Sache dort noch einmal vortragen.«

Der Gouverneur hob eine kleine Messingglocke und klingelte seinen Sekretär herein.

»Bereitet mir einen Haftbefehl zur Unterschrift vor! Gegen den Bürger Jan Everts, seines Zeichens Bootsmann auf dem Flaggschiff *Batavia*. Die Anklage lautet auf Körperverletzung und versuchte Notzucht begangen an Frau Lucretia van der Mylen an Bord selbigen Schiffes am 14. Mai im Jahre unseres Herrn 1629.«

Er wandte sich wieder dem Kommandeur zu, seine Stimme klang unverbindlich und kühl.

»Ihr sagtet, die Witwe van der Mylen ist auf den Inseln zurückgeblieben, gemeinsam mit den anderen Unglücklichen?«

»Die Witwe, Herr?«

»Die Witwe, ganz richtig. Der Unterkaufmann Baudouin van der Mylen ist unlängst an einem Fieber verstorben.«

Die unterschiedlichsten Gefühle stürzten gleichzeitig auf Pelsaert ein. Er hatte Mitleid mit Lucretia und dennoch! »Sie ist frei!« sang der Teufel in ihm. Jesus Christus, was für ein Traum! Die schöne Lucretia frei für ihn! Und er? Belastet mit der Schande eines schmählichen Schiffbruchs und dem feigen Verlassen so vieler Menschen in Not. Wie grausam das Leben doch sein konnte! Aber nein, er hatte das Schiff nicht auf die Felsen gesetzt. Das hatte der Skipper ganz allein zu verantworten. Und doch, er hatte die Leute hilflos zurückgelassen. O Gott, er betete dafür, daß sie alle gesund und in Sicherheit waren. Schließlich hatte es geregnet, nicht wahr? Gott verdamme Adriaen Jacobs' rabenschwarze Seele bis an den jüngsten Tag!

»Lucretias Ehemann ist tot?« wiederholte Pelsaert stupide.

»Ja. Dieses miserable Klima! Es kostet uns einfach zu viele von Hollands kostbaren Söhnen und Töchtern. Zuviel von unserem Herzblut.«

Der Gouverneur klopfte das stumpfe Ende des Brieföffners gedankenverloren auf die polierte Schreibtischplatte. Dann lenkte er seine Aufmerksamkeit wieder auf den zitternden Mann vor ihm. Seine Augen waren mitleidlos.

»Ihr dürft Euch fürs erste zurückziehen, Herr Pelsaert.«

»Eure Vergebung, Gouverneur! Aber was geschieht mit dem Kapitän?«

»Ich habe mir bis jetzt noch keine Meinung gebildet. Immerhin war es sehr mutig von ihm, dieses kleine Boot bis hierher zu bringen. Andererseits ist die VOC ihren Anteilseignern für jedes verlorene Schiff Rechenschaft schuldig. Er wird also ganz sicher noch die Gelegenheit bekommen, die Vorkommnisse aus seiner Sicht darzulegen. Guten Tag.«

Pelsaert taumelte nach draußen in die blendende Helle von Batavias Straßen, schweißüberströmt. Er war sich schmerzlich darüber im klaren, wie Jan Pieterszoon Coens letzte Worte zu interpretieren waren. Es hatte nicht in dessen Absicht gelegen, die Tapferkeit des Skippers hervorzuheben, sondern er hatte unausgesprochen scharfe Kritik an seiner, Pelsaerts eigener Entscheidung geübt, die Schiffbrüchigen allein zu lassen.

Auf dem winzigen Atoll, das die Gestrandeten als die *Insel der Verräter* gebrandmarkt hatten, trotzten drei kleine Zelte dem stetigen Wind. Eines beherbergte Peter Janz, den Marschall der *Batavia*, seine Frau und sein Kind, sowie Claudine Patoys, eine junge Französin mit ihrer Tochter. Eines wurde von dem Soldaten Claas Harmansz und seiner Familie beansprucht. In dem dritten Zelt wohnte Paul Barentz, der zweite Bootsmann der *Batavia*, zusammen mit zwei Seemännern und zwei Soldaten. Sie alle hatte vier Tage zuvor das Los getroffen, sie waren von Cornelius und seinem neuen Verwaltungsrat auf das Koralleninselchen umgesiedelt worden.

Anna Janz zuckte heftig zusammen, als ihr Ehemann das Zelt betrat. Es war noch sehr früh am Morgen, und es ärgerte sie, daß sie es nicht fertigbrachte, ihre innere Unruhe abzulegen. Sie zwang sich, das aschblonde Haar ihrer kleinen Tochter in aller Ruhe zu Ende zu flechten, bevor sie sich gestattete, zu ihm aufzusehen.

»Ist es soweit?«

Peter Janz nickte grimmig. Er ging zu einer Decke in der Ecke des Zeltes und hob einen kleinen Jungen auf, der dort zaghaft mit ein paar Holzklötzchen spielte. Das Kind kroch förmlich in ihn hinein, klammerte sich völlig verängstigt an seine Brust. Tobias war der einzige Sprößling von Claas Harmansz und seiner Frau Sarah. Er war drei Jahre alt und hatte aufgehört zu sprechen, seit dem Tag, an dem sie die Leichen gefunden hatten.

»Wo ist Claudine?«

»Hinter dem Zelt. Sie sagte, sie wolle etwas frische Luft schnappen, aber ich glaube, sie fühlt sich nicht wohl.«

Peter Janz wunderte sich nicht. Sie hatten gerade ihre erste Nacht auf der Insel verbracht, als Harmansz und er beim Angeln auf die beiden toten Seemänner gestoßen waren. Seitdem wunderte ihn nichts mehr. Alles, was auf den Inseln vorging, war in einen Zusammenhang gerückt worden und ergab plötzlich Sinn. Das Los, das ihn von *Batavias Friedhof* auf die *Insel der Verräter* verbannt hatte, gemeinsam mit einer Handvoll der stärksten und kräftigsten Männer, war kein Zufall gewesen. Der Frachtaufseher, der dabei war, die Insel in seinen eigenen kleinen Vasallenstaat zu verwandeln, hatte einen bestimmten Zweck damit verfolgt, soviel war sicher! Jerome Cornelius führte Böses im Schilde, und Janz wußte, daß er als ehemaliger Marschall der *Batavia*, als der Mann, der über Recht und Ordnung wachte, ein Dorn im Auge des Unterkaufmanns war. Die beiden Toten waren an Händen und Füßen gefesselt gewesen, die Taschen ihrer Kleidung mit Felsbrocken gefüllt. Wer auch immer sich ihrer entledigt hatte, hatte sich keine große Mühe gegeben, das Ergebnis seiner Tat zu vertuschen. Das kristallklare Wasser hatte die beiden Leichen wieder freigegeben und nach oben getrieben. Sie konnten noch nicht lange tot gewesen sein, denn ihre Körper waren noch unberührt von Entstellung und Verwesung. Und sie hatten keinerlei Anzeichen von äußerlicher Gewalteinwirkung an ihnen finden können. Jemand hatte die beiden Männer ertränkt, und wer immer das getan hatte, er würde zurückkommen, um wieder zu töten!

Eine Frau kam durch den Hintereingang des Zeltes herein, ein sechsjähriges Mädchen an der Hand. Das Kind hatte dasselbe lockige Haar und dieselben dunklen Augen wie die Mutter. Sie trugen sogar denselben Ausdruck von Angst in sich. Die Frau wischte sich mit dem Handrücken den Mund, ihre Züge wirkten leidend. Als sie Peter Janz erblickte, blieb sie abrupt stehen. Ihre Hand schloß sich fester um das Handgelenk ihrer Tochter.

»Alors! Zeit aufzubrechen?« fragte sie. Ihr französischer Akzent, singend und angenehm, vermochte nicht, das Zittern ihrer Stimme zu verbergen. Seitdem sie auf die Toten gestoßen waren, lebten sie in ständiger Furcht. Sie hatten sich damit abgelenkt, aus den Wrackteilen, die noch immer von der *Batavia* freigegeben und an Land gespült wurden, schwimmende Untersätze zusammenzuzimmern, ohne jedoch so recht zu wissen, was sie damit anfangen würden, wenn sie erst einmal fertig waren. Gestern hatte sich die Antwort dann ganz von selbst ergeben. Rauchsignale waren von der *Hohen Insel* aufgestiegen. Rauchsignale! Das konnte nur eines bedeuten: Wiebe Hayes und seine Männer hatten Wasser gefunden. Die kleine Gemeinschaft hatte sich fieberhaft daran gemacht, die Flöße mit Segeln auszustatten. Mit ein bißchen Glück würde der morgendliche Südostwind ihnen helfen, die knapp fünf

Meilen bis zur *Hohen Insel* zurückzulegen. Die Rückkehr von Peter Janz in sein Zelt zeigte an, daß die Männer ihre Zimmerarbeiten abgeschlossen hatten. Er war gekommen, um sie abzuholen. Erneut fühlte sie Übelkeit in sich aufsteigen. Der Marschall betrachtete die junge Frau mitleidig.

»Die anderen warten schon bei den Flößen. Entweder heute oder nie! Wir müssen versuchen, die *Hohe Insel* zu erreichen, hier sind wir nicht länger sicher.«

Claudine nickte und versuchte, ihre Angst zu zügeln. Sie hatte Angst zu bleiben und Angst zu gehen. Seit ihr aufgegangen war, daß ihr Leben und das ihres Kindes in Gefahr waren, hatte eine Starre von ihr Besitz ergriffen. Sie half Anna Janz, ein paar Sachen zu packen, dann verließen sie eilig das Zelt. Der Marschall geleitete die beiden Frauen ans steinige Ufer, wo schon die anderen Bewohner der Insel auf sie warteten. Es tat ihm weh, die Furcht in den Augen der Frauen und Kinder zu sehen, um so mehr als er wußte, wie berechtigt sie war. Zwei Flöße trieben im Wasser; eines sollte ihn, seine Frau und sein Kind, Claas Harmansz und seine Familie, Claudine Patoys und ihre Tochter tragen. Das zweite Floß war für die anderen vier Männer bestimmt. Sie hatten die Masten aus Segelbäumen der *Batavia* errichtet und angeschwemmtes Segeltuch daran befestigt. Für den ersten Teil der Strecke würden sie Planken als Ruder benutzen. Die Männer waren nervös. Die letzten Handgriffe hatten länger gedauert, als sie erwartet hatten, und der Morgen war schon weiter fortgeschritten, als sie es sich gewünscht hätten. Peter Janz übergab Claas Harmansz seinen Jüngsten, und sie bemannten die Flöße.

Das Floß, das Paul Barentz und seine Männer trug, stach als erstes in See. Sie wünschten sich gegenseitig

Glück und machten sich daran, den tiefen Kanal zwischen ihrer Insel und *Batavias Friedhof* zu überwinden. Claas Harmansz und der Marschall warteten, bis die Frauen und Kinder ihre Plätze eingenommen hatten, dann warfen sie einen Blick auf das in der Morgensonne funkelnde Meer. Zu ihrer Rechten konnten sie das weiße Korallenödland von *Batavias Friedhof* ausmachen, weniger als eine halbe Seemeile entfernt.

»Wie sieht es drüben aus?«

»Alles ruhig soweit«, bestätigte der Soldat und stieß das Floß ab.

Sie hielten auf den Horizont zu, dorthin, von wo seit dem gestrigen Tag dunkle Rauchschwaden in den Himmel aufstiegen. Sie wußten, daß das Feuer nur von Wiebe Hayes und seinen Söldnern kommen konnte, die der Frachtaufseher auf die Suche nach Wasser geschickt hatte. Sie wußten, was die Signale bedeuteten und daß sie dort in Sicherheit waren. Sie hatten nur eine einzige Sorge: Um zur *Hohen Insel* zu gelangen, mußten sie *Batavias Friedhof* passieren!

Die beiden Männer tauchten die Planken ins Wasser, und das Ufer fiel ab. Vor ihnen bewegte sich das andere Floß, das bereits einen kleinen Vorsprung hatte. Sie hatten zwei Lagerfeuer auf der Insel brennen lassen, um den Anschein zu erwecken, daß sie noch immer bewohnt war. Je mehr Abstand sie zwischen sich und die kleine *Insel der Verräter* legten, um so nervöser wurden sie. Peter Janz schenkte seiner Frau ein beruhigendes Lächeln. Stille lag über *Batavias Friedhof*. Ihre Flucht war offensichtlich unbemerkt geblieben. Eine Weile ruderten sie schweigend am Ufer der Insel entlang, dann ließen sie das Eiland hinter sich, und Erleichterung machte sich in ihren Herzen breit. Nichts war geschehen! Sie hatten es geschafft!

Claudine Patoys, die im Schneidersitz auf den Planken saß, schloß ihre Arme noch fester um ihre Tochter.

»Bald werden wir Papa wiedersehen!« flüsterte sie der Kleinen ins Ohr, obwohl sie sich darauf geeinigt hatten, daß während der Überfahrt kein Wort gesprochen werden durfte. Ihr Ehemann war einer der französischen Söldner in Wiebe Hayes' Gruppe, und sie hatte ihn zuletzt vor drei Wochen gesehen, am 19. Juni, dem Tag, an dem die Söldner auf Cornelius' Geheiß auf die *Hohe Insel* transportiert worden waren. Der Anblick der Rauchzeichen war eine ungeheure Erleichterung für sie gewesen. Bedeuteten sie nicht, daß ihr Mann noch am Leben war? Die Angst, die sie so fest umklammert hielt, ließ ein wenig nach, und sie erlaubte sich, an ihren Mann zu denken, der ihr eine so hübsche Tochter geschenkt hatte. Ein Gefühl von Wärme durchflutete ihr Herz.

Claas Harmansz sah das Boot zuerst. Er stieß einen kleinen Pfiff aus und machte Peter Janz darauf aufmerksam.

Man hatte sie entdeckt! Ein Knoten von Angst bildete sich im Magen des Marschalls. Er erkannte Jakob Pieters und David Zeevanck in dem Verfolgerboot und verdoppelte seine Anstrengungen. Aus den Augenwinkeln sah er, wie seine Frau, Sarah Harmansz und Claudine Patoys dichter zusammenrückten, die Kinder hielten sich fest an ihre Rockschöße geklammert. Schweiß trat auf seine Stirn. Harmansz und er ruderten um das Leben ihrer Familien, aber der Abstand zwischen ihrem Floß und dem anderen Boot wurde kleiner und kleiner. Und dann ging alles blitzschnell. Das Boot der Verfolger ging längsseits und kratzte an der Seite ihres Floßes entlang. Conrad van Huyssen, Jakob Pieters und David Zeevanck sprangen mit Messern bewaffnet herüber, und das Boot entfernte sich wieder und nahm die Verfolgung des zweiten Floßes auf, das weiter vorne lag. Peter Janz hob sein Ruder aus dem Wasser und stellte sich David Zeevanck entgegen, um Frau und Kind zu schützen. Mit einer für einen Mann seiner Größe und Statur erstaunlich flinken Bewegung duckte sich Zeevanck unter der Planke hinweg, packte Peter Janz an der Schulter und stieß ihm das Messer in den Bauch. Er nahm sich Zeit, die Klinge tief im Körper des Marschalls zu versenken, dann zog er sie mit einer schnellen Drehung wieder heraus. Peter Janz ließ das Ruder fallen, sein Körper krümmte sich vornüber, und er fiel auf die Knie. Noch niemals in seinem Leben hatte er solche Schmerzen verspürt. Der Schmerz verdrängte jede andere Regung, wurde stärker und stärker, bis er ihn schließlich betäubte und gefühllos machte. Während er sich dankbar von der Abstumpfung seiner Nerven umfangen ließ, plagte ihn das Gefühl, etwas Wichtiges vergessen zu haben.

»Bitte! Nein!«

Es war die Stimme seiner Frau, die durch die Wolke der Betäubung zu ihm durchdrang und ihn vom Abgrund des Todes zurückriß. Auf allen vieren kroch Peter Janz herum und mußte mitansehen, wie David Zeevanck Annas Kopf über den Rand des Floßes ins Wasser gedrückt hielt. Er machte einen schwachen Versuch, sich aufzurichten und ihr zu helfen, aber jegliche Kraft hatte ihn bereits verlassen. Das letzte, was er sah, bevor seine Augen brachen, war, wie der Körper seiner Frau sich aufbäumte und dann schlaff wurde. Das letzte, was er hörte, waren die leisen hohen Schreie seines Töchterchens.

Claudine Patoys versteckte ihre Tochter hinter ihren Röcken. Jegliche Angst hatte sie verlassen. Sie überschüttete Jakob Pieters mit einem Schwall französischer Schimpfwörter, während sie vor ihm zurückwich. Sie war sich schmerzlich bewußt, daß die schwankenden Planken hinter ihr zu Ende waren, daß es keinen Fluchtweg gab. Der große, ungeschlachte Mann kam unaufhaltsam näher, ein satanisches Grinsen auf seinen schiefen Zügen. Sie schrie auf, als van Huyssen ihre Kleine an der Hand schnappte und von ihr wegzog. Sie wollte sich auf den Kadetten stürzen, bereit, ihre Brut bis aufs Blut zu verteidigen, aber der Obergefreite fing sie ab, schleuderte sie zu Boden und rollte sie ins Wasser. Er kniete nieder und machte sich einen Spaß daraus, sie immer und immer wieder ins Meer zurückzustoßen, wenn sie einen Versuch machte, sich wieder auf das Floß hinaufzuziehen. Schließlich versank die junge Frau und tauchte nicht mehr auf.

Conrad van Huyssen hielt das Mädchen gepackt, das den Todeskampf der Mutter mitangesehen hatte und sich jetzt verzweifelt gegen ihn wehrte.

»Maman! Maman!«

Sie bombardierte seine Schienbeine mit Tritten und versuchte, in die Hand zu beißen, die sich so unerbittlich um ihre Handgelenke geschlossen hatte. Van Huyssen hielt sein Messer bereit, fest entschlossen, ihre Schreie zu ersticken, aber zu seiner Verwunderung fiel es ihm schwer. Das Kind war hübsch und unschuldig. Aus den Augenwinkeln sah er, daß Pieters und Zeevanck mittlerweile auch Claas Harmansz, seine Frau und ihr Kind erledigt hatten. Ihre Körper trieben dicht beieinander im Wasser.

Er packte das Messer fester und holte aus, um es der Kleinen in die Seite zu stoßen, aber seine Hand wollte ihm nicht gehorchen. Das Kind starrte ihn unter langen, dichten Wimpern vorwurfsvoll an, die braunen Augen tränenblind. Ein Gefühl von Ohnmacht stieg in ihm auf. Er verstand nicht, warum er es nicht tun konnte. Er wußte nur, daß sie ein Mädchen war und er es nicht übers Herz brachte. Himmel, was war bloß los mit ihm?

Halb zerrte und halb schleppte er das Mädchen zu Jakob Pieters und schob es ihm zu.

»Hier«, sagte er kurz. »Kümmere du dich darum!«

Er wandte der Szene den Rücken zu und beobachtete, wie weiter draußen auf dem Wasser ihr Boot das zweite Floß gestellt hatte und nun enterte.

Es war knapp gewesen. Sie hätten die Flucht beinahe nicht bemerkt und hatten sich sehr anstrengen müssen, den Marschall und seine Leute einzuholen. Hinter ihm war es still geworden. Als er sich umdrehte, war alles vorbei. Die zierliche Gestalt des Mädchens lag leblos auf den Planken. Er betrachtete das tote Kind, die blassen Lippen, die dunklen Locken, die das schmale Gesicht umrahmten. Er konnte sich nicht helfen, er hatte das Gefühl, daß eine fürchterliche Verschwendung stattgefunden hatte.

Ratlos standen Wiebe Hayes, Thomas de Villiers, Jean Reynoult und Edouard Cout um ein hell loderndes Feuer aus hochaufgestapelten Zweigen und knorrigen Ästen. Zwei weitere solcher Feuer brannten entlang des weißen Sandstrandes der *Hohen Insel*. Sie hatten sich ausgerechnet, daß die Feuer, wenn sie sie an dieser Stelle errichteten, von *Batavias Friedhof* aus deutlich zu sehen sein mußten. Immer wieder legten die Söldner neues Feuerholz nach.

Es war jetzt bereits der dritte Tag, an dem sie das verabredete Signal gaben, aber nichts geschah. Kein Floß kam, um sie abzuholen, kein Lebenszeichen von den anderen. Mit zusammengekniffenen Augen sah Wiebe nach Südosten, wo *Batavias Friedhof* lag, fünf Meilen entfernt und durch vorgelagerte Inselchen vor ihren Blicken geschützt.

»Ich möchte zu gerne wissen, was da drüben vor sich geht«, sprach er seine Gedanken laut aus.

De Villiers schüttelte ungläubig den Kopf.

»Ich verstehe das nicht, die müßten doch außer sich sein vor Freude. Genug Wasser für alle!«

Sie hatten noch viele weitere von den Felsenbrunnen gefunden. Selbst wenn es keinen einzigen Tropfen mehr regnen sollte, konnten sie es jetzt für eine lange Zeit auf den Inseln aushalten.

»Ich habe euch ja von Anfang an gesagt, daß es eine Falle ist.«

Edouard Cout stellte sich mit dem Rücken zum Feuer und rieb sich den Hosenboden.

»Dieser affige Kaufmann führt irgend etwas im Schilde.«

Die drei anderen belächelten die Bemerkung ihres Freundes. Sie konnten sich einfach nicht vorstellen, wozu es gut sein mochte, sie alle ohne Waffen auf diese Inseln zu schicken.

»Also, was sollen wir jetzt tun?«

Sie sahen Wiebe Hayes, den sie stillschweigend als ihren Führer anerkannt hatten, erwartungsvoll an. Die Flammen warfen flackernde Schatten auf sein Gesicht.

»Laßt das Feuer brennen!« meinte Wiebe ratlos. »Laßt es die ganze Nacht brennen, es wird uns warm halten.«

Lucretia saß auf dem Lager aus prächtigen Decken, die Arme fest um ihre Knie geschlungen, den Kopf von Jerome Cornelius abgewandt. Vergeblich versuchte sie, ihre Nasenlöcher vor seinem Geruch, ihre Ohren vor seinen honigsüßen Reden zu verschließen.

Seit der Kaufmann sie gewaltsam in sein Zelt hatte bringen lassen, warb er um sie. Jede freie Minute saß er bei ihr, hielt ihre Hand, berührte ihr Haar und versuchte, ihr die Worte zu entlocken, die er so gerne von ihr hören wollte. Allein sein Anblick verursachte ihr Krämpfe, und die wenigen entspannten Minuten des Tages waren die, wenn die Geschäfte der Insel ihn von ihr fortriefen. Geschäfte, die ihr kaltes Grausen verursachten. Sie waren vorsichtig in ihrer Gegenwart, unterhielten sich nur flüsternd, aber sie war nicht dumm. Sie sah recht gut, wie sich van Huyssens Hand um den mit Rubinen besetzten Griff seines neuen spanischen Rapiers schloß, während seine Lippen dicht am Ohr des Kaufmanns hingen. Oder die frischen roten Spritzer auf seinen Hemdsärmeln und das geheimnisvolle Lächeln, wenn er von einem Botengang zurückkam. Sie erlaubten ihr für kurze Zeit am Tag, sich die Beine zu vertreten, aber selbst dann war es ihr nicht gestattet, mit irgend jemandem zu sprechen. Die Atmosphäre auf der Insel war gespenstisch. Die Menschen gingen starr ihrer Wege. Sie unterhielten sich nur mit gedämpften Stimmen, und niemand schien sich außerhalb seines Zeltes aufzuhalten, wenn es nicht unbedingt nötig war. Während ihrer Spaziergänge wurde sie mit intensiven Blicken bedacht, die sie auf der Haut spürte und nicht zu deuten wußte. Einmal hatte sie das Verbot gebrochen und ein paar kurze, hastige Sätze mit Judith gewechselt. Was sie von ihr über die anderen Frauen auf der Insel erfahren hatte, hatte ihr einen recht guten Ausblick auf ihr eigenes Schicksal gegeben.

Sie schauderte. Bald würde es wieder Nacht werden, und der Kaufmann würde sich neben ihr niederlegen wie ein Ehemann. Meist zog sie sich in die hinterste Ecke der Bettstatt zurück, so weit von ihm entfernt, wie sie nur konnte. Da lag sie dann, die Arme eng an ihren Körper gepreßt, und ließ mit geschlossenen Augen seine unerwünschten Zärtlichkeiten über sich ergehen, bis er schließlich aufgab, sich umdrehte und einschlief. Erst dann konnte sie aufatmen und versuchen, selbst etwas Schlaf zu finden.

»Seht her, Lucretia! Die Schönheit dieses Geschmeides läßt sich nur mit der Euren vergleichen.«

Cornelius legte ein Halsband aus schimmernden Perlen neben ihr auf das Lager.

»Wenn Ihr nur ein bißchen freundlich zu mir seid, dann wird es Euch gehören.«

Unwillig wischte sie den Schmuck von der Decke.

»Ihr könnt mich nicht kaufen, schon gar nicht mit etwas, das Ihr der VOC gestohlen habt.«

»Gestohlen? Was für ein häßliches Wort!«

Cornelius befeuchtete sich die Lippen mit der Zunge.

»Darf ich denn gar nicht darauf hoffen, daß Ihr mir auch nur ein klein wenig Zuneigung entgegenbringt?«

»Ihr widert mich an!«

»Wie könnt Ihr nur so kalt und grausam sein? Seht Ihr denn nicht, wie ich leide? Seht Ihr denn nicht, daß eine wilde Flamme in meinem Herzen brennt?«

»Wohl eher in Eurer Hose!« dachte Lucretia.

Vor langer Zeit einmal, zu Beginn dieser alptraumhaften Reise, hatte sie den Frachtaufseher für einen geistreichen, sehr charmanten Kavalier gehalten. Jetzt empfand sie nur noch Ekel vor ihm. Wie hatte sie nur so blind sein können?

»Die Hölle wird kalt, bevor ich Euch willkommen heiße!«

Cornelius war nicht mehr länger amüsiert. Sein Körper verlangte nach ihrem weißen Leib, ihren unglaublichen Brüsten, ihren langen Beinen, die er nur erahnen konnte, weil sie sich niemals auszog, wenn er in ihrer Nähe war. Seit über einer Woche versuchte er, sie zu verführen. Er brachte ihr Wein und Geschenke, er schrieb ihr Gedichte, versprach ihr die Sterne vom Himmel. Aber was immer er auch tat, er erreichte nichts. Tag für Tag wies sie ihn in seine Schranken, furchtlos, mit abweisender Stimme und kalter Verachtung in den blauen Augen. Noch nie in seinem Leben war er von einer Frau abgewiesen worden. Die jungen Frauen in den zahlreichen Bordellen Haarlems waren ihm immer bereitwillig zu Diensten gewesen, eifrig darum bemüht, sich gegenseitig darin zu übertreffen, ihm auch nur den kleinsten Wunsch von den Augen abzulesen. Er litt wie noch nie in seinem Leben. Schlimmer noch, je mehr Lucretia ihn ablehnte, desto größer wurde seine Begierde!

»Ich warne Euch«, sagte er leise. »Selbst meine Geduld ist irgendwann einmal erschöpft. Wenn Ihr Euch mir nicht freiwillig hingebt, dann brauche ich eben Gewalt!«

Lucretias Blick fiel auf seine Hand, die er unwillkürlich zur Faust geballt hatte.

»Ihr wollt mich schlagen? Nur zu! Glaubt Ihr wirklich, damit könnt Ihr mich noch schrecken? Habt Ihr schon vergessen? Ich bin bereits einmal bis zur Hölle und zurück gegangen, ich habe keine Angst, vor Euch nicht und auch nicht vor eurem Gesindel.«

Sie spuckte ihm ins Gesicht.

»Mörder!«

Cornelius sprang auf, seine Hand mit dem schweren goldenen Siegelring hoch erhoben. Lucretia hob stolz den Kopf und hielt ihm die Wange hin.

»Jerome!« rief jemand von draußen.

Die Hand begann zu zittern.

»Jerome? Bist du da drin? Ich brauche dich auf ein Wort unter vier Augen.«

»Ich komme gleich!«

Der Frachtaufseher wischte sich mit dem Handrücken die Spucke aus dem Gesicht.

»Du dumme Pute!« zischte er. »Das wirst du noch bereuen!«

Er stampfte nach draußen, wo Conrad van Huyssen auf ihn wartete. Der Kadett musterte ihn mit einem süffisanten Grinsen.

»Na, endlich ans Ziel gekommen?«

Der finstere Blick des Kaufmanns brachte ihn auf der Stelle zum Schweigen.

»Was ist los?« fragte Cornelius unkonzentriert, sein Herzschlag noch immer beschleunigt, seine beschämende Niederlage noch immer tief im Bewußtsein. Van Huyssen packte ihn am Arm und zog ihn auf die Seite.

»Die Feuer haben heute nicht gebrannt.«

»Was?«

»Du hast mich ganz richtig verstanden, sie haben nicht gebrannt. Wir müssen davon ausgehen, daß die Söldner jetzt wissen, was sich hier tut.«

»Ach Unsinn! Die haben ganz einfach aufgegeben, weil keiner darauf reagiert.«

»Ganz gleich warum! Wir wissen jedenfalls, daß sie Wasser gefunden haben, und das wiederum bedeutet, daß sie da drüben nicht verdursten werden, wie wir es so schön geplant hatten!«

Cornelius runzelte unwillig die Stirn. Es bereitete ihm nicht geringe Kopfschmerzen, daß die Söldner mit ihrer Suche nach Wasser tatsächlich Erfolg gehabt hatten. Das hatte er nicht vorausgesehen! Es war geradezu ungeheuerlich, eine empfindliche Schwäche, die das Gelingen der ganzen Unternehmung gefährden konnte.

»Die Leute fangen an, Fragen zu stellen«, beharrte van Huyssen eindringlich.

»Herrgott nochmal! Schließlich haben uns deine Kadetten die Suppe eingebrockt, weil sie ihre Augen nicht richtig aufgesperrt haben. Nun geh und schick mir diesen Andries de Vries!«

»Vorsicht!« dachte van Huyssen ärgerlich. »Ich bin nicht dein Lakai!« Cornelius sah das zornige Aufflackern in den Augen des Kadetten und spürte, daß er zu weit gegangen war.

»Wir haben noch unendlich viel Zeit, bevor wir überhaupt mit einem Rettungsschiff rechnen müssen. Bis dahin lasse ich mir schon etwas einfallen«, fügte er versöhnlich hinzu.

Andries de Vries tauchte auf, nervös seine Hände knetend. Der Kaufmann betrachtete ihn mit verengten Augen. Lucretia sollte bezahlen für die Demütigung, die sie ihm heute angetan hatte. Weh tun wollte er ihr, aber nicht körperlich! Nein, dafür gab es viel feinere Methoden. Leiden sollte sie, sollte sehen, daß ihr kostbarer junger Freund sich in keinerlei Hinsicht von den anderen unterschied, sollte endlich begreifen, daß sie mit ihrem sinnlosen Widerstand ganz allein war. »So Andries! Du hast also geschworen, alles zu tun, was wir von dir verlangen?«

Der junge Mann nickte kläglich.

»Und du hast niemandem ein Wort über das verraten, was du auf der *Insel der Verräter* gesehen hast?«

»Niemandem, Herr!«

»Brav! Dann wirst du heute nacht in das Zelt mit den Kranken gehen und sie alle ohne Ausnahme töten.«

»Was?« flüsterte Andries entgeistert.

Ein Schweißtropfen löste sich aus seiner Achselhöhle und rollte an seinem Arm hinunter.

»Die Leute dort sind schwach und elend und werden ohnehin nicht mehr lange leben. Besser wir bereiten ihren Qualen ein rasches Ende.«

»Aber was wird der Bader dazu sagen?«

Noch in der Sekunde, in der ihm die Worte entsprangen,

324

hielt Andries erschrocken den Atem an. Der Frachtaufseher war kein Mann, dem man ungestraft Fragen stellte.

»Um den Bader brauchst du dir keine Gedanken zu machen«, entgegnete Cornelius scharf. »Der Bader ist heute abend bei mir zu Gast.«

Vor seinem inneren Auge sah Andries das zerfurchte Gesicht von Aris Janz, immer in Sorge um das Wohl seiner Patienten, und ihm wurde schlecht bei dem Gedanken, was Cornelius wohl mit dem Doktor vorhaben mochte.

Triumphierend beobachtete Cornelius die offenkundige Angst des jungen Mannes. Er hätte ihm mit Leichtigkeit versichern können, daß er dem Doktor nicht nach dem Leben trachtete. Zwar hatte er den Tischwein für das Abendessen mit einem Schlafmittel präpariert, doch seine Absichten waren harmlos. Noch vor Mitternacht würde Aris Janz bewußtlos unter den Tisch fallen und erst am nächsten Morgen wieder erwachen, wenn bereits alles zu spät war. Der Bader würde toben, aber am Ende würde er klein beigeben, damit er sich auch weiterhin um die Kranken auf *Batavias Friedhof* kümmern durfte und helfen, wo er noch helfen konnte. Der Doktor war eine seltene Erscheinung unter seinen Berufsgenossen: ein Arzt, der auch chirurgische Eingriffe vornahm. Aris Janz wußte, daß er nur deshalb lebte, weil Cornelius seine geschickten Hände und seine Fachkundigkeit benötigte. Und Cornelius wiegte sich in der Sicherheit, daß der Bader ihm niemals ernsthaft Ärger bereiten würde, weil er leben wollte, um seinen Beruf auszuüben. Dieses Gefühl von uneingeschränkter Macht war erhebender als der Genuß von Laudanum, berauschender als der fleischliche Akt!

Andries beobachtete mit Grauen das Lächeln, das um die Lippen des Kaufmanns spielte.

»Aber Herr!«

»Welchen Teil hast du jetzt noch nicht verstanden?«

»Nichts, Herr. Gar nichts. Es ist alles ganz klar.«

»Gut! Dann geh zu Conrad van Huyssen, er wird dir ein Messer geben. Und denke daran: Es muß leise geschehen! Wir wollen doch nicht das ganze Lager aufwecken, nicht wahr?«

Andries verließ den Frachtaufseher kreideweiß im Gesicht. Er ging nicht zu Conrad van Huyssens Zelt. Seine zitternden Beine führten ihn runter ans Wasser, wo er auf Knien sein Abendessen erbrach. Seine Gedanken bewegten sich im Kreis. Er konnte nicht tun, was der Frachtaufseher verlangte, unmöglich! Aber er wollte auch nicht sterben! Und sterben mußte er, wenn er nicht gehorchte, soviel war sicher. Er konnte nicht morden und wollte nicht sterben. Er war verdammt, was immer er auch tat. Ein neuer Brechreiz überwältigte ihn, und sein leerer Magen wand sich in schmerzhaften Krämpfen.

»Lieber Gott, hilf mir!« flüsterte er. »Ich bin doch kein Mörder!«

Das weißgetünchte Zimmer war klein und blitzsauber, die Möbel aus Ebenholz, die Stühle mit derselben buntgemusterten, indischen Baumwolle bezogen, aus der auch die Bettvorhänge gefertigt waren. Adriaen Jacobs stand mit nacktem Oberkörper vor dem Toilettentisch in seiner Herberge und rasierte sich. Nachdem die *Sardam* in Batavia eingelaufen war, hatte er einen Barbier aufsuchen müssen, damit er ihm den dichten struppigen Bart abnahm, der ihm während der vierwöchigen Reise im Langboot gewachsen war. Nun genoß er jeden Morgen seine Rasur, in dem steten Bewußtsein, von geborgter Zeit zu leben.

In einem Winkel des ovalen Spiegels konnte er Zwaantie sehen, die hinter ihm in dem mächtigen Himmelbett lag, träge gegen die Kissen gelehnt. Sie trug ein neues spitzenbesetztes Nachthemd aus hauchzartem Musselin, das lange Haar floß lose um ihre Schultern. Die Sachen, die sie zur Zeit ihrer Ankunft auf dem Leib getragen hatte, waren beinahe auseinandergefallen, und es hatte ihm etwas Ablenkung bereitet, mit ihr zum Schneider zu gehen und neue Kleider, Unterwäsche, Strümpfe und Strumpfbänder auszusuchen. Danach hatten sie sich einen Zuber kommen lassen und ein Bad genommen, Zwaantie bis zu den Schultern im kühlen, duftenden Wasser, eine feuchte Haarsträhne auf der Wange, die Oberlippe glänzend von der Hitze des Tages. Er hatte ihr den Rücken gewaschen, und später hatten sie sich geliebt in dem großen Bett, den Luxus sauberer Laken so lange vermißt, der unbewegte Boden unter ihnen ungewohnt für ihn.

Er war noch immer darüber verwundert, daß sie ihn in Ruhe ließen. Jede Minute wartete er darauf, daß etwas geschah, daß sie ihn gefangennahmen oder ihm ein Schiff zur Verfügung stellten, damit er zu de Houtmans Inseln zurückkehren konnte. Aber Tag um Tag verging, anscheinend ohne daß etwas für die Gestrandeten getan wurde. Zwaantie reckte sich lasziv und gähnte.

»Ich bin noch ganz müde!« seufzte sie.

Adriaen spannte die Haut an seinem Kinn, damit er die Rasierklinge besser ansetzen konnte.

»Warum? Hast du so schlecht geschlafen?«

Sie spielte nachdenklich mit der Spitze an ihrem Ärmel.

»Ehrlich gesagt habe ich kein Auge zugekriegt. Ich mußte die ganze Zeit an den Galgen denken und an Jan Everts' Leiche, wie sie im Wind schaukelte. Einfach schauderhaft! Ich wünschte wirklich, wir wären nicht hingegangen!«

Jacobs antwortete nicht. Das Rasiermesser verharrte regungslos an seinem Hals. Er betrachtete Zwaantie im Spiegel. Sie blühte. Ihre Wangen waren gerötet, ihre Augen hatten einen schönen Glanz, und sie schien fast kein Gewicht verloren zu haben. Dabei mußte er selbst nach der langen Hungerzeit seinen Gürtel zwei Löcher enger schnallen! Konnte es sein, daß ...?

Er drehte sich um und setzte sich zu ihr aufs Bett.

»Wann hattest du deine letzte Blutung?«

Sie errötete.

»Adriaen! Was ist das für eine Frage? Darüber spricht man doch nicht mit einer Frau.«

»Laß die alberne Ziererei, das steht dir nicht zu Gesicht! Wann bist du zum letzten Mal unwohl gewesen?«

»Ich gebe zu, ich bin ein wenig verspätet.«

Er packte ihr Handgelenk.

»Wie spät?«

»Sechs Wochen.«

Ihre Stimme war fast unhörbar leise.

»Verdammt! Ich hatte so sehr gehofft, daß uns das erspart bliebe.«

Er saß auf dem breiten Bett, eine Hälfte seines Gesichts mit Rasierschaum bedeckt, und nagte an der Unterlippe. Sie beobachtete die Qual in seinen Zügen, und dennoch war sie froh, daß er es nun wußte.

In all der Aufregung hatte sie nicht den Mut gefunden, ihm zu beichten, daß ihre monatliche Blutung ausgeblieben war. Aber jetzt war es heraus, und alles würde gut werden. Er würde sie bitten, seine Frau zu werden, und bei Gott, sie wollte ihm die beste Frau sein, die je ein Mann gehabt hatte.

»Du bist böse auf mich, nicht wahr?«

»Auf dich? Nein, ich hadere mit mir selbst. Ich hätte wissen müssen, daß das passieren würde, ich hätte vorsichtig sein müssen.«

»Vorsichtig?«

Er fing ihren verwirrten Blick auf und sah, daß sie nicht verstand. Gott, sie war noch immer so jung und unwissend! Und er war so sorglos gewesen. Verdammt!

»Schon gut, Kleines. Schon gut.«

Adriaen faßte das Mädchen an den Schultern und sah ihm ernst in die Augen.

»Hör mir gut zu, Zwaantie! Du mußt dir den Namen eines Mannes merken: Symon Quist. Er ist Goldschmied in Amsterdam und verwaltet mein Vermögen. Wenn ... wenn mir etwas zustößt, dann will ich, daß du das nächste Schiff nach Holland nimmst und ...«

»Wenn dir etwas zustößt? Was? Was soll dir zustoßen?«

»Du verstehst es noch immer nicht, nicht wahr? Jeder Tag, den wir hier zusammen sein dürfen, ist ein Geschenk! Ich muß mich vor der VOC verantworten, und das kann mich gut und gerne das Leben kosten.«

Tränen traten ihr in die Augen. Die Tränen kamen ihr so leicht in diesen Tagen. Sie legte ihren Kopf an seine Schulter und begann, leise zu weinen. Adriaen streichelte sanft ihren Rücken, während er sich verzweifelt den Kopf darüber zerbrach, wie er sie aus dieser Misere befreien konnte.

»Was ist mit deiner Familie? Würden sie dich wieder aufnehmen?«

Das Schluchzen an seiner Schulter verebbte.

»Ich weiß nicht. Meine Eltern sind Bauern in Alkmaar. Mein Vater ist sehr streng. Er würde mir wahrscheinlich den Hintern versohlen, aber ja, vielleicht könnte ich bei ihnen wieder unterkommen ...«

»Sofort aufmachen!«

Das Hämmern an der Tür war harsch und ungeduldig. Es traf Jacobs tief in der Magengrube. Eine große Ruhe überkam ihn. Endlich war es soweit, das Warten hatte ein Ende. Mit sanfter Gewalt machte er sich von Zwaantie los und öffnete.

»Was gibt es?« fragte er, obwohl er die Antwort bereits kannte.

»Adriaen Jacobs? Kapitän der havarierten *Batavia*!«

»Ja, das bin ich.«

»Ihr seid verhaftet!«

Der Hauptmann war ein pockennarbiger, wachsamer Hüne. Er war in Begleitung von sieben Soldaten. Pflichtbewußt hielt er dem Kapitän den Haftbefehl entgegen, doch Jacobs winkte ab.

»Das wird nicht nötig sein. Ich glaube die Anklage zu kennen. Ihr erlaubt, daß ich zuvor meine Rasur noch beende?«

Ruhig trat er wieder vor den Spiegel. Die Klinge zog eine Schneise in den Schaum auf seiner Wange. Eine weitere, dann wischte er sich mit einem Tuch die letzten Seifenspuren aus dem Gesicht und streifte sein Hemd über. Zwaantie sah ihm fassungslos dabei zu. Wie konnte er nur so gleichgültig sein? Hatte er denn vollkommen den Verstand verloren?

»Adriaen!«

Sie machte Anstalten, aus dem Bett zu klettern.

Der Hauptmann trat tiefer in den Raum.

»Seid Ihr Zwaantie Hendricks?«

Ihr Gesicht gefror.

»Ja?«

»Ich habe den Befehl, auch Euch zu verhaften.«

Jacobs wirbelte herum. Die Maske der Gelassenheit fiel von ihm ab.

»Warum sie? Sie hat nichts getan! Was habt Ihr gegen sie überhaupt vorzubringen?«

»Tut mir leid, Kapitän! Aber gegen Sie beide liegen schwere Anschuldigungen vor, die Sie mit dem Überfall auf Lucretia van der Mylen in Verbindung bringen.«

»Das muß ein Mißverständnis sein!«

»Nein, Kapitän, kein Mißverständnis! Ein gewisser Jan Everts hat gegen Sie beide ausgesagt. Es steht alles in diesem Papier hier.«

Nun nahm Jacobs doch den Haftbefehl entgegen. Er las, sein Herzschlag verlangsamte sich, und er wurde vollkommen ruhig, als ihm klar wurde, daß Jan Everts furchtbare Rache an ihm geübt hatte. Bei Gott, er wünschte, er hätte ihn zu Tode gepeitscht, als er die Gelegenheit dazu gehabt hatte! Der Bootsmann hatte einen langen Arm, der selbst aus dem Grab noch nach ihnen griff.

»Ich verstehe!«

Seine Hände zitterten unmerklich, als er das Schreiben zurückgab.

»Kann ich einen Augenblick mit ihr alleine sein? Bitte!«

Der Hauptmann zögerte. Er warf einen unsicheren Blick auf das totenbleiche Mädchen im Nachthemd.

»Ich nehme an, das geht in Ordnung. Männer!«

Sie zogen sich zurück und ließen die beiden Liebenden allein. Ihre Blicke trafen sich.

»O Adriaen!«

Er nahm ihr Kleid vom Stuhl.

»Komm. Du mußt dich ankleiden!«

»Was soll jetzt nur werden?«

Er half ihr, die lange Knopfreihe ihres Kleides auf dem Rücken zu schließen.

»Du mußt jetzt sehr tapfer sein! Vergiß niemals, daß du unschuldig bist! Sie werden einer Frau nichts tun, die ein Kind unter dem Herzen trägt. Weißt du noch den Namen, den ich dir gesagt habe?«

»Symon ... Quist?«

»Braves Mädchen. Du mußt ihn dir gut merken und darfst gegenüber keinem ein Sterbenswort darüber verlieren, verstanden?«

»Ja, ich denke schon.«

»Alles wird wieder gut werden, du darfst jetzt nur den Mut nicht verlieren.«

»Ich habe solche Angst!«

Er drehte sie herum und zog sie an sich. Seine Lippen berührten ihr Haar.

»Ja, ich weiß. Ich auch!« sagte er leise.

Jacobs versuchte fieberhaft, Ordnung in seine Gedanken zu bringen. Er hatte seinen Frieden mit sich selbst gemacht, aber niemals hatte er damit gerechnet, Zwaantie mit ins Verderben zu reißen. Und nun, wo sein Samen in ihr wuchs, wollte er weniger denn je, daß ihr etwas zustieß. Heilige Mutter Maria, wie sollte er sie nur aus dieser Hölle befreien?

»Ich werde mir etwas einfallen lassen, das verspreche ich dir! Irgendwas wird mir schon einfallen, du mußt nur an mich glauben, willst du das?«

Sie nickte unglücklich.

Die Tür ging auf.

»Kapitän Jacobs! Die Zeit ist um. Ich muß Euch bitten, Euch umzudrehen!«

Er gehorchte, und der Hauptmann fesselte ihm die Hände auf den Rücken. Es schnitt ihm ins Herz zu sehen, daß sie auch Zwaantie banden. Sie hatte aufgehört zu weinen und stand jetzt aufrecht und gefaßt, den Kopf stolz erhoben. Dann verließen sie den Raum, von Soldaten umringt, der Hauptmann ging voran hinaus auf die Straße, wo das babylonische Sprachengewirr der Stadt sie empfing. Chinesische Dialekte, Holländisch, Pidgin-Malaiisch und Portugiesisch, die Amtssprache der Stadt. Die Sprachen waren verschieden, aber das Getuschel meinte dasselbe.

»Seht nur! Das ist er! Der Kapitän der *Batavia*!«

»Aber wer ist die Frau?«

»Es heißt, sie sei seine Geliebte.«

»Lucretia!«

Sie hielt an und warf Andries de Vries einen ängstlichen Blick zu.

»Nicht, Andries! Ich darf nicht mit dir sprechen.«

»Bitte! Ich muß mit jemandem reden, oder ich werde wirklich noch wahnsinnig!«

Sie wollte weitergehen, wollte sich und ihn nicht unnötig in Gefahr bringen, aber das dringliche Flehen in seinen Augen hielt sie plötzlich davon ab. Schweiß brach aus allen ihren Poren, und sie blickte vorsichtig über ihre Schulter. Keiner von Cornelius' Schergen war in Sichtweite.

»Also gut!« flüsterte sie. »Aber du mußt dich beeilen.«

Er faßte sie an der Hand und sah forschend in ihr Gesicht.

»Du bist so blaß! Was hat er dir angetan?«

Sie schüttelte den Kopf, sich zutiefst der Gefahr bewußt, in der sie schwebten.

»Noch nichts! Aber ich weiß nicht, wie lange ich ihn noch hinhalten kann.«

»Dieser Lump! Ich könnte ihn ...«

Andries biß sich auf die Lippen, die Augen gefüllt mit grenzenloser Qual. Lucretias Mund öffnete sich vor Erstaunen. Erst jetzt bemerkte sie, daß jede Spur der jugendlichen Unschuld von ihm abgefallen war. Schwarze Schatten lagen unter seinen Augen, und seine Züge waren die eines reifen Mannes.

»Andries«, wisperte sie. »Was ist geschehen?«

»Gott, Lucretia! Wenn ich dir das sage, dann wirst du mir nie mehr ins Gesicht sehen können! Ich kann es ja selbst nicht mehr.«

Er schluckte, und sein Adamsapfel hüpfte wild auf und ab.

»Um Himmels willen, Andries, nun rede schon! Was ist los?«

Er senkte den Blick und sprach zu ihr. Von seinem Erlebnis an dem Abend vor acht Tagen, als ihn Conrad van Huyssen zum Fischen abgeholt hatte. Davon, wie er in jener anderen Nacht in das Zelt gegangen war, in dem die Kranken lagen. Wie er ihnen im Schlaf lautlos die Kehlen durchtrennt hatte, wie das Blut in hohem Bogen aufgespritzt war, wie manch einer im Todesreflex seine Augen geöffnet und ihn anklagend angestarrt hatte. Augen, die er nie wieder vergessen würde! Davon, daß es der einzige Weg gewesen war, sein eigenes Leben zu retten, aber daß es ihm plötzlich keinen Pfifferling mehr wert zu sein schien.

Lucretia lauschte wie betäubt und mit ohnmächtig geschlossenen Augen. Ab und zu, wenn ihm die Stimme versagte und er nicht mehr weiterreden konnte, drückte sie beruhigend seine Hand.

»O Lucretia!« endete er. »Ich wünschte, ich hätte mich nie auf den Handel eingelassen. Es ist wie ein Pakt mit dem Leibhaftigen.«

Erschüttert schloß sie ihre Arme um seinen schlaksigen Körper. Sie suchte nach Worten, aber in ihrem Kopf war nichts als Leere. Dies alles konnte nicht die Wirklichkeit sein! Seit dem Überfall träumte sie einen endlosen Alptraum! Die Vergewaltigung, der Schiffsbruch, diese Insel, der Kaufmann, das Zelt, die Toten! Alles nur ein Traum, aus dem sie bald erwachen würde. Dann würde sie die Dämonen der Nacht wegwischen und darüber lachen, daß sie sich so gefürchtet hatte, würde endlich wieder leben können!

Keiner von beiden bemerkte die Gestalt, die sie durch die Hecken hindurch beobachtete und dann leise davonhuschte.

»O Andries, Andries!« sagte sie schließlich hilflos und strich ihm das Haar aus der Stirn. »Das ist furchtbar! Ich weiß nicht, was ich sagen soll!«

Er schüttelte den Kopf und zog die Nase hoch.

»Was soll ich nur machen? Was, wenn er es wieder von mir verlangt? Es wird nie aufhören, ich muß immer und immer wieder Unschuldige töten, um mein eigenes bißchen Leben zu retten!«

Lucretia schwieg. Sie fühlte sich ausgehöhlt und meilenweit entfernt von jeglicher Normalität.

»Ich wünschte, ich könnte sie wieder lebendig machen, aber ich kann nicht!«

Nun weinte der Junge hemmungslos. Seine Tränen durchnäßten Lucretias Kleid und drangen bis tief in ihre Seele. Der Bader ging vorbei, räusperte sich laut und warf ihr einen warnenden Blick zu. Hastig machte sie sich los.

»Ich muß jetzt gehen, Andries! Halte dich an Judith! Bleib in ihrer Nähe und paß auf sie auf, so gut du kannst! Versprichst du mir das?« Er nickte kläglich.

Sie verließ ihn nur ungern, und das Gefühl, ihm nicht helfen zu können, verstärkte das Bewußtsein ihrer eigenen abgrundtiefen Verzweiflung. Was in aller Welt konnte einen jungen Menschen trösten, der auf solch abscheuliche Art mit dem Tod konfrontiert wurde, ohne die Freiheit, über sich selbst zu bestimmen? Sie erinnerte sich daran, wie er in jener Nacht zurück an das Lagerfeuer der Bastians gekommen war, schweigsam und appetitlos. Sie erinnerte sich auch daran, wie unendlich groß ihre Erleichterung darüber gewesen war, daß sie ihn wohlbehalten und unversehrt wiederhatte. Und die ganze Zeit über hatte der arme Junge sein grauenhaftes Geheimnis mit sich herumgetragen!

Als Andries die drei Kadetten sah, wußte er, was ihm bevorstand. Lennart Michels, Conrad van Huyssen und Gisbert van Welderen traten ihm schweigend in den Weg, die behandschuhte Schwerthand am Griff ihrer Degen.

»Wer hat dir die Erlaubnis gegeben, mit Lucretia zu sprechen?«

Andries brachte keinen Ton heraus. Sein Kopf war wie blockiert. Er machte einen Schritt rückwärts und noch einen, doch die Kadetten rückten unbeirrt nach.

»Der Kaufmann hat deine Unverschämtheiten schon viel zu lange geduldet.«

Van Huyssens Degen kam aus seiner Scheide, und Andries konnte nicht anders, als gebannt auf die kleine rote Bommel am Griff der Waffe zu starren.

»Wie lustig sie hin und her hüpft!« dachte er.

Der blinkende Stahl der Klinge reflektierte die Sonne, schickte einen tanzenden Lichtstrahl in seine Augen und blendete ihn. Er drehte sich um und rannte über den scharfen Korallenschutt um sein Leben. Seine Füße setzten bald mit der ganzen Sohle auf, begannen zu bluten, sein Herz pumpte, und seine Lungen brannten. Allzu schnell hatte er das Ende der Inselplattform erreicht. Panisch warf er einen Blick zurück. Seine Verfolger waren nicht weit hinter ihm, ihre Stiefel verliehen ihnen einen Vorteil auf dem schwierigen Terrain. Er stolperte, spürte, wie das Blut in seinen Ohren rauschte.

»Die Insel!« schoß es ihm durch den Kopf. »Die *Hohe Insel*, von wo die Rauchzeichen gekommen waren!«

Er war ein guter Schwimmer, vielleicht würde er es bis dorthin schaffen. Seine Beine trugen ihn ins seichte Wasser.

Der erste Schlag verwandelte seine Schulter in flüssiges Feuer. Er lief weiter, den Schmerz mißachtend, der Freiheit entgegen. Der zweite Schlag spaltete seinen Schädel auf und fällte ihn wie einen jungen Baum. Er kniete auf allen vieren und starrte ungläubig auf den Blutstrom, der sich in dunklen Schwaden mit dem Meerwasser mischte. Jemand riß an seinen Haaren. Der Schnitt durch seine Kehle erstickte den Schrei, der sich dort gerade lösen wollte.

Lennart Michels richtete sich auf. Sorgfältig wischte er seinen blutigen Dolch an Andries' Hemd ab und versenkte ihn wieder in der Scheide an seinem Gürtel.

»Ist er tot?«

Van Huyssen war ihnen nicht weit ins Wasser gefolgt. Heftig atmend stand er am Ufer, erhitzt von dem Lauf in der Mittagssonne. Blut tropfte von der Klinge seines spanischen Rapiers.

»Mausetot!«

Michels watete aus dem Wasser, und zu dritt schlenderten sie zurück durch die Zeltstadt, zu ihrem Lagerfeuer. Nichts in ihrem Gebaren deutete darauf hin, daß sie gerade ein Menschenleben ausgelöscht hatten. Inselbewohner lugten verstört hinter ihren Zelteingängen hervor. Nun wußten sie, daß es kein Zufall war, wenn Männer und Frauen über Nacht verschwanden. Sie hatten es mit ihren eigenen Augen gesehen! Ein Frösteln ergriff sie trotz der heißen Stunde, und die Sonne schien an Helligkeit zu verlieren.

Diesmal brauchte François Pelsaert nicht zu warten. Der

Sekretär des General-Gouverneurs ließ ihn sogleich vor, jedoch nicht ohne ihn zuvor mit einem Blick zu bedenken, der deutlich besagte, daß er den Kommandeur ganz allein und in vollem Umfang dafür verantwortlich machte, daß er schon wieder seinen Sonntag opfern mußte.

Er fand Jan Pieterszoon Coen am Fenster stehend, den Rücken zu ihm gekehrt. Draußen vor dem Schutzwall der Festung taten sich die Krähen an den sterblichen Überresten des Bootsmanns Jan Everts gut. Pelsaert atmete tief durch. Heute würde er erfahren, was der Ost-Indien Rat nach einer ganzen Woche des Beratschlagens beschlossen hatte. Eine Woche, die seine Geduld auf eine harte Probe gestellt hatte. Er betrachtete den breiten, abweisenden Rücken des Gouverneurs in nervöser Anspannung. In aufrechter Haltung war die Ausstrahlung des hochgewachsenen Mannes noch mächtiger. Ohne sich umzudrehen, deutete Jan Pieterszoon Coen auf ein gefaltetes Papier, das auf der Ecke seines Schreibtischs lag.

»Dies ist Eure offizielle Segelanweisung«, begann er ohne Einleitung. »Die *Sardam* liegt entladen und zum Auslaufen bereit im Hafen. Ihr Kapitän ist Jakob Jakobsen. Sie wird Euch zur Rettung der Schiffbrüchigen zur Verfügung gestellt. Außerdem ...«

Endlich wandte er sich Pelsaert zu.

»Außerdem zur Navigation die beiden Steuermänner der *Batavia*, Claas Gerritz und Jakob Janz, damit Ihr das Wrack wiederfindet.«

Der Gouverneur machte eine nachdenkliche Pause.

»Ich hatte zuerst daran gedacht, den Skipper Adriaen Jacobs dafür abzustellen, aber es hat sich eine Entwicklung in den Anschuldigungen gegen ihn ergeben, die wir nicht vorausgesehen hatten. Es wird Euch vielleicht überraschen zu hören, daß er am Freitag in Haft genommen wurde. Allem Anschein nach war er der Drahtzieher hinter dem verabscheuungswürdigen Überfall auf die Witwe Lucretia van der Mylen.«

François Pelsaert kämpfte hart, um ein Lächeln der Genugtuung zu unterdrücken. Der Gouverneur sah das Zucken in den Mundwinkeln des Kommandeurs, und sein Blick verhärtete sich.

»Vielleicht wäre das ohnehin nicht ratsam gewesen in Anbetracht der Tatsache, daß die augenscheinlich unüberbrückbaren Schwierigkeiten zwischen Euch und Eurem Skipper überhaupt erst zu dieser unglücklichen Situation geführt haben.«

Unüberhörbarer Tadel schwang in seiner Stimme mit.

»Ihr werdet gleich morgen aufbrechen. Es befinden sich sechs Tieftaucher an Bord der *Sardam*. Die VOC erwartet von Euch, daß Ihr auch das gesunkene Silber mitbringt. Außerdem soviel von der restlichen Ladung wie nur irgend möglich!«

»Ich versichere Euch, daß ich alles in meiner Macht Stehende tun werde.«

»Das wird unter Umständen nicht genug sein, Herr Pelsaert! Ich hoffe für Euch, daß die ganze Angelegenheit mittlerweile nicht noch tragischere Ausmaße angenommen hat.«

Der Gouverneur fixierte Pelsaert kühl.

»Der Rat ist darin übereingekommen, daß die Affäre nach Eurer Rückkehr eine noch tiefgreifendere Untersuchung erfahren wird. Aber jetzt ist Eile geboten! Die Gestrandeten können nicht länger warten.«

Tief in seinem Herzen fühlte Pelsaert, daß er in den Augen des General-Gouverneurs nicht bestehen konnte, ganz gleich was er sagte oder zu seiner Entschuldigung hervorbringen mochte. Er hatte all den Kredit, den er bei der

VOC hatte, mit dieser einen katastrophalen Fahrt aufgebraucht und fand sich jetzt selbst auf der Anklagebank wieder, gleich neben dem Skipper. Aber niemand konnte ihm solch bittere Vorwürfe machen wie er sich selbst. Er wollte alles bereitwillig ertragen, wenn nur die Leute am Leben waren.

»Mit Eurer Erlaubnis, Gouverneur, würde ich die *Sardam* gerne heute noch auslaufen lassen.«

»Die Erlaubnis ist erteilt! Geht mit Gott, Kommandeur!«

An diesem Sonntag blies ein böser, heißer Südwestwind über die Houtmans Inseln. Die Luft war trocken wie Staub und schwer zu atmen, die Atmosphäre knisterte vor Spannung.

Auch Lucretia spürte, daß der Kaufmann heute in einer unberechenbaren Laune war, in höchstem Maße reizbar und explosiv. Er hatte den ganzen Morgen getrunken, und nun setzte er sich zu ihr aufs Bett und kredenzte ihr nachlässig einen Becher mit Wein, sein Atem war schwer vom Alkohol.

»Trink, meine Schöne! Der Wein wird dein Blut wärmen und dich willig machen, denn heute ist der Tag gekommen.«

»Laßt mich in Ruhe!«

Sie schlug ihm den Becher aus der Hand. Rotwein floß über sein blütenweißes Hemd und über die Decken. Unwillkürlich zog sie den Kopf ein und wartete. Doch Cornelius schlug sie auch diesmal nicht. Wortlos stand er auf und ging nach draußen, wo seine halbtrunkenen Schergen den brütend heißen Nachmittag vertändelten. Sein schweigender Rückzug jagte ihr mehr Angst ein als all sein Toben und Schreien und jede seiner wütenden Drohungen zuvor.

Cornelius blieb einen Moment vor dem Zelt stehen und wartete darauf, daß sein Herzschlag sich verlangsamte und sein Puls aufhörte zu rasen.

»Diese Hündin!« quetschte er zwischen zusammengebissenen Zähnen hervor.

Er wurde noch immer von dem unseligen Verlangen getrieben, Lucretia zu besitzen, aber jetzt war es ihm gleich, ob sie sich ihm freiwillig hingab oder er sie zwingen mußte. Er hatte sie wie ein Liebhaber nehmen wollen, aber das verdammte Luder hatte seine Gelegenheit vertan.

Aus dem benachbarten Zelt drangen unmißverständliche Seufzer und Laute, die anzeigten, daß der junge Kadett Oliver van Welderen sich Susie Fredericks widmete – wieder einmal. Cornelius runzelte ärgerlich die Stirn. Es war sein eigener Einfall gewesen, die hübschesten Frauen der Insel für einen allgemeinen Liebesdienst zur Verfügung zu stellen. Aber jetzt konnte er es nicht ertragen, daß seine Mitverschwörer sich vergnügten, wann immer es sie danach gelüstete, und er selbst bei Lucretia noch keinen einzigen Schritt weitergekommen war. Um dem Keuchen und Stöhnen zu entfliehen, wanderte er zu der kalten Feuerstelle, wo seine Kumpane lustlos ein Würfelspiel spielten. Schweiß rann in Strömen, und eine Flasche mit Wein wurde herumgereicht. Cornelius ließ sich neben David Zeevanck nieder und beobachtete gelangweilt das Spiel. Er brauchte etwas, das seine überreizten Nerven beruhigte, irgendeinen Kitzel, der möglichst nahe an sexuelle Erleichterung herankam und ihn seine Erniedrigung vergessen ließ.

Sein Blick fiel auf das Fernrohr, das unbeachtet im Staub lag, und weil er nichts Besseres zu tun hatte, hob er es auf und ging damit davon. Er richtete es auf die *Hohe Insel* und erinnerte sich selbst wohl zum hundertsten Mal daran, daß er noch mit den Söldnern abrechnen mußte. Dann schwenkte er es weiter auf den gelben, langgestreckten Landstreifen der *Robbeninsel*, wo sie einen Monat zuvor rund fünfzig Menschen mit völlig unzureichenden Vorräten an Wasser und Proviant abgesetzt hatten. Er erwartete eigentlich, dort niemanden zu sehen, aber da waren sie: Ausgehungerte, gerippeähnliche Gestalten, die es tatsächlich wagten, noch immer am Leben zu sein!

Er ließ das Fernrohr sinken und stapfte wieder zu seinen Anhängern zurück.

»Ihr werdet es nicht glauben«, rief er aus. »Aber auf der *Robbeninsel* sind noch immer nicht alle tot.«

Die Würfel verharrten in Lennart Michels' Hand.

»Na und wenn schon? Sie werden es bald genug sein.«

»Diese armen Menschen dauern mich. Ich kann ihren Anblick nicht länger ertragen.«

Cornelius' Stimme war eine Oktave höhergeklettert, ein seltsam entrückter Ausdruck lag in seinen Augen.

»Ich denke, es ist Zeit für einen Akt der Menschlichkeit. Wir wollen sie von ihrem Elend erlösen. Conrad! Gib die Waffen aus!«

Eifrig sprangen die Verschwörer auf, sie waren froh, etwas zu tun zu bekommen. Der heiße Wind machte sie rastlos und aggressiv, versetzte sie in eine gefährliche Stimmung. Die richtige Stimmung zum Morden, das witterte Cornelius ganz genau. Er legte seine Hand auf Gisbert van Welderens Schulter.

»Hol deinen Bruder!« befahl er mit weicher Stimme. »Er wird die Unternehmung anführen.«

Wenige Zeit später tauchte Oliver van Welderen auf, der Kopf hochrot, das Haar zerzaust. Befriedigt beobachtete Cornelius, wie seine Handlanger sich zu ihrer grausigen

Aufgabe aufmachten. Seine Augen hatten sich zu schmalen Schlitzen zusammengezogen, ein verzerrtes Lächeln entstellte sein Gesicht. Sie waren so leicht zu lenken, es war geradezu lächerlich! Dann bemerkte er, daß David Zeevanck zurückgeblieben war.

»Was ist mit dir los? Gehst du nicht mit?«

Ein schmutziges Grinsen breitete sich auf Zeevancks affenähnlichem Gesicht aus.

»Ich habe mit van Welderen um Susie gewürfelt und eine Stunde mit ihr gewonnen. Das will ich mir nicht entgehen lassen. Die Kleine ist eine richtige Wildkatze, ganz nach meinem Geschmack!«

Zeevanck beobachtete, wie ein zutiefst mißmutiger Ausdruck in das Gesicht des Kaufmanns trat.

»Ich wußte nicht, daß Ihr auch Interesse habt. Ihr könnt sie gerne vor mir haben, es macht mir nichts aus zu warten«, versicherte er unterwürfig.

»Nein, das ist es nicht!«

Cornelius ließ sich auf der Erde nieder und griff nach der Weinflasche. Er nahm einen kräftigen Schluck und überlegte, ob er den Buchhalter ins Vertrauen ziehen sollte.

»Es ist Lucretia! Ich komme nicht so bei ihr voran, wie ich es mir vorstelle.«

Zeevancks Grinsen wurde noch breiter. Hier war ein Gebiet, auf dem er sich auskannte. Er schnalzte mit der Zunge.

»Eh, ich sage Euch, Ihr seid viel zu geduldig! Mit Freundlichkeit kommt man nicht weit bei den Weibern. Wenn Ihr wollt, regle ich die Angelegenheit für Euch. Es wird auch gar nicht lange dauern.«

Lucretia fuhr zusammen, als David Zeevanck leise wie

eine Katze in das Zelt geschlichen kam. Er blieb vor ihr stehen, ein Bulle von einem Mann, und blickte mit kleinen gemeinen Augen auf sie herunter. Das Herz schlug ihr bis zum Hals. Hatte Cornelius ihn geschickt, um sie gefügig zu machen? Sollte er sie am Ende gar »vorbereiten«? Sie wagte es nicht, zu dem Buchhalter aufzusehen.

Zeevanck stellte die Weinflasche auf die gestampfte Erde und ließ sich im Schneidersitz vor ihr nieder. Langsam beugte er sich vor, griff nach einer Haarsträhne, die sich aus ihrem Zopf gelöst hatte, und wickelte sie sich bedächtig um den Finger.

»Zu schade, daß der Kaufmann sie ganz für sich alleine beansprucht«, dachte er neidisch. »Sie würde sicher eine sensationelle Bettgefährtin abgeben.«

Er zog sie näher zu sich heran.

»Lucretia, Lucretia«, begann er ernst, »wie ich höre, verschmähst du die Freundlichkeiten des Herrn Cornelius! Ist dir denn gar nicht bewußt, welch ungeheure Ehre dir widerfährt? Der Kaufmann schätzt deine Person so hoch ein, daß er dich lieber für sich behalten will, anstatt dich dem allgemeinen Dienst zur Verfügung zu stellen.« Er ließ seinen Blick abschätzend über ihren Körper wandern, und Lucretia fühlte, wie sie eine Gänsehaut bekam.

»Nebenbei bemerkt finden wir anderen das übrigens wirklich sehr bedauerlich!«

Sie blickte Zeevanck kalt an und gab keine Antwort. Und dann, ohne jede Vorwarnung, sprang er auf, zerrte sie vom Bett und zwang sie brutal auf die Knie. Er stand von hinten über sie gebeugt, hielt sie noch immer fest an der Haarsträhne gepackt und legte ihr genüßlich sein Messer an den Hals. Mit angehaltenem Atem fühlte Lucretia die lange, schartige Klinge. Ihr Blut geriet ins Stocken, und plötzlich wußte sie, wie Andries sich gefühlt haben mußte, in die Enge getrieben wie ein wildes Tier, jede Fluchtrichtung geradewegs ins Verderben führend. Armer Andries! Glücklicher Andries! Sein Leiden hatte jetzt wenigstens ein Ende. Mühsam rang sie nach Luft, ihre Kopfhaut schmerzte, und die Knie des Buchhalters in ihrem Rücken taten ihr weh. Zeevanck zwang ihren Kopf noch weiter zurück.

»Sperr deine hübschen Ohren weit auf, denn ich werde es nur einmal sagen! Wenn du nicht bereit bist, dem Kaufmann zu Willen zu sein, dann wirst du einen ganz anderen Weg gehen, und das wäre wirklich jammerschade.«

Mit einer blitzschnellen Bewegung durchtrennte Zeevanck die blonde Strähne, und Lucretias Kopf schnellte nach vorn. Er erhob sich und ging. Benommen blieb Lucretia liegen. Vorsichtig rieb sie sich den schmerzenden Nacken, verwundert darüber, daß ihr Genick nicht gebrochen war. Dann ging ihr die Bedeutung von Zeevancks Worten auf, und ihr ganzer Körper krümmte sich schmerzhaft in banger Erwartung.

Draußen warf Zeevanck die Locke nachlässig in Cornelius' Schoß.

»So, das wäre erledigt! Dieses Frauenzimmer wird Euch bestimmt keinen Ärger mehr bereiten.«

Cornelius starrte auf das goldene Haarbüschel in seinem Schoß. Sein Herz schlug schneller, und seine Männlichkeit regte sich.

»Seht euch das an!«

Jean Reynoult streckte ein Bein in die Luft und wackelte mit den schmutzigen Zehen, die am Ende seines halbaufgelösten Schuhs herausguckten.

»Du hast Glück, daß du überhaupt noch Schuhe hast! Meine sind schon vor einer Woche auseinandergefallen.«

De Villiers schickte ein gutmütiges Grinsen zu seinem Freund hinüber.

»Das verdammte Salzwasser macht das Leder brüchig. Wahrscheinlich laufen wir zu oft von einer Insel zur anderen.«

»Vielleicht sollten wir überhaupt ganz auf die westliche Insel ziehen.« Wiebe Hayes warf nachdenklich einen Stein ins Feuer.

»Sind wir doch einmal ehrlich! Keiner von uns glaubt mehr daran, daß noch ein Floß kommt, um uns hier abzuholen. Wer weiß, vielleicht sind dort drüben schon längst alle tot?«

Ihre Blicke wanderten in Richtung *Batavias Friedhof,* und jeder der drei Männer fragte sich im stillen, was dort wohl vorging. Sie hatten es aufgegeben, weiterhin drei Feuer zu unterhalten, benutzten das karge Feuerholz nur noch, um zu kochen, Holzschuhe zu schnitzen oder sich in besonders kalten Nächten daran zu wärmen. Der frische Wind und die eisigen Nächte waren ihre einzigen Sorgen! Sie hatten Nahrung, sie hatten Wasser, aber sie hatten keine Decken, um darunter zu schlafen, und ihre Kleidung bestand nur mehr aus Lumpen. Die Söldner waren zutiefst dankbar für einen heißen Tag wie heute, an dem sie ihre durchgefrorenen Knochen wärmen konnten.

Wiebe schnitt ein Stück Bratenfleisch von dem Katzentier ab, das über dem Feuer schmorte, und begann, nachdenklich daran zu knabbern. Ganz plötzlich überkam ihn eine Stimmung von Traurigkeit und Unzulänglichkeit. Was hatte er nicht für hochfliegende Träume gehabt, als er seine Haut der VOC verkauft hatte, und hier saß er nun auf einer armseligen Insel, der Wind pfiff durch die Löcher in seiner Kleidung, und er hatte nicht die geringste Ahnung, ob er jemals wieder von hier wegkommen würde, geschweige denn, ob er Nita jemals wiedersehen würde.

Als sie an jenem Sommerabend wieder auf dem Gutshof angekommen waren, hatte Niklas die Katze schon aus dem Sack gelassen. Wiebes Vater erwartete sie schweigend unter dem Torbogen. Er half Nita vom Pferd und befühlte kommentarlos den verletzten Vorderfuß der Stute.

»Dein Vater erwartet dich im Haus.«

Wiebe und Nita tauschten einen besorgten Blick, dann raffte sie ihre Röcke und eilte davon. Wiebe stieg ab und folgte seinem Vater zu den Stallungen, den Hengst am Zügel neben sich herführend. Er blickte auf den breiten Rükken seines Vaters und versuchte, an seinen Schultern abzulesen, wie wütend er war. Er sah zu, wie der Vater den Sattel von der kleinen Stute abnahm und begann, sie mit Stroh trocken zu reiben.

»Natürlich«, dachte Wiebe. »Wie immer kommt das Pferd zuerst!«

Weil er nicht wußte, was er sonst tun sollte, kümmerte er sich um den Hengst, aus den Augenwinkeln immer den Vater beobachtend, der die Stute zuerst putzte, behutsam ihre Verletzung auswusch und sie dann zur Tränke führte. Endlich blickte Theodor Hayes auf und sah seinem Sohn ins Gesicht.

»Warum, um Gottes willen, mußtest du das tun?«

»Ich habe nichts *getan*, Vater. Es ist einfach geschehen.«

Theodor Hayes nickte langsam. Dann faßte er Torian am Halfter und brachte ihn ebenfalls zur Tränke. Die beiden Pferde standen einträchtig nebeneinander und tranken.

»Sie ist nicht deine Klasse«, bemerkte er schlicht.

Wiebe straffte sich.

»Aber sie liebt mich, Vater! Wir lieben uns, und ich habe versprochen, um ihre Hand anzuhalten.«

»Du weißt nicht, was du redest! Als Niklas hier ankam, hatte ich meine liebe Mühe und Not, Herrn ten Berge davon abzuhalten, mit dem Jagdgewehr nach dir zu suchen. Nur auf mein Wort hin, daß du sie nicht angerührt hast, war er bereit, dich nicht auf der Stelle zu erschießen.«

Theo Hayes kraulte den Hals des Hengstes, und das Tier hob den Kopf aus der Tränke und stupste ihn liebevoll mit der nassen Nase an. »Habe ich ihn angelogen?«

»Was?«

»Hast du sie angerührt?«

»Sie ist noch Jungfrau, wenn du das meinst, Vater.«

»Gut.«

Der alte Hayes drehte sich zu dem jungen Hayes um, und für einen kurzen Augenblick lag seine Seele offen in seinen Augen, und seine ganze Vaterliebe war darin zu lesen.

»Das ist gut, denn das bedeutet, daß du leben wirst und ich meinen einzigen Sohn nicht verlieren werde. Aber du wirst noch heute von hier verschwinden und Nita niemals wiedersehen.«

»Das kann ich nicht, Vater, ich liebe sie!«

»Du redest wie der törichtste aller Narren und nicht wie mein Sohn, der gebildet ist und auf den ich so stolz bin. Du hast dich mit der Tochter des Hauses im Heu gewälzt, und du wirst die Verantwortung für deinen Leichtsinn übernehmen. In deinem Leben wirst du noch tausend Frauen treffen, aber diese hier ist nicht für dich. Dies ist mein Handel mit ten Berge: Wenn Nita noch unberührt ist, läßt er dich gehen! Ist sie entehrt, nimmt er dein Leben! Verstehst du?«

»Aber Vater! Ich habe es ihr versprochen! Wir wollen heiraten!«

»Warum sollte sie dich heiraten? Du bist ein armer Schlucker, der wie sein Vater ein Leben lang für andere arbeiten wird. Wenn es nur darum gehen würde, dich lächerlich zu machen, geh hin und frag ihn! Aber er ist so entsetzlich wütend, daß er dich wahrscheinlich an die Wand nageln wird.«

Wiebe schluckte.

»Ich kann mir nicht helfen, ich liebe sie so sehr.«

Theodor Hayes nahm Wiebe in die Arme und mußte dabei feststellen, daß sein Sohn über ihn hinausgewachsen war.

»Ich weiß, ich weiß«, murmelte er. »Das erste Mal denkt man, es ist für immer, und es tut so weh. Aber das geht vorbei, und beim nächsten Mal ist es schon einfacher. Du hast eine Dummheit begangen und wirst unangemessen hart dafür bestraft.«

Es traf Wiebe wie ein Schlag ins Gesicht, als er endlich verstand, daß der Vater nicht böse, sondern traurig war. Er hatte keine Ahnung, daß der Vater niemals aufgehört hatte, seine tote Mutter zu lieben, und daß er ihr so verzweifelt ähnlich sah, daß es Theo Hayes schier das Herz brach. Wiebe machte sich los und begann, in der Stallgasse auf und ab zu wandern.

»Ich muß mich wenigstens von ihr verabschieden.«

»Es wäre besser für dich, sie zu vergessen.«

Theo Hayes griff in seine Hosentasche und zog einen Beutel daraus hervor.

»Hier hast du hundertfünfzig Gulden. Das sollte genügen, um dich über die erste Zeit zu bringen.«

Die Börse wog schwer in Wiebes Hand. Er wußte, daß sein Vater davon geträumt hatte, eine Anzahlung auf einen guten Hengst zu machen und seine eigene Pferdezucht zu beginnen. Jetzt gehörte das Geld ihm, die Ersparnisse eines ganzen Lebens, und obwohl er noch niemals soviel Geld auf einmal besessen hatte, wußte er, es war nicht viel,

wenn man davon drei Mahlzeiten am Tag bestreiten mußte.

»Wohin wirst du gehen?«

Die Antwort kam spontan, ohne lange nachzudenken.

»Nach Amsterdam! Willst du nicht mitkommen?«

Theo Hayes nahm Striegel und Bürste auf und bearbei-
tete das bereits tadellos gepflegte Fell des Rappen. Er
wandte Wiebe dabei den Rücken zu.

»Danke nein! Ich bin zu alt geworden für das Zigeuner-
leben. Das ruhige Leben hier gefällt mir. Herr ten Berge
behandelt mich anständig, und ich bin den ganzen Tag mit
Pferden zusammen. Ich hätte gerne meine Enkelkinder
hier aufwachsen sehen, aber nach dem Herbst kommt der
Winter, und auch der geht vorbei, und bald wird der Frühling kommen, dann sind die Koppeln voll mit Füllen, und
das ist fast genauso gut.«

»Ja«, murmelte Wiebe unglücklich. »Du hast recht, das
ist fast genauso gut.«

Er trat von einem Bein auf das andere, unfähig sich loszureißen.

»Draußen wird es schon dunkel, Vater, ich muß noch
meine Sachen packen.«

Theo Hayes' Bürstenstriche wurden länger und kräftiger. Er konzentrierte sich vollkommen auf das, was er tat.

»Leb wohl, Vater!«

Entschlossen wandte sich Wiebe zum Gehen.

»Sohn!«

Theo Hayes hielt mit dem Striegeln inne, den Blick
noch immer von seinem Sohn abgewandt.

»Ja, Vater?«

»Schreib mir, wo du bist und was du machst, ja?
Schließlich müssen all die Jahre auf der Schulbank für irgend etwas gut gewesen sein.«

»Ja, Vater!«

»Und wenn ein bißchen Zeit vergangen ist, wenn sich all die Aufregung wieder gelegt hat, dann komm hier vorbei und besuch deinen alten Vater, hörst du?«

»Ja, Vater!«

Theo Hayes lauschte, wie die Schritte seines Sohnes auf dem Kopfsteinpflaster verklangen, dann fuhr er damit fort, das Pferd zu putzen, den Blick vor Tränen verhangen.

Sie wartete draußen vor dem Tor auf ihn.

»Ich mußte dich noch einmal sehen!«

Nita schmiegte sich in seine Arme, und wieder fühlte sich alles so gut und richtig an, als ob sie dorthin gehörte und an keinen anderen Platz der Welt.

»Wie hast du deinen Vater überredet?«

»Gar nicht! Ich bin durch das Fenster in meinem Zimmer entwischt.«

»Aber das ist im zweiten Stock!«

»Ich weiß, aber ich bin an dem alten Birnbaum runtergeklettert.«

»Nita, Nita! Du bist wahnsinnig, und ich liebe dich wie wahnsinnig!« Sie küßten sich, klammerten sich aneinander und küßten sich.

»Ich warte auf dich, Wiebe! Vater ist jetzt furchtbar wütend, aber sein Zorn wird verfliegen, und am Schluß bekomme ich doch meinen Willen, du wirst sehen.«

»Wenn du nur recht behältst!«

»Was wirst du jetzt machen?«

»Ich weiß es noch nicht. Aber ich werde Vater schreiben, und jedem Brief an Vater lege ich einen Brief an dich bei. Er wird ihn in deine Hände schmuggeln, und so wirst du immer wissen, wo ich gerade bin. Und wenn wir sehr

vorsichtig sind, kannst du mir auf die gleiche Weise antworten.«

»O ja, das will ich tun!«

Und sie hatte Wort gehalten. Er hatte ihr geschrieben.
Während der Monate, als er keine Arbeit gefunden hatte
und die Ersparnisse seines Vaters unaufhaltsam zusam-
menschrumpften. Während des halben Jahres danach, als
er sich als Deicharbeiter verdingt hatte und ihre Briefe das
einzige waren, das ihn am Leben erhalten hatte. Und dann
war der Frühling zu Ende gegangen und mit ihm die Früh-
jahrsfluten und die Regenfälle, ein besonders heißer, trok-
kener Sommer hatte eingesetzt, und er war wieder ohne
Arbeit. Die anderen Deicharbeiter hatten sich ohne zu zögern zur Kriegsmarine gemeldet. Seit dem Ende des Waf-
fenstillstands mit Spanien herrschte großer Bedarf an Soldaten, aber das war die einzige Lösung, die für ihn nicht in
Frage kam. Er wollte genug verdienen, um zu Nita zurückzukehren, und zwar möglichst schnell! Es lag keineswegs
in seiner Absicht, seine Knochen für wenig Lohn den Spaniern hinzuhalten. Einer der Deicharbeiter hatte ihm
schließlich den entscheidenden Hinweis gegeben: »Warum
versuchst du es nicht mal bei der VOC? Du bist jung, und
wenn dir die Strapazen einer Schiffsreise nichts ausmachen, dann kannst du dort mit ein wenig Glück ein reicher
Mann werden.«

So war er zu den Soldaten der Handelsflotte gekommen,
und abgesehen davon, daß er den Umgang mit Pferden
vermißte, gefiel ihm das rauhe, abenteuerliche Leben dort
nicht schlecht. Er stellte bald fest, daß er nicht reich werden würde, sein Sold von zwölf Gulden und zehn Stuivers
mußte ihm für sechs Wochen reichen, und da er viel Geld
für Tinte, Federn und Papier ausgab, blieb ihm fast nichts
übrig. Aber er mochte die Kameradschaft unter den Solda-

ten und das Abenteuer ferner Länder, und obwohl er auf der Stelle trat, konnte er sich nicht dazu überwinden, sein Regiment zu verlassen. Er lebte ein genügsames Leben, pendelte zwischen Indien und Java und hatte wohl auch ein wenig Glück, denn bei allen Zusammenstößen mit spanischen Schiffen war es bisher immer glimpflich für ihn ausgegangen, wenn auch nicht für alle seine Kameraden. 1625, während in den Niederlanden die Pest getobt hatte, hatte er auf der größten der Banda Inseln in Garnison gelegen und war damit in Sicherheit gewesen. Es war das Jahr, in dem er zum letzten Mal von seinem Vater und von Nita gehört hatte, und es brachte ihn manchmal beinahe um den Verstand, nicht zu wissen, ob sie gesund und wohlbehalten waren. Wenn er Zeit zum Nachdenken hatte, überlegte er sich tausend Gründe, warum er keine Nachricht von ihnen erhielt. Aber am Ende eines Tages konnte er oft nicht einschlafen, weil er sich vorstellte, daß beide ein Opfer der Seuche geworden waren. Von Zeit zu Zeit erfüllte es ihn mit hilfloser Wut, das Leben eines armen Schluckers zu führen. Dann spielte er mit dem Gedanken, alles hinzuwerfen und sich auf den Weg nach Hause nach Winschoten zu machen, um selbst nach dem Rechten zu sehen. Dann wieder wurde ihm klar, daß sich für sie beide nichts geändert hatte und daß er eigentlich nicht von ihr verlangen konnte, noch länger zu warten, in der vagen Hoffnung, daß er es einmal zu Wohlstand bringen würde. Hundertmal hatte er den Brief geschrieben, in dem er mit ihr brach, und hundertmal hatte er ihn wieder zerrissen, sein Gesicht in seinen Händen vergraben und vergeblich versucht, die Erinnerung an sie auszulöschen. Sechs lange Jahre hatte er sie nicht mehr gesehen, aber er liebte sie noch immer so sehr wie an jenem goldenen Spätsommerabend.

Aufgeregte Rufe und Schreie drangen an Wiebes Ohren und rissen ihn aus dem Trübsinn, in dem er zu versinken drohte. Die drei Männer sprangen fast gleichzeitig auf und reckten ihre Hälse, um zu sehen, was ihre Kameraden unten am Strand so in Aufregung versetzte. Sie erkannten Otto Schmidt, einen Kadetten aus Sachsen, der wild gestikulierend auf das kristallklare Wasser zeigte.

»Was ist das?«

»Sieht aus wie ein Stück Treibholz!«

»Ja! Ein Stück Treibholz, an dem sich ein Mann festklammert!«

Sie liefen so schnell sie konnten. Gerade als das leblose Bündel in den seichten Teil des Wassers getrieben wurde, erreichten sie das Ufer. Zwei Söldner waren bereits dort, um es in Empfang zu nehmen. Es war Peter Lamberts, einer der Seeleute. Sie griffen ihn unter den Armen und schleppten ihn an den Strand, wo sie ihn vorsichtig in den weißen Sand betteten. Der Mann war totenbleich, und aus einer klaffenden Wunde an seinem Arm floß stoßweise Blut. Ein Schluck Wasser und ein paar leichte Schläge auf die Wange brachten den Seemann wieder zu Bewußtsein. Es brauchte eine Weile, bis er begriff, daß es nicht Cornelius' Handlanger waren, die sich da über ihn beugten, sondern daß er auf Wiebe Hayes' Insel und in Sicherheit war.

»Was ist dir zugestoßen?«

Der Seemann bewegte seinen Mund, brachte aber keinen Ton hervor. Wiebe Hayes hob warnend die Hand.

»Gebt ihm ein bißchen Zeit, sich zu sammeln! Wir müssen uns zuerst um seine Verletzung kümmern.«

Einige rissen bereitwillig Streifen von den wenigen Kleidungsstücken ab, die sie noch auf dem Leib trugen, und kurze Zeit später war die Blutung gestillt.

»Wird er durchkommen?«

Wiebe zuckte mit den Achseln.

»Ich weiß es nicht. Eigentlich muß das genäht werden. Wir könnten weiß Gott den Bader hier gebrauchen.«

Peter Lamberts hustete ein wenig und versuchte, sich aufzurichten. Schmidt und de Villiers stützten ihn.

»Danke ... danke euch, ihr habt mir das Leben gerettet!«

Wieder ein Husten und ein schaudernder Blick über das Wasser.

»Ihr habt keine Ahnung, was für ein Glück ihr habt, daß er euch fortgeschickt hat. Da drüben ist die Hölle auf Erden!«

Hayes und de Villiers wechselten über seinen Kopf hinweg einen alarmierten Blick.

»Der Frachtaufseher hat alle in seiner Gewalt! Er und seine Henkersgesellen haben sich selbst zu den Herren der Insel erklärt.«

»Henkersgesellen?«

»Sie töten jeden, der ihnen nicht paßt! Uns haben sie unter einem Vorwand auf die *Robbeninsel* gebracht, und heute sind sie schließlich gekommen.«

Ein neuer Hustenanfall schüttelte ihn.

»Nicht einmal Frauen und Kinder haben sie verschont! Sie haben alle abgeschlachtet wie Vieh!«

Es herrschte große Stille, während der Seemann seine Kräfte sammelte, um weiterzusprechen.

»Selbst die ganz Kleinen ... selbst Mayken Soers, die in Hoffnung war.«

»Christus Allmächtiger!«

Die Söldner waren aus hartem Holz geschnitzt, aber das war selbst für sie zuviel. Sie hörten, was er sagte, doch die Bedeutung seiner Worte drang nur langsam in ihr Bewußtsein ein.

»Ich konnte entkommen, ich weiß selbst nicht wie ...
Wenn ich nur wüßte warum?«

»Warum, in der Tat?« fragte Wiebe Hayes am Abend, als
er sich mit seinen engsten Vertrauten um ein kleines Feuer
zusammengefunden hatte. Im Verlauf des Nachmittags
waren noch drei weitere Männer an Land getaumelt, halb
verhungert und entkräftet, und ihre Berichte stimmten allesamt mit dem des Seemanns überein.

»Vielleicht ist es das Silber. Es heißt, es waren mehr als
hunderttausend Reichstaler an Bord der *Batavia*.«

»Aber das Silber ist mit ihr gesunken!«

»Ich weiß nicht, um was es ihnen geht«, seufzte Wiebe.
»Aber eines weiß ich ganz genau: Wir alle hier sind in großer Gefahr!«

»Und wir sind unbewaffnet!«

Edouard Cout warf einen erbitterten Blick zu Wiebe
Hayes hinüber. Wiebe konnte lesen, was in den Gedanken
des stolzen Wallonen vorging.

»Schon gut, Edouard. Ich weiß, daß ich in gewissem
Sinne daran schuld bin. Aber ich verspreche dir, daß wir
nicht wie die Opferlämmer hier sitzen und darauf warten
werden, daß sie über uns kommen. Wir werden uns verteidigen!«

Bedrückt saßen sie bis tief in die Nacht um das Feuer,
beobachteten, wie die Flammen von den Zweigen fraßen,
und planten ihre Gegenwehr.

Wouter Loos blickte andächtig über den Rand seines kleinen Ruderbootes hinweg ins Wasser. Unter sich in der un-
bewegten See konnte er ein Teil des Hecks der *Batavia* liegen sehen, wie durch ein weit geöffnetes Fenster. Die
Sonne wurde von den goldenen und grünen Schnitzereien

reflektiert und warf tanzende Lichter auf ihn zurück. Das auf die Seite geneigte Achterdeck sah seltsam unbeschädigt aus, er konnte sogar das Wappen der VOC daran erkennen. Die See hatte die Galionsfigur vom Vorschiff abgerissen und auf die Korallenbank geworfen, der rote Löwe von Holland, ein leuchtender Fleck auf dem Riff! Ein Stück Schanzkleid ragte noch immer aus dem Wasser und markierte das Grab der *Batavia*. Er hatte es benutzt, um sein Boot daran festzumachen, und dabei war ihm aufgefallen, daß sich bereits Seepocken auf dem Holz ausbreiteten.

Es war ein außergewöhnlich windstiller Tag, und das Meer lag so glatt, daß es wie geschmolzenes Glas wirkte, eine zähflüssige, transparente Masse. Wouter Loos hatte die Ruhe des Meeres als Ausrede verwendet, um von den anderen wegzukommen. Er hatte vorgegeben, fischen zu gehen, aber in Wahrheit brauchte er Zeit, um nachzudenken. Jetzt löste er sich mit einiger Mühe von dem Anblick des gesunkenen Schiffes und warf seine Angel aus. Das Eintauchen des Köders bildete konzentrische Kreise auf der Wasseroberfläche und verzerrte das Bild der *Batavia*. Wouter Loos setzte sich bequemer zurecht und folgte mit den Augen seiner Angelschnur. Bald verloren seine Pupillen ihren Fokus, und er sah nichts mehr, vollständig in sich selbst zurückgezogen, seine Umgebung nicht mehr wahrnehmend.

Er war müde. Er war so unendlich müde, er hätte schlafen mögen. Aber Nacht für Nacht, wenn er sich zur Ruhe legte, wurde sein Geist lebendig und hinderte seinen Körper am Einschlafen. Er war Soldat und ans Töten gewöhnt, aber dies hier war anders. Frauen, Kinder und Halbwüchsige! Er versuchte sich einzureden, daß der Frachtaufseher recht hatte, daß es nötig war, um des Wassers und der Lebensmittel willen, aber sein Verstand wußte es besser.

Wouter blickte auf seine Hände, die jetzt entspannt die Angelrute hielten, dieselben Hände, mit denen er gestern noch gemordet und die in der Nacht eine Frau gestreichelt hatten. Er hatte mit Tryntgie Fredericks geschlafen, die Augen fest geschlossen, und sich vorgestellt, Tryntgie wäre Lucretia, Tryntgies Körper wäre Lucretias Körper, ihre Berührung wäre Lucretias Berührung. Aber auch der Akt hatte ihm nicht den ersehnten Schlaf gebracht, hatte ihn statt dessen unbefriedigt und innerlich ruhelos zurückgelassen. Es war ihm wie ein Sakrileg erschienen, Lucretia zu entehren, und sei es auch nur in Gedanken.

Gott, worauf hatte er sich nur eingelassen? Das schöne Leben, das Cornelius ihm in den schillerndsten Farben beschrieben hatte, konnte ihm nicht genug geben, um den Verlust seines Seelenfriedens auszugleichen. Was sollte er mit vielen Frauen, wenn die einzige, die er begehrte, Lucretia war? Was sollte er mit Juwelen, Silber und schönen Kleidern, wenn alles, was er sich wünschte, das Vergessen war?

Wouter hob den Kopf und suchte die Umrisse der *Hohen Insel* am Horizont. Seit er wußte, daß sie dort drüben Wasser gefunden hatten, fühlte er seine Schuld noch schwerer, nagten noch größere Zweifel an ihm. War damit nicht Cornelius' Hauptargument für die kaltblütigen Morde hinfällig? Er mochte sich diese Frage nicht beantworten, denn jetzt war es ohnehin zu spät. Er hatte die falsche Seite gewählt, und es gab keinen Weg zurück!

Wouter ließ die Angel sinken, vergrub sein Gesicht in den Händen und schüttelte bekümmert den Kopf. Er wünschte sich so verzweifelt, mit Wiebe Hayes auf der anderen Insel zu sein.

»Autsch! Paß gefälligst auf mit den Nadeln, du dämlicher Tolpatsch!« Cornelius saugte die Stelle an seinem Handrücken, wo der Schneider ihn gestochen hatte.

»Entschuldigt, Herr! Es war keine Absicht! Nur ein dummes Versehen! Entschuldigt bitte tausendmal!«

Jakob de Vos katzbuckelte und dienerte unterwürfig, Schweißtropfen auf der Stirn und in Todesangst. Jerome Cornelius hatte ihn dazu bestimmt, für ihn und seine Meute ein paar Kleidungsstücke auszubessern und aus den Tuchballen, die aus dem Bauch der *Batavia* an Land geschwemmt worden waren, auch einige neue Sachen anzufertigen. Er hatte sich alle Mühe gegeben, seine Arbeit gut zu machen, denn man hatte ihm recht eindeutig klar gemacht, daß sein Leben davon abhing, ob die Stücke gefielen. Er hatte gerade dem Frachtaufseher ein neues Wams anprobiert und ihn zu seinem Entsetzen mit der Nadel gepiekt, als er eine Änderung am Ärmel abstecken wollte. Cornelius nahm verärgert einen silbernen Handspiegel vom Tisch und betrachtete sich. Ganz langsam entspannten sich seine Züge zu einem befriedigten Lächeln.

»Ich muß schon sagen! Ganz ausgezeichnet! Für einen Provinzschneider wirklich nicht schlecht.«

De Vos atmete erleichtert auf.

»Eitler Geck«, dachte er. »Wie lächerlich du aussiehst mit deinen Goldlitzen, der purpurroten Schärpe und den purpurroten Strumpfbändern! Einfach geschmacklos!«

Sein Blick wanderte zu Conrad van Huyssen, für den er einen schlichten grauen Reiterrock geschneidert hatte. Mit dem unfehlbaren, angeborenen Geschmack des Aristokraten hatte ihm der junge Edelmann jegliche Goldverzierungen verboten. Jetzt beobachtete van Huyssen mit einem amüsierten Lächeln die Selbstbeweihräucherung des Frachtaufsehers.

»Du magst von uns beiden den prächtigeren Rock tragen«, stichelte er, »aber mich wird heute nacht das hübschere Mädchen wärmen.«

»Ah! Dann soll es heute wohl endlich soweit sein? Die schöne Judith wird in die Geheimnisse der Liebe eingeweiht. Ich habe mich schon gefragt, worauf du so lange wartest.«

»Ich hätte sie schon früher genommen«, entgegnete van Huyssen mürrisch. »Wenn nur nicht ihr Vater, dieser sabbernde Schwachkopf, immer um sie herum wäre. Er läßt sie ja kaum aus den Augen!«

»Vielleicht hätte er nichts gegen Judiths Anwesenheit in deinem Bett einzuwenden, wenn du ihr die Ehe versprechen würdest.«

»Eine Verlobung? Bist du von Sinnen, Jerome? Niemals würde ich mich mit einer Pfarrerstochter verbinden. Mein Vater würde mich glatt enterben.«

Er erinnerte sich daran, wie sein Vater getobt hatte, als er, noch nicht ganz siebzehn Jahre alt, eines der Küchenmädchen geschwängert hatte. Die Predigt war ihm lange im Gedächtnis haften geblieben, daß man sich mit Dienstboten nicht einläßt, daß man keine Bastarde in die Welt setzt und daß er einmal standesgemäß heiraten sollte. Er hatte den ganzen Tanz gar nicht so richtig begreifen können, schließlich war sie zu ihm gekommen, mit ihrem hübschen Lärvchen, mollig und nach Seife duftend war sie in sein Bett geklettert und hatte förmlich darum gebettelt. Sie hatte ihm nicht gesagt, daß sie ein Kind erwartete, hatte es vier Monate lang geheimgehalten, aber eines Tages, als sie beim Mittagessen auftrug, hatte seine scharfsichtige Mutter ihren Zustand entdeckt und aus all ihren Söhnen auch gleich dem richtigen Übeltäter zugeordnet. Eine Stunde später hatte das Mädchen sein Bündel gepackt und war auf Nimmerwiedersehen aus seinem Leben verschwunden. Er hatte sie nicht allzu lange vermißt, die Gesellschafterin seiner Mutter hatte begierig ihren Platz eingenommen. Der Gedanke an die ältere, attraktive Frau wärmte sein Blut. Nacht für Nacht hatten sie ihre Körper miteinander verschmolzen, hatten aus dem vollen geschöpft, bis sein verzweifelter Vater ihn schließlich bei der Ost-Indischen Companie verpflichtet hatte.

Er öffnete den Mund, um dem Kaufmann zu versichern, daß er gar nicht erst daran denken durfte, eine Bürgerliche zu heiraten, als ihm einfiel, daß es bedeutungslos geworden war. Er hatte sich für ein Leben unter Piraten entschieden; er würde Vater, Mutter und die Brüder niemals wiedersehen.

Cornelius nahm den Lapsus des Kadetten mit Unbehagen zur Kenntnis. Hatte er seinen Einfluß auf van Huyssen etwa unterschätzt? Was konnte er tun, um ihn noch enger an sich zu binden?

Er befahl dem Schneider, ihm aus dem Wams zu helfen.

»Selbstverständlich sollst du sie nicht wirklich heiraten. Aber was spricht dagegen, Bastians und sein Töchterchen heute abend zum Essen einzuladen und deine Absicht zu verkünden? Der alte Narr würde sie auf der Stelle ziehen lassen, und sie würde dir gehören, solange wir hier festsitzen.«

»Ein äußerst kluger Einfall, aber er hat eine schwache Stelle! Der alte Mann würde mich fortwährend mit Vergünstigungen für seine vielköpfige Familie belästigen. Nein, Judith muß mir ganz ohne weitere Umstände gehorchen!«

Cornelius entließ den Schneider. Der Mann schien unendlich lange zu brauchen. Ungeduldig wartete er, bis de

Vos seine Schneiderutensilien eingesammelt und van Huyssens Zelt verlassen hatte, dann raunte er dem Kadetten ins Ohr:

»Lade den Pfarrer und Judith zum Abendessen ein, und ich verspreche dir, für seine Familie wird gesorgt sein!«

»Aber Vater«, rief Judith Bastians verzweifelt aus, »seht Ihr denn nicht, daß es nichts weiter als eine Scharade ist?«

»Du irrst dich, meine Tochter!«

Gisbert Bastians hob das Kleid auf, das Judith so verachtungsvoll auf die Erde geworfen hatte.

»Er würde dir nicht ein solches Geschenk machen, wenn er nicht ernste Absichten hegen würde.«

Judith warf einen kurzen Blick auf das Kleid aus smaragdgrüner Seide. Es war bestrickend, mit geschlitzten Keulenärmeln, Ausschnitt und Säume mit cremefarbener Spitze besetzt. Niemals zuvor hatte sie ein solches Stück besessen, und als Tochter eines Pfarrers hatte sie auch kein Anrecht auf solchen Tand. Ihr armer, verblendeter Vater sah nur die großartige Geste, sie aber wußte, welche Absicht wirklich dahintersteckte. Sie verschloß nicht die Augen vor dem Schicksal der Schwestern Fredericks, der beiden Annekens oder Margaret Louys', alles verheiratete Frauen, alle jung und anziehend. Jetzt wurden sie in Zelten gehalten, abseits von den anderen, und mußten jederzeit dem Ring von Männern gefällig sein, den der Kaufmann Cornelius um sich versammelt hatte.

»Aber Vater! Er will nichts anderes als eine Konkubine!«

»Schweig!« rief der Pfarrer aus und hielt sich die Ohren zu. »Selbst wenn dem so wäre, so ist es doch immer noch ein besseres Los als der Tod.«

Judith blickte den Vater entgeistert an.

»Denk nur«, setzte er hinzu. »Du könntest soviel für deine Geschwister und deine armen Eltern tun!«

»Das kann nicht Euer Ernst sein!«

Der Pfarrer hob den Kopf, sah seiner Tochter ins Gesicht, und Judith schloß den Mund. Der Wahrheit war nichts mehr hinzuzufügen. Die Mutter zupfte sie vorsichtig am Ärmel, und sie erwachte aus ihrer Benommenheit.

»Komm Liebes! Geh runter zum Ufer und wasch dich. Ich will dir das Haar kämmen, sobald du umgekleidet bist. Wir können einen so feinen jungen Herrn doch nicht warten lassen.«

Van Huyssen hob anerkennend eine Augenbraue, als er Vater und Tochter in sein Zelt einließ. Judith sah liebreizend aus in dem Kleid, das ursprünglich als Geschenk für den Harem des neuen Moguls gedacht gewesen war.

Judith bemühte sich, nett und freundlich zu sein, obwohl die kalten, blauen Augen van Huyssens sie frösteln machten. Sie fühlte sich nackt und verletzlich in dem Gewand, dessen viereckiger Ausschnitt ihren Busen zur Geltung brachte wie nichts, was sie je zuvor in ihrem Leben getragen hatte. Auch van Huyssen schien sich dessen bewußt zu sein, er vermochte kaum den Blick von ihr zu wenden.

Cornelius und Lucretia kamen hinzu, und sie ließen sich zum Essen nieder. Judith versuchte, sich ihre Bestürzung nicht anmerken zu lassen. Während die meisten Menschen auf der Insel niemals richtig satt wurden, war der Tisch hier im Überfluß gedeckt! Sie sah Rot- und Weißwein, Fisch, Geflügel, einen Braten aus Seehundfleisch, eine Eierspeise, Salat aus den Gräsern der Insel und frisches Brot. Es waren flache Fladen, aus Mehl, Kümmel und Salzwasser zusammengerührt, aber doch eine Art Brot! Und alle

Speisen waren mit Pfeffer, Salz und Nelken pikant gewürzt. Ihr ungläubiger Blick suchte Lucretia, und sie erschrak über die Leblosigkeit in den blauen Augen der Freundin. Gott, wie sie sich wünschte, ungestört mit ihr reden zu dürfen, und sei es auch nur für eine Viertelstunde!

Judith aß wie eine Schlafwandlerin, sie beobachtete ihren Vater, der hastig schlang, schnell trank und dazwischen belangloses Zeug brabbelte. Weder Cornelius noch van Huyssen schenkten ihm viel Beachtung. Nur einmal machte sich der Frachtaufseher die Mühe, auf eine Frage des Pfarrers zu antworten.

»Horcht! Was war das eben?«

»Was war was?«

»Das Geräusch draußen. Es klang wie ein Schrei!«

»Ich habe nichts gehört. Vielleicht ist Euch der Wein ein wenig zu Kopf gestiegen. Ist dir etwas aufgefallen, Conrad?«

»Ich weiß nicht. Diese verfluchten Vögel schreien ununterbrochen. Mir scheint, Eure Vorstellungskraft spielt Euch einen Streich, Herr Bastians.«

Van Huyssen gab sich keine Mühe, sein Desinteresse an der Unterhaltung zu verbergen. Die Aufmerksamkeit des Kadetten galt einzig und allein Judiths Person. Sie sah und hörte wie im Traum, daß er aufstand, seinen Becher zu einem Toast erhob und den Vater um ihre Hand bat. Für einen Wimpernschlag hörte die Welt, wie sie sie kannte, auf zu bestehen. Sie verlor ihr Gehör, ihre Sprache, die Bilder verschwammen vor ihren Augen. Dann wurde sie am Arm gepackt und mit sanfter Gewalt von ihrem Stuhl hochgezogen, van Huyssens Arme lagen auf ihren Hüften, nicht unangenehm, seine Lippen auf ihren Lippen, gar nicht unangenehm, und man ließ das junge Paar hochleben.

»Vater!« dachte sie, und Angst und Verzweiflung drohten sie zu überwältigen. »Vater! Wie konntest du das zulassen? Du hast dein eigen Fleisch und Blut verkauft – für ein Abendessen!«

Es war eine groteske Verlobungsfeier. Nach einer Weile entschuldigte sich Cornelius und zog sich zurück, Lucretia fest an der Hand gepackt. Sie folgte ihm ohne ein Wort, mit hängendem Kopf, den Blick fest auf ihre Schuhspitzen gerichtet. Sie hatte kaum einen Bissen gegessen.

Der Schiffsjunge erschien und servierte einen Weinbrand. Fast augenblicklich wurde van Huyssen schweigsam und ungeduldig. Er drehte seinen Kelch zwischen den Fingern, während der Pfarrer in dem eifrigen Bemühen zu gefallen ununterbrochen auf ihn einredete. Judith konnte nicht anders, sie schämte sich für ihren Vater. Als der Schiffsjunge ein zweites Mal hereinkam und begann, den Tisch abzuräumen, erhob sich van Huyssen entschlossen.

»Es ist spät, wir sollten zu Bett gehen!«

»Ja, ja, natürlich, mein Sohn! Ich darf Euch doch jetzt meinen Sohn nennen, nicht wahr?«

Der alte Mann rappelte sich auf, etwas unsicher auf den Beinen, denn er hatte schon lange nicht mehr getrunken und vertrug den Wein nicht mehr.

»Komm Tochter, du hast gehört, was er gesagt hat!«

Judith gehorchte, aber als sie stand, schloß sich van Huyssens Faust eisenhart um ihr Handgelenk.

»Nicht doch, nicht doch! Ihr werdet doch dem frisch verlobten Paar etwas Zeit alleine gönnen, Vater?«

Der Pfarrer zögerte. Er warf einen schuldbewußten Blick auf seine Tochter und ignorierte die Hilfeschreie in ihren Augen. Umständlich schob er seinen Stuhl an den Tisch heran und verbarg die Hände in den weiten Ärmeln seiner Soutane.

»Hm, ja«, entgegnete er gehorsam. »Natürlich, natürlich.«

Er kroch aus dem Zelt wie ein armer Sünder, sorgfältig
den Anblick seiner Tochter vermeidend.

»Gute Nacht, Vater!« rief van Huyssen höhnisch hinter
ihm her.

Dann ließ er sich auf einen Stuhl fallen und zog Judith
auf seinen Schoß. Jeglicher Spott war aus seinen Augen
verschwunden, seine Lust kommandierte ihn. Er versuchte, sie zu küssen, aber sie drehte ihren Kopf weg. Sie
kämpften eine Weile erbittert und schweigend. Dann spürte er, wie ihr Widerstand nachließ, wie sich ihr Mund öffnete und sie weich wurde unter seinen erfahrenen Händen.
Seine Hände glitten unter ihren Rock, wanderten an ihren
schlanken Beinen hinauf. Ihre Schenkel öffneten sich
leicht, machten den Weg frei für die federleichte Berührung, und ein wissendes Lächeln trat auf seine Lippen.
Seine Macht über Frauen war ungebrochen! Als sie endlich seine Küsse erwiderte, hob er sie auf und trug sie zum
Nachtlager.

Tief in Gedanken versunken schlich Gisbert Bastians
durch die schlafende Zeltstadt. Er mußte an Judas denken,
der Jesus für dreißig Silberlinge verraten hatte. Die frische
Nachtluft hatte sein Gehirn vom Wein gereinigt, und ihm
war klar geworden, was er getan hatte. Er hatte seine
Tochter verraten, seine hübsche Tochter, auf die er so stolz
war und für die ihm bis heute kein Freier gut genug gewesen war. Er hatte sie einem jungen Tunichtgut überlassen
für ein Versprechen, das weniger als dreißig Silberlinge
wert war. Denn was konnte man schon auf das Wort eines
kaltblütigen Mörders geben?

Ihm schwindelte, und er mußte anhalten und für eine

Weile rasten, bis die flimmernden Flecken vor seinen Augen wieder verschwanden und er seinen Weg fortsetzen konnte.

Er verbot sich selbst, darüber nachzudenken, was jetzt wohl in van Huyssens Zelt vor sich gehen mochte. Denn wenn er sich die Wahrheit eingestand, dann mußte er akzeptieren, daß er seine Tochter in die Hände eines Mannes gegeben hatte wie eine Kupplerin die Dirne! Ohne sich dessen gewahr zu werden, war er vor seinem Zelt angekommen und bemerkte erst jetzt, daß es völlig im Dunkeln lag. Maria hatte ihm doch versprochen, eine Lampe brennen zu lassen! Er horchte in die ungewohnte Stille hinein. Da war weder das Kindergebrabbel seines Jüngsten noch die geduldige Stimme seiner Frau, die wie üblich eines der Mädchen ermahnte.

»Maria?«

Das schrille Zirpen der Grillen schien anzuschwellen, aber er erhielt keine Antwort aus dem Inneren des Zeltes.

»Maria?«

Panik wallte tief aus seinen Eingeweiden empor und schwemmte ihm den scharfen Geschmack seiner Magensäfte in den Mund. Er fürchtete sich, das Zelt zu betreten. Er hatte Angst vor dem, was er vielleicht darin vorfinden würde.

Während der Pfarrer wartete, wurden um ihn herum die letzten Lagerfeuer mit Sand gelöscht, riefen besorgte Frauen ihre Männer herein, und wurden Zelteingänge mit Kisten und Fässern zugestellt. Das kleine Dorf bereitete sich auf die Nacht vor, wie immer in Furcht und banger Erwartung.

Nach einer Zeitspanne, die ihm wie eine Ewigkeit erschien, fand der Pfarrer den Mut und zog den alten Mehlsack zur Seite. Er trat ein. Es war still, als er in der Finsternis nach Lampe und Feuerstein tastete. Zu still. Plötzlich wußte er in seinem tiefsten Inneren, daß während seiner Abwesenheit etwas Grauenvolles geschehen war.

Seine zitternden Hände fanden die Lampe, strichen zwei Stücke Feuerstein gegeneinander, und der Funke entzündete den mit altem Seehundfett getränkten Lappen, der als Docht diente. Ein matter Lichtschein breitete sich aus.

Vorsichtig hob der Pfarrer die Lampe. Dort drüben schliefen sonst seine drei Töchter auf einem Lager aus Segeltuch eng aneinandergekuschelt, um ihre Körperwärme zu teilen. Jetzt war niemand zu sehen. Die angeschwemmte Kiste in der Ecke war die Schlafstatt des kleinen Roland, aber das Bettchen war leer. Auch der Platz gleich davor, wo die junge Dienstmagd Wybrecht schlief, war verwaist.

Die Dunkelheit befiel den Pfarrer wie eine Krankheit. Er stolperte über einen Schemel und konnte sich gerade noch fangen. Jeder Atemzug bereitete ihm Schmerzen.

»Und ob ich schon wanderte im finstern Tal, ...«

Ohne Hoffnung tappte er zu der Decke, wo er mit seiner Frau das Nachtlager teilte.

»... fürchte ich kein Unglück, ...«

Die Decke war leer und unbenutzt.

»... denn du bist bei mir!«

Der Arm, der die Lampe hielt, begann heftig zu beben.

»Dein Stecken und Stab trösten mich ...«

Der Pfarrer deklamierte lauter und lauter. Er suchte nach dem Bett seines kaum achtzehnjährigen Sohnes.

»Du bereitest vor mir einen Tisch im Angesicht meiner Feinde ...«

Und dann fiel der Lichtkegel auf die zähflüssigen, schwarzglänzenden Spritzer auf der gestampften Erde, und die Lampe entglitt seiner Hand.

Conrad van Huyssen erholte sich gerade von seinem ersten Erguß, als die gellenden Schreie des Pfarrers die nächtliche Stille zerrissen. Judith schreckte neben ihm hoch.

»Lieber Gott im Himmel, hilf mir!« schrie der arme Mann draußen und raufte sich verzweifelt die Haare.

»Ich bin betrogen worden!«

Er fiel auf die Knie, die Arme vor der Brust verschränkt, wie jemand, dem bitterkalt ist. Stumpfsinnig schwankte er mit dem Oberkörper hin und her. Die entsetzlichen Schreie lockten die Gestrandeten einen nach dem anderen aus ihren Zelten. Fasziniert näherten sie sich der kauernden Gestalt in der schwarzen Soutane, die ganz offensichtlich den Verstand verloren hatte.

Lucretia lag schlaflos neben dem Kaufmann. Auch sie hörte den fassungslosen Schmerz in der Stimme des Pfarrers und setzte sich auf. Jerome Cornelius war wach. Er beobachtete sie in der Dunkelheit und schüttelte leise den Kopf.

»Nein, meine Liebe! Du bleibst schön hier.«

»Was hast du getan, du Scheusal?«

Der Kaufmann begann zu lachen, ein leises Lachen, das immer lauter wurde und schließlich in brüllendem Gelächter endete.

Der Schneider berührte Gisbert Bastians sachte an den Schultern.

»Was ist passiert, guter Mann?«

»Sie haben sie getötet!« schluchzte der Pfarrer. »Meine Frau, meine Kinder, alle tot!«

In Conrad van Huyssens Zelt warf Judith ihre nackten Beine aus dem Bett, aber der Kadett packte sie blitzschnell an der Hüfte.

»Laß mich gehen! Ich muß wissen, was ihn so aufregt.«

Sie schlug auf ihn ein, und als er seinen Arm um ihren Oberkörper legte, um sie zurückzuhalten, grub sie ihre Kiefer in die Hand auf ihrer Schulter. Er stieß einen kleinen Schmerzensschrei aus und ließ los. Rasch sprang sie auf und lief nach draußen. Van Huyssen starrte ungläubig auf seinen Handrücken, auf dem sich die Male ihrer Zähne abzeichneten.

»Kleine Hexe!«

Fluchend erhob er sich, zog seine Stiefel an, schnallte seinen Degen um und folgte ihr.

Judith lief zu der kleinen Menschenansammlung vor dem Zelt ihrer Familie, sie stieß die Umstehenden beiseite, fiel neben ihrem Vater nieder und schüttelte ihn.

»Was ist los? Wo ist Mutter?«

Sie bemerkte nicht, daß sie barfuß war, daß ihr Mieder offen stand, daß ihre kupferroten Locken wild um ihren Kopf flogen, bemerkte auch nicht das aufkommende Getuschel.

»Wo ist Mutter?« herrschte sie den Vater an.

Gisbert Bastians kam wieder zu sich. Seine glasigen Augen fokussierten, und er erkannte seine Tochter.

»Vergib mir!« rief er aus.

Van Huyssen tauchte am Schauplatz auf, hochmütig und respekteinflößend wie immer. Die Umstehenden wichen zurück und machten Platz. Sie sahen sein weit geöffnetes Hemd und das zerwühlte helle Haar und zählten zwei und zwei zusammen. Erneut setzte ein Raunen ein. Es verstummte erst, als Cornelius erschien, bekleidet mit einem kostbaren ost-indischen Schlafrock. Er machte eine herrische Gebärde.

»Geht in eure Zelte, Leute, hier gibt es nichts zu sehen!«

Mißbilligend kniffen sie die Münder zusammen und zogen sich zurück, zu ängstlich, um Widerstand zu leisten.

Cornelius warf einen ungerührten Blick auf die beiden Gestalten am Boden. Der Pfarrer hob langsam den Kopf und starrte den Kaufmann an. Unausgesprochen hing die Anklage in der Luft. Judith blickte von einem zum anderen, endlich begreifend.

»Mutter?« rief sie mit hoher, schriller Stimme und erhob sich von der Erde.

Rückwärts schreitend, die Augen unverändert auf den Vater und Cornelius gerichtet, ging sie in das Zelt. Van Huyssen beobachtete die Szene still und einigermaßen ratlos.

»Mutter?«

Zwei Atemzüge später tauchte sie wieder auf.

»Wo sind sie?«

Van Huyssens kühle, blaue Augen hefteten sich auf den Frachtaufseher, stellten dieselbe Frage. Cornelius lachte nervös auf. Er packte Judith am Arm und schleifte sie zu einer nicht weit entfernten Stelle. Das Mondlicht enthüllte eine helle Fläche, wo der Sand lockerer lag, weil er augenscheinlich erst kürzlich frisch umgegraben worden war. Brutal stieß er das Mädchen zu Boden.

»Du willst wissen, wo deine Mutter ist? Hier liegt sie mit all ihren Bälgern! Sieben Mäuler weniger zu stopfen!«

Van Huyssen stöhnte innerlich auf. Das also hatte der Kaufmann gemeint, als er ihm erklärt hatte, er wolle sich um des Pfarrers Familie kümmern. Herrgott, und jetzt blieb ihm keine andere Wahl, als mit Cornelius in das gleiche Horn zu blasen. Er beugte sich zu Judith hinunter und legte seine Hand auf ihre Schulter.

»Dasselbe wird auch dir geschehen, wenn du nicht sehr lieb zu mir bist!« sagte er leise. »Heute nacht war schon ein guter Anfang.«

»Kein Wort will ich von alldem glauben!«

Judith krallte ihre Hände in den Korallensand und begann zu graben. Ihre Nägel brachen, und ihre Finger fingen an zu bluten, aber schon nach kurzer Zeit hatte sie eine Hand freigelegt. Es war die kleine Hand eines jungen Mädchens, blutleer und tot. Wybrechts Hand!

Judith wich entsetzt zurück. Ernüchtert blickte sie an sich hinunter. Ihre nackten Füße, das schöne Kleid, ihre halbentblößten Brüste.

»Was habe ich getan? Was habe ich nur getan?« wimmerte sie.

Sie bedeckte ihr Gesicht mit den Händen vor Scham. Während sie vor Wollust in den Armen dieses Ungeheuers erschauert war, hatten ihre Mutter und ihre Geschwister sterben müssen! Sie glaubte, wahnsinnig zu werden.

»Herr im Himmel, vergib mir!«

Der Vater stand hilflos daneben. Er starrte auf das Grab, auf seine weinende Tochter und wieder auf das Grab.

Van Huyssen beobachtete Vater und Tochter, studierte ihren Schmerz und fragte sich, ob er nicht vielleicht einen Fehler gemacht hatte, als er dem Kaufmann so bedingungslos vertraut hatte. Aus den Augenwinkeln sah er, wie Cornelius sich entfernte. Rasch trat er an die verstörte Judith heran und faßte sie unterm Kinn, so daß sie gezwungen war, ihm ins Gesicht zu sehen.

»Für heute will ich es gut sein lassen. Aber ich erwarte dich morgen früh in meinem Zelt. Vergiß nicht, was ich dir gesagt habe! Ich scherze nicht!«

Und er ging.

»Warte, Jerome!«

Der schneidende Ton des Kadetten veranlaßte Cornelius, stehenzubleiben und sich umzudrehen. Mit einer unwilligen Bewegung zog er den Schlafrock fester um seine Schultern.

»Was gibt es denn jetzt noch? Es ist spät, und ich will zurück in mein Zelt und schlafen.«

»Mußte das wirklich sein?«

»Ich verstehe nicht, woran du dich störst. Du hast selbst gesagt, daß du dich nicht mit ihrer Familie belasten willst. Nun, das Problem habe ich für dich gelöst. Betrachte es als einen kleinen Freundschaftsdienst!«

»Du hättest mir wenigstens sagen können, was du vorhast.«

»Meine Güte, Conrad! Du mußt doch gewußt haben, daß ich sie nicht zurück nach Holland schicken wollte. Warum sonst hast du wohl keine Fragen gestellt?«

Für einen Augenblick schwieg van Huyssen. Der Frachtaufseher hatte recht. Er hatte keine Fragen gestellt, hatte nicht wissen wollen, was Cornelius für Judiths Familie geplant hatte. Er hatte gar nicht weiter darüber nachgedacht, hatte angenommen, daß Cornelius sie zur *Robbeninsel* bringen würde oder sonst irgendwie aus dem Weg schaffen ... *oder sonst irgendwie aus dem Weg schaffen!*

Cornelius beobachtete den Kadetten ungeduldig. Ihm war kalt, und er wollte zurück zu Lucretia. Zur Hölle, warum war van Huyssen in dieser Sache nur so empfindlich?

»Hör zu, Conrad«, begann er gereizt, »ich habe nicht die geringste Ahnung, warum du dich plötzlich so anstellst, aber was heute nacht hier geschehen ist, ist allein dir zu Gefallen geschehen. Du steckst mit drin, ob du willst oder nicht!«

»Mir zu Gefallen? Was glaubst du wohl, wieviel Vergnügen unser Liebesspiel Judith bereitet, wenn sie dabei an ihre tote Mutter und ihre toten Geschwister denken muß?«

»Seit wann bist du so sehr um ihr Seelenleben besorgt?« Van Huyssen starrte Cornelius an. In der Tat, warum machte er sich solche Sorgen um Judith? Doch nur, weil sein eigenes Vergnügen darunter leiden mußte, wenn sie ohnmächtig vor Trauer war. Er konnte sich jedenfalls keinen anderen Grund dafür denken.

»Ist dir schon einmal der Gedanke gekommen, daß ich sie jetzt wieder verlieren könnte, nachdem ich so lange auf sie warten mußte? Selbst du müßtest noch soviel Empfinden in deiner Brust haben.«

»Sag du mir nicht, was ich zu fühlen habe und was nicht«, schlug Cornelius zurück. »Du hast eine Schwäche für diese Frau und bist offensichtlich nicht mehr in der Lage, klar zu denken!«

Van Huyssen funkelte den Kaufmann an. Seine Geduld neigte sich langsam ihrem Ende zu. Wie lange sollte er sich eigentlich noch von diesem aufgeblasenen Gockel gängeln lassen?

»Und wenn dem so wäre? Wir haben schließlich alle unsere Schwächen, nicht wahr? Ich jedenfalls habe es nicht nötig, die Frau, die ich begehre, einschüchtern zu lassen, um sie ins Bett zu kriegen!«

Van Huyssen wußte, daß er zu weit gegangen war. In den Augen des Frachtaufsehers war Mordlust zu lesen. Es war nicht klug, mit Cornelius zu streiten, aber er hatte sich nicht zurückhalten können. Es war schon lange sein Wunsch gewesen, dem Kaufmann die Meinung zu sagen. Zu seiner Überraschung änderte sich ganz plötzlich der Ausdruck in Cornelius' Miene. Er wurde sanft, fast freundlich.

»Hör zu, Conrad! Gerade wir sollten zusammenhalten. Warum streiten wegen etwas, das sich ohnehin nicht mehr rückgängig machen läßt? Es ist schon spät, wir sind beide müde und haben vielleicht ein wenig überreagiert, haben Dinge gesagt, die uns im Nachhinein leid tun. Laß es uns einfach vergessen, in Ordnung?«

Er klopfte van Huyssen väterlich auf die Schulter und ging wortlos zu seinem Zelt. Der Kadett blickte ihm verblüfft und nachdenklich hinterher. Die Natur des Frachtaufsehers war morbider, als er jemals angenommen hatte.

Die Söldner auf Wiebe Hayes' Insel arbeiteten fieberhaft und ohne Unterlaß. Sie hatten ihr Lager auf die Schwesterinsel der *Hohen Insel* verlegt, und der junge Soldat hatte offiziell das Kommando übernommen. Er gönnte seinen Männern keine Rast. Behausungen entstanden, indem flache Felsbrocken zu Wänden aufgestapelt und mit Zweigen und angeschwemmtem Segeltuch überdacht wurden. Zwei steinerne Schutzwälle waren errichtet worden. Einer davon am langen Sandstrand der südöstlichen Bucht, es war strategisch die einzige Stelle, an der das Anlegen von Booten erwartet werden konnte. Alle anderen Ufer der Insel hatten entweder zu niedriges Wasser oder waren bewehrt durch vorspringende Klippen, scharfes, zerklüftetes Gestein, das es allein durch seine Höhe und rauhe Beschaffenheit schwierig machte, einen Fuß an Land zu setzen. Bei Ebbe, wenn das Wasser bis auf die Höhe eines Fingerhuts zurückging, wurden Höhlen unter den Vorsprüngen freigesetzt, in deren Schatten sich oft Seeadler verbargen und auf Fische lauerten. Ein weiterer Wall zum Schutz der Felsenbrunnen befand sich etwas weiter landeinwärts. Mit Meeresschlamm zementiert waren die Wälle solide und stark genug, um dahinter in Deckung zu gehen und einen

Überfall abzuwehren. Getarnt mit trockenem Buschwerk waren sie zudem aus der Entfernung kaum auszumachen. Riesige Berge von Steinen und Felsbrocken lagen bereit, dicht hinter den schützenden Mauern aufgestapelt. Genug Munition für einen angemessenen Empfang der Verschwörer!

Mittlerweile war ihre Zahl auf siebenundvierzig angewachsen. Nach Peter Lamberts waren noch viele andere über das Wasser gekommen und hatten Dinge berichtet, die den Söldnern das Blut in den Adern hatte gefrieren lassen. Diejenigen, die von *Batavias Friedhof* kamen, hatten bestätigt, daß dort das Wasser wieder knapp wurde, auch wenn sich die Meuterer alle Mühe gaben, die Menschen, die dort lebten, schneller zu reduzieren als der Wasserspiegel in ihren Regenfässern sank. Die Söldner erwarteten jetzt täglich einen Besuch von der Insel. Vorsichtshalber deckten sie die Zisternen mit mächtigen Kalksteinplatten ab. Sie wollten es Cornelius und seinen Männern möglichst schwer machen, sie zu finden.

Wiebe Hayes blickte zufrieden um sich. Es hatte sich gelohnt, die Männer anzutreiben, sie waren auf das Schlimmste vorbereitet. Nachdem sie den ersten Schrecken überwunden hatten, hatten sie eine bemerkenswerte Erfindungsgabe entwickelt, als es darum ging, sich zu bewaffnen. Sie hatten die Wasserfässer von der *Hohen Insel* geborgen und mit Hilfe der Metallreifen und der Holzlatten ein beeindruckendes Sammelsurium an effektiven Waffen gezimmert, angefangen von Spießen, über Knüppel bis hin zu mit Nägeln gespickten Prügeln. Selbst jetzt, am späten Abend, waren sie noch immer beschäftigt. Wiebe klopfte einem der Zimmerleute anerkennend auf die Schulter, der aus einem Stück Treibholz einen Lanzenschaft zurechtschnitzte. Der Schmied erhitzte einen Klumpen Eisen über dem Feuer, aus dem rotglühenden Metall würde eine Spitze für die Lanze entstehen.

Wiebe war stolz auf seine Verteidiger. Jeden Tag im ersten Licht des Morgens erhoben sie sich und widmeten sich ihren Kriegsübungen. Er drillte die Männer, Söldner wie Zivilisten, unnachgiebig, bis sie so müde waren, daß sie am Abend auf der Stelle einschliefen und kein Gedanke der Verzweiflung in ihren Köpfen Platz hatte.

»Aaaachtung!«

Der Alarmschrei schallte von der kleinen Bucht herauf. Wiebe hatte an all jenen Stellen Wachen aufgestellt, an denen mit einem Angriff durch die Verschwörer zu rechnen war. Alle vier Stunden wurden sie von frischen, ausgeruhten Männern abgelöst. Die Warnung war von Edouard Cout unten am Strand gekommen. Aufgeregt griffen die Verteidiger zu ihren improvisierten Waffen und liefen ihm entgegen, so wie sie es Hunderte von Malen geübt hatten.

Ein Boot näherte sich in der Dunkelheit. Die Männer strengten ihre Augen an, die Fäuste fest um ihre Waffen geschlossen, in Erwartung des Ernstfalls. Eine leichte Nervosität überkam sie, doch dann sahen sie, daß Cout den Arm hob und Entwarnung signalisierte. Nur ein einziger Mann befand sich in dem kleinen Boot, regungslos nach vorn über die Ruder gesunken.

»Seid vorsichtig, es könnte eine Falle sein!«

Wiebe Hayes und Edouard Cout wateten ins Wasser, wo ihnen die beißende Kälte den Atem nahm. Sie packten das Boot und zogen es an Land. Otto Schmidt hob seine Fakkel, um besser sehen zu können. Unwillkürlich sog er die Luft ein. Ein garstiger Schwertstreich verlief quer über den Rücken des Mannes. Behutsam hoben sie den Verletzten aus dem Boot und betteten ihn in eine Seitenlage. Der Schein der Fackel fiel auf seine schmerzverzerrten Züge.

Es war der Bader, und er war bei Bewußtsein.

»An Euer Gesicht erinnere ich mich! Ihr seid der Soldat, der mir mit dem Skipper bei der Amputation assistiert hat.«

Wiebe nickte, verblüfft darüber, wieviel Leben noch in dem Doktor steckte.

»Schön! Ihr könnt mir dabei helfen, mich selbst zu verarzten. Meine Tasche liegt irgendwo in diesem Holzhaufen, der sich selbst ein Boot schimpft.«

Wiebe machte eine Kopfbewegung, und Thomas de Villiers lief, um die Tasche zu holen.

»Was haben sie mit Euch angestellt?«

Der Bader zog eine grimmige Grimasse.

»Sie haben mich am Abend aus meinem Zelt gerufen. Angeblich ein Notfall. Von wegen! Zum Ufer sind sie mit mir gegangen, und da haben sie mich dann mit dem Schwert überfallen. Aber so schnell ist der alte Aris nicht umzubringen!«

Das Gesicht des Baders verzog sich einen Moment vor unterdrückter Pein. Es wirkte dadurch noch runzeliger als sonst.

»Sie haben mich ins Wasser geschleift und dort liegengelassen. Ich habe mich totgestellt, habe gewartet, bis sie weg waren. Und dann ...«

Ein schadenfrohes Leuchten trat in seine Augen.

»... dann habe ich eines ihrer Boote gestohlen! Ich weiß, es macht nicht viel her, aber es ist doch immerhin ein Boot. Vielleicht kann es uns noch von Nutzen sein.«

Wiebe beobachtete, wie eine neue Welle des Schmerzes das Gesicht des Arztes entstellte.

»Ihr solltet nicht soviel sprechen, Ihr müßt Euch schonen.«

»Papperlapapp!«

Der Bader warf Wiebe einen belustigten Blick zu.

»Wer seid Ihr, daß Ihr solch geschwollene Reden führt? Ein Doktor? Ich hoffe, Ihr könnt mit Nadel und Faden umgehen!«

»Ich habe schon Pferde genäht.«

»Nun ja, das ist beinahe dasselbe.«

Er erklärte dem Soldaten, wie er die Wunde auf seinem Rücken säubern und nähen sollte. Während Hayes gehorchte und Otto Schmidt für ihn die Fackel hielt, beantwortete der Bader Fragen, dankbar für jede Ablenkung von den ungeschickten Stichen.

»Wie viele Verschwörer sind es, Meister?«

»Nicht mehr als dreißig, aber sie haben Schwerter, Entermesser und Musketen.«

»Was wollen sie? Warum tun sie das?«

Der Doktor zuckte zusammen, als Wiebe mit der Nadel zu tief eindrang.

»Entschuldigung!« murmelte der Soldat.

»Den Gerüchten nach haben sie jede Menge Schmuck und Juwelen der Ost-Indischen Companie in ihren Besitz gebracht.«

»Was nützt es ihnen, wenn wir bis ans Ende unseres Lebens auf diesen Inseln festsitzen? Der Kommandeur wird niemals wiederkommen.«

»Rede keinen Unsinn!« herrschte der Bader Otto Schmidt an. »Du kennst den Kommandeur nicht. François Pelsaert wird Hilfe bringen, so wahr mir Gott helfe!«

»Wer gehört außer dem Frachtaufseher noch dazu?«

»Die meisten Kadetten, allen voran Conrad van Huyssen ... Au! Nicht so große Stiche! Ja, so ist es besser. Gott sei Dank ist es auf meinem Rücken, da muß ich mir später nicht jeden Tag die Narben ansehen ... Wo war ich stehengeblieben? Ach ja, die Verschwörer! Ein paar wenige Soldaten sind dabei, der Obergefreite Pieters, Mattys Beer, Jan Hendrix und Wouter Loos ... Au! Ihr würdet keinen guten Chirurgen abgeben, Soldat! ... Ein paar Seemänner, ein paar Kanoniere, der Schiffsjunge und David Zeevanck. Der Frachtaufseher hat sich selbst zum General-Kapitän ernannt. Alle, die jetzt noch am Leben sind, hat er sich zu Diensten gemacht, einschließlich der Frauen.«

Die Söldner traten unbehaglich von einem Bein auf das andere. Sie wußten, was der Bader meinte, und fühlten sich schuldig. Irgendwann hatten sie alle Vergewaltigungen gesehen und selbst vergewaltigt. Es gehörte zu ihrem Beruf wie plündern, töten und sterben.

»Wie viele Überlebende?« fragte Thomas de Villiers leise.

Der Bader wurde sehr ernst.

»Nach dem, was mir bekannt ist, sind auf der *Robbeninsel* und der *Insel der Verräter* alle tot. Vielleicht noch dreißig auf *Batavias Friedhof.*«

Die Söldner schwiegen entsetzt. Mehr als hundertfünfundzwanzig Menschen hatten demnach den Tod gefunden!

Einer der Söldner holte tief Luft. Er sprach schließlich mit schwankender Stimme.

»Ich habe Frau und Kind dort drüben. Claudine Patoys. Meine kleine Tochter heißt Manon. Sie ist gerade sechs geworden, müßt Ihr wissen. Es geht ihnen doch gut, nicht wahr?«

Philippe Patoys stellte diese Frage jedem, der die Ufer von Wiebe Hayes' Insel erreichte, aber bisher hatte ihm niemand antworten können. Die Wochen der Ungewißheit hatten ihren Tribut gefordert, der starke, gutaussehende Mann wirkte alt und gezeichnet.

Aris Janz zögerte lange, bevor er sich zu einer Antwort durchrang.

»Soviel ich weiß, waren sie mit dem Marschall der *Batavia* auf der *Insel der Verräter*. Sie haben versucht, mit selbstgebauten Flößen zu fliehen, aber die Meuterer haben sie eingeholt.«

Der Franzose starrte ihn an. Er schien nicht zu verstehen.

»Es tut mir leid, Soldat. Es ist schnell gegangen, sie haben nicht lange leiden müssen.«

Philippe Patoys schluckte hart. Wie in Trance zog er sich zurück, die Augen gerötet, das Gesicht ohne jeden Ausdruck. Einige seiner Kameraden warfen ihm mitleidige Blicke zu, niemand sprach.

Wiebe Hayes sah von seiner Flickarbeit auf.

»Ich bin fertig hier«, sagte er bedrückt.

»Dem Himmel sei Dank!« brummte der Bader in seinen Bart. »Lange hätte ich es auch nicht mehr ausgehalten.«

Otto Schmidt drückte de Villiers abrupt die Fackel in die Hand und ging davon. Niemand außer Wiebe registrierte seinen Fortgang. Er sorgte dafür, daß man sich weiter um den verletzten Bader kümmerte, und folgte dem jungen Kadetten. Er fand ihn mit gekreuzten Beinen am Rand der Klippen sitzend.

»Was ist los?«

Otto Schmidt schüttelte resigniert den Kopf.

»Hast du nicht gehört, was der Bader gesagt hat? Alle Kadetten sind dabei.«

»Und?«

»Die Kadetten! Offiziere, die der Ost-Indischen Companie einen Treueeid geleistet haben, genau wie ich. Patoys hat Frau und Kind verloren. Ich mag gar nicht daran denken, wie es jetzt wohl in ihm aussieht. Warum tun sie das? Haben sie denn kein Herz? Fühlen sie sich nicht dem Ehrenkodex verpflichtet? Gott, ich schäme mich so!« Wiebe legte eine Hand auf Ottos Schulter.

»Es ist eine Tragödie mit Patoys' Familie, und er tut mir von Herzen leid! Aber jetzt ist keine Zeit für Scham und Ehre und dergleichen! Sie werden bald auch zu uns kommen. Sie haben unsere Lagerfeuer auf dieser Insel brennen sehen und wissen, wo sie uns zu suchen haben.«

Otto straffte die Schultern und nickte.

»Ich weiß! Und es ist alles bereit. Gerade heute sind wir mit den letzten Vorbereitungen fertig geworden.«

»Gut! Ich zähle auf dich. Wir müssen alles daran setzen, daß die anderen jetzt nicht den Mut verlieren. Ich bin sicher, daß uns ein Angriff unmittelbar bevorsteht.«

»Aber«, fuhr Wiebe zuversichtlich fort, »jetzt haben wir ein Boot und können das Rettungsschiff warnen!«

6. BUCH

Schatten und Licht

Was haben wir denn da?«

Der Mann auf dem Floß blickte auf drei Lanzenspitzen, die ihm fast in die Nasenlöcher krochen.

Da er nicht französisch sprach, verstand er kein Wort von der Unterhaltung der drei Söldner, aber er begriff sehr wohl, daß sie ihm nicht freundlich gesonnen waren. Der grimmige Ausdruck auf ihren Gesichtern war unschwer zu deuten.

»Seht euch das hübsche Röckchen an!« frotzelte de Villiers, dessen eigenes Hemd fast nur noch aus Löchern bestand. »Seidenstrümpfe und Silberschnallen! Mir scheint, wir haben hier ein ganz seltenes Vögelchen erwischt.«

Der Mann versuchte, von dem Floß abzuspringen, aber bei der ersten Bewegung kamen die drohenden Lanzen noch näher, um nur eine Handbreit vor seinen Augäpfeln zu verharren.

»Himmel!« keuchte er. »Ich komme in friedlicher Absicht!«

Sein Name war Daniel Cornelissen, und er war einer von Conrad van Huyssens Kadetten, ein glühender Verehrer des Frachtaufsehers. Er war zu dumm, um sich zu fürchten, obwohl er recht deutlich sah, daß der humorvolle Funke in den Augen der Söldner erloschen war. Mit einer flinken Bewegung griff er nach dem Stab, mit dem er das

Floß bewegt hatte, und brachte ihn aus dem Wasser. Edouard Cout packte die Stange und stoppte den Kadetten so hart, daß dieser von seinem eigenen Schwung aus dem Gleichgewicht gebracht wurde. Bevor er noch wußte, wie ihm geschah, fand er sich auf dem Bauch liegend am Ufer wieder, Edouards harten Holzschuh im Rücken. Der Wallone durchsuchte ihn fachmännisch und brachte ein Messer und einen Brief zutage.

»Der ist an uns gerichtet!«

Er brach das Siegel auf, seine Augen flogen über den Text, dann reichte er das Schriftstück an de Villiers weiter.

»Das wird Wiebe interessieren! Er ist vom Herrn General-Kapitän persönlich. Er versucht, die Franzosen unter uns zu gewinnen. Lies selbst! Er bietet uns Sonderbehandlung und ein nicht unbeträchtliches Sümmchen an, wenn wir uns jetzt auf seine Seite stellen.«

De Villiers las rasch, das Papier fühlte sich an, als brenne es in seiner Hand. Jean Reynoult, der ihm dabei über die Schulter sah, pfiff leise durch die Zähne.

»Sechstausend Gulden pro Nase! Sie müssen das Silber von der *Batavia* geborgen haben.«

»Oder er lügt!«

De Villiers zerriß das Schreiben und ließ die Fetzen in den Sand rieseln.

»Jetzt haben wir den Beweis, es gibt tatsächlich eine Verschwörung!«

»Was machen wir mit dieser Kröte hier?«

Mitleidlos blickten sie auf den Mann im Kostüm eines Gecken. Der Kadett spürte, daß es um ihn ging, und wagte einen schwachen Protest. Der Holzschuh wurde noch fester in sein Rückgrat gedrückt.

»Fragen wir Wiebe!«

»Fesselt ihn, und werft ihn in eine der Schutzhütten!« lautete Hayes' knappe Antwort. »Vielleicht können wir ihn später noch als Geisel gebrauchen.«

Er blickte auf seine drei Freunde und tat sich schwer, die Frage zu stellen, die ihm auf der Zunge lag, seit sie ihm von dem Bestechungsversuch berichtet hatten. Sechstausend Gulden waren ein fast unwiderstehliches Angebot für jemanden, der jeden Monat nicht mehr als dreizehn Gulden nach Hause brachte. Sechstausend Gulden wären auch die Lösung für seine eigenen Probleme. Es half nichts, er mußte wissen, ob er ihnen noch vertrauen konnte.

»Und?« fragte er zögernd. »Wie lautet eure Antwort?«

»Willst du uns beleidigen?«

Jean Reynoult spuckte aus.

»Keiner von uns wird zu diesem Gesindel überlaufen, und ich spreche für alle Franzosen unter uns.«

Ein erleichtertes Lächeln erhellte Wiebe Hayes' Gesicht.

»Wir müssen unsere Aufmerksamkeit verdoppeln«, warnte er. »Dieser hier war sicher nur die Vorhut.«

De Villiers nickte zustimmend.

»Und an der Frechheit, mit der sie vorgehen, kann man sehen, wie sicher sie sich fühlen.«

»Um so besser für uns! Ist es nicht ein Kardinalfehler, den Feind zu unterschätzen?«

»Gerade deswegen bin ich ja so besorgt! Wenn sie ihre Flinten gegen uns einsetzen, können wir nichts mehr ausrichten.«

Wiebe schwieg. In seinem Kopf arbeitete es. Der Freund hatte zielsicher seinen Finger auf den wunden Punkt ihrer Verteidigung gelegt. Bei der großen Schußweite der Musketen boten sie ein so leichtes Ziel wie Hasen im Feld. Warum, zum Teufel, hatte er sich auch überreden lassen, seine Waffen abzugeben? Warum hatte er nicht auf seine innere Stimme gehört? Ohnmächtig ballte er die Hände zu Fäusten.

»Mit siebenundvierzig zu dreißig sind wir in der Überzahl. Und sie erwarten uns unbewaffnet. Das überraschende Moment ist also auf unserer Seite. Wir müssen die Musketen in Kauf nehmen, es ist die einzige Chance, die wir haben.«

Judith lag auf dem Rücken und starrte auf das bauchig gewölbte Segeltuch über ihrem Kopf. Neben ihr schlief Conrad van Huyssen, die Atemzüge ruhig und gleichmäßig, eine Hand ruhte auf seinem Oberschenkel, die andere locker auf seiner Brust. Sie betrachtete sein Gesicht, so friedlich und entspannt und unberührt von all dem Unglück, das er im wachen Zustand anrichtete.

»Oh, ich wünschte, du wärest häßlich und entstellt, damit jeder sehen könnte, was für eine Bestie du wirklich bist!« dachte sie verbittert.

Aber er war ein gutaussehender Teufel, seine Hände waren warm und aufregend, und die Wahrheit war, daß er sie erregte, daß sie ihn begehrte, jedes Mal, wenn er sie berührte. So wie jetzt, als er aus seinem Schlaf auftauchte, sich über sie beugte und mit seinen Lippen zärtlich ihre Brust liebkoste.

Wie war es möglich, daß jemand soviel Vergnügen bereiten konnte und gleichzeitig soviel Leid? Und was für ein schlechter Mensch mußte sie sein, daß sie Umarmungen annehmen konnte von dem Mann, der ihre Mutter und ihre Geschwister hatte abschlachten lassen und ihren Vater vernichtet und als Wrack zurückgelassen hatte? Oh, sie haßte sich selbst, haßte die unvermeidliche Reaktion ihres Körpers auf seine Nähe.

Van Huyssen beobachtete entzückt, wie Judiths Brustwarzen sich aufrichteten. Zu seinem Erstaunen hatte er in der schönen Pfarrerstochter eine sinnliche Geliebte gefunden, deren Hingabe die jeder anderen Frau übertraf, die er bisher in seinem Leben gehabt hatte. Er machte sich keine Illusionen darüber, daß sie ihn verabscheute; im Grunde war es ihm gleich. Aber das, was er ihr im Bett geben konnte, zog sie an. Und wenn sie ihn auch noch so sehr beschimpfte, sobald ihre nackten Körper zusammenkamen, war sie besiegt. Die meiste Zeit über haßte sie ihn so leidenschaftlich, wie sie ihn liebte, und auch das entbehrte nicht eines gewissen Reizes für ihn! Seine Lippen glitten über ihr Dekolleté.

»Ah, das gefällt dir, nicht wahr, Prinzessin?«

Judith zog die Decke über ihren Busen und drehte ihm den Rücken zu. Van Huyssen lachte leise in sich hinein. Sein Mund auf ihrem Nacken, seine Hände auf ihrem Bauch, und sie würde sich ihm öffnen wie eine Hibiskusblüte in der Sonne! Er mußte daran denken, wieviel Glück er bei der Auswahl seiner Gespielin doch gehabt hatte. Cornelius hatte anklingen lassen, daß Lucretia ihm wohl nachgegeben hatte, aber daß sie während des Aktes kalt wie ein Fisch lag. Was für eine herbe Enttäuschung für den Frachtaufseher, der sich selbst für einen so großen und unwiderstehlichen Liebhaber und Lebemann hielt!

Geduldig streichelte er Judiths Hüfte und spürte, wie sie sich versteifte. Natürlich! Sie dachte an ihren Vater. Immer nachdem sie sich geliebt hatten, dachte sie an ihren Vater. Der Pfarrer, der wie ein Schatten seines früheren Selbst über die Insel schlich, war der Dorn in seinem Fleisch. Solange der alte Mann lebte, würde ihm niemals Judiths ungeteilte Aufmerksamkeit gehören. Sein Anblick erinnerte sie daran, daß er den Tod ihrer Familie auf dem Gewissen hatte, und dann verschloß sie sich ihm und haderte mit sich selbst. Manchmal wollte er nach seinem Degen greifen und den alten Mann in Stücke hacken, aber er fürchtete sich vor Judiths Reaktion. Tief in seinem Inneren wußte er, daß sie das nicht mehr hinnehmen würde, und er hatte sich zu sehr an die wonnevollen Vereinigungen mit ihr gewöhnt, um sie wieder aufzugeben. Er war besessen von seiner Lust nach ihr! Also hatte er Judith verboten, den Vater zu sehen, und dafür gesorgt, daß er am anderen Ende der Insel beschäftigt wurde, dort wo ihre Flöße und Boote an dem kleinen Strand lagen.

Er ließ seine Hand über ihre Taille wandern, aber sie rückte von ihm ab und machte nicht die leiseste entgegenkommende Bewegung.

»Was?« fragte er verärgert.

»Ich will mit meinem Vater sprechen!«

»Nein!«

»Ich will!«

»Du dickköpfige, kleine Hexe! Ich sagte nein, und dabei bleibt es!«

Sie fuhr schnell wie das Licht herum und schlug ihre Nägel in sein hübsches Gesicht. Van Huyssen zuckte zusammen, gab aber keinen Laut von sich. Er sah sie nur an, kalt amüsiert. Ein feines blutiges Rinnsal sickerte aus dem tiefen Kratzer auf seiner Wange. Er packte sie an den Handgelenken, hielt sie mit Gewalt auf den Decken und nahm sie sich.

»Er ist noch immer nicht zurück!«

Cornelius wanderte in seinem Zelt auf und ab. Bei jedem wütenden Schritt flappte sein rotgefütterter Umhang hoch und verriet seine innere Anspannung.

»Er wird auch nicht mehr zurückkommen! Drei Tage

sind eine zu lange Zeit. Sie haben ihn gefangengenommen oder getötet.«

Cornelius blieb stehen und musterte van Huyssen mit verengten Augen, neidisch auf dessen hohe Geburt und schöne Gestalt. Das überlegene Gehabe des Kadetten ging ihm allmählich auf die Nerven.

»Du bist dir immer so verdammt sicher, nicht wahr?«

Van Huyssen frohlockte innerlich.

Schon vor einiger Zeit war ihm klar geworden, daß der Kaufmann körperlich ein Feigling war, soviel Vergnügen es ihm auch bereitete, Mord und Gewalt zu befehlen und mitanzusehen. Die bedrohliche Präsenz der Söldner auf der Insel über dem Meer versetzte ihn in Todesängste. Und jetzt, wo sein diplomatischer Schachzug ganz offensichtlich mißlungen war, konnte Cornelius seine Furcht kaum noch im Zaum halten.

»Es gibt eine ganz simple Antwort: Wir töten sie!«

Cornelius tupfte sich mit einem Taschentuch den Schweiß von der Stirn.

»Du hast recht! Es ist höchste Zeit, daß wir das Ungeziefer loswerden. Du, Zeevanck und Pieters, ihr werdet die Attacke leiten. Zwei Boote voll mit unseren Männern sollten wohl genügen.«

»Gut. Ich gebe die Musketen aus. Wieviel Schuß für jeden?«

»Nein! Keine Munition!« Cornelius' Stimme wurde schroff.

»Was? Wieso nicht? Mit den Musketen könnten wir sie im Handumdrehen erledigen!«

»Auf gar keinen Fall! Wir brauchen jeden Krümel Schwarzpulver und jede Kugel, um das Rettungsschiff zu übernehmen. Nein, Entermesser und Schwerter sind vollkommen ausreichend. Schließlich sind sie unbewaffnet.

Wenn ihr wollt, dürft ihr die Musketen zur Abschreckung mitnehmen, das wird sie einschüchtern. Aber ich will keinen einzigen Schuß an diese Tölpel verschwendet sehen, verstanden?«

»Wie du meinst«, entgegnete van Huyssen gepreßt. »Was ist mit dir? Kommst du mit?«

»Ihr werdet mit diesem kleinen, verschreckten Haufen doch wohl alleine fertig werden?«

»O ja, natürlich!« antwortete van Huyssen leichthin, während er sich selbst zu seiner Menschenkenntnis gratulierte. Er hatte es gewußt: Der Kaufmann war ein Hasenfuß reinsten Wassers!

»Noch nicht!« flüsterte Wiebe Hayes, tief geduckt im Schatten der Hecke, die ihn vor den Blicken der Verschwörer schützte. Rings um ihn herum verbarg fast jeder Busch und jedes Gestrüpp einen seiner Verteidiger. Sie lagen in Deckung, ihre Atmung kontrolliert und kaum hörbar, und beobachteten durch die Zweige, wie sich unter ihnen die Verschwörer mühsam ihren Weg durch die Untiefe bahnten, die die *Hohe Insel* von Wiebe Hayes' Insel trennte. Über dem sumpfigen Watt lag der faulige Geruch von Vogelexkrementen, ein unbeschreiblicher Gestank, der von den zersetzten Ausscheidungen unzähliger Seevögel aufstieg. Ein Geruch, den Wiebe Hayes und seine Männer kaum mehr wahrnahmen, der aber den Verschwörern den Atem verschlug.

»Wartet!«

Cornelius' Handlanger hatten sich zu Wiebes Freude eine ungünstige Zeit ausgesucht. Die Flut kam gerade zurück, und sie stakten ahnungslos durch den schlüpfrigen Schlamm, bis zu den Knien im Wasser. Bald mußten sie die mannshohen Klippen erreichen, die zu überwinden erforderte, daß sie ihre Warfen niederlegten und sich vollständig preisgaben. Aber er hatte gar nicht vor, so lange zu warten. Nur noch eine kleine Weile und sie würden bis auf Wurfweite herangekommen sein.

»Jetzt!«

Ein Platzregen aus Steinen und Felsbrocken hagelte auf die Verschwörer nieder und erwischte sie völlig unvorbereitet. Sie hatten weder die Söldner im Unterholz lauern sehen noch die kleinen Stapel von Felsbrocken, die sich so wunderbar in die Landschaft des Felsplateaus einfügten, als absichtlich dorthin gepflanzte Munition erkannt. Überrumpelt stoben sie auseinander und traten einen völlig ungeordneten Rückzug an.

»Das ist nicht das, was ich erwartet hatte!« schnaubte Jakob Pieters, eine Platzwunde auf der Stirn, wo ihn ein gut gezielter Stein getroffen hatte. Wild blickte er um sich und sah, daß seine Kameraden in alle vier Himmelsrichtungen versprengt waren. Der rutschige Untergrund und die messerscharfen Korallen trugen ihren Teil zur Auflösung bei. Die Verschwörer glitten aus, fielen übereinander und ins Wasser.

Die Verteidiger schleuderten ihre Geschosse mit unverminderter Kraft. Jeden Augenblick erwarteten sie die ohrenbetäubende Antwort der Musketen, aber zu ihrer Überraschung ergriffen die Verschwörer statt dessen die Flucht.

»Hinterher!« brüllte Hayes, die Lanze hoch über seinem Kopf schwenkend, und sprang von der Klippe hinunter ins Wasser. Erwartungsvolle Anspannung verwandelte sich in siegesgewisse Euphorie! Laut johlend jagten sie die Angreifer mit ihren Picken und Speeren und trieben sie zurück zu der *Hohen Insel*, von wo sie gekommen waren.

Jakob Pieters hob schützend den Arm vor seine Augen, die Verfolger waren dicht auf seinen Fersen. Rechts und links von ihm schlugen Steine ein und zerspritzten das Wasser. Er kam nur langsam voran. Bei jedem Schritt saugte der stinkende, rosa Schlamm seine Stiefel ein und gab sie nur widerwillig wieder frei. Und zu allem Übel war er auch noch mit dem Gewicht seiner völlig nutzlosen Muskete belastet. »Dieser uneinsichtige Kaufmann«, dachte er aufgebracht.

Zorn wallte in ihm auf. Er sah, daß er ohne Munition nichts ausrichten konnte, daß sie dabei waren, eine schmähliche Niederlage zu erleiden, und daß ihm keine andere Wahl blieb, als seine Männer offiziell zum Rückzug aufzurufen.

Die Verschwörer gehorchten ihrem Anführer nur allzu gerne, und plötzlich war der Spuk vorüber, so schnell, wie er gekommen war. De Villiers und Hayes blieben schnaufend stehen und sahen sich ratlos an, während ihre Kameraden ihrer Erleichterung nachgaben und in wilde Jubelschreie ausbrachen.

»Ich möchte wissen«, stellte Wiebe verwirrt fest, »warum sie ihre Pistolen und Musketen nicht benutzt haben?«

»Ich glaube es einfach nicht!«

Cornelius knallte die Faust auf den Tisch.

»Muß ich denn wirklich alles alleine machen? Seid ihr nicht einmal fähig, mit ein paar zerlumpten, unbewaffneten Bauern aufzuräumen?«

»Unbewaffnet?« Jakob Pieters schob dem Kaufmann sein schiefes Gesicht vor die Nase.

»Die waren bewaffnet bis an die Zähne! Gott allein weiß, wie sie das angestellt haben.«

Überrascht schnappte Cornelius nach Luft. Einer seiner Untertanen wagte es, ihm zu widersprechen? Wo sollte das hinführen? Er warf einen hilfesuchenden Blick auf van

Huyssen, der sich wie immer zurückhielt, kalt und unbewegt wie ein Eisblock.

»Was für Waffen können das schon sein? Steine und selbstgebaute Holzprügel! Können die etwa unseren Schwertern, Dolchen und Entermessern standhalten? Wohl kaum! Ihr habt schlicht und einfach versagt.«

Jakob Pieters trat einen Schritt zurück und musterte den Kaufmann böse.

»Musketen. Das sind die Waffen, mit denen sie sich nicht messen können. Vollkommen blödsinnig, uns ohne Kugeln und Schießpulver loszuschicken!«

Zustimmendes Gemurmel schwappte durch die Reihen der Angreifer, die sich im Zelt des Kaufmanns drängten. Lucretia saß auf dem Bett und hörte mit Genugtuung von dem Desaster auf Wiebe Hayes' Insel. Sie hatte nicht viel zu lachen in letzter Zeit, aber der Schlag gegen die Verschwörer machte sie innerlich geradezu jubeln vor Vergnügen. Sie mußte sich sehr zusammennehmen, um nach außen hin kühl und gefaßt zu erscheinen. Ihre ganze Sympathie galt Wiebe Hayes, und jeden Abend schloß sie ihn und seine Männer in ihre Gebete ein. Unbeteiligt hörte sie zu, wie sich Cornelius und seine Helfershelfer gegenseitig die Schuld in die Schuhe schoben. Es gefiel ihr, den Kaufmann zur Abwechslung einmal mit dem Rücken zur Wand zu sehen, auch wenn er später seine unbeherrschte Wut wieder an ihr auslassen würde. Ihre Augen trafen sich mit denen Conrad van Huyssens, und sie erkannte, daß der Kadett sich ebenso gut unterhielt wie sie. Wieder einmal war ihr vollkommen unverständlich, was in seinem Kopf vorging. Er war fast niemals ernst, niemals besorgt, es schien, als wäre das Leben ein einziges Spiel für ihn. Van Huyssen hielt ihren Blick für einen Moment fest, dann löste er sich mit einem spöttischen Lächeln aus seiner Ecke und trat unter seine Kameraden. »Hört auf! Sofort aufhören!«

Er blickte von einem zum anderen und zwang sie mit der Macht seiner eiskalten Pupillen zur Ruhe.

»Es liegt wenig Sinn darin, jetzt zu streiten. Wir haben die Situation drüben auf der Insel ganz einfach falsch eingeschätzt. Niemand konnte ahnen, daß sie dort mittlerweile bewaffnet sind. Unter diesem Aspekt hatte der General-Kapitän ganz recht, daß er uns nicht erlaubt hat, Munition zu verschwenden.«

Die Verschwörer beruhigten sich etwas. Mit dem Instinkt des geborenen Führers erkannte van Huyssen, daß der allgemeine Zorn allmählich verrauchte, und fuhr fort.

»Nichts ist wichtiger, als den Feind in- und auswendig zu kennen. Unsere Mission war insofern nicht vergebens, als wir jetzt alles über die Verhältnisse auf den Inseln wissen. Wir kennen ihre Waffen, wir wissen von den Wurfgeschossen, und wir haben noch ausreichend Zeit, einen neuen Plan zu entwickeln.«

Er tat sein Möglichstes, um den Kaufmann aus seiner unbequemen Situation zu befreien, aber als er jetzt in die Gesichter seiner Kameraden sah, fand er Zweifel und aufkeimende Angst darin. Sie hatten den üblen Geschmack ihrer eigenen Medizin gekostet. Weit weg, unter den schattigen Palmen Batavias, sahen sie das hölzerne Gerüst eines Galgens stehen. Auf dem großen Querbalken waren in tiefen, kohlschwarzen Buchstaben ihre Namen eingebrannt. Und die Schlinge schaukelte sanft im Wind – vor und zurück, vor und zurück, vor und zurück ...

Es geschah nicht oft, daß auf de Houtmans Inseln kein Lüftchen wehte. Wenn es jedoch vorkam, wurde es unerträglich heiß, drückend und schwül. Selbst bei der geringsten Anstrengung öffneten sich alle Poren. Es war jetzt Mitte August, und der südliche Winter neigte sich seinem Ende zu.

Jerome Cornelius lag faul und behäbig auf ein paar Seidenkissen, in sicherem Abstand zu der sengenden Hitze des Lagerfeuers, und kaute an einem Grashalm. In seiner Nähe saß Mattys Beer, der junge Soldat. Hier und da nahm er einen Schluck aus der Weinflasche, die er zwischen seinen Knien eingeklemmt hielt, und befeuchtete seine trockene Kehle. Jan Pelgrom hockte ergeben zu Cornelius' Füßen. Er war in der Hierarchie der Meuterer mittlerweile soweit aufgestiegen, daß er seine niederen Aufgaben als Dienstbote hatte abgeben dürfen. An seiner Stelle saß Connie Alders am Feuer und brutzelte die Fische, die er auch selbst gefangen hatte. Der Küferlehrling war gerade vierzehn Jahre alt.

Fliegen schwärmten träge, und der köstliche Geruch des Mittagessens ließ den Müßiggängern das Wasser im Mund zusammenlaufen. Cornelius unterdrückte ein gelangweiltes Gähnen. Einer plötzlichen Eingebung folgend tippte er den Schiffsjungen mit der Fußspitze an.

»Geh und bring mir das Stück indische Baumwolle aus meinem Zelt!« Mattys Beer sah auf. Stirnrunzelnd blickte er den Kaufmann an. Der zeigte mit dem Kinn wortlos in Richtung des Küferjungen, der ahnungslos und konzentriert die Fische wendete. Mattys grinste. Atemlos kehrte Jan Pelgrom zurück. In seinen Händen hielt er einen Schal aus blauweiß gemustertem Tuch, einen Schal, der Lucretia gehörte.

»Connie!« rief der Frachtaufseher spöttisch. »Setz dich her und halt still! Wir haben einen Scherz mit dir vor.«

Der Küferlehrling gehorchte weiß wie Schnee. Cornelius verband ihm sorgfältig die Augen, dann fuhr er mit der Hand dreimal dicht vor dem Gesicht des Jungen auf und ab. Die Augenbinde machte ihn völlig blind. Cornelius zog sein Schwert aus der Scheide. Er wendete es hin und her, bis die perfekt geschliffene Klinge das Bild des ängstlichen Kindes widerspiegelte. Alle warteten in atemloser Spannung. Connie Alders zappelte unruhig hin und her.

»Ich habe Angst!«

»Keine Sorge. Es ist nur ein kleiner Spaß.«

Langsam löste Cornelius seinen Blick von dem hellglänzenden Stahl und richtete ihn auf den Schiffsjungen. Jan Pelgrom wagte kaum zu atmen.

»Bitte laß mich es tun!« flehte er innerlich. »Mich, mich, mich!«

Der Frachtaufseher reichte ihm das Schwert.

»Hier«, sagte er. »Versuch, ob es scharf ist!«

Der Schiffsjunge platzte fast vor Stolz. Ungläubig blickte er von der Waffe in seinen Händen zu Connie Alders, der vollkommen still geworden war.

Mattys Beer stieß ein kurzes, bellendes Lachen aus. Mit zwei Schritten war er bei Pelgrom und nahm ihm das Schwert weg.

»Das ist eine Aufgabe für Männer, nicht für Kinder«, schnaubte er verächtlich. »Du bist viel zu schwach dazu!«

Im nächsten Moment beschrieb die Klinge einen gleißenden Bogen und trennte den Kopf des Küferjungen von seinem Hals. Der Schädel fiel mit einem dumpfen Geräusch auf die Erde. Lucretias Schal war blutbespritzt. Der zuckende Torso kippte langsam zur Seite, blutüberströmt.

Cornelius brach in ein schallendes, wahnsinniges Gelächter aus. Sein Puls raste, seine Augen wurden schmal, die Pupillen klein. Er leckte sich die Spucke aus den

Mundwinkeln, und es kostete ihn gewaltige Anstrengung, seine ungeheure Erregung zu verbergen.

»Torrentius, mein geliebter Lehrer«, dachte er. »Du wärst so stolz auf mich!«

Neben ihm stand Jan Pelgrom und starrte stumpf zu Boden. Sein Frettchengesicht war zu einer weinerlichen Grimasse verzogen. Heiße Tränen der Enttäuschung tropften auf seine Schuhspitzen.

Lucretia wartete geduldig, bis die Atemzüge des Frachtaufsehers anzeigten, daß er eingeschlafen war. Dann wartete sie noch ein wenig länger. Endlich drehte sich Cornelius auf den Rücken, grunzte und fing an zu schnarchen. Sie hielt den Atem an, kletterte möglichst geräuschlos über das Fußende aus dem Bett und verließ das Zelt auf Zehenspitzen.

Draußen setzte sie ihre bloßen Füße mit der ganzen Sohle auf, krallte die nackten Zehen fest in den scharfen Korallenschutt, der große Teile der Insel bedeckte. Sie genoß den Schmerz, den ihr das bereitete, das Körperliche daran, das ihr zeigte, daß sie noch immer lebte, auch wenn es ihr schien, als sei ihr Herz herausgerissen und jedes Gefühl von ihr genommen.

Es war pechschwarze Nacht und nicht das erste Mal, daß sie sich davonstahl. Sie hatte entdeckt, daß Cornelius nachts die Wache abzog, die sonst jeden ihrer Schritte verfolgte, und sie hatte entdeckt, daß der Frachtaufseher keinen leichten Schlaf hatte. Sie hatte auch entdeckt, daß seine Bundesgenossen ihre nächtlichen Aktivitäten eingestellt hatten, vermutlich weil sie ihre Morde jetzt tagsüber erledigten, so wie heute, als sie den Küferjungen hingerichtet hatten.

Ihr Magen zog sich zu einem kleinen, trockenen

Klumpen zusammen, als sie daran zurückdachte, wie Cornelius in das Zelt gekommen war und ihr vergnügt erzählt hatte, was für eine heldenhafte Tat er heute vollbracht hatte. Dann hatte er seine Besitzansprüche auf sie geltend gemacht. Immer wenn sie glaubte, daß es für die Obszönitäten des Frachtaufsehers keine Steigerung mehr gäbe, überraschte er sie mit einem noch bestialischeren Einfall!

Sie wanderte zum nördlichsten Zipfel der Insel, weit weg von dem kleinen Strand, an dem der Pfarrer lebte und schlief. Sie hegte nicht den Wunsch, jemandem zu begegnen, alles was sie wollte, waren ein paar Minuten für sich allein. Sie schritt ins Wasser, bis die kühlen Wellen beruhigend ihre Knöchel umspülten und den Saum ihres Hemdes benetzten. Sie trug nur das Hemd, nichts weiter, und ihr langes Haar fiel offen auf ihren Rücken herab. Cornelius mochte es so. Es war noch immer warm, aber gegen Abend war ein Wind aufgekommen und hatte den brütend heißen Tag in eine linde Nacht verwandelt.

Lucretia starrte auf das Meer. Sie stand jetzt oft nachts auf, um das Meer zu betrachten. Sie betrachtete es bei Vollmond und bei Neumond, bei klarem und bei bedecktem Himmel, und jedes Mal, wenn sie das Spiel des Lichtes auf den Wellen beobachtete, versuchte sie sich vorzustellen, wie es wäre, wenn ein Segel in der Dunkelheit auftauchen würde. Sie wünschte sich so dringend, daß das Rettungsschiff bei Nacht ankommen würde. Sie war davon überzeugt, daß es der einzige Weg war, zu überleben. Sie hatte nicht gewußt, daß sie leben wollte, bis zu jener Nacht vor ein paar Wochen.

Der Kaufmann hatte sie wie immer in einer Art wilden Raserei genommen, und nachdem er gekommen war, hatte er sie nicht gleich freigegeben. Sie hatte versucht, sich von

ihm loszureißen, und er hatte sie auf eine Weise angesehen, die ihr Angst gemacht hatte.

»Ich weiß, was in deinem süßen, kleinen Kopf vorgeht!
Du hoffst auf das Rettungsschiff! Aber du brauchst nicht
zu glauben, daß du mir jemals wieder entkommen wirst.
Wenn ich dich nicht haben kann, dann soll dich auch kein
anderer haben. Lieber bringe ich dich mit meinen eigenen
Händen um.«

Er hatte völlig ohne Zusammenhang gesprochen, und
seine Stimme hatte seltsam flach und belegt geklungen.
Sie hatte ihn weggestoßen und sich in ihre Decke gewik-
kelt, aber in dieser Nacht hatte der Schlaf sie gemieden.
Ihr war klar geworden, daß sie ihn nur ertrug, weil sie
auf das Schiff wartete, weil sie Baudouin wiedersehen
wollte, weil sie in ihr altes glückliches und behütetes Leben zurückkehren wollte. Und ihr war aufgegangen, daß
Cornelius immer genug Zeit bleiben würde, ihr die Gurgel durchzuschneiden, noch bevor Hilfe sie erreichen
würde.

Nervöse Stöße huschten durch ihren Magen. Sie wollte
leben! Gleichgültig wie grauenhaft ihr Leben nun geworden war, sie wollte es behalten, sie wollte Baudouin, die
Schwester und den Onkel wiedersehen. Sie wollte noch
nicht sterben! Lucretia bückte sich, nahm mit beiden Händen Wasser auf und klatschte es sich ins Gesicht. Nach einer Weile ging es ihr besser, und der Anflug von Panik ver-
flüchtigte sich wieder. Sie zwang sich, kühl und sachlich
die Tatsachen zu betrachten. Es hatte keinen Sinn, sich davor zu fürchten, daß Cornelius sie töten könnte, weil er sie
keinem anderen überlassen wollte. Es gab etwas anderes,
wovor sie sich fürchten mußte: die Möglichkeit, daß nie
ein Rettungsschiff kommen würde!

Jerome Cornelius war fuchsteufelswild.

»Was ist bloß mit meinen Männern los? Haben sie denn kein Vertrauen mehr in ihren General-Kapitän?«

Lucretia saß bleich und mager am Tisch. Was sie gerade vernommen hatte, hatte das letzte bißchen Farbe aus ihrem Gesicht vertrieben. Sie wußte nicht, daß ihre durchscheinende Blässe ihr eine beinahe überirdische Schönheit verlieh.

Van Huyssen lehnte arrogant im Zelteingang, wie immer gelassen und nicht aus der Ruhe zu bringen. Er hatte gerade die Nachricht überbracht, daß Lennart Michels im Rausch Anneken Hardens erwürgt hatte. Der Kadett hatte einen Hang zur Gewalttätigkeit, und die junge Frau hatte sich geweigert, ihm einen besonderen Wunsch zu erfüllen. So hatte eines zum anderen geführt. »Unfälle« wie dieser waren keine Seltenheit mehr. Zänkereien und Unruhe waren an der Tagesordnung. Drei- bis viermal am Tag mußte er einschreiten und Streitigkeiten schlichten, meistens ging es dabei um Frauen oder verletzte Eitelkeit. Seit dem beschämenden Fiasko auf Wiebe Hayes' Insel hatte sich *Batavias Friedhof* zu einem Pulverfaß entwickelt.

»Die Männer sind nervös«, begann er. »Es ist mittlerweile zwei und einen halben Monat her, daß der Kommandeur aufgebrochen ist, um Hilfe zu holen. Sie erwarten das Rettungsschiff jetzt jeden Tag, und das Problem drüben auf der Insel ist noch nicht annähernd gelöst.«

»Habe ich nicht versprochen, mich darum zu kümmern?« schimpfte Cornelius zornig. »Wie können sie annehmen, ich würde nicht zu meinem Wort stehen?«

»Die Männer fürchten die Autoritäten in Batavia mehr als den Teufel«, fuhr van Huyssen seelenruhig weiter fort. »Ich befürchte, wenn du nicht sehr bald mit der Lösung kommst, dann werden sie sich etwas einfallen lassen ...«

Er machte eine Pause und fixierte Cornelius kühl.

»... und womöglich sogar selbst das Kommando übernehmen.«

Ein gehetzter Ausdruck trat in die Augen des Frachtaufsehers. Das Kommando übernehmen? Meuterei? Das kam überhaupt nicht in Frage!

Entschlossen warf Cornelius seinen besten Umhang über und stülpte einen Hut auf.

»Es ist an der Zeit, ein Zeichen zu setzen. Ruf die Männer zusammen! Sie werden ihrem General-Kapitän einen Treueschwur leisten!«

Gisbert Bastians' Augen traten fast aus ihren Höhlen, als er den fröhlich pfeifenden Schiffsjungen sah, der sich ihm über den schmalen Fußweg in den Dünen näherte. Sein erster, panischer Gedanke war, sich in einem der Boote zu verstecken, aber er wußte recht gut, daß ein solches Unterfangen ebenso sinnlos wie töricht war. Er führte ein kümmerliches Schattendasein als Wächter der kleinen Anlegebucht von *Batavias Friedhof*, und sein Leben hing ganz allein von der Willkür seiner Peiniger ab. Jeden neuen Tag erlebte er in der lähmenden Angst, daß sie sich seiner entledigen würden!

Die letzten Wochen hatte er in einem Zustand der Erstarrung verbracht, in einer Welt der Gefühllosigkeit, Geräuschlosigkeit und Einsamkeit. Seine Frau war tot, seine Kinder waren tot, und seine einzige lebende Tochter sah er nur noch aus der Ferne. Man hatte ihm verboten, zu predigen und zu beten. Mechanisch bewegte er die Flöße und Boote, wie die Verschwörer es von ihm verlangten. Ins Wasser, aus dem Wasser, es war ihm ganz einerlei. Demütigungen und nagender Hunger waren seine täglichen Begleiter.

»Heh, Pfaffe!«

Mißtrauisch beäugte er den verschlagen grinsenden Schiffsjungen, der sich großtuerisch vor ihm aufbaute. Nun also war die Zeit für ihn gekommen zu sterben.

»Setz deine alten Beine in Bewegung! Der General-Kapitän will dich sprechen.«

Gisbert Bastians unterdrückte den Impuls, das mißratene Gör zu ohrfeigen. An Bord der *Batavia* war Jan Pelgrom das schüchternste und duckmäuserischste Kind gewesen, das er je gekannt hatte, aber seit er unter Cornelius' Einfluß stand, wurde der Junge von Tag zu Tag unausstehlicher. Er folgte ihm mit schwachen Knien, überzeugt davon, daß er nun nicht mehr lange auf Erden verweilen würde. Zuletzt hatte er den Frachtaufseher vor zehn Tagen gesehen, als dieser ihn gezwungen hatte, gemeinsam mit seinen Henkersgesellen ein Papier zu unterzeichnen, das Cornelius in seinem Amt als General-Kapitän bestätigte und von seinen Untergebenen die Treue bis in den Tod verlangte. Schamvolle Röte stieg ihm ins Gesicht, als er daran dachte, wie er unterschrieben hatte, vier Zeilen unter dem Namen des Mörders, der seine Familie ausgelöscht hatte und der Tag für Tag seine blutbefleckten Hände auf seine schöne Tochter legte. Wenn er doch nur ein mutigerer Mann wäre! Dann hätte er dem Frachtaufseher seinen Schrieb ins Gesicht geworfen und sich mit Freuden töten lassen. Aber er hing an seinem Leben wie an einem kostbaren Stein.

»Ah, der Herr Pfarrer! Kommt herein, mein lieber Freund!« begrüßte Jerome Cornelius den alten Mann freundlich.

Gisbert Bastians klappte verwundert der Kiefer herunter. Was waren das für ungewohnte Töne?

»Nicht so schüchtern, nicht so schüchtern! Nun tretet schon ein, und nehmt Platz!«

Zögernd betrat der Pfarrer das Zelt, seine Augen wurden magisch von dem mit Speisen überladenen Tisch angezogen. Er war furchtbar hungrig.

Befriedigt folgte Cornelius dem gierigen Blick des Pfarrers. Er füllte einen Weinpokal bis zum Rand, setzte ihn vor dem Pfarrer nieder und warf genüßlich seinen Köder aus.

»Auf Euer Wohl! Ihr könnt später einen Happen essen, aber zuerst müssen wir reden.«

Der Pfarrer nahm einen Schluck, und augenblicklich biß die Weinsäure in seine leeren Gedärme und weckte seinen schlafenden Magen. Cornelius sah, wie nahe der alte Mann daran war, über den Tisch zu langen und dem goldbraun gebratenen Vogel ein Bein auszureißen.

»Ich brauche Eure Hilfe!« sagte er unverblümt und schob die Schüssel unter die Nase des Pfarrers. Bastians hörte kaum zu, der Duft drang in seine Nase und machte ihn schwindelig vor Hunger. Zitternd streckte er seine Hand aus, aber Cornelius fing sie ab und hielt sie fest.

»Ihr müßt als Vermittler einspringen.«

»Hm?« murmelte der Pfarrer unkonzentriert.

»Zwischen mir und Wiebe Hayes!«

Mit verengten Augen beobachtete Wiebe Hayes das kleine Boot, das am Ufer seiner Insel anlegte. Eine weiße Fahne flatterte im Wind.

»Ich möchte wissen, was sie jetzt wohl wieder ausgeheckt haben«, sinnierte Thomas de Villiers laut. Wiebe warf einen Blick zu dem Vorposten, der ihm mit der ganzen Hand ein Zeichen gab.

»Das werden wir bestimmt gleich erfahren. Zumindest besteht im Augenblick kein Grund zur Sorge, es sind nur fünf Mann an Bord.«

Eine hagere Gestalt in einem langen, schwarzen Übermantel kletterte schwerfällig aus dem Boot.

»Aber das ist ja der Pfarrer!« stellte de Villiers überrascht fest.

Gisbert Bastians näherte sich den beiden Männern vorsichtig, respektvolle Seitenblicke auf die bewaffnete Leibgarde im Hintergrund werfend. Er schwitzte maßlos, und seine Kleidung klebte an ihm fest.

»Ich komme mit einer Nachricht vom General-Kapitän«, begann er mit dünner Stimme.

»General-Kapitän?« platzte de Villiers heraus. »Daß ich nicht lache!«

Er setzte zu einer Rede an, aber Wiebe Hayes hob die Hand und bat seinen Freund zu schweigen.

»Wir wollen hören, was der Pfarrer uns zu sagen hat.«

»Der General ..., ich meine, Herr Cornelius möchte Euch ein einmaliges Angebot machen. Er bietet Decken, warme Kleidung und Wein im Austausch gegen das kleine Boot, das der Bader gestohlen ... genommen hat.«

Die schlaffen Wangen des Pfarrers zitterten vor Unbehagen.

»Es ist ihm außerdem ein großes Bedürfnis, mit Euch Frieden zu schließen und über eine gemeinsame Nutzung der Wasservorräte zu verhandeln. In seinem Namen bitte ich Euch demütig um die Erlaubnis, an Land kommen zu dürfen!«

Hayes' Miene blieb unbewegt. Unten am Strand warteten die mit Musketen und Pistolen bewaffneten Meuterer. Wie war es möglich, daß ein Mann Gottes mit diesen Gottlosen gemeinsame Sache machte? Er studierte den Pfarrer, der nervös seine Hände rieb. Kleine Schweißperlen standen auf seiner Stirn.

Wiebe überlegte kurz.

»Also gut, ich bin einverstanden! Aber Ihr werdet einsehen, daß ich gewisse Vorkehrungen für unsere Sicherheit treffen muß. Dies sind meine Bedingungen: Erstens findet die Übergabe erst morgen statt! Zweitens darf der Frachtaufseher nicht mehr als fünf Begleiter mitbringen! Drittens und letztens, die Delegation kommt zum Zeichen ihrer friedlichen Absichten unbewaffnet!«

»Bitte«, bettelte der Pfarrer. »Darf ich noch eine weitere Bedingung vorschlagen?«

»Die da wäre?«

»Besteht darauf, daß ich hierbleiben darf! Bitte!«

»Warum sollte ich das tun? Wer garantiert mir, daß ich mir nicht eine Natter ins eigene Nest setze?«

»Ich flehe Euch an! Diese Ungeheuer haben meine Familie getötet und meine Tochter vergewaltigt. Ich gehöre nicht zu denen, das müßt Ihr mir glauben!«

»Wiebe«, mischte sich de Villiers auf französisch ein. »Das ist der Pfarrer, der Vertreter der Kirche! Wir müssen ihm vertrauen! Der Doktor hat niemals gesagt, daß der Geistliche dabei ist. Wenn wir ihn jetzt hierbehalten, können wir sein Leben retten.«

Der Soldat war nicht überzeugt. Er witterte Verrat, wenngleich er auch noch nicht genau wußte, in welcher Form und aus welcher Richtung.

»Schwört Ihr auf die Bibel, daß Ihr die Wahrheit gesagt habt?«

»Ich schwöre es! Bei Gott, ich schwöre es!«

»Gut! Dann geht und überbringt die vier Bedingungen. Wenn Cornelius Euch gehen läßt, dann dürft Ihr bei uns bleiben.«

Sie beobachteten, wie der Pfarrer zum Boot trottete, wo er heftig auf die Insassen einredete. Cornelius war durch einen schwarzen, breitkrempigen Hut gut von seinen Vasallen zu unterscheiden. Während der Pfarrer sprach, schüttelte er mehrmals entschieden den Kopf, und mit jedem Mal wurden die Gesten des alten Mannes ausladender. Endlich legte das Boot ab, und der Pfarrer blieb tatsächlich zurück.

»Vertraust du ihm etwa?« fragte de Villiers leise. »Cornelius wird sich niemals darauf einlassen, unbewaffnet zu erscheinen.«

Wiebe Hayes schmunzelte.

»Das Ganze riecht meilenweit gegen den Wind nach einer Falle. Aber diesmal werden wir sie mit ihren eigenen Waffen schlagen!«

Judith fuhr aus tiefstem Schlaf hoch, ein unerklärliches Gefühl der Beklemmung auf der Brust. Draußen vor dem Zelt war noch dunkle Nacht, aber drinnen brannte eine kleine Lampe. Die andere Seite der Schlafstätte war kalt und leer. Sie sah sich suchend um, orientierungslos von der Plötzlichkeit, mit der sie erwacht war. Van Huyssen hielt mit dem Schließen seines Lederwamses inne und warf ihr quer durch das Zelt einen freundlichen Blick zu.

»Guten Morgen, Prinzessin!«

Judith sah ihn und erinnerte sich. Der Kadett war seit dem Abend zuvor in einer gefährlich gehobenen Stimmung, und das machte sie unruhig! Je besser seine Laune wurde, um so unruhiger wurde sie.

»Warum bist du schon so früh auf den Beinen?«

Van Huyssen ließ sich auf einem dreibeinigen Schemel nieder und stieg in seine Stiefel.

»Heute ist es soweit! Wir haben Wiebe Hayes und seine Männer am Kanthaken.«

Energiegeladen sprang er auf und warf einen grauen Umhang über seine linke Schulter.

»Was meinst du mit ›am Haken‹?« fragte Judith voll böser Vorahnung. Van Huyssen antwortete nicht. Er ließ seine Blicke durch das Zelt schweifen.

»Hast du meine Handschuhe gesehen? Ah, dort sind sie!«

Er hob die Handschuhe aus feinem Kalbsleder auf und ließ sich neben ihr auf das Bett fallen. Sanft strich er eine rote Locke aus ihrer Stirn und sah ihr forschend ins Gesicht.

»Ich meine damit, daß der Fisch gestern den Köder geschluckt hat und daß wir ihn heute angeln werden. Und wenn wir damit fertig sind, wird es auf den ganzen Inseln niemanden mehr geben, der das Rettungsschiff alarmieren kann. Es wird uns gehören, die Laderäume berstend voll mit Juwelen und dem Silber der *Batavia*, und wir werden damit weit weg segeln, vielleicht ein paar Jahre auf Kaperfahrt gehen oder uns gleich irgendwo niederlassen, wer weiß? Auf jeden Fall werden wir unerhört reich sein, und du wirst bei mir bleiben als meine schöne Sklavin.«

Er sah ihren sorgenvollen Blick und brach in ein lautes Lachen aus.

»Warum so betrübt? Ist es gar möglich, daß du Angst um mich hast? Wie wäre es mit einem Kuß, bevor dein tapferer Ritter in die Schlacht zieht?« Mit einem verächtlichen Schnauben drehte Judith den Kopf zur Seite. Noch mehr amüsiertes Lachen von dem Kadetten. Mit zwei Fingern faßte er sie fest am Kinn und drehte ihren Kopf zu sich herum.

»Du süße, kleine Hexe!«

Er stahl sich den Kuß. Judith preßte ihre Lippen aufeinander und versuchte, ihm zu widerstehen, aber bald schon wurde sie wie Wachs in seinen Armen, küßte sie ihn atemlos wider. Van Huyssen erhitzte sich schnell, aber er wußte, daß die Zeit drängte und daß er sie jetzt nicht nehmen durfte, auch wenn ihr Körper so verlockend weich und bettwarm war. Bedauernd ließ er sie los.

»Ich bin bald zurück, und dann gibt es mehr, versprochen!«

»Geh zur Hölle!«

»Eines Tages ganz bestimmt. Aber nicht heute, heute ist ein Tag zum Siegen!«

Laut lachend verließ van Huyssen mit wehendem Umhang das Zelt, seinen Degengürtel locker in der Hand.

Batavias Friedhof lag noch immer im Dunkel, als van Huyssen die kleine Bucht erreichte. Schattengestalten huschten geschäftig hin und her, packten in Lumpen und Decken gehüllte Gegenstände in die Boote. Die hünenhafte Gestalt David Zeevancks löste sich aus der Finsternis und begrüßte den Kadetten mit einem knappen Nicken. Die beiden Männer sprachen kein Wort miteinander. Sie beobachteten das Verladen der Waffen, das in vollkommener Stille erfolgte, und bevor noch der erste Lichtstreifen am Horizont erschien, entschwanden zwei große Boote voll besetzt mit Verschwörern in Richtung des winzigen Landstreifens, der vor der *Hohen Insel* lag und der von Wiebe Hayes' Insel aus kaum einzusehen war. Geräuschlos tauchten die Ruder ein. Morgennebel kam auf, verschluckte die Boote und schützte sie vor den wachsamen Augen der Verteidiger.

Nach einer knappen dreiviertel Stunde lichtete sich der Nebel, und ein drittes, kleineres Boot legte ab. Im milchigweißen Licht des neuen Tages und in voller Sichtweite steuerte es auf Wiebe Hayes' Insel zu.

Salzwasser schwappte in Cornelius' schwarze Halbschuhe, als er aus dem Boot stieg. Eine kleine Welle benäßte seine goldenen Strumpfbänder und den unteren Rand seines Umhangs. Der Frachtaufseher unterdrückte einen Fluch und setzte sein bestes Lächeln auf, denn hoch oben auf der erhöhten Uferbank wartete Wiebe Hayes auf ihn, umgeben von einer zwanzigköpfigen Eliteauswahl seiner Männer. Würdevoll schritt Cornelius auf den Soldaten zu, nahm seinen Hut ab und versank in einer tiefen Verbeugung.

Hayes' Miene versteinerte noch mehr.

»Seid gegrüßt und bedankt, daß Ihr mir die Gelegenheit gebt, dieses unglückliche Mißverständnis zwischen uns aufzuklären! Als Zeichen meiner Freundschaft und zum Dank für Euer Vertrauen haben wir Euch ein paar Geschenke mitgebracht.«

Cornelius gab ein Signal, und David Zeevanck, Conrad van Huyssen und Gisbert van Welderen traten vor und legten Decken, warme Kleidung und kleine Kisten mit Zwieback und Wein zu Wiebes Füßen nieder.

Hayes machte nicht die kleinste Bewegung. Seine Augen wanderten langsam zu den Mitbringseln und dann wieder zum Frachtaufseher. Er studierte Cornelius genau, während er dessen blumige Ansprache über sich ergehen ließ.

»Ihr müßt mir glauben, wir haben keine bösen Absichten ... Ja, wir hatten ein paar Schwierigkeiten mit ein paar verderbten Halunken ... mittlerweile unschädlich gemacht ... wir wollen nichts, als das Wasser mit euch teilen ... Es gab keine Morde auf *Batavias Friedhof* ... nichts weiter als gemeine Verleumdungen ...«

Die Worte zogen an ihm vorbei, ohne Wirkung zu hinterlassen.

»Lügen! Alles Lügen!« dachte er aufgebracht, während

er darauf wartete, daß der Kaufmann einen Fehler machte und verriet, warum er wirklich gekommen war.

Während seine Kameraden mit Wiebe Hayes verhandelten, war Jakob Pieters am Ufer zurückgeblieben. Nachdem er ein wenig in der Bucht herumgeschlichen war, hatte er schließlich gefunden, was er suchte. Das kleine Boot, mit dem der Bader von *Batavias Friedhof* geflüchtet war, lag sicher vertäut unter den Klippen. Er war gerade dabei, die Schaluppe ins Wasser zu hieven, um sie an ihr eigenes Boot anzuleinen, als ein Schatten über ihn fiel.

»Was glaubst du eigentlich, was du da tust?«

Überrascht blickte er auf und fand sich von fünf bewaffneten Verteidigern umringt.

»Wa-warum?« stotterte Pieters fassungslos. »Der Handel war doch klar: Das Boot gegen die Decken!«

Jean Reynoult versetzte der Schaluppe einen Tritt, so daß sie ein Stück von Pieters wegtrieb.

»Das Boot bleibt da!« zischte er. »Warum bist du nicht bei den anderen Männern?«

Er erhielt keine Antwort. Der Obergefreite war in Nöten. Er hatte die Aufgabe, das kleine Boot zu stehlen, mit dem eigenen Boot ein Stück aus der Bucht hinauszurudern und den Männern auf der anderen Insel das Zeichen zum Angriff zu geben, während Cornelius Wiebe Hayes einlullte und in Sicherheit wiegte. Aber das konnte er wohl kaum dem Feind auf die Nase binden! Nervös trat er von einem Fuß auf den anderen, verzweifelt über seinen nächsten Schritt nachdenkend. Er konnte nicht verhindern, daß seine Augen immer wieder zu dem großen Boot wanderten, und Jean Reynoult bemerkte den verstohlenen Blick.

»Haltet ihn in Schach!«

Er stapfte zum Boot der Verschwörer und spähte hinein.

Unter einer der Bänke lugte ein Stück Sackleinwand hervor. Er zerrte das Paket heraus, schlug den Stoff zur Seite und stieß einen leisen Pfiff aus.

»Schwerter!« rief er seinen Kameraden zu. »Ich glaube, das genügt! Wiebe hat recht behalten. Gebt ihm das Zeichen!«

Pieters hörte den langgezogenen Pfiff, spürte eine Welle von Zorn durch die Söldner gehen und wußte plötzlich, daß der Plan nicht aufging. Er sah keine Rettung mehr für seine Kameraden und hatte nur noch eine winzige Hoffnung für sich selbst. Geschickt bewegte er sich in Richtung der Schaluppe – und erstarrte. Die Lanze schlitzte ihm beinahe die Nase auf.

»Wo willst du hin, Bastard?«

Blitzschnell griff Pieters nach dem Paddel aus dem kleinen Boot und schwang es im Halbkreis um seine eigene Achse. Er traf einen Verteidiger im Magen und einen anderen am Knie. Überrumpelt wichen die Söldner zurück. Pieters packte die Schaluppe am Heck und schob sie raus aufs Wasser. Noch bevor einer der Verteidiger sich fassen konnte, sprang er hinein und ruderte mit äußerster Kraft davon.

Als Wiebe Hayes den langgezogenen Pfiff vernahm, hob er die Hand, und seine Söldner traten wie eine Mauer schweigend nach vorn. Sie packten Cornelius und seine Gefolgsmänner, drehten ihnen brutal die Arme auf den Rücken und warfen sie unsanft auf den harten Boden.

»Heh! Was, zum Teufel, soll das?«

Cornelius schluckte eine Handvoll Staub und begann, zu husten und zu würgen. Kaum hatte er seine Atemwege wieder frei, tobte er weiter, seine empörte Stimme nahe am Umkippen.

»Was ist das für eine Art, Besucher zu behandeln? Wir sind schließlich in friedlicher Absicht gekommen ...«

Der Satz blieb ihm im Halse stecken, als er die fünf Männer vom Strand auftauchen sah, allen voran Jean Reynoult, das Bündel mit den Schwertern im Arm. Wütend schleuderte er sie vor Wiebe Hayes auf die Erde.

»Hier! Das haben wir in ihrem Boot gefunden. Der Steinschleifer war gerade dabei, die Schaluppe zu klauen. Ich weiß immer noch nicht wieso, aber das Schwein ist uns entkommen.«

Er spuckte aus, wütend über das Mißgeschick.

»So eine Scheiße!«

Wiebe warf einen Blick auf die Schwerter, dann auf die fünf Gefangenen. Da war kein Mitleid in seinen Augen, nur Abscheu und tiefe Verachtung.

»Fesselt ihnen die Hände auf den Rücken!«

Er stoppte. Die Augen der Verteidiger richteten sich auf den Mann, der laut rufend von der östlichen Landspitze der Insel her angerannt kam, wo er einen versteckten Beobachtungsposten unterhalten hatte. Er war sichtlich in Aufregung.

»Es tut mir leid«, schnaufte er atemlos. »Ich habe sie erst gesehen, als ich um das Kap herumgegangen bin, aber auf dem kleinen Streifen vor der *Hohen Insel* kampieren etwa dreißig bewaffnete Männer.«

Die Fäuste der Verteidiger schlossen sich fester um ihre Lanzen. Hayes brauchte nicht lange, um seine Entscheidung zu treffen. Es war offensichtlich, daß die Verschwörer auf den richtigen Moment für einen Angriff warteten. Zu riskant, die Vorhut am Leben zu lassen, viel zu riskant!

»Tötet alle bis auf Cornelius!«

»Lieber Gott, wenn es dich doch gibt, dann danke ich dir!« betete der Frachtaufseher, halb ohnmächtig vor Er-

414

leichterung. Ganz gleich, was mit seinem Gefolge passierte, Hauptsache er lebte! Ihm würde schon irgend etwas einfallen, um sich herauszureden.

David Zeevanck brach in lautes Wimmern aus.

»Tötet mich nicht! Tötet mich nicht! Die anderen waren es! Die anderen haben mich gezwungen!«

Conrad van Huyssen wälzte sich herum und stützte sich auf seine Ellenbogen. Er schaffte es, den Oberkörper halb aufzurichten, und versetzte dem Buchhalter einen gnadenlosen Tritt in die Nieren.

»Hör auf zu heulen wie ein altes Waschweib, und stirb gefälligst wie ein Mann!«

Edouard Cout löste sich aus der Reihe der Verteidiger und bedachte den Kadetten mit einem langen Blick. Ein hämisches Lächeln erhellte seine Züge, ein Lächeln, das sich jedoch nicht in seinen Augen widerspiegelte.

»Wie interessant, daß gerade du das sagst!«

Breitbeinig stellte er sich über den Kadetten.

»Kannst du dich an mich noch erinnern?«

Van Huyssen nickte und sah unerschrocken zu dem großen Mann auf. Er wußte, was das Leuchten in den Augen des Wallonen bedeutete. Es war die schiere Lust, Blut fließen zu sehen, sein Blut!

»Du verstehst, was ich sage?«

Wieder ein kurzes Nicken und der gleiche gefaßte Blick aus eisblauen Augen.

»Erinnerst du dich auch noch, was ich dir versprochen habe?«

»Ich erinnere mich sogar sehr gut.«

Edouard nahm bedächtig das Messer von seinem Gürtel ab. Sein Daumen fuhr liebevoll über die Klinge und prüfte ihre Schärfe. Die lange Narbe auf seiner Wange glühte weiß.

»Schön, dann wollen wir sehen, ob du zu sterben verstehst!«

»Und dabei war ich so fest davon überzeugt, daß heute mein Glückstag ist! Aber was soll's, Soldat, ich bin bereit! Ich hatte ein gutes Leben, kurz, aber fröhlich.«

Van Huyssen fing an zu lachen, ein volles amüsiertes Lachen ohne jedes Anzeichen von Anspannung oder gar Bedauern in seiner Stimme. Das Gelächter drang den Umstehenden in Mark und Bein. Seine Kameraden neben ihm schlossen entsetzt die Augen und wünschten verzweifelt, daß sie ihre Hände frei hätten, um sich die Ohren zuzuhalten. Es hörte erst auf, als Edouard Cout sich breitbeinig über den Kadetten stellte und ihm mit einem kurzen Schnitt die Kehle durchtrennte.

Mit den drei anderen Mördern verfuhren die Söldner auf die gleiche Weise. Cornelius wurde noch fester gebunden. Benommen starrte er auf die Leichen seiner Henkersgesellen, seine Zähne schlugen leise aufeinander vor Angst. Das hübsche Gesicht Conrad van Huyssens war zu einer grimmigen Fratze verzerrt, selbst im Tod noch überlegen und jeden verspottend.

»Was ist schiefgegangen?«

»Wir warten schon seit Ewigkeiten auf das Zeichen, aber nichts!«

Jakob Pieters warf einen grimmigen Blick auf die halb verärgerten, halb besorgten, mit Pistolen und Musketen bewaffneten Männer. Der Gedanke an sein knappes Entkommen schickte ihm noch immer eiskalte Schauer den Rücken hinunter.

Oliver van Welderen packte den Obergefreiten am Hemd und zerrte heftig daran.

»Wo sind die anderen? Wo ist mein Bruder?«

Mit einem Ruck machte Pieters sich los. Sein häßliches Gesicht war von tiefen Sorgenfalten zerfurcht.

»Sie sind gefangen. Wiebe Hayes hat das Spiel durchschaut.«

Die Verschwörer sahen sich bestürzt an. Sie konnten es nicht fassen. Auf einen Schlag hatten sie ihre gesamte Führung verloren!

Oliver van Welderen faßte sich schließlich als erster und trat drohend einen Schritt näher.

»Warum bist du hier, und mein Bruder ist noch da drüben?«

»Herrgott, weil ich entkommen konnte!« schnappte Pieters giftig zurück. »Ich habe nicht genau gesehen, was vorging, ich war unten beim Boot.«

»Soll das etwa heißen, du weißt nicht, ob sie nur gefangen genommen oder gar getötet wurden?«

Van Welderens Degen kam halb aus der Scheide.

»Regt euch nicht auf!« rief Lennart Michels und schwang sein Schwert. »Wir rudern jetzt gleich rüber, reiben die Rebellen auf und befreien den General-Kapitän und die anderen.«

Van Welderen schob langsam seinen Degen zurück, aber er starrte Pieters immer noch zornig an.

»Und wer soll uns anführen?« fragte er, während er überlegte, wie er es dem Steinschleifer heimzahlen könnte.

Michels ließ das Schwert sinken. Seine Blicke wanderten zu Wouter Loos, der sich bei all ihren Unternehmungen weniger durch grausame Taten als durch überlegtes Vorgehen und Besonnenheit ausgezeichnet hatte.

»Ich wüßte schon, wem ich meine Stimme geben würde!«

Zustimmendes Raunen von allen Seiten.

»Lennart hat recht, Wouter ist unser Mann.«

Der Soldat trat einen Schritt zurück und hob abwehrend die Hände. »Nein, nein! Laßt mich da außen vor! Ich will das nicht.«

Pieters, der seine Felle davonschwimmen sah, sprang rasch in die Bresche.

»Wouter hat ganz recht. Was wollt ihr mit einem einfachen Fußsoldaten? Ich bin der richtige Mann! Als Obergefreiter weiß ich ganz genau, was zu tun ist.«

Pieters war begierig, den Posten zu übernehmen. Der neue General-Kapitän würde selbstverständlich alle Rechte und Pflichten erhalten, die zuvor Cornelius zugestanden hatten, solange bis der Frachtaufseher aus seiner Gefangenschaft zurückkehrte. Und zu den Rechten gehörte das schöne geräumige Zelt, die Schatulle mit den Juwelen, die sie schon so oft bewundert hatten, und der verführerische Körper von Lucretia van der Mylen! Die Augen des Obergefreiten verdunkelten sich vor Verlangen.

»Ich weiß nicht«, grunzte van Welderen verächtlich. »Du hast schon eine Attacke angeführt und kläglich versagt! Und was war das heute? Der General-Kapitän in Gefangenschaft, mein Bruder in Gefangenschaft, aber du stehst hier gesund und munter vor mir. Nein, ich bin Lennarts Meinung, ich stimme für Wouter.«

»Los, wir machen eine Handabstimmung!«

Die Verschwörer stimmten ab, und mit zweiundzwanzig zu vier Stimmen wurde Wouter Loos zum neuen General-Kapitän gewählt. Pieters versank in finsteres Brüten.

»Das wäre mein Amt gewesen!« dachte er aufgebracht. »Ich wäre an der Reihe gewesen! Was hat dieser Wouter Loos schon getan? Ich kann mich nicht einmal daran erinnern, daß er dabei war, als wir mit den Leuten auf der *Robbeninsel* aufgeräumt haben oder auf der *Insel der Verräter*.« Dann fiel ihm ein, daß Loos nun das Bett mit der schönen Lucretia teilen würde, und seine Laune wurde noch schlechter. Sein Penis richtete sich auf, und seine Kopfhaut fing an zu prickeln, als er daran zurückdachte, wie er sie an Bord der *Batavia* genommen hatte. Sie war so sauber gewesen, so weich und süß duftend, so ganz anders als die schmutzigen Dirnen in den Hurenhäusern. Er hatte niemals eine bessere Frau gehabt, und er würde mit Freuden seinen rechten Arm dafür geben, es noch einmal mit ihr zu tun.

Der Obergefreite bemerkte nicht, daß um ihn herum erneut eine hitzige Debatte ausgebrochen war.

»Warum, zum Teufel, machen wir uns nicht auf der Stelle auf, um es diesen Tölpeln zu zeigen? Schließlich haben wir Cornelius einen Eid darauf geschworen, ihm zur Seite zu stehen.«

»Gemach, gemach!«

Wouter Loos betrachtete kopfschüttelnd die aufgebrachte Truppe, die jetzt unter seinem Befehl stand, ob ihm das nun gefiel oder nicht.

»Wenn wir in unserem Zustand zur Tat schreiten, so wie wir jetzt sind, verwirrt und ohne Plan, dann ist uns eine Niederlage sicher! Hayes und seine Männer haben jetzt Blut geleckt. Die warten doch nur darauf, uns den Garaus zu machen. Laßt uns zuerst zu *Batavias Friedhof* zurückkehren und unser nächstes Vorgehen genau planen.«

Er war sich nicht sicher, ob die Männer ihm gehorchen würden, aber nach einer Weile waren sie überzeugt, und sie ließen die Boote zu Wasser, um auf die Insel zurückzukehren.

Wouter Loos blieb zögernd in der flirrenden Mittagshitze stehen und beobachtete Lucretia beim Aufhängen der Wäsche. Ihre Schönheit nahm ihm den Atem. Jedesmal wenn sie die Arme hob, um ein neues Stück über das Gebüsch auszubreiten, spannte ihr Kleid und betonte ihre perfekten Brüste. Sie spürte, daß sie nicht alleine war, drehte sich in seine Richtung und blickte ihn mit ihren unglaublichen blauen Augen an. Wouter Loos trat näher, unsicher wie er sich verhalten sollte, was er sagen sollte. Er empfand noch immer scheue Bewunderung für die schöne Frau.

»Der Frachtaufseher wird wohl nicht zurückkommen«, begann er. »Er wird von Wiebe Hayes gefangengehalten.«

Und dann, weil sie keine Reaktion zeigte:

»Die anderen haben mich zum neuen General-Kapitän gewählt.«

Lucretia wartete darauf, daß er fortfuhr. Sie musterte den Soldaten, der noch sehr jung war, dessen einfaches Gesicht weder häßlich noch schön war, und sie fragte sich, ob er der nächste Mann in ihrem Bett sein würde. Völlig emotionslos überlegte sie, daß seine Umarmungen wohl kaum schlimmer sein konnten als die des Frachtaufsehers, der so bestialisch war, daß sie manchmal nicht gewußt hatte, woher sie die Kraft nehmen sollte, ihn zu ertragen. Sie konnte kein Gefühl in ihrer Brust finden, weder Wut noch Verzweiflung, noch Scham. Nur nüchterne Sachlichkeit. Ihr war, als wäre sie innerlich bereits tot.

»Können wir ... können wir in das Zelt gehen, bitte?«

Sie zuckte gleichgültig mit den Achseln und ging voran. Im Zelt schritt sie automatisch in Richtung des Nachtlagers und begann, ihr Kleid aufzuknöpfen. Wouter Loos fing schnell ihre Hände ab und hielt sie fest.

»Bitte nicht!« sagte er beschämt. »Das ist nicht der Grund, warum ich hier mit Euch sprechen wollte. Ich fühle mich nur nicht wohl da draußen, vor den Augen der anderen.«

Sie starrte ihn ungläubig an. Dann öffnete sie den Mund,

doch ihre Stimme versagte. Statt dessen preßte sie seine rauhe Hand gegen ihre Wange.

»Danke«, flüsterte sie. »Danke!«

Wouter Loos verfärbte sich tiefrot. Er räusperte sich verlegen.

»Ich muß aber trotzdem hier schlafen. Ihr versteht schon, nach außen hin muß es so aussehen, als ob wir ... es tut mir leid, aber anders kann ich Euch nicht beschützen!«

Sie nickte, noch immer im Zweifel darüber, ob sie wachte oder träumte.

»Ich werde Euch ein zweites Bett einrichten, dort drüben in der Ecke. Es liegt noch genug Tuch und Stoff hier herum.«

Der Soldat zog seine Hand zurück.

»Danke! Ich weiß nicht, wie lange es dauern wird, bis wir den General-Kapitän wieder befreit haben, aber bis dahin werde ich nicht zulassen, daß Euch ein Leid geschieht.«

Es wurde wieder dunkel um Lucretia.

»Natürlich«, murmelte sie dumpf. »Nur bis Ihr ihn befreit habt, ich verstehe.«

Sie sah, wie er sich verlegen auf die Zunge biß, sah, daß er aufrichtig war und daß es ihm ehrlich leid tat um sie, und sie faßte all ihren Mut zusammen.

»Was ist mit Conrad van Huyssen?«

»Ihn hat's auch erwischt.«

Lucretia schluckte. Wenn van Huyssen nicht da war, schwebte Judith in genauso großer Gefahr wie sie. Sie hatte die lüsternen Blicke der Männer mindestens ebenso oft auf der Freundin ruhen sehen wie auf sich selbst.

»Bitte«, wisperte sie, »könntet Ihr Euch nicht auch um Judith kümmern, nur solange bis Conrad wieder zurück ist?«

»Ich gebe Euch mein Wort darauf!«

Er wandte sich zum Gehen, und erst, als er schon weg war, bemerkte sie, daß sie ihn nicht einmal nach seinem Namen gefragt hatte.

Wenige Minuten später betrat Judith das Zelt. Die beiden Frauen fielen einander in die Arme. Judith weinte, und sie wußte nicht, ob vor Erleichterung oder vor Trauer! Conrad van Huyssen war der erste Mann in ihrem Leben gewesen, und sie hatte das Gefühl, daß sie ihn niemals wiedersehen sollte. Gott, wie sie ihn haßte! Und Gott, wie sie ihn liebte!

Lucretia streichelte die kupferroten Locken der Freundin, neidisch auf deren Tränen. Sie konnte nicht weinen, so sehr sie es auch wollte, und sie konnte nicht aufhören zu denken, daß es immer noch nicht vorbei war. Jerome Cornelius würde wiederkommen, sie wußte es.

Die Männer um Wiebe Hayes warteten. Tag um Tag verging, ohne daß es zu dem Überfall kam, dem sie mit angespannten Nerven entgegenfieberten.

»Vielleicht haben sie es aufgegeben?« fragte de Villiers hoffnungsvoll. Wiebe schüttelte den Kopf.

»Niemals! Sie werden kommen, um *ihn* zu befreien.«

Er machte eine Kopfbewegung in Richtung der winzigen Steinbaracke, in deren dunkelster Ecke sie Cornelius geknebelt und gefesselt abgelegt hatten. Sie hatten Daniel Cornelissen in eine ihrer eigenen Hütten verlegt, um für den Frachtaufseher Platz zu machen.

»Wenn es nach mir ginge, würde ich der Laus lieber heute als morgen den Kopf abschneiden!«

»Das würde uns nicht besser machen als dieses Pack.« Wiebes Stirn war von Sorgen umwölkt.

»Wir brauchen ihn als Druckmittel. Ich fürchte, der

nächste Angriff wird mit Musketen und Pistolen stattfinden, und dann wird uns unsere zahlenmäßige Überlegenheit nicht mehr helfen.«

»Dann bleibt uns nichts weiter übrig, als zu beten!« fügte de Villiers düster hinzu.

Sie mußten nicht mehr sehr lange warten. Im ersten Morgennebel des 17. September, mehr als zwei Wochen nach der Gefangennahme des General-Kapitäns, schallte ein Alarmschrei vom Strand herauf. Die Warnung klang heiser und ernst und ließ keinen Zweifel daran, daß es um Leben und Tod ging.

Die Attacke kam von der Seeseite. Zwei große Boote, voll besetzt mit Meuterern, belagerten die Bucht, dieses Mal unterstützt durch die tödliche Wirkung von Gewehren.

Die Verteidiger hatten hinter ihren Schutzwällen Stellung bezogen und versuchten mit aller Kraft, eine Landung zu verhindern. Noch hielten sie dem Druck stand, aber der Preis war hoch. Die Verzweiflung drohte sie zu übermannen. Einer ihrer Kameraden lag bereits auf dem nackten Kalkstein, ein lebloser, kalter Körper, notdürftig zugedeckt mit einer der Decken.

»Ich weiß nicht, wie lange wir das noch durchhalten können!«

Wiebe Hayes kauerte neben de Villiers auf der Erde, den Rücken gegen die rauhe Mauer gepreßt. Sein Brustkorb hob und senkte sich vor Anstrengung, über ihren Köpfen pfiffen Kugeln hinweg. Dunkle Rauchschwaden zogen über das Gelände, und es roch nach verbranntem Schwarzpulver.

In dem Bewußtsein, siegen zu müssen, hatten die Meuterer ihre letzten Reserven mobilisiert. Sie schossen mit

Pistolen und Musketen und dachten nicht daran, Munition zu sparen. Sie wußten nur zu gut, wenn es ihnen heute nicht gelang, Wiebe Hayes außer Gefecht zu setzen, würde es kein Rettungsschiff mehr für sie geben. Nach jeder ohrenbetäubenden Salve kehrte für einen Augenblick Ruhe ein, in dem die Meuterer ihre Waffen nachluden. Das war der Moment, in dem Hayes' Verteidiger zurückschlugen.

»Ich gebe nicht auf, bevor sie mich tot hier raustragen!« murmelte de Villiers erbittert.

»Auf mein Kommando! Eins, zwei, drei!«

Die beiden Männer schnellten hoch, schleuderten Felsbrocken auf die Angreifer und duckten sich auf der Stelle wieder. Sie wußten, daß ihre Kampftechnik sich bestenfalls zwischen Tapferkeit und Leichtsinn bewegte. Sie fanden kaum die Zeit, um anständig zu zielen, und die Meuterer waren schlau genug, ihre Munition niemals gleichzeitig zu verschießen. Ein vereinzelter Schuß während einer Ladepause hatte ihrem Kameraden das Leben gekostet, aber sie sahen keine andere Möglichkeit, den Feind abzuwehren, als ihre Leben in Gefahr zu bringen.

»Es ist beschämend!« schimpfte de Villiers. »Mit ihren Gewehren können sie uns stundenlang auf Distanz halten und uns in aller Ruhe einen nach dem anderen abknallen.«

»Glaub mir«, stimmte Hayes zu, »auch ich bevorzuge den Kampf von Mann zu Mann. Im Zweikampf zu sterben ist wenigstens ein würdevoller Tod.«

Eine ungewöhnlich lange Pause folgte, dann verwandelte sich die Bucht in ein Inferno. Gewehrsalve um Gewehrsalve donnerte über die Köpfe der Verteidiger hinweg. Kugeln fanden ihren Weg durch Ritzen und Spalten im Schutzwall, und gleich drei Männer schrien zur selben Zeit auf.

»Edouard!«

Mit eingezogenem Kopf rutschte de Villiers hinter der Mauer entlang zu seinem Freund. Der Wallone saß regungslos, mit gekrümmten Schultern und hängendem Kopf, beide Arme vor seinem Schoß verschränkt.

»Ich bin getroffen!« murmelte er in seiner Muttersprache.

»Laß mich sehen!«

Behutsam faßte de Villiers Edouards Hände und nahm sie von seinem Magen weg. Couts schmutziger, zerfetzter Waffenrock war mit Blut getränkt. Aus einer Stelle an seinem Bauch wurde immer neue, naßglänzende Flüssigkeit nach oben gepumpt.

»Hierher, Bader!«

Der Doktor, der nicht mehr wußte, um wen er sich zuerst kümmern sollte, erreichte den Verletzten gleichzeitig mit Wiebe Hayes. Der Schwertstreich auf seinem Rücken heilte nur langsam und bereitete ihm ständige Schmerzen, so wie jetzt, als er niederkniete. Wortlos betrachtete er die pulsierende Wunde, dann fühlte er den Puls des Wallonen. Er setzte sich zurück auf seine Fersen, und seine Augen begegneten denen Wiebe Hayes'. Der Doktor schüttelte den Kopf.

»Mir ist kalt«, schlotterte Edouard. »Mir ist furchtbar kalt!«

Eine Decke wurde gebracht, und Jean Reynoult ließ sich nieder, aschfahl im Gesicht. Inmitten des Tumults erwiesen sie dem Freund die letzte Ehre. Hilflos hielten sie seine Hände und sahen mit an, wie das Leben unaufhaltsam aus ihm herausströmte. Er starb, ohne noch einmal zu sprechen.

Es blieb keine Zeit zu trauern, die Schlacht ging weiter, wilder und grimmiger denn je! Mit einer neuen Taktik hielten die Meuterer die Verteidiger hinter ihrer Mauer gefangen. Sie schossen einen Satz Pistolen leer, ließen den Söldnern keine Zeit zu antworten und schickten sofort einen zweiten Kugelhagel aus ihren Musketen hinterher. Die Verteidiger duckten sich tief in den Schatten ihrer Deckung und wagten nicht nachzusehen, was draußen auf dem Wasser vorging.

»Bajonette aufpflanzen!« hörten sie Wouter Loos brüllen.

Vorsichtig schielte de Villiers um das Ende des Schutzwalls und sah, daß die Meuterer die Zeit ihrer erzwungenen Wehrlosigkeit genutzt hatten, um ihre Boote auf den Strand zu setzen. Sie waren dabei, mit bewehrten Musketen vorzudringen. Sein Herz schlug einen Takt schneller.

»Du wolltest einen Zweikampf?« fragte er Wiebe Hayes. »Da hast du ihn! Wir werden alle sterben.«

Anstelle einer Antwort kletterte Wiebe auf die Mauer, wo er sich bewußt den Angreifern aussetzte, in der wilden Hoffnung, daß diese keinen Schuß abgeben konnten, solange Bajonettschäfte in den Mündungen ihrer Musketen steckten. Mit einem mörderischen Schlachtruf sprang er hinunter und stürmte nach vorn, die Lanze im Anschlag. Angefeuert durch den Mut ihres Anführers folgten die Verteidiger und attackierten den Feind mit ihren selbstgebauten Waffen.

Wiebe schlitzte einem Meuterer den Arm auf, traf einen zweiten am Bein und fand sich von Angesicht zu Angesicht mit Jakob Pieters wieder. Seine Nackenhaare sträubten sich, als er die Bösartigkeit spürte, die von dem Obergefreiten ausging. Die Zeit schien anzuhalten, und die Welt um ihn herum löste sich auf. Da waren nur er und der Mann vor ihm und das fiebrige Verlangen in seinen Adern, dessen Blut zu vergießen. Er verstärkte seinen Griff um den Lanzenschaft, kräftige Armmuskeln spannten sich unter den Fetzen seines Hemdes. Pieters stockte der Atem. Dies war der Mann, der mit seinem unerhörten Widerstand seine Träume zerstörte, seine einzige Hoffnung auf ein besseres Leben. Allein dafür verdiente er zu sterben! Er betrachtete Wiebe Hayes, als hätte er ihn nie zuvor gesehen. Da ihm jegliches Gespür für menschliche Qualitäten fehlte, war ihm der stille Soldat niemals zuvor besonders aufgefallen. Und auch jetzt sah er nur einen zerlumpten Fußsoldaten, zuversichtlich, ihn besiegen zu können. Er hielt das Gewehr in Augenhöhe, ebenso wie Hayes seine Lanze, Bajonettspitze gegen Lanzenspitze, getrennt nur durch eine einzige Handbreite.

Jeder der beiden Männer wartete darauf, daß der andere den ersten Schritt tat. Sekunden verstrichen. Die Kämpfenden hielten respektvollen Abstand von den beiden Gegnern. Mitten auf dem Schlachtfeld hatte sich eine kleine freie Fläche gebildet, eine Arena, in der sich erweisen sollte, wer der bessere von beiden war.

Hayes fixierte Pieters mit seinem gleichmäßigen, ruhigen Blick. Langsam und sicher setzte er einen Fuß nach hinten, bewegte sich rückwärts, ohne dem Obergefreiten eine offene Stelle zu bieten. Pieters folgte der Bewegung und die beiden Gegner umkreisten einander, Klingen unbeweglich in der Luft, passiv, jeder darauf wartend, daß der andere seine Deckung aufgab, und sei es auch nur für den winzigen Moment eines Augenaufschlags, um dann zum tödlichen Streich auszuholen.

In ihren Köpfen herrschte absolute Stille. Ein dünner Schweißfilm bildete sich auf Hayes' Oberlippe, alle seine Sinne arbeiteten mit überdeutlicher Schärfe. Er blinzelte, seine Augen waren gerötet vor konzentrierter Anstrengung. Dann, er fühlte es, noch bevor es geschah, machte der Obergefreite einen Fehler in der Beinarbeit. Sein Stiefel rutschte in einen Spalt im Gestein – und Hayes stieß zu. Metall prallte auf Metall, klirrend verhakten sich die Klingen ineinander, beide Männer legten ihr volles Körpergewicht in den Kampf. Sie waren ungefähr von gleicher Größe und Statur, keiner von beiden konnte einen Vorteil erringen. Ihr Atem ging jetzt stoßweise. Schweiß lief ihnen von der Stirn in die Augen, während sie miteinander um jede Handbreit Boden rangen.

»Da! Ein Segel!«

Klingend fuhren Bajonett und Lanze auseinander. Pieters, der mit dem Rücken zum Ufer stand, versuchte verzweifelt, über seine Schulter zu spähen, während er Hayes auf Abstand hielt. Verärgert darüber, daß er nicht sehen konnte, griff er an, heimtückisch und mit ungeheurer Kraft. Der Stoß hätte einem weniger aufmerksamen Kämpfer die Brust durchbohrt, aber Hayes sprang zur Seite. Die Bajonettspitze verfehlte ihn nur knapp und schnitt in seinen Bizeps. Er parierte den Hieb, brachte Pieters zum Taumeln und verschaffte sich so kostbare Zeit, um den Horizont abzusuchen.

Tatsächlich! Unverkennbar waren dort die Segel eines Zweimasters zu sehen, majestätisch und blendend weiß in der Mittagssonne.

»Jesus, Allmächtiger!«

Während die Verteidiger in hysterische Freudenschreie ausbrachen, erstarrten die Meuterer in dumpfer Betäubung. Pieters ließ das Gewehr sinken, völlige Leere in seinem Gehirn. Wouter Loos erlangte am schnellsten seine Fassung wieder.

»In die Boote!« brüllte er. »Wir müssen das Schiff abfangen!«

François Pelsaert stand an der Reling der *Sardam* und betrachtete skeptisch die dünnen Rauchsäulen, die von *Batavias Friedhof* und dem Eiland westlich der *Hohen Insel* aufstiegen. Seine Nerven lagen bloß. Die *Sardam* war bereits Mitte August in die Gewässer um das Riff eingedrungen, aber weder Claas Gerritz noch Jakob Jakobsen waren in der Lage gewesen, das Wrack der *Batavia* wiederzufinden. Er gab dem Skipper das Fernrohr zurück.

»Haltet auf die hohe Insel dort zu! Wie es scheint, ist es doch noch nicht zu spät.«

Wiebe Hayes hätte Pieters mit Leichtigkeit den Todesstoß versetzen können, aber seine Lanze bewegte sich keine Spur, und er hatte sich selbst unter Kontrolle. Es war nicht seine Art, einem Gegner in den Rücken zu fallen, auch wenn dieser dumm genug war, sich mitten im Kampf ablenken zu lassen, und es daher verdient hatte, zu sterben. Die Anspannung verließ seinen Körper und machte einem wilden Glücksgefühl Platz. Es war der süße, berauschende Geschmack des Sieges, der sein Blut wärmte, denn ohne Zweifel hatte er gewonnen. Es machte keinen Unterschied, ob der Verlierer sichtbare Wunden davongetragen hatte oder nicht. Ein kurzer Blick auf seinen Arm zeigte ihm, daß seine eigene Verletzung kaum mehr als ein Kratzer war. Es war ein sauberer Schnitt, nicht besonders tief, nur wenig Blut, nichts worüber man sich Sorgen zu machen brauchte. Er ließ den Obergefreiten laufen und richtete seine Gedanken auf das ankommende Schiff.

Er beobachtete, wie die *Sardam* langsam in Richtung der *Hohen Insel* manövrierte, während die beiden Boote der Meuterer hinter dem seiner eigenen Insel vorgelagerten Landstreifen verschwanden. Wo wollten sie hin? Wiebe überlegte fieberhaft. Die Verschwörer hatten den ganzen Vormittag Unmengen an Schwarzpulver und Kugeln verbraucht und zum Schluß das Gefecht mit Bajonetten geführt. Warum wohl? Keine Munition mehr? Hatten sie etwa einen Umweg über *Batavias Friedhof* vor, um sich mit neuer Munition zu versorgen? Er betete, daß er mit seiner Vermutung recht habe.

»Thomas! Jean! Otto! Schnell! Wir müssen das Schiff warnen!«

Die beiden Franzosen und der Deutsche lösten sich mit einiger Mühe aus den Umarmungen ihrer jubelnden Kameraden. Schnell ließen sie das kleine Boot zu Wasser und sprangen hinein. Sie legten all ihre Kraft in die Ruder und hielten auf die *Sardam* zu.

Die Meuterer hatten nicht die geringste Ahnung davon, daß ein Wettrennen entbrannt war, in dem sie bereits zurücklagen. Nach kurzer Beratung hatten sie sich getrennt: Ein Boot kehrte zu *Batavias Friedhof* zurück, um Verstärkung und Munition zu holen, das andere hatte die ahnungslose *Sardam* zum Ziel.

»Himmel, was ist das?« japste Wouter Loos entgeistert, als sie aus dem Schutz des Landstreifens herausruderten und das kleinere Boot der Verteidiger vor sich erblickten.

»Diese mutterlosen Bastarde!« murrte er und verstärkte das Tempo, mit dem sie die Ruder eintauchten. Sie waren schweißgebadet.

Wiebe Hayes blickte zurück, seine Arme schmerzten von der ungeheuren Anstrengung des Ruderns, und der Schnitt in seinem Muskel brannte teuflisch.

»Schneller!« brüllte er und erhöhte nun seinerseits die Geschwindigkeit.

»Sie kommen näher!«

Die Verteidiger hatten den Vorteil des leichteren, wendigeren Bootes und machten für eine Weile Distanz gut, aber die Meuterer hielten mit eiserner Kraft dagegen. Der Abstand zwischen den Booten verringerte sich schnell, noch waren die Meuterer rund fünfzig Fuß entfernt, dann fünfunddreißig, dann fünfzehn. Seite an Seite flogen die beiden Boote über das glasklare Wasser, ihre Ruder kollidierten fast miteinander.

»Rudert, bei Gott! Rudert um euer Leben! Sie dürfen nicht vor uns ankommen!«

»Rammt sie! Rammt die verdammten Hurensöhne!«

Die Verteidiger hörten den Schrei, ließen ihr Boot seitlich abfallen, und das Manöver der Meuterer verpuffte wirkungslos. Die Aufregung setzte ungeahnte Kraftreserven in den Soldaten frei. Mit einer letzten gewaltigen Anstrengung erhöhten sie noch einmal den Takt ihrer Ruderschläge und konnten sich schließlich absetzen.

Die Segel der *Sardam* vor ihnen wurden größer und größer.

»Jesus Christus, wir verlieren!«

Im Boot der Meuterer ließ Jakob Pieters seine Ruder los, zog die Pistole aus seinem Gürtel und legte auf Wiebe Hayes' Kopf an. Wouter Loos sah, wie der Obergefreite den Hahn spannte, und sein Körper reagierte instinktiv, noch bevor sein Verstand einsetzte. Er warf sich mit seinem ganzen Gewicht auf den Obergefreiten, stieß dabei Lennart Michels beinahe aus dem Boot und fiel Pieters in den Arm. Der Hahn schnappte zurück, bevor sich der Schuß lösen konnte.

»Du Schwachkopf!« fuhr er Pieters an. »Hast du nichts als Stroh in deinem Riesenschädel? Was fällt dir ein, das Schiff durch einen Schuß zu warnen?«

Die *Sardam* war nur noch dreihundertfünfzig Fuß entfernt.

An Bord der *Sardam* beobachteten Pelsaert, Jakobsen und

Gerritz verblüfft die beiden sich rasch nähernden Boote, das eine voll besetzt mit Männern in goldverzierten Prachtröcken, das andere mit vier abgerissenen Soldaten. Sie wußten nicht recht, was sie davon halten sollten, daß die Soldaten ohne Musketen waren, während in dem etwas weiter zurückliegenden Boot Gewehrläufe im Licht der Sonne funkelten.

»Beim Grab meiner Mutter!« murmelte der Skipper. »Irgend etwas ist da faul.«

Der Abstand verkürzte sich, und in beiden Booten setzte zur gleichen Zeit wildes Schreien und Rufen ein. Keiner der Männer an Bord der *Sardam* war in der Lage, auch nur eine Silbe zu verstehen. Ein unbehagliches Gefühl bemächtigte sich ihrer. Sie waren nur mit einer Notbesatzung von knapp dreißig Seeleuten unterwegs, um Platz für die Gestrandeten zu haben, und sie spürten instinktiv, daß von einem der Boote Gefahr ausging.

»Was zum Teufel ...«, begann der Skipper erneut, als Pelsaert ihm barsch ins Wort fiel.

»Bringt die Bordkanonen in Stellung und haltet sie auf! Ich will nicht, daß sie auch nur einen Fuß näherkommen.«

»Männer! Auf die Gefechtsstationen!«

»Aye, Kapitän!«

Pistolen wanderten von dem Gestell neben dem Kompaßhaus in die Hände der Seeleute. Jakobsen rief seinen Oberkanonier zu sich. Der Kanonier war ein kleiner, grauhaariger Mann mit einer großen Nase in einem wettergegerbten Gesicht. Er war für die ausgezeichnete Präzision seiner Schüsse bekannt. Mit einigen seiner Gehilfen machte er eine Kanone scharf, schwang das gußeiserne Rohr in Position, stellte sich daneben, eine brennende Fackel in der Hand, und wartete auf einen Befehl des Kapitäns.

»Halt!« brüllte der Kapitän mit seiner besten Achterdeckstimme.

»Ruder einziehen und nicht näherkommen!«

Keines der beiden Boote beachtete den Befehl, keines wollte nachgeben und ins Hintertreffen geraten. Der gnadenlose Wettstreit auf dem Wasser ging mit unverminderter Heftigkeit weiter.

»Gib einen Warnschuß ab!«

»Auf welches Boot, Kapitän?« fragte der Kanonier ratlos.

Jakobsen sah Pelsaert an, dessen Blicke gehetzt von einem Boot zum anderen flogen. Dann erkannte der Kommandeur Wiebe Hayes unter den Söldnern und erinnerte sich an den ruhigen, vertrauenswürdigen Soldaten an Bord der *Batavia*. Er hob den Arm und wies auf das Boot der Verschwörer.

»Dieses da!«

»Aye!«

Der Oberkanonier der *Sardam* war ein glänzender Schütze. Die Kugel schlug unmittelbar vor dem Bug des großen Bootes ein und hinterließ eine schäumende Wasserfontäne. Er ließ sofort nachladen und nahm wieder seine Wartestellung ein, nicht wenig zufrieden mit der Perfektion seiner Kunst.

Auf dem Wasser war Stille eingetreten, beide Boote hatten ihre Ruder eingezogen und schaukelten abwartend im Windschatten der *Sardam*. Pelsaert räusperte sich und erhob seine Stimme.

»Ihr vier da. Soldaten! Ihr dürft längsseits gehen und an Bord kommen!«

Wenig später kletterte Wiebe Hayes das Fallreep herauf, wo er in die Mündungen von fünfzehn Pistolen blickte. Weitere zehn Schützen hatten sich an der Reling aufgestellt und hielten die Meuterer in Schach. Erschrocken hob er die Hände.

»Gütiger Himmel! Ich sehe, Ihr habt Euch gut vorbereitet. Und das ist auch nötig! In dem anderen Boot sitzen Mörder und Frauenschänder mit der Absicht, Euer Schiff zu kapern und damit auf Raubzug zu gehen.«

»Woher sollen wir wissen, daß Ihr nicht dazu gehört?«

Wiebe lächelte schwach. Er hörte die Frage, die er selbst vor gar nicht allzu langer Zeit dem Pfarrer gestellt hatte.

»Ich bin hier, um Euch zu warnen. Ich gehöre zu einer Gruppe von ungefähr fünfzig Leuten, die auf der Insel dort drüben leben, wo Ihr das andere Feuer brennen seht. Wir wehren uns seit ungefähr zwei Monaten gegen die Überfälle dieser Schurken, die uns liebend gern die Kehlen durchgeschnitten hätten, noch bevor ihr hier angekommen wärt. Seit dem letzten Zusammenstoß halten wir ihren Anführer gefangen, den Frachtaufseher Cornelius.«

Nun war Pelsaert überzeugt, daß der Soldat log. Niemals war der Frachtaufseher in eine Meuterei verwickelt, ein hoher Angestellter der VOC und zudem ein gesitteter und gebildeter Mann. Niemals!

»Ich glaube Euch kein Wort!«

Wiebe blickte dem Kommandeur voll in die Augen.

»Gott ist mein Zeuge! Diese Bastarde haben einhundertfünfundzwanzig Männer, Frauen und Kinder massakriert, einschließlich der Familie des Pfarrers. Und während wir hier sinnlos unsere Zeit verschwenden, ist ein zweites Boot vermutlich unterwegs zu *Batavias Friedhof*, um Verstärkung zu holen und noch mehr Ärger zu machen.«

Ein Raunen ging durch die Reihen der Seemänner, und der Skipper nahm bestürzt seine Pfeife aus dem Mund.

Einhundertfünfundzwanzig Tote! Pelsaerts Herz stolperte. Eine heiße Welle lief durch seinen Körper. Wenn das stimmte, dann übertraf die furchtbare Wirklichkeit seine geheimsten Ängste. Wie konnte während seiner Abwesenheit ein solches Blutbad stattgefunden haben? Er hatte immer geglaubt, daß Wasser der Engpaß war, daß die Unwirtlichkeit der Inseln das Leben der Gestrandeten bedrohte. Konnte es wirklich sein, daß der Frachtaufseher so viele Menschen auf dem Gewissen hatte? Seine gequälte Seele wollte es nicht glauben. Vor seinem inneren Auge sah er Cornelius, die dünnen Lippen und die eng zusammenstehenden Augen, das stutzerhafte Gehabe. Ja, es war möglich! Und nein, es durfte einfach nicht sein!

»Ich glaube ihm«, warf Jakobsen ein. »Ich habe den Unterkaufmann an Bord meines Schiffes erlebt. Er ist ein gottloser Frevler, ohne Zweifel zu all dem fähig, dessen er hier angeklagt wird.«

Der Kapitän war innerlich aufgewühlt. Er mußte an all die Zeit denken, die sie mit der Suche nach der Ruhestätte der *Batavia* vergeudet hatten. Verlorene Zeit, in der vielleicht noch das eine oder andere Menschenleben hätte gerettet werden können!

Pelsaert zwang sich, die Männer im Boot noch einmal unbefangen zu betrachten. Einige hielten ihre Gewehre auf die *Sardam* gerichtet, andere diskutierten miteinander, alle steckten sie in diesen lächerlichen, mit Tand überladenen Kostümen. Er erkannte ein paar von seinen eigenen Kleidungsstücken wieder. Nein, es gab keinen Grund, dem jungen Soldaten nicht zu vertrauen.

»Was ist mit Lucretia van der Mylen?«

Wiebe sagte es ihm.

»Nein, nein! O nein!« schrie es in ihm. Es kostete ihn all seine Willenskraft, seinen tiefen Schock vor den anderen zu verbergen, die von der Eröffnung des Soldaten noch immer sprachlos waren. Er sah sich selbst, wie er an die

Reling trat und mit fester, ungerührter Stimme die Meuterer aufforderte, ihre Waffen über Bord zu werfen und sich zu ergeben.

Minuten verrannen. Flüche, wütende Stimmen und aufgeregte Rufe drangen aus dem Boot der Meuterer zu ihnen herüber, aber nichts geschah. Jakobsen nickte dem Oberkanonier zu, und der richtete die Kanone neu aus. Langsam näherte sich die Fackel der Lunte in der Pfanne und entzündete sie. Funken sprühten auf die Planken der *Sardam*. Die Detonation erschütterte ihre Trommelfelle und verschloß ihre Ohren. Der Rückschlag schickte den Kanonenwagen über das halbe Deck. Diesmal verfehlte die Kugel das Boot nur um Haaresbreite. Das aufspritzende Wasser durchnäßte die Meuterer, und der beißende Geruch von verbranntem Pulver stieg ihnen in die Nase. Für einen kurzen, schreckerfüllten Augenblick waren sie wie gelähmt. Sie benötigten keine weitere Demonstration der überlegenen Technik des Kanoniers, sie wußten auch so, daß die nächste Kugel sie mit Mann und Maus versenken würde. Klatschend fielen ihre Pistolen und Gewehre ins Meer, zuletzt die Schwerter. Betroffen sahen die Verschwörer mit an, wie die silbernen Klingen in einem wirbelnden Strudel in die Tiefe kreiselten, bis sie sie in der Trübheit der unteren Wasserschichten aus den Augen verloren.

Die Meuterei war niedergeschlagen.

7. BUCH

Feuer

Die Söldner knallten das gut verschnürte Paket auf die verwitterten Eichenplanken der *Sardam,* ohne Rücksicht auf die Schmerzen, die sie dem Frachtaufseher dabei zufügten. Cornelius spürte den Schlag bis in seine Zähne, und er hob zu einem winselnden Protest an, der von dem schmutzigen Lappen in seinem Mund gedämpft wurde.

»Tut mir leid wegen des Knebels«, bemerkte Wiebe leichthin. »Aber dieser Mann ist die Verkörperung des Bösen! Selbst nachdem wir ihn gefangen hatten, hat er nicht aufgegeben, ein paar von uns auf seine Seite ziehen zu wollen. Zum Schluß haben wir uns nicht mehr anders zu helfen gewußt, als ihm den Mund zu stopfen!«

Dem Soldaten war deutlich die Erleichterung darüber anzumerken, daß er die Verantwortung für seinen unbequemen Gefangenen endlich abgeben konnte. Eine frische Bandage zierte seinen Oberarm, das saubere Weiß des Verbandes stand in einem fast aufdringlichen Kontrast zu seiner gebräunten Haut und seinem schmutzigen zerfetzten Hemd.

»Wenn wir ihn noch lange in unserer Obhut behalten hätten, hätte ich meine Männer vermutlich nicht mehr davon abhalten können, ihn zu lynchen.«

Pelsaert warf einen erbitterten Blick auf den gefesselten Frachtaufseher. Er hatte sich so gewaltig in dem Mann getäuscht. Die ganze Zeit über, während er sich an Bord der *Batavia* in seiner Fehde mit dem Kapitän aufgerieben hatte, war ihm der wahre Bösewicht verborgen geblieben.

»Ich weiß nicht, wie ich Euch danken soll, Soldat! Ich mag gar nicht daran denken, was ohne Eure mutige Initiative aus uns geworden wäre.«

Ein Lächeln erhellte Wiebes Züge.

»Daran wollen wir lieber auch nicht denken! Alles in allem hatten wir wohl auch ein wenig Glück im Unglück. Euer Erscheinen war wirklich die Rettung im allerletzten Augenblick, wir waren schon beinahe geschlagen!«

»Mag sein«, protestierte Pelsaert. »Aber fest steht, daß dieser Aufstand ohne Eure Hilfe ein schlimmes Ende genommen hätte.«

Er bemerkte seinen Lapsus, und sein Gesicht verdunkelte sich.

»Noch schlimmer, als es ohnehin schon ist! Eure Treue zur Ost-Indischen Companie wird belohnt werden, darauf habt Ihr mein Wort.«

»Danke. Das ist sehr freundlich von Euch, aber Ihr tut mir zuviel Ehre an. Ich habe nicht mehr getan als versucht, unsere Leben zu retten, und ohne meine Kameraden hätte ich das nicht geschafft.«

Das Lächeln verschwand, und Wiebe wurde ernst.

»Einige von ihnen haben ihr Leben geopfert, und ich möchte Euch bitten, uns den Pfarrer zu schicken. Wir wollen ihnen ein ordentliches christliches Begräbnis bereiten, Euer Einverständnis vorausgesetzt.«

»Natürlich, das ist keine Frage.«

Pelsaert bewunderte den bescheidenen Soldaten, der so viel erwachsener wirkte, als er an Jahren zählte. Sein Blick fiel auf die hagere Gestalt im langen, schwarzen Gewand, die sich nervös im Hintergrund hielt, und leichter Ärger stieg in ihm auf. Er hätte mehr von dem Pfarrer erwartet als die wehrlose Rolle, die er in dem Drama gespielt hatte.

»Andererseits«, dachte er, plötzlich beschämt, »wie hätte er die anderen retten sollen, wenn er nicht einmal in der Lage gewesen ist, sein eigen Fleisch und Blut zu beschützen?«

»Herr Bastians! Ich weiß, ich kann nicht nachfühlen wie groß Euer Kummer sein muß, aber seht Ihr Euch in der Lage, eine Grabrede zu halten?«

»Ich denke schon, Herr Kommandeur.«

Es war hart für den alten Mann, daß er seine Frau und seine Kinder nicht hatte bestatten können, und er nahm sich vor, die Stelle, wo sie lagen, zu segnen und ein Kreuz zu errichten. Mit Mühe riß er sich von seinem tiefen Schmerz los und gemahnte sich daran, daß ihm noch ein Kind geblieben war, das lebte und seine Hilfe brauchte.

»Auf ein Wort noch, Herr Pelsaert!«

»Ja?«

»Meine Tochter Judith befindet sich leider noch immer auf *Batavias Friedhof*.«

Pelsaert hatte es nicht vergessen. Judith war noch dort drüben – und Lucretia! Der Gedanke an Lucretia in der Gewalt dieser Gottlosen saß wie ein Stachel in seiner Haut. Vertrauensvoll wandte er sich an Wiebe Hayes.

»Kann ich dies eine noch von Euch verlangen?«

»Es ist uns eine Ehre, uns darum zu kümmern!«

»Ich danke Euch. Kapitän Jakobsen wird euch mit Musketen und Munition ausstatten.«

Der Soldat salutierte und trat weg, um seine Männer einzusammeln.

»Einen Augenblick noch!«

Pelsaert hielt ihn zurück.

»Ich möchte mich für mein Mißtrauen von vorhin entschuldigen!«

»Schon gut.«

Wiebe Hayes errötete ein wenig. Er hatte es dem Kommandeur nicht übelgenommen. Er wußte, wie schwer es
war, zwischen Gut und Böse zu unterscheiden, falls es da
überhaupt eine Grenze gab.

Pelsaerts Hand krallte sich in den Wandteppich vor dem
Eingang zu Lucretias Zelt. Sein Herz pochte bis zum Hals.
Ihm war bange. Bange davor, sie wiederzusehen, bange vor
dem, was er ihr zu sagen hatte. Das beklemmende Gefühl,
das sich seit dem Morgen seiner bemächtigt hatte, wollte
anscheinend überhaupt nicht mehr weichen. Es hatte eine
Weile gedauert, bis ihm die Bedeutung der Ereignisse auf
der Insel aufgegangen war. Nicht nur der schreckliche Verlust von einhundertfünfundzwanzig Menschenleben, sondern auch ihre unmittelbaren Auswirkungen auf seine Zukunft. Seine Karriere bei der VOC war unwiderruflich
dahin, seine Träume vom großen Ruhm für immer begraben. Plötzlich teilte er das Schicksal des Skippers!

Nach einer Zeit, die ihm wie eine Ewigkeit erschien,
zog er den Vorhang zur Seite und trat ein.

»François!«

Lucretia sprang von der Bettstatt auf, wo sie geruht hatte. Sie war magerer geworden, tiefblaue Augen unter
schweren Augenlidern beherrschten das schmale Gesicht.
Und sie war immer noch unglaublich schön! Unwillkürlich streckte er seine Hände aus, und sie kam ihm entgegen, lehnte ihren Kopf gegen seine Schulter und schloß die
Augen. Endlich Frieden, endlich in Sicherheit!

»Ich dachte, ich würde dich niemals wiedersehen!« flüsterte sie.

Pelsaert spürte, wie seine Gefühle zum Leben erwachten, alles, was er einst für sie empfunden hatte, war wieder da, lauter, mächtiger und dringlicher als je zuvor.

»Ist es vorbei?«

»Ja. Sie sind alle in sicherem Gewahrsam, keiner wird dir mehr etwas zuleide tun.«

Er schloß sie fester in seine Arme und spielte unsicher mit dem langen, geflochtenen Zopf auf ihrem Rücken.

»Bist du in Batavia gewesen?« murmelte sie in seinen Rock. »Hast du meinen Mann getroffen? Warum ist er nicht mitgekommen?«

Da war die Frage, vor der er sich so sehr gefürchtet hatte. Er suchte nach den richtigen Worten, aber sein Kopf war wie leergefegt. Er wußte, daß sie aus allem, was er sagen würde, heraushören mußte, daß sein Mitleid geheuchelt war, daß von allem, was geschehen war, ihre neugewonnene Freiheit das einzige war, was ihm Hoffnung gab, und daß er sie zur Frau wollte, mehr denn je!

»François?«

»Es tut mir so leid.«

Sie horchte auf.

»Was? Was redest du da?«

»Baudouin ist tot.«

»Wie ... woran?«

»Er ist an einem Fieber gestorben.«

»Nein!«

Ihre Stimme kippte weg, und sie brach zusammen. Er hielt sie fest, sank mit ihr auf die Knie, auf den gestampften Boden.

»Nein, nein, es kann nicht wahr sein!« wimmerte sie. »Alles umsonst! Alles, was mir zugestoßen ist, für nichts!«

Pelsaerts Traum stürzte ein wie ein Kartenhaus. Der Klang ihrer Stimme verriet deutlich, wen sie wirklich liebte, und in diesem Moment löste er sich von ihr und gab sie auf.

Lucretia versuchte, aus dem dunklen Abgrund herauszufinden, der sie mit Haut und Haaren verschlungen hatte. Ihr Leben lag in tausend Scherben, und sie konnte die Stücke nicht mehr aneinanderfügen. Die ganze Zeit über hatte sie geglaubt, daß das Leben sie nicht noch härter prüfen könnte. Sie hatte alles ertragen: die Vergewaltigung, die Berührungen der Bestie, die Angst, daß ihre monatliche Blutung nicht kommen würde. Aber jetzt konnte sie nicht mehr!

In ihrem hilflosen Schmerz wandte sie sich gegen den Mann, der ihrem Onkel einst sein Ehrenwort gegeben hatte, sie zu beschützen. Zornig trommelte sie auf Pelsaerts Brust, außer sich vor Seelenqual und Verzweiflung.

»Es ist deine Schuld! Du hast es versprochen! Du hast versprochen, mich zu beschützen, und was hast du getan? Du hast zugelassen, daß sie mich benützt und gedemütigt haben. Du bist weggesegelt, hast dich einfach davongestohlen und mich hier zurückgelassen. Bei diesem Pack! Hast du auch nur die leiseste Ahnung, was ich durchmachen mußte? In einem Zelt, in einem Bett mit diesem Ungeheuer? Niemals zu wissen, wann es ihm einfällt, mich zu töten, weil er meiner vielleicht überdrüssig geworden ist? Und jetzt bringst du mir die Nachricht, daß mein Mann nicht mehr lebt, daß er an einem gottverdammten Fieber gestorben ist! Bei Gott, das ist alles deine Schuld, François Pelsaert! Deine Schuld! Deine Schuld! Deine Schuld!«

Pelsaert wehrte sich nicht.

»Es ist wahr!« dachte er wie betäubt. »Ich hätte sie alle retten können, wäre ich nur dageblieben! Aber dann hätte ich niemals Hilfe aus Batavia holen können, oder? Es ist an der Zeit, ehrlich zu mir selbst zu sein! Jacobs hätte das Boot auch alleine steuern können, in Wahrheit hat er genau das getan. Er und ich, zwischen uns ist nichts als Haß, aber er ist ein Mann von Ehre und hätte es auch ohne mich bis nach Batavia geschafft. Ich habe die Leute auf dem Gewissen, so sicher, als hätte ich sie mit meinen eigenen Händen umgebracht! Und damit muß ich nun leben!«

Er nahm Lucretias Fäuste von seinem Wams, erhob sich und verließ das Zelt, lautlos und in sich gekehrt.

Die beiden Soldaten, die wenig später kamen, um die kleine Truhe mit den Juwelen abzuholen, fanden Lucretia heftig weinend über das Nachtlager geworfen.

Müde rieb sich Pelsaert die dunkel umschatteten Augen. Er fühlte sich uralt. Seine Hand wollte ihm nicht mehr gehorchen bei der Niederschrift all der schrecklichen Dinge, die er in den letzten Tagen hatte mitanhören müssen. Es schien, als ob sie sich weigerte, Zeugnis abzulegen über all das Unaussprechliche, so wie sein gemartertes Hirn sich weigerte, all das Grauen aufzunehmen, das es Tag für Tag, Stunde um Stunde zu hören bekam, seit sie über die Verbrecher zu Gericht saßen. Die Verhöre waren schier endlos. Immer wieder riefen die Angeklagten Zeugen auf, die erst von der *Robbeninsel* auf *Batavias Friedhof* geholt werden mußten, um dann zu bestätigen, was ein anderer bereits berichtet hatte und was wirklich niemand im Gerichtsausschuß oder unter den Zuschauern ein weiteres Mal hören wollte oder konnte. Manchmal glaubte Pelsaert schreien zu müssen, wenn er noch ein einziges Mal anhören müßte, wie diese Handlanger des Todes Unschuldige ertränkt, erstochen, erschlagen und niedergemetzelt hatten. Er zwang sich, sich wieder ganz auf den Mann zu konzentrieren, der mit gebundenen Händen vor dem Richtertisch stand und seine Aussage machte. Jerome Cornelius! Er verfluchte den Tag, an dem er den Namen zum ersten Mal gehört hatte. Der Frachtaufseher wand sich wie ein Aal, fand unaufhörlich neue Schuldige für seine Missetaten. Und tatsächlich, so wie es aussah, hatte er bei dem blutigen Geschäft niemals selbst Hand angelegt! Pelsaert studierte das Protokoll.

»Also Herr Cornelius, Ihr behauptet, daß Gisbert van Welderen Euch dazu gezwungen habe, mit ihm und den anderen Kadetten an einem Strang zu ziehen. In Euren eigenen Worten heißt es hier ›Van Welderen drohte mir damit, mich in der Nacht zu töten, und so mußte ich ihm nachgeben. Ich machte gute Miene zum bösen Spiel, denn ich hoffte, ich würde die Gelegenheit haben, das Rettungsschiff zu warnen, bevor die Halunken es entführen konnten.‹ Gestern war es noch David Zeevanck, der Euch angestiftet hat, und am Tag davor Conrad van Huyssen. Alles Männer, die nicht mehr am Leben sind und uns daher nicht mehr ihre eigene Fassung der Geschichte erzählen können, denn eine Geschichte ist es, soviel steht fest! Und Ihr erwartet allen Ernstes, daß das Gericht Euch noch glaubt?«

»Herr Kommandeur!« begann Cornelius mit geheuchelter Aufrichtigkeit. »Ich gebe zu, daß ich vielleicht ein paar Namen vertauscht habe, aber das Gericht mag mir verzeihen, es fällt mir eben schwer, die Ereignisse nach so langer Zeit richtig wiederzugeben. Alle, die ich erwähnt habe, haben mich auf die eine oder andere Weise bedroht, um mich für ihre Zwecke zu gewinnen und zu benutzen, aber ich habe niemals, wirklich niemals, meine Hände mit Blut befleckt!«

Er holte tief Luft und fuhr fort.

»Wenn das ehrenwerte Gericht nur noch einmal Geduld

mit mir haben will, dann bin ich bereit, die volle Wahrheit zu gestehen, so wahr mir Gott helfe!«

Pelsaert wechselte einen entnervten Blick mit Jakobsen, der ebenfalls im Richterrat saß und der sich seit dem Beginn der Untersuchung an seiner Pfeife festhielt. Was war der Schwur eines Mannes wert, der sich damit brüstete, nicht an Gott zu glauben?

»Sprecht weiter!«

Cornelius strich sich eine lange Strähne aus der Stirn.

»Also gut, hier ist die ganze Wahrheit, von Anfang an und nach bestem Wissen und Gewissen! Hohes Gericht, was ich zu sagen habe wird Sie alle überraschen, aber die Verschwörung hat nicht erst hier auf den Inseln begonnen, sondern bereits an Bord der *Batavia*!«

Der Unterkaufmann hob seine Stimme, um sicherzugehen, daß jedes Mitglied des Gerichts und jeder einzelne Zuschauer, bis in die hinterste Reihe, seine Worte deutlich hörte und verstand.

»Der Kapitän der *Batavia,* Adriaen Jacobs, ist der Kopf der Verschwörung! Seit jenem Tag am Kap der Guten Hoffnung, an dem Ihr, Herr Pelsaert, ihn vor allen Offizieren zurechtgewiesen habt, hegte er die Absicht, Euch sowie Eure engsten Vertrauten über Bord zu werfen und die *Batavia* mit all ihren Schätzen zu entführen!«

Ein erstauntes Raunen ging durch die Menge. Claas Gerritz hob ungläubig den Kopf, und Jakob Jakobsen verschluckte sich fast an seiner Pfeife. Pelsaert mußte wiederholt energisch mit der flachen Hand auf den Tisch klopfen, um den Tumult zu schlichten.

»Woher wußtet Ihr von diesen Plänen des Kapitäns?«

»Er hat es mir selbst gesagt! Gleich nachdem er die Offiziersmesse verlassen hatte. Ich habe mich interessiert gezeigt, weil ich wollte, daß er mich in die Einzelheiten einweiht. Als treuer Diener der Ost-Indischen Gesellschaft wollte ich Euch selbstverständlich eine Warnung zukommen lassen. Es gab für mich überhaupt keinen Grund, Euch schaden zu wollen, und ich verstehe nicht, warum ich hier behandelt werde wie ein gemeiner Verbrecher.«

Cornelius' Stimme bebte vor Empörung.

Pelsaert runzelte die Stirn. Sein Erzfeind, Adriaen Jacobs, als Kopf hinter einem Mordkomplott? Das paßte nun so gar nicht zu dem Bild, das er sich von dem Kapitän gemacht hatte. Zu gerne wollte er ja das soeben Gehörte glauben, aber dies war nun schon der vierte Versuch des Kaufmanns, sich aus der Verantwortung zu winden, und er war es herzlich leid.

»Das reicht!« donnerte er. »Bringt ihn unter die Folter!«

Wiebe Hayes befand sich Tag für Tag unter den Zuschauern im ›Gerichtssaal‹, der aus dem Richtertisch und ein paar grob gezimmerten Bänken bestand, die man unter freiem Himmel auf *Batavias Friedhof* aufgestellt hatte. Begierig zu erfahren, was sich auf den anderen Inseln abgespielt hatte, hatte er den Geständnissen zu Anfang mit wachsendem Grauen zugehört. Doch dann war eine Abstumpfung eingetreten, und er hatte sich gezwungen, an etwas anderes zu denken, während die Verschwörer mit detaillierten Schilderungen bestialischer Untaten ihre Gewissen erleichterten. Als jedoch der Unterkaufmann zum ersten Mal behauptete, der Skipper der *Batavia* sei der eigentliche Urheber des Massakers gewesen, weiteten sich die Augen des Soldaten ungläubig.

Lennart Michels, der grausame Kadett, unter dessen Händen Anneken Hardens den Tod gefunden hatte, wurde vorgeführt, um die Aussage des Unterkaufmanns zu bestätigen.

Wiebe rückte unwillkürlich auf die vordere Kante seines Sitzes. Mit angespannter Aufmerksamkeit lauschte er dem Verhör.

»Angeklagter! Nennt Euren Namen, Rang und Alter für das Protokoll!«

»Lennart Michels van Os, Kadett zur See, einundzwanzig.«

Pelsaert musterte den jungen Mann mit einem traurigen Blick. Gerade erst einundzwanzig und schon so herzlos, kaltblütig und von Gier zerfressen. Er vereidigte den Kadetten und begann mit seiner Suche nach der Wahrheit.

»Ihr seid aufgefordert, dem Gericht die Ereignisse aus Eurer eigenen Sicht zu schildern.«

»Seit Eurer Abreise?«

»Jawohl.«

Stockend fing der Kadett zu sprechen an. Er begann mit Cornelius' Plan, das Silber zu bergen und das Rettungsschiff zu kapern, gestand den Mord oder die Beihilfe zum Mord an zwölf Menschen, Unzucht mit Anneken Hardens und daß er die junge Frau stranguliert hatte. Aus Versehen, wie er beteuerte. Er verlor aber kein Wort über den Skipper der *Batavia*.

Pelsaert wischte sich mit einem Taschentuch über die Stirn. Seine Haut fühlte sich klamm an, und sein Kopf war außergewöhnlich luftempfindlich. Er spürte, daß das alte Fieber wieder in seine Knochen kriechen wollte, um von ihm Besitz zu ergreifen, und für einen kurzen, verrückten Moment wünschte er sich die robuste Gesundheit und das dicke Fell des jungen Mannes vor ihm.

»Was wißt Ihr über eine geplante Meuterei an Bord der *Batavia*?«

»Herr?«

Lennarts Augen flogen gehetzt von Pelsaert zu Jakobsen

zu Gerritz und wieder zurück zum Gerichtsvorsitzenden. Er hatte das Gefühl, etwas Wichtiges verpaßt zu haben.

»Nun?«

Pelsaerts Finger trommelten ungeduldig auf die Tischplatte.

»Ich weiß nicht, wovon Ihr sprecht.«

»Ganz einfach! Ich frage Euch, ob es bereits an Bord der *Batavia* einen Plan gegeben hat, das Schiff zu übernehmen und damit nach Spanien oder zur Berberküste zu segeln?«

Nervös hob der Kadett seine gefesselten Hände und wischte sich das dunkelblonde Haar aus der Stirn.

»Tut mir leid, aber davon weiß ich nichts.«

Es war schon spät. Die Farbe des Meeres war in ein öliges Grau umgeschlagen, und ein rosiger Streifen am Himmel leitete die Abenddämmerung ein. Für einen Augenblick spielte Pelsaert mit dem Gedanken, die Verhandlung abzubrechen, aber dann entschied er sich dagegen. Er mußte herausfinden, welcher der beiden Männer log, und so gab er dem Schiffsmarschall der *Sardam* ein Zeichen.

»Es ist völlig sinnlos zu leugnen! Wir wissen bereits alles.«

Lennart Michels wurde kreideweiß, als er sah, was nun kommen sollte. Ein Kübel mit Wasser wurde angeschleppt, ein zweiter und ein dritter. Sie legten ihm den wasserdichten Halskragen aus Segeltuch an, dessen Rand bis in Höhe seiner Augen reichte. Eine Seemöwe kreischte über ihren Köpfen, während sie das Wasser aus dem ersten Kübel in den Kragen gossen. Michels fühlte, daß sein Schließmuskel zu versagen drohte, als der Pegel seine Lippen erreichte. Er schluckte die Flüssigkeit in gewaltigen Zügen, konnte aber nicht verhindern, daß sie bis über seine Nasenlöcher stieg. Wasser floß ihm in Rachen und Nase und von da in seine Stirnhöhlen, und er glaubte, ersticken zu müssen. Noch mehr Wasser wurde nachgegossen. Er mußte husten, aber je mehr er hustete, um so mehr Wasser drang in seine Atemwege. Zum ersten Mal bekam er selbst eine leise Ahnung davon, was es für ein Gefühl war, ertrinken zu müssen. Aber er wollte nicht sterben! Lieber wollte er gestehen, was auch immer, ganz gleich was sie von ihm hören wollten, er war bereit, es ihnen zu geben. Verzweifelt versuchte er, seine Hände nach oben zu bringen und zu signalisieren, daß er aufgab. Der Wasserstrom hörte auf, der Kragen wurde gelöst, und er konnte wieder atmen. Wiebe rutschte unruhig auf seinem Platz hin und her. Er haßte die Folter. Er fand es würdelos, einen Mann mit Wasser zu füllen, bis sein Bauch aufgebläht war wie ein monströser Kürbis. Er hatte gesehen, wie sich selbst die verstockteste Zunge unter der Folter gelöst hatte, und sich dabei unwillkürlich gefragt, wieviel Vertrauen man in ein solches Geständnis wohl haben durfte.

Lennart Michels fühlte den kalten Abendwind auf seiner durchnäßten Kleidung und bekam eine Gänsehaut.

»Ich gestehe«, stammelte er noch unter Schock. »Ich gestehe, daß es bereits an Bord der *Batavia* eine Verschwörung gegeben hat.«

»Wer war daran beteiligt?«

Wer war daran beteiligt? Lennart wußte, er durfte nicht zu lange zögern, sonst würden sie ihn wieder mit der Wasserkur quälen. Wie waren sie überhaupt auf diesen absurden Einfall gekommen, wer hatte einen Vorteil davon, dem Gericht ein solches Märchen einzupflanzen? Seine Augen wanderten verstohlen zu Jerome Cornelius, der in der ersten Bank saß, rechts und links von einem Soldaten bewacht. Natürlich!

»Der Unterkaufmann Cornelius«, verkündete er erleichtert. Und dann, weil sie tot waren und sich nicht wehren konnten: »Conrad van Huyssen, Gisbert van Welderen, David ...«

»Schon gut, schon gut!« unterbrach Pelsaert ihn zermürbt. »Was ich wissen ..., was das Gericht wissen will ist, wer der Drahtzieher hinter dem Komplott war.«

»Wie ich schon sagte, Jerome Cornelius und ...«, Michels zögerte. Auf wessen Kosten versuchte sich der Frachtaufseher reinzuwaschen? Er folgte seinem einmal eingeschlagenen Pfad und suchte nach einem möglichen Schuldigen, der seine Aussage nicht persönlich widerlegen konnte. Seine Mitgefangenen würde er später noch auf den neuen Kurs einschwören, dazu blieb genug Zeit in der Nacht, wenn sie dicht an dicht in ihren Steinverschlägen wachlagen, weil der Gedanke an den Galgen ihnen den Schlaf raubte.

»Denk nach!« befahl er sich. »Und denk schnell! Wer kommt in Frage? Wer ist wichtig genug und tot – oder nicht anwesend?«

»... der Skipper!« sagte er schließlich.

»Adriaen Jacobs?« fragte Pelsaert vorsichtig.

Der Kadett nickte, und Jakob Jakobsen zerbrach seine Pfeife. Das leise Knacken unterbrach eine vollkommene Stille. Pelsaerts Aufregung wuchs. Sollte es möglich sein? Das leise Pochen in seinem Kopf verstärkte sich bei dem Gedanken, wie leicht es für den Skipper gewesen wäre, ihn auf der Bootsreise loszuwerden. Oder während der Tage seiner Krankheit an Bord der *Batavia*!

»Wie und wann sollte die Übernahme der *Batavia* stattfinden?«

Lennart Michels fluchte innerlich. Woher zum Teufel, sollte er jetzt Einzelheiten nehmen? Er versuchte es mit einer unverbindlichen Auskunft, überzeugt davon, daß sie ihn in Batavia auf dem Rad brechen würden.

»Wir wollten das Schiff auf dem Weg nach Java in unsere Gewalt bringen.«

»Wann genau?«

»Sobald wir das Unbekannte Land gesichtet hätten.«

»Er meint das Land der Eintracht«, fügte der Skipper der *Sardam* erklärend hinzu und schüttelte dabei ungläubig den Kopf.

Pelsaert blickte auf seine Mitschrift von Cornelius' Aussage und zog Vergleiche. Er war müde und wollte in seine Koje an Bord der *Sardam,* dort die Decke über seinen Kopf ziehen und nichts mehr hören und nichts mehr sehen.

»Und zu diesem Zweck schliefen einige von euch mit Schwertern unter ihren Matratzen?« fragte er zerstreut.

Lennart Michels schwitzte am ganzen Körper. Er war sich zutiefst bewußt, auf welch gefährlicher Gratwanderung er sich befand.

»Das ist richtig!« stimmte er zu.

Das Verhör ging weiter und weiter, und Wiebe Hayes hörte aufgewühlt zu. Seine Verwirrung wuchs. Fiel denn außer ihm wirklich niemandem auf, daß Pelsaert dem Kadetten die gleichen Worte in den Mund legte, die er zuvor vom Unterkaufmann gehört hatte?

Der Arzt ließ das Handgelenk des Kranken sanft zurück auf das Laken gleiten. Draußen begann der nachmittägliche Regen, Batavias Straßen vom Staub reinzuwaschen. Vor den Stadtmauern lagerten die Truppen des Sultans Agung von Mataram und versuchten wieder einmal, die Stadt zu erobern und die Niederländer aus Java zu vertreiben. Seufzend zog der Arzt die leichte Decke über den

Kopf des Patienten. Dann schloß er die Vorhänge des mächtigen Bettes.

Mit schweren Schritten ging er zum Fenster und öffnete es weit. Sofort strömte eine frische, erdige Brise in das Krankenzimmer und vertrieb den muffigen Geruch alter verbrauchter Luft. Es gab keinen Grund mehr, den Patienten vor schädlicher Frischluft zu schützen. Der große General-Gouverneur von Batavia war tot.

Des Doktors Schritte hallten auf dem Parkett, als er Jan Pieterszoon Coens private Gemächer in Batavias Festung durchquerte. Er öffnete die beiden Flügeltüren, und die Frau, die im Vorzimmer auf einer mit prächtigen Kissen dekorierten, geschnitzten Eichenbank gewartet hatte, sprang auf. Ihr sanftes, nicht unschönes Gesicht wirkte müde und angestrengt. Eine pummelige Vierjährige klammerte sich an ihren Röcken fest, in ihren Armen hielt die Frau einen schlafenden Säugling. Sie war gerade erst aus dem Kindbett aufgestanden und fühlte sich noch ganz elend. Der Arzt fing ihren fragenden Blick auf und schüttelte leise den Kopf.

»Es tut mir leid, Frau Coen, aber sein Herz war schon zu schwach. Der letzte Anfall ist zuviel für ihn gewesen.«

Betäubt sank die Frau zurück auf die Bank, ihr schwarzes Seidenkleid bauschte sich um sie herum. Nur ganz langsam sanken die Worte in ihr Bewußtsein ein. Es war vorbei. Sie war jetzt eine Witwe. Eine junge Witwe mit zwei kleinen Kindern. Das mörderische Klima der Stadt hatte auch ihrem Mann das Leben genommen, wie schon unzähligen anderen zuvor. Das Unvorstellbare war eingetreten! Der unsterbliche Jan Pieterszoon Coen, Gründer von Batavia, war tot, und es gab keinen Grund mehr für sie zu bleiben. Batavia brauchte sie nicht, und sie bezweifelte, daß man sich nach ihrem Fortgang an sie erinnern würde.

Während der sechs kurzen Jahre ihrer Ehe hatte sie immer nur in seinem Schatten gelebt, ihm den Haushalt geführt, seine Kinder geboren und dafür gesorgt, daß er niemals mit den kleinen Ärgernissen des Lebens belastet wurde, daß er immer den Rücken frei hatte für große Taten.

Aber in einer Sache hatte auch sie ihm nicht helfen können: als die Krämpfe anfingen, die Schmerzen im Unterleib. Er hatte niemals seine Energie und seinen Tatendrang verloren, selbst als die Anfälle immer häufiger wurden und er begonnen hatte, Blut auszuscheiden. Außer ihr hatte niemand gewußt, wie krank und müde er oft war. Jetzt blieb für sie nur noch eines zu tun: seine Kinder vor der Hitze, den Plagen und der Feuchtigkeit zu beschützen und nach Hause zurückzukehren. Endlich nach Hause! Endlich zurück nach Holland! Die Frau begann, vor Kummer und Erleichterung zu weinen, und der Arzt reichte ihr mitleidig sein spitzenbesetztes Taschentuch, damit sie ihre Tränen trocknen konnte.

»Ihr, Jerome Cornelius, Apotheker aus Haarlem, zuletzt Unterkaufmann im Dienst der Ost-Indischen Companie und Frachtaufseher an Bord der *Batavia,* seid schuldig befunden der Menschenverführung und Anzettelung einer Meuterei, der Anstiftung zum Mord in mindestens einhundertfünfundzwanzig Fällen, der Vergiftung eines Säuglings, der Unzucht mit einer verheirateten Frau, des Diebstahls von Gesellschaftseigentum, der Irreführung des Gerichts sowie der Ketzerei. Zur Läuterung werden Euch beide Hände abgetrennt, danach werdet Ihr am Halse gehängt, bis daß der Tod eintritt. Das Urteil ist zu vollstrecken am Montag, dem 1. Oktober anno domini 1629.«

Cornelius' Knie gaben unter ihm nach. Er hörte nicht mehr, daß nach seinem Tod sein noch ausstehender Lohn und alle seine irdischen Besitztümer an die Ost-Indische Companie fallen würden. Sein Verstand raste auf der fiebrigen Suche nach einem Ausweg. Bis zum letzten Augenblick hatte er gespielt und alles auf seine Trumpfkarte gesetzt, die Adriaen Jacobs hieß, und doch noch verloren! Er hatte sich in seinen Mitverschwörern nicht getäuscht insofern, als sie die Geschichte von der Schiffsverschwörung bereitwillig aufgegriffen, untereinander verbreitet, sich abgestimmt und wie ein Mann alle die gleiche Aussage gemacht hatten. Womit er nicht gerechnet hatte war, daß sie es ihm gleichtaten und versuchten, sich auf seine Kosten und auf Kosten des Kapitäns ein leichteres Strafmaß zu verschaffen. Sie hatten so deutlich mit dem Finger auf ihn gezeigt, daß die Last der Beweise zu erdrückend geworden war und er sich in einem hilflosen Netz von Lügen verstrickt hatte.

Jakob Jakobsen gab ein befriedigtes Grunzen von sich. Der letzte Anklagepunkt war auf sein ausdrückliches Verlangen hin aufgenommen und untersucht worden, und das Ergebnis hatte ihm wenigstens ein kleines bißchen Genugtuung dafür verschafft, daß der Name seines Freundes hier durch den Dreck gezogen wurde. Er kannte Adriaen Jacobs seit mehr als zwanzig Jahren und wußte, auch wenn man ihm vieles vorwerfen konnte, ein Meuterer und kaltblütiger Mörder war er sicher nicht.

Mit unbewegter monotoner Stimme fuhr Pelsaert fort, die Gerichtsurteile über die acht Hauptangeklagten zu verlesen. Lennart Michels, Mattys Beer, Jan Pelgrom, Jan Hendrix, Andries Jonas, Rutger Fredericks und Albert Janz aus Assendelft wurden ebenfalls zum Tod durch den Strang verurteilt, sollten aber vorher nur ihre rechte Hand verlieren. Jakob Pieters, Wouter Loos und die anderen würden ihre Verhandlung erst in Batavia bekommen.

Lucretia, die sich unter dem aufmerksam zuhörenden Volk befand, erschauerte. Der Bader, den sie zu ihrer großen Freude lebendig, wenn auch nicht ganz unversehrt wiedergetroffen hatte, hatte ihr unmißverständlich zu verstehen gegeben, daß die Behörden in Batavia zu noch grausameren Bestrafungen neigten. Sie hatte es erst nicht glauben wollen, aber es gab Strafen, die in ihrer Schrecklichkeit über den Tod hinausgingen. Sie warf einen verstohlenen Blick auf Cornelius, der in dem zitternden, bleichen Knäuel der Verurteilten ganz vorne stand, immer noch im Brokatrock und mit Silberschnallen an den feinbeschuhten Füßen.

»Gott möge mir verzeihen«, dachte sie. »Aber es würde mir nichts ausmachen, dabei zuzusehen, wie sie dir jeden einzelnen Knochen im Leib brechen und dich dann auf das Rad binden. Der Galgen ist noch viel zu gut für dich!«

Cornelius fing den haßerfüllten Blick der jungen Frau auf, und als hätte er ihre Gedanken gelesen, blickte er ihr plötzlich voll ins Gesicht, streckte seine Zunge weit heraus und schnalzte sie gegen seine Vorderzähne. Der Bader hatte die unanständige kleine Szene mitangesehen und drückte beruhigend Lucretias Arm.

»Ignoriert den Bastard!« flüsterte er. »Dem werden seine Frechheiten bald vergehen.«

Pelsaert schloß die Urteilsverkündung damit ab, daß er Wiebe Hayes vom gemeinen Soldaten zum Feldwebel beförderte, bei einem Monatslohn von achtzehn Gulden. Thomas de Villiers, Jean Reynoult und Otto Schmidt, die ihm so unerschrocken zur Seite gestanden hatten, erhielten eine Beförderung zum Unteroffizier und jeweils fünfzehn Gulden im Monat. Als das letzte seiner Worte verklungen war, herrschte tödliches Schweigen auf *Batavias*

Friedhof. Nur das hysterische Schluchzen des Schiffsjungen unterbrach hier und da die Stille. Cornelius räusperte sich.

»Ehrenwertes Gericht, ich bitte gnädigst um die Erlaubnis, sprechen zu dürfen!«

Pelsaert warf ihm einen scharfen Blick zu.

»Ich warne Euch! Falls Ihr wieder einmal den Gedanken hegt, Euer letztes Geständnis zu widerrufen, so kann ich Euch schon jetzt versichern, daß Euch das nicht helfen wird.«

»Ganz im Gegenteil, Herr Kommandeur!«

Der Unterkaufmann schien sichtlich zerknirscht. Eine Träne löste sich und rollte seine Wange hinunter.

»Ich bereue meine Sünden von ganzem Herzen und ganz besonders, daß ich so weit vom richtigen Weg abgekommen bin. Ich bitte in aller Bescheidenheit darum, mir nicht zu verwehren, vor den Augen Gottes um Vergebung zu bitten. Ich ersuche Euch demütigst um die Taufe und um ein paar Wochen Aufschub, damit ich meine Taten zu sühnen vermag.«

»Tränen!« dachte Pelsaert entrüstet. »Tränen und die christliche Taufe! Und das, nachdem er versucht hat, das halbe Lager davon zu überzeugen, daß es keinen Gott gibt und auch keinen Teufel. Und alles nur um Zeit zu gewinnen! Ich hoffe, daß es eine Hölle gibt, denn allein der Gedanke, daß dieses Ungeheuer in Menschengestalt auf immer und ewig im Fegefeuer schmort, wird dafür sorgen, daß ich nachts wieder schlafen kann.«

Er war nahe daran, seine Geduld zu verlieren.

»Ihr seid nicht getauft?«

»Nein, Herr Kommandeur.«

»Kein Mann soll ungetauft sterben müssen«, entgegnete er knapp.

»Der Pfarrer Bastians kann Euch am Nachmittag taufen. Die Hinrichtung findet wie angekündigt in drei Tagen statt!«

Am späten Nachmittag begann eine Stimme über die Insel zu schallen, laut, schrill und hysterisch.

»Ich bin unschuldig! Ihr macht einen schweren Fehler! Ich bin unschuldig! Ich habe nichts getan!«

Und immer wieder: »Ich bin unschuldig!«

De Villiers stieß die Tür des winzigen Verschlages auf, den man für den Unterkaufmann auf *Batavias Friedhof* errichtet hatte. Er war der einzige Gefangene, der seine eigene Zelle hatte, aus Gründen der Vorsicht, wie Pelsaert sagte. Jeder auf der Insel wußte, was gemeint war.

»Was soll das Geschrei, Bastard?«

»Ich will auf der Stelle den Kommandeur sprechen!«

De Villiers warf einen verächtlichen Blick auf Cornelius, der sich ganz offensichtlich in einem Zustand der Auflösung befand.

»Gut so!« dachte de Villiers. »Das ist für Edouard!«

Er zuckte mit den Schultern und ging, nicht ohne die Tür sorgfältig hinter sich zu verriegeln. Kurze Zeit darauf kam er mit Pelsaert zurück, und ein Lichtstreifen fiel in die vollkommene Dunkelheit der Holzbaracke.

»Was gibt es nun schon wieder? Ist die Taufe nicht zu Eurer Zufriedenheit verlaufen? Es tut mir sehr leid, daß wir kein rauschendes, prunkvolles Fest daraus gemacht haben, aber niemandem hier ist nach Feiern zumute!«

Cornelius starrte den Kommandeur mit blutunterlaufenen Augen an. Schweigend. Gerade als Pelsaert zu der Überzeugung gelangt war, daß der Unterkaufmann nun wohl endgültig seinen Verstand verloren hatte, plärrte er los.

»Ich verlange die gleiche Behandlung wie Jakob Pieters und Wouter Loos! Ich verlange, genau wie sie nach Batavia gebracht zu werden. Ich habe dort eine Frau und möchte sie noch einmal sehen, bevor ich sterben muß.«

Pelsaert schüttelte ungläubig den Kopf und wandte sich zum Gehen. Ein neuer Versuch, Zeit zu schinden! Er hätte es wissen müssen.

»Tut das jetzt nicht!« drohte Cornelius. »Laßt mich jetzt nicht hier stehen wie einen gemeinen Verbrecher! Ich habe meine Rechte! Ich bestehe auf meine Rechte! Ich will meine Frau wiedersehen!«

Der Frachtaufseher sah, daß Pelsaert ihm nach wie vor unbeeindruckt den Rücken zukehrte, und seine Stimme kletterte noch eine Oktave höher.

»Das werdet Ihr bereuen, hört Ihr! Ihr tötet einen unschuldigen Mann, Gott ist mein Zeuge!«

Er brach in ein wahnsinniges Gelächter aus.

»Gott ist mein Zeuge! Er wird es nicht zulassen, daß ich hingerichtet werde. Er wird ein Wunder an mir vollbringen, Ihr werdet es sehen! Hört Ihr? Hört ihr, Kommandeur? Gott wird ein Wunder geschehen lassen!«

Knarrend schlug die Tür zu, der Lichtschein erlosch, und der Riegel wurde wieder vorgeschoben.

Draußen in der blendenden Helligkeit des Tages schüttelte Pelsaert mißbilligend den Kopf.

»Ich habe nicht die geringste Ahnung, was er jetzt wieder vorhaben mag, aber wir sollten vorsichtig sein. Gebt acht, daß niemand mit ihm spricht oder ihm etwas zusteckt!«

De Villiers nickte. Es war seine Wache, und er wollte verdammt sein, wenn er den Kerl entwischen ließ.

Das schauerliche Geschrei des Frachtaufsehers setzte wieder ein, kurz nachdem Pelsaert von ihm weggegangen war. Es hielt den ganzen Nachmittag an und die halbe Nacht. Die Menschen in der Zeltstadt und an Bord der *Sardam* wälzten sich gequält und schlaflos herum, bis auf einmal, gegen ein Uhr, die Schreie verstummten. Mit einem zufriedenen Lächeln auf den Lippen wickelte sich Pelsaert fester in seine Decken und fiel sofort in einen tiefen, traumlosen Schlaf. Er hatte das Gefühl, gerade erst die Augen geschlossen zu haben, als jemand heftig an seinem Arm rüttelte.

»Was gibt's?« murmelte er. »Ich bin müde, ich will schlafen!«

»Ihr müßt auf der Stelle mitkommen, Herr Kommandeur! Der Unterkaufmann hat Gift genommen.«

»Warum müßt Ihr mich damit belästigen? Warum geht Ihr nicht zum Bader, der ist der richtige Mann dafür.«

»Der Bader sitzt schon im Boot, wir warten nur noch auf Euch!«

Ergeben streifte Pelsaert seine Müdigkeit ab. Er schlüpfte in seinen Rock, zog seine Schuhe an und folgte dem Bootsmann der *Sardam*.

Gott sei Dank! Noch eine Nacht und dann war die Hinrichtung. Er hatte die ewigen Aufstände des Unterkaufmanns gründlich satt.

In der Schwärze der Nacht stand de Villiers neben Cornelius' hölzernem Verschlag und machte ein schuldbewußtes Gesicht.

»Es tut mir schrecklich leid! Ich habe keine Ahnung, wie er an das Gift gekommen ist, wirklich nicht.«

»Schon gut, schon gut«, murrte Pelsaert schlechtgelaunt. »Macht schon auf!«

Die Tür schwang auf, de Villiers leuchtete mit einer Lampe in das Innere der Hütte. Pelsaert und der Bader traten unwillkürlich einen Schritt zurück. Der scharfe Geruch von Kot und Erbrochenem lag in der Luft, und der Unterkaufmann bot einen erbärmlichen Anblick. Er kniete auf dem Boden, die Hände gegen seinen Magen gepreßt, kalten Schweiß auf der Stirn. Mit wächsernem Gesicht blickte er zu Aris Janz auf.

»Bitte, Doktor! Ich habe entsetzliche Schmerzen. Ich brauche ein Gegengift, schnell.«

Der Bader blickte auf seinen Patienten und schüttelte angeekelt den Kopf. Er mußte sich überwinden, den Puls des Unterkaufmanns zu fühlen und seinen Herzschlag abzuhorchen. Er, der den Eid des Hippokrates geschworen hatte, der geschworen hatte, seine Kunst zum Wohl der Kranken einzusetzen, ertappte sich dabei, daß er Cornelius am liebsten einfach seinem Schicksal überlassen würde.

»Wie mir scheint, ist Euer Zustand zwar unangenehm, aber nicht lebensbedrohlich. Was auch immer Ihr zu Euch genommen habt, Euer Körper scheint sich schon selbst darum zu kümmern, es loszuwerden. Nichtsdestotrotz werde ich Euch zur Sicherheit ein Theriak[27] mischen und verabreichen.«

Er drehte sich um, und seine Augen begegneten denen Pelsaerts, der ihm über die Schulter blickte.

»Dieser Soldat hier hat wohl die unangenehmste Aufgabe von uns allen. Er muß Cornelius ab und zu hinausführen, damit er sich nicht selbst besudelt. Ihr dürft Euch indes beruhigt wieder zu Bett legen.«

Pelsaert war schon aus der Tür, als er nicht widerstehen konnte, sich noch einmal umzudrehen.

»So so, Herr Cornelius«, brummte er grimmig. »Das ist also Euer sogenanntes Wunder!«

Der Wind hob eine Handvoll Staub auf, wirbelte ihn über

den felsigen Boden und legte ihn unter einem kümmerlichen Strauch wieder ab. Das Wetter war schlecht, der
Himmel grau, der Tag gedämpft und zwielichtig, obwohl
es noch früh am Morgen war.

Es war der Tag der Hinrichtung. Und sie waren verspätet.

Die acht Verurteilten standen vollkommen still, zu verängstigt, um zu sprechen. Ketten scheuerten an ihren Fuß-
und Handgelenken, banden sie aneinander in den letzten
Minuten ihres Lebens, so wie auch ihre Taten sie aneinander gekettet hatten. Sie starrten auf ihre Füße, mieden die
Augen ihrer Mitverschwörer, die in einer langen Reihe,
ebenfalls gefesselt, unter den Galgen versammelt waren.
Pelsaert hatte darauf bestanden, daß sie zusehen mußten,
zur Abschreckung, wie er sagte. Er wollte, daß sie einen
kleinen Vorgeschmack bekamen auf das, was ihnen in Batavia bevorstand. Der Anblick, so hoffte er, würde sie
zahm machen und sie während der Überfahrt nach Java im
Zaum halten. Die Überlebenden der Schreckensherrschaft
waren bei der Hinrichtung nicht zugelassen. Zu ihrem eigenen Besten.

Der Kommandeur war verkrampft und unruhig. Er hatte
nicht erwartet, daß es so viele Schwierigkeiten bereiten
würde, sich der Drahtzieher zu entledigen. Zuerst hatte er
niemanden finden können, der die Arbeit des Henkers
übernehmen wollte. Wiebe Hayes war auf seine Frage hin
erschrocken einen Schritt zurückgewichen und hatte abwehrend beide Hände erhoben.

»Es gibt fast nichts, was ich nicht für Euch tun würde,
Kommandeur, aber dies gehört dazu! Ich bin kein Scharf-
richter, und meine Kameraden sind keine Henkersgehilfen.
Bitte habt Verständnis, aber das kann ich einfach nicht machen.«

Er hatte den Soldaten nicht weiter bedrängt, schließlich konnte er dessen Einstellung nur allzugut nachvollziehen. Ihm war selbst elend zumute, wenn er nur daran dachte. Er hätte den Kern der Meuterer auch mit nach Batavia nehmen und sie dort in die erfahrenen Hände der Henkersknechte geben können, aber das Wagnis war einfach zu groß auf einem kleinen Schiff wie der *Sardam* mit einer Notbesatzung von nur dreißig Seeleuten und knapp vierzig Soldaten. Nein, er mußte sich der Anstifter noch hier auf den Inseln entledigen! Am Ende hatte er den Marschall der *Sardam* zu der unliebsamen Aufgabe verdonnert. Dann hatte sich das Wetter eingemischt und ihm einen Strich durch die Rechnung gemacht. Am geplanten Termin zeigte sich die See so rauh und aufgewühlt, daß es unmöglich war, die Verurteilten zur *Robbeninsel* überzusetzen. Er hatte wild und von ganzem Herzen geflucht, aber schon am nächsten Tag hatte sich das Meer wieder beruhigt. Heute war er fest entschlossen, die Sache zu Ende zu bringen. Er wollte es hinter sich haben, die Schätze der *Batavia* einsammeln und nach Java zurückkehren.

Jakobsen kam von den vier Galgenbäumen zu ihm herüber gewandert, eine neue Pfeife hing in seinem Mundwinkel.

»Mein Marschall fragt, wann er anfangen soll?«

»Sind die Verurteilten bereit?«

»Wer ist schon bereit zu sterben? Einer hat gebeten, vor der Hinrichtung noch etwas sagen zu dürfen.«

»Er soll sprechen.«

Jakobsen drehte sich zu den Verurteilten um.

»Michels! Tretet vor und sagt, was Ihr zu sagen habt!«

Der Kadett schlurfte so weit nach vorn, wie es ihm seine Ketten erlaubten. Dunkle Schatten lagen unter seinen Augen, und seine Wangen waren eingefallen.

»In unser aller Namen bitte ich darum, daß Cornelius als erster gehen soll. Bevor wir sterben müssen, wollen wir mit unseren eigenen Augen noch sehen, wie ihm Gerechtigkeit widerfährt!« verlangte er geradeheraus.

Pelsaert musterte die Handvoll Männer, die dicht gedrängt beieinander standen, die meisten noch keine fünfundzwanzig Jahre alt.

»Soviel Tod und immer noch kein Ende«, dachte er traurig. Er sah keinen Grund, das Gesuch abzulehnen.

»So soll es sein!« sagte er kurz.

Cornelius erwachte aus seiner Teilnahmslosigkeit. Sein Kopf zuckte zurück wie der eines Wahnsinnigen. Er starrte auf die vier simplen Holzrahmen und die Leitern, die daran gelehnt waren. Davor stand ein riesiger Holzblock. In seiner splittrigen Oberfläche steckte ein Beil.

»Nein«, brüllte er, während seine Handschellen aufgeschlossen wurden. »Nein! Nehmt die anderen zuerst!«

Seine Beine versagten ihm den Dienst. Er brauchte sie nicht. Seine Bewacher schleiften ihn zu dem Holzblock, so daß seine Füße kaum die Erde berührten. Sie stießen ihn auf den Boden und zwangen ihn, beide Hände auf den Hackblock zu legen. Er versuchte, sie zurückzuziehen, aber die Henkersknechte hielten ihn unbarmherzig an den Ellenbogen fest. Der Unterkaufmann schwitzte und schrie vor Angst. »Ich will nicht sterben! Ich will nicht! Bitte!«

Das Beil fiel, und Cornelius starrte ungläubig auf den Stumpf an seinem rechten Arm, an dem einmal seine Hand gesessen hatte und aus dem jetzt tiefrot das Blut sprudelte.

»Das genügt!« befahl Pelsaert gepreßt, angeekelt von dem, was er sah, krank von dem süßlichen Blutgeruch. »Hängt ihn auf!«

Cornelius wurde aufgehoben und zum Galgen gezerrt. Er bemerkte nicht, wie ihm geschah, er war noch immer verwundert über seine fehlende Hand und darüber, daß er keine Schmerzen verspürte. Erst als er die Leiter hinaufgestoßen wurde, begann er zu toben. Er schlug um sich, traf den Marschall mit seinem Armstumpf im Gesicht und hinterließ eine blutige Spur auf dessen Wange.

»Dafür werdet ihr mir büßen!« drohte er. »Allesamt! Wir werden uns wiedersehen – vor dem Jüngsten Gericht!«

Dann setzten die reißenden Schmerzen ein, und der Unterkaufmann wurde rasend.

»Rache«, schrie er. »Rache!«

Die Schlinge wurde um seinen Hals gelegt und zugezogen. Dann wurde die Leiter weggestoßen, und die wohlbeschuhten Füße des Unterkaufmanns zappelten hilflos in der Luft. Cornelius' Augen traten aus ihren Höhlen hervor, sein Schließmuskel versagte, sein Mund öffnete sich ein letztes Mal und zeigte eine blau geschwollene Zunge, dann kam der Tod.

In der plötzlich eingetretenen Stille hörte man das leise Weinen des Schiffsjungen. Die anderen Verurteilten starben schneller und leiser als ihr Anführer, bis auf einen. Der Schiffsjunge Jan Pelgrom brach zusammen, als die Reihe an ihm war, zum Galgen zu gehen. Er fiel vor Pelsaert auf die Knie, klammerte sich an dessen Kniebundhosen fest, schrie, weinte und bettelte, das frettchenhafte Gesicht von Tränen entstellt.

»Laßt mich nur ein bißchen länger leben, nur ein kleines bißchen noch! Habt Erbarmen! Ich bin doch noch so jung!«

Urin lief aus seinem Hosenbein und versickerte im Korallensand. Angeekelt blickte Pelsaert auf das armselige Bündel Mensch hinunter. Er war selbst heftig mitgenommen von der Obszönität des Rituals, und für einen winzigen Augenblick sah er das Kind vor sich und nicht den bereitwilligen Helfershelfer.

»Es ist gut. Wir nehmen ihn mit zurück auf *Batavias Friedhof*. Ich werde mir dort überlegen, was mit ihm geschehen soll.«

»Aber Herr Pelsaert! Das kann unmöglich Euer Ernst sein!«

Fassungslos starrte Jakobsen den Kommandeur an. Wie konnte er diesen mißratenen Bengel verschonen? Wie wollte er das den Menschen auf *Batavias Friedhof* erklären? Hatten sie nicht das Recht auf Genugtuung? Langsam verstand er immer besser, warum Adriaen Jacobs mit dem Kommandeur aneinandergeraten war.

Pelsaert bedachte den Skipper mit einem bösen Blick. Er schüttelte den Schiffsjungen ab und schritt wortlos davon, grenzenlos müde und erschöpft.

»Mein Gott, Herr Pelsaert, es ist nichts weiter als ein dämliches Faß mit Essig!«

Pelsaert starrte den Skipper mit gehetzten, fiebrigen Augen an.

»Hütet Eure Zunge, Kapitän!« entgegnete er scharf. »Ich bin nicht mehr bereit, mir Widerspruch von Euresgleichen gefallen zu lassen! Dieses ›dämliche‹ Faß Essig, wie Ihr es zu nennen beliebt, ist zufällig Eigentum der Ost-Indischen Companie, und ich habe entschieden, daß es geborgen wird. Also setzt gefälligst Euren Hintern in Bewegung!«

»Natürlich, Kommandeur. Ganz wie Ihr wünscht.«

Jakob Jakobsen holte tief Luft und zwang sich zur Ruhe. Gestern hatten zwei Männer das Faß beim Angeln gesichtet. Es trieb am südwestlichsten Zipfel von Wiebe Hayes' Insel im Wasser, und Pelsaert hatte prompt verlangt, daß Jakobsen sich mit dem Dinghi auf die Suche danach machen sollte. Der Kommandeur war kaum mehr wiederzuerkennen. Seine Umgangsformen hatten im gleichen Umfang nachgelassen, in dem sein Drang, die Inseln restlos von den Spuren der *Batavia* zu befreien, von ihm Besitz ergriffen hatte. Nichts durfte zurückbleiben, nicht die geringste Kleinigkeit! Selbst alte Faßreifen, Bretter und billige Bierkrüge ließ der Kommandeur einsammeln. Am meisten bemitleidete Jakobsen die Taucher, die Pelsaert bei jedem Wetter dazu antrieb, die verlorenen Silberkisten zu bergen. Sieben Stück hatten sie rasch hintereinander gehoben, aber dann hatte eine Woche rauhe See alle weiteren Arbeiten am Wrack der *Batavia* unmöglich gemacht. In der erzwungenen Untätigkeit dieser einen Woche war Pelsaert beinahe explodiert. Er schien von dem fieberhaften Drang besessen, der VOC soviel von ihrem Eigentum zurückzubringen, wie mit menschlichen Kräften möglich war. Daß er dabei Dinge verlangte, die über die Kraftreserven des einen oder anderen hinausgingen, interessierte ihn nicht im geringsten. Jeder Tonkrug, jeder Zinnteller und jede Münze, die sie fanden, schien etwas von der Last auf seinen Schultern wegzunehmen.

»Aber das wird deinen Hals auch nicht retten!« dachte Jakobsen verärgert, während er Pelsaert den Rücken zukehrte. »All die armen Menschen, die Frauen und unschuldigen Kinder! Niemals wäre das geschehen, wenn du dageblieben wärst. Die VOC vergißt nicht leicht, und der alte Jan Pieterszoon Coen schon gar nicht! Du bist für immer und alle Zeiten erledigt.« Er stapfte zu seiner kleinen Mannschaft, die ihn mit großen Augen anstarrte.

»Ihr habt es gehört, Männer«, brummte er zornig. »Wir werden dieses gottverdammte Faß finden, und wenn es den ganzen Tag und die ganze Nacht dauert.«

468

Der Skipper kehrte am nächsten Tag von der Suche nach dem Essigfaß nicht zurück und auch nicht am Tag darauf. Dann zog ein schwerer Sturm auf.

Die schmutziggraue Wolkendecke hing tief über dem Meer, starker Wind trieb sie schneller voran als das kleine Boot unten in den Wellen. Jakobsen und seine Männer beobachteten mit flauem Magen die dunkle Masse, die bedrohlich über ihre Köpfe hinwegzog.

»Ich glaube nicht, daß wir es noch rechtzeitig bis zum Festland schaffen, Kapitän!« murmelte der Quartiermeister ängstlich.

Jakobsen glaubte selbst nicht mehr daran. Als er die Sturmwand hatte aufziehen sehen, waren sie zu weit von den Houtman Inseln entfernt gewesen, um dorthin zurückzukehren. Er hatte beschlossen, sein Heil darin zu suchen, auf das Festland zuzuhalten, doch der Sturm hatte sie eingeholt. Das Dinghi wurde schwer in den Wogen hin- und hergeschaukelt, und das Gesicht des Steuermanns spiegelte die Anstrengung, das kleine Boot auf Kurs zu halten, wider. Jakobsen zürnte mit sich selbst. Sie hatten das Essigfaß schon am ersten Tag gefunden, aber er hatte sich so maßlos über den Kommandeur geärgert, daß er beschlossen hatte, nicht gleich den Rückweg anzutreten, sondern nach weiterem Treibgut zu suchen. Zwei Nächte hatten sie auf einer nahegelegenen Inselgruppe verbracht und sich von Fischen und mitgebrachten Lebensmitteln ernährt. Während sie abends am Lagerfeuer saßen, hatte er sich trotzig und mit Genugtuung vorgestellt, wie Pelsaert am Ufer von *Batavias Friedhof* auf und ab wanderte und ungeduldig auf seine Rückkehr wartete, damit er mit der Bergung des Silbers fortfahren konnte. Jetzt bereute er sein störrisches Verhalten von ganzem Herzen. Dieses Unwetter sah nicht nach einer Kleinigkeit aus, und das Dinghi war nicht annähernd seetüchtig genug, um einer wilden See standzuhalten.

»O mein Gott!«

Der Aufschrei kam wie aus einem Mund, und erst jetzt bemerkte er die unnatürliche Stille, wo zuvor das Tosen der See geherrscht hatte. Der Steuermann hatte die Ruderpinne losgelassen und deutete entsetzt auf das Meer hinter ihm. Jakobsen drehte den Kopf, und sein Magen zog sich zusammen. Eine riesige Flutwelle rollte wie eine dunkelblaue Wand auf sie zu.

»Ruder einziehen!« befahl der Skipper. »Duckt euch und nehmt den Kopf zwischen die Knie! Einer hält den anderen fest!«

Für den Bruchteil einer Sekunde war nur das nutzlose Hin- und Herschlagen der Ruderblätter zu hören. Dann brach das Wasser über sie herein.

Der Mann trug nichts weiter als ein schmutziges Lendentuch. Sein geschmeidiger, magerer Körper war von schöner brauner Hautfarbe, sein starkes schwarzes Haar zu einem Zopf gebunden. Lautlos glitt er über den Bootsrand, tauchte Kopf voran in das klare grüne Wasser ein und wirbelte Tausende von kleinen Luftbläschen auf. Um ihn herum breitete sich eine stille, bunte Welt aus. Kein Ton drang zu ihm in die Tiefe. Er öffnete seine Augen, und direkt vor ihm lag der geborstene Rumpf der *Batavia*. Der Mann tauchte tiefer. Mit kräftigen, fließenden Armbewegungen zerteilte er das Wasser und stieß hinab zu dem bronzenen Kanonenrohr, das, zur Hälfte im Schlamm vergraben, einundzwanzig Fuß tief auf dem Meeresgrund lag. Der Taucher wirbelte den Sand mit beiden Händen auf, und unter dem Rohr kam die rostige Kante einer beschlagenen

Holztruhe zum Vorschein. Drei weitere braune Männer tauchten um ihn herum auf, und gemeinsam versuchten sie, das Rohr anzuheben. Sekunden verrannen. Keiner bemerkte den dunklen Schatten, der sie einmal umkreiste und dann wieder verschwand. Nach mehreren vergeblichen Versuchen hob der erste Taucher den Daumen und wies eindringlich nach oben. Die vier Männer stiegen wieder auf. Oben wartete das Langboot der *Sardam* auf sie. Claas Gerritz und zwei weiße Taucher halfen ihnen an Bord. Naseem, der Anrührer, nahm einen Schluck Wasser aus einer Kürbisflasche, dann redete er in seiner fremd klingenden Sprache auf einen der holländischen Taucher ein.

»Wir haben die elfte Kiste gefunden«, erklärte er in Hindustani. »Aber sie liegt unter einem Kanonenrohr begraben.«

Der Holländer übersetzte für Gerritz und die anderen, und deren Gesichter hellten sich auf.

»Gott sei Dank!« rief Claas Gerritz aus. »Dann laßt uns die Kanone heben und so schnell wie möglich von hier verschwinden!«

Naseem schüttelte den Kopf und setzte zu einem neuen Redeschwall an. Der holländische Taucher hörte mit ernstem Gesicht zu und wandte sich dann an Gerritz.

»Er sagt, daß ein Anker und ein Teil der Ankerkette auf die Kanone gefallen sind und daß sie zuerst versuchen müssen, den Anker wegzuheben, bevor sie sich an das Rohr wagen können. Naseem sagt, der Anker wäre sehr groß und sie hätten nicht genug Luft gehabt, um auszuprobieren, wie schwer er ist.«

»Vermutlich ausgerechnet einer der großen Buganker.« Gerritz wirkte besorgt.

»Frag ihn, wie unsere Chancen stehen!«

Naseem zuckte mit den Schultern.

»Wir werden sehen«, antwortete er leichthin. »Wenn die Götter auf unserer Seite sind.«

Gerritz beobachtete, wie Naseem zurück ins Wasser sprang.

»Die Götter!« dachte er mißgestimmt. »Was helfen mir seine Götter, wenn ich die schlechten Nachrichten an Pelsaert überbringen muß?«

Die Gleichgültigkeit, mit der die indischen Taucher die Bergungsarbeiten betrieben, brachte ihn schier zur Verzweiflung.

»Weiße Teufel!« dachte Naseem, während er durch das Wasser glitt.

»Immer müssen sie alles ganz genau wissen. Woher soll ich wissen, was die Götter für uns geplant haben?«

Er traf seine Kameraden bei der Kanone, und mit vereinten Kräften legten sie Hand an den Anker. Er lag wie festgebrannt. Es war unmöglich, ihn auch nur um eine Handbreite zu verrücken. Sie versuchten es wieder und wieder, die Luft ging ihnen langsam aus, aber der Anker blieb unbeweglich. Endlich gab einer der Taucher das Zeichen zum Aufstieg, Naseem folgte zuletzt. Alle vier waren sie Schwammtaucher aus Gujarat, aber er hatte die beste Lunge von allen. Er konnte länger als drei Minuten unter Wasser bleiben.

Der Schlag in die Seite traf ihn unerwartet, und er wirbelte herum. Der Seehund schwamm ein Stückchen weg, schlug einen Haken und kam zurück. Wieder stupste er Naseem mit der Schnauze an, und wassertretend erhaschte der Inder einen kurzen Blick auf schwarze Knopfaugen, bevor das Tier abdrehte und verschwand. Naseem hätte vor Erleichterung lachen mögen! Eine verspielte Robbe, weiter nichts! Er verspürte einen Stich in der Lunge und erinnerte sich daran, daß er schon zu lange unter Wasser war. Und dann, gerade als er seinen Aufstieg fortsetzen wollte, sah er den Hai. Es war ein Hammerhai, dunkelgrau und riesig, fast fünfzehn Fuß lang. Naseem tauchte zurück zum Grund, suchte mit dem Fuß Halt in der Ankerkette und verharrte regungslos. Vielleicht würde der Hai das Interesse verlieren und wieder verschwinden. Aber der Hai verschwand nicht. Er zirkelte um seine Beute und betrachtete sie mit leblosen Augen.

»Pech!« dachte Naseem und lenkte seine Gedanken auf die Wiedergeburt.

Es machte ihn ein wenig traurig, daß er nun seine junge, hübsche Frau nicht wiedersehen sollte, aber hatte er nicht das Wichtigste erreicht und einen feinen Sohn mit ihr gezeugt?

Der Hai umkreiste ihn, streifte ihn mit seiner rauhen Haut, drehte ab, wendete blitzschnell und kam zurück. Naseem erinnerte sich an den Dolch in seinem Lendentuch, dankte Shiva für seine Vorsehung und machte sich bereit. Als der Hai angriff, erwartete er ihn, das Messer in seiner Hand gegen die Bestie gerichtet. Doch wieder streifte der Hai ihn nur. Naseem stieß mit dem Messer nach ihm – und verfehlte. Seine Lungen begannen zu brennen, und ihm wurde schmerzhaft bewußt, daß seine Zeit abgelaufen war. Es fiel ihm schwer, den Hai im Auge zu behalten, die Sicht unter Wasser war unscharf und verschwommen, und die Bewegungen des Tieres waren von blitzartiger Geschwindigkeit. Die Bestie drehte ab, und Naseem fühlte, daß er nicht mehr länger warten konnte. Zwanzig Fuß lagen zwischen ihm und der rettenden Meeresoberfläche. Über sich konnte er den blauen Himmel sehen. Zögernd gab er seinen Halt an der Kette auf. Wie aus dem Nichts stieg der Hai vor ihm hoch, zeigte ihm seinen hellen Bauch und enorme, messerscharfe Zähne. Er steuerte einen wilden Zickzackkurs, drehte um und schoß auf ihn zu. Vor Naseems Augen begann es zu flimmern, und sein Brustkorb schien zu zerreißen. Verzweifelt machte er eine letzte Anstrengung, sein Leben zu retten, und tauchte zur Seite weg. Für den Bruchteil eines Augenblicks war der Hai orientierungslos und warf auf der Suche nach seiner Beute ziellos seinen seltsam geformten Kopf hin und her. Naseem holte aus und vergrub das Messer tief im Bauch der Bestie. Er wartete nicht, um zu sehen, wie der Hai in wilde Raserei verfiel. Pfeilgleich schoß er nach oben zur rettenden Oberfläche. Als er mit dem Kopf den Wasserspiegel durchstieß, riß er den Mund auf, und köstliche, frische Luft strömte in seine Lungen.

»Um Himmels willen, was ist passiert?« rief Gerritz aus, als er Naseem erblickte. Rasch hievten sie den jungen Mann in das Langboot. Dort lag er auf den Planken und versuchte, seine Fassung wiederzuerlangen.

»Wir sollten die Suche abbrechen«, keuchte er in einer fast unverständlichen Mischung aus Holländisch und Englisch. »Die Kiste ist unerreichbar, und ein riesiger Hai macht die Gegend unsicher.«

Claas Gerritz setzte sich beklommen. Es würde dem Kommandeur ganz und gar nicht gefallen, mit nur zehn der ihm anvertrauten zwölf Silbertruhen zurückzukehren! Andererseits konnten sie jetzt endlich diese verfluchten Inseln verlassen und die Heimreise nach Batavia antreten.

Am 15. November 1629, zwei Monate nach ihrer Ankunft auf den Inseln, stach die *Sardam* wieder in See. Pelsaert stand an der Reling und warf einen letzten Blick auf den Archipel, der seine Karriere und so, wie es ihm schien, auch sein Leben beendet hatte. Gelbe Tupfen Land in einem leuchtendblauen Meer. Eine Delphinschule spielte in der unmittelbaren Nähe der *Sardam,* die dunkelgrauen Rücken und Flossen der Tiere glitzerten im gleißenden Sonnenlicht. Es war ein heißer, sonniger Tag, aber er fror in dem Fieber, das in sporadischen Attacken an ihm zehrte. Der Skipper der *Sardam* war nicht mehr zurückgekehrt, und sein Verlust und der der drei Männer in seiner Begleitung lasteten schwer auf Pelsaerts Gewissen. Er hegte noch eine geringe Hoffnung, daß sie den vermißten Kapitän auf ihrer Reise entlang der Küste des Großen Südlands finden würden, aber einst hatte er auch gehofft, die Passagiere der *Batavia* lebend wiederzusehen, und was hatte er vorgefunden? Tief in seinem Herzen wußte er, daß Jakob Jakobsen den Tod gefunden hatte.

»Das Schiff ist jetzt bereit zum Ablegen, Kommandeur!«

Claas Gerritz hatte in Abwesenheit des Skippers das Kommando über die *Sardam* übernommen.

»Gut!« Pelsaert nickte dem stillen, rothaarigen Mann zu. »Abgesehen von den Meuterern gibt es vermutlich keine einzige Menschenseele an Bord, die nicht überglücklich ist, diese verdammten Inseln endlich hinter sich zu lassen!«

»Weiß Gott!« stimmte Gerritz zu und dachte an das erbärmliche Häufchen aneinandergeketteter Männer im Zwischendeck, die nun ihrer gerechten Strafe entgegensahen. Er fühlte sich nicht wohl in der Rolle des Kapitäns, obwohl es nach der Anzahl seiner Dienstjahre, seinem Wissen und seiner Erfahrung an der Zeit für ihn war, Skipper zu werden. Er hatte beständig das Gefühl, jeden Augenblick könnte Jakobsen aus dem Niedergang auftauchen und ihn fragen, was zum Teufel er auf seinem Achterdeck zu suchen habe! Er wünschte sehr, daß sie Jakobsen wiederfinden würden, denn er hatte den Mann sehr gemocht, so wie er Adriaen Jacobs geschätzt und gerne von ihm gelernt hatte. Aus den Augenwinkeln sah er, wie Lucretia das Deck betrat, und er beobachtete, wie Pelsaert sich straffte und ihr entgegenging.

»Was ist nur mit diesem Mann?« fragte er sich. Auf zwei Reisen hatte er zwei Kapitäne verschlissen. War mit ihm wirklich kein Auskommen, oder gehörte er einfach nur zu jenen Menschen, die das Unglück anzogen wie das Licht die Motten? Gerritz bekreuzigte sich hastig.

»Lieber Gott, vergib mir meine sündigen Gedanken, aber ich bitte dich: Beschütze mich und dieses Schiff auf unserer Reise, und bringe uns alle heil nach Batavia zurück!«

Nervös trat Pelsaert Lucretia entgegen, die sich am Arm des Baders eingehängt hatte. Er war ihr in den letzten Wochen aus dem Weg gegangen, denn er hatte gefühlt, daß sie Zeit brauchte, so wie er Zeit gebraucht hatte, von ihr loszukommen. Aber während dieser Wochen war ein übermächtiges Verlangen in ihm angewachsen, mit ihr zu reden, ihr sein Herz auszuschütten. Er fühlte, daß das Fieber seinen Körper auffraß, so wie all die toten Menschen an seiner Seele nagten. Er hegte die Hoffnung, daß es ihm helfen würde, mit ihr zu sprechen, mit ihr, die auch soviel Entsetzliches durchgemacht hatte.

Als der Doktor den Kommandeur erblickte, nickte er ihm freundlich zu und machte einen höflichen Versuch, seinen Arm zurückzuziehen, um Lucretia und François miteinander alleine zu lassen. Aber Lucretia verstärkte ihren Griff um seinen Bizeps. Sie hielt ihre Augenlider gesenkt, grüßte kühl und schritt vorbei. Pelsaert blieb verdutzt stehen und sah ihr nach. Das Blut schoß ihm heiß in die Wangen, und jeder Herzschlag schmerzte ob ihrer öffentlichen Ohrfeige. Also hatte sie ihm nicht vergeben!

Er wandte sich ab und starrte zurück auf das Wasser. Die *Sardam* hatte langsam Fahrt aufgenommen und manövrierte vorsichtig um die Ausläufer des Riffs, das der *Batavia* zum Verhängnis geworden war. Das widerspenstige Stück Schanzkleid ragte noch immer über dem Meeresspiegel auf, ein Kormoran hatte sich respektlos darauf niedergelassen und putzte sein nasses Gefieder. Pelsaert beobachtete, wie der große, majestätische Vogel seine Schwingen ausbreitete und abhob. Er zog weite Kreise über der letzten Ruhestätte des stolzen Schiffes, wurde kleiner und kleiner, bis er schließlich nur noch ein winziger schwarzer Punkt war, der mit dem Himmel verschmolz.

Eine Bank aus weißem Sand verengte die Mündung des breiten Stromes, der hinter den Dünen eine scharfe Wendung nach Norden nahm, um sich dann in den sanft ansteigenden, grünbewachsenen Hügeln des Hinterlandes zu verlieren. Dort, wo er sich dem Meer öffnete, drängte die Brandung salziges Wasser weit in seinen Arm hinauf, so daß man erst für eine gute Weile seinem Lauf folgen mußte, um auf Süßwasser zu stoßen. Es war eine Flußmündung, die der Gruppe im Langboot bereits während ihrer Reise nach Batavia aufgefallen war, der sie sich aber nicht hatte nähern können, weil hoher Wellengang und ein aufkommender Sturm sie gezwungen hatte, wieder auf das offene Meer abzudrehen.

»Das ist sie«, sagte François Pelsaert. »Eure neue Heimat!«

Wouter Loos und Jan Pelgrom standen an Deck, die Hände noch immer gebunden, und wagten nicht zu glauben, daß sie dem Tod von der Schippe gesprungen waren. Es war ein strahlend schöner Tag mit stahlblauem Himmel, und die *Sardam* ankerte außerhalb der Brandung eine halbe Meile vor der Küste des Großen Südlands. Ein halbe Stunde zuvor, als Pelsaert die beiden Männer aus dem dunklen Verschlag im Zwischendeck hatte befreien lassen, hatte es unter ihren Mitgefangenen einen Aufstand gegeben.

»Warum dürfen die gehen und wir werden nach Batavia verschleppt?« hatte Jakob Pieters gebrüllt, als die Wache Wouters Fuß- und Handschellen aufgeschlossen hatte. Seine Empörung war verzweifelt und berechtigt gewesen. Er wußte nur zu gut, als einziger überlebender Hauptangeklagter des Inselmassakers würden die Behörden in Batavia ein gnadenloses Exempel an ihm statuieren. Auf dem Rad gebrochen zu werden war ihm sicher. Sofort waren die anderen in sein Geschrei eingefallen. Und dann, bevor Wouter Loos noch ganz von seinen Fesseln befreit war, hatte Pieters blitzschnell seine Ketten über dessen Kopf geworfen und damit begonnen, ihn zu strangulieren. Verstärkung war hinzugesprungen, und bevor die Situation noch weiter ausufern konnte, war Loos befreit und der Obergefreite bewußtlos geprügelt worden.

Wouter spürte die massive Feindseligkeit, die von den Zuschauern an Deck ausging, und er wußte, daß nicht wenige sich wünschten, daß Pieters ihn tatsächlich erwürgt hätte. Es war ihm gleich. Nur noch kurze Zeit und er war in Sicherheit! Er blickte in die haßerfüllten Augen der Menschen ringsum und fand keine Gnade darin. Niemals würden sie ihm glauben, daß er wahre Reue verspürte darüber, daß er sich auf Cornelius' teuflischen Plan eingelassen hatte, auf seine Versprechungen vom besseren Leben als reicher Mann.

Sein Herz hatte bis zum Hals herauf geschlagen, und seine Haut war mit kaltem Schweiß bedeckt gewesen, als sie in jener Nacht die junge Wybrecht aus dem Zelt der Bastians gerufen hatten.

»Was liegt an, so spät am Abend?« hatte sie geflüstert. Sie hatte ihre nassen, vom Abwasch geröteten Hände an ihrer Schürze getrocknet, und ihr schmales Jungmädchengesicht hatte sich mißbilligend verzogen. Jan Hendrix war leise von hinten an sie herangetreten, hatte ihr Mund und Nase mit der einen Hand verschlossen und mit der anderen das Messer in ihre Rippen gejagt. Ihre Augen hatten sich geweitet, ein kurzes Flattern der Lider, und sie war gestorben.

Dann waren sie in das Zelt vorgedrungen und mit Beilen und Äxten über Frau Bastians und ihre Kinder hergefallen. Grauen hatte ihn erfüllt, und er war wie gelähmt dabeigestanden, während Lennart Michels der gutmütigen Pfarrersfrau den Schädel zertrümmert hatte. Und die ganze Zeit über war der jüngste Sproß der Bastians zwischen ihren Beinen herumgelaufen und hatte mit seiner hohen, piepsenden Stimme entsetzte Schreie ausgestoßen.

»Bring ihn zum Schweigen!« hatte Zeevanck gezischt.

Gehetzt hatte er sich umgesehen, aber die anderen waren alle damit beschäftigt, ihr schauderhaftes Werk zu tun. Nur er allein war übrig gewesen.

»Bring ihn zum Schweigen, sein Geschrei wird uns noch verraten!«

Seine Kehle war so trocken gewesen, daß er kaum schlucken konnte. Er hatte den Zweijährigen gepackt und vom Boden aufgehoben. Dann hatte jemand in dem Tumult die Lampe umgestoßen, und es war finster geworden.

»Bring ihn zum Schweigen!«

Mit einem häßlichen Geräusch hatte das Genick des

kleinen Jungen nachgegeben. Es hatte nicht mehr Mühe gekostet, als einem Huhn den Hals umzudrehen. Er hatte den schlaffen Körper in einer Ecke abgelegt und war nach draußen gegangen. Ihm war entsetzlich schlecht. Von diesem Augenblick an hatte er sich zurückgehalten. Er hatte die anderen die schmutzige Arbeit tun lassen und die ganze Zeit über gebetet, daß es niemandem auffallen würde. Es stimmte, er war ein schlechter Mensch, aber er war nicht ganz so schlecht wie die anderen und hatte diesen neuen Anfang verdient!

Das Dinghi wurde über die Seite des Schiffes ins Wasser gelassen, kam klatschend auf den Wellen auf und riß ihn aus seinen Gedanken. Er hob den Kopf und fand den Blick Judith Bastians auf sich ruhend. Sie stand unter den Zuschauern an Deck, das einzige halbwegs freundliche Gesicht außer Lucretias. Sein Herz verkrampfte sich.

»Ich bin der Mörder deines Bruders!« dachte er dumpf, als er die Strickleiter hinunterkletterte und sich in dem kleinen Boot niederließ. Der Gedanke ließ ihn nicht los, während sich das Boot der hellen Sandbank näherte. Im nächsten Moment stand er bis zu den Knöcheln im Sand des mit Seetang überschwemmten Strandes, und Claas Gerritz befreite ihn von seinen Handschellen. Er war frei! Wouter griff sich an den schmerzenden Hals, wo noch immer die Eindrücke von Jakob Pieters' Ketten zu sehen waren.

»Danke!« sagte er rauh.

»Danke nicht mir«, entgegnete Gerritz unfreundlich. »Danke Judith Bastians! Sie hat ausgesagt, daß du sie und Frau van der Mylen immer gut behandelt hast. Ohne ihre Hilfe würdest du mit den anderen in Batavia hängen.«

Wouter Loos starrte den Obersteuermann fassungslos an.

»Das hat sie für mich getan?«

»Ja.«

Gerritz stapfte zu dem Schiffsjungen und schnitt auch dessen Fesseln durch. Pelgrom öffnete den Mund und wollte etwas sagen, aber Gerritz blickte ihn so böse an, daß er es sich anders überlegte.

»Du miese, kleine Ratte!« dachte der Obersteuermann angewidert.

»Paß auf, daß der hier dir nicht die Kehle durchschneidet, sobald du ihm den Rücken zudrehst!« sagte er laut.

Pelsaert kam vom Dinghi, wo Kisten mit Proviant und Tauschwaren ausgeladen wurden, zu ihnen herübergewandert. Er deutete auf das kleine, improvisierte Strandboot, das einst den Bader zu Wiebe Hayes' Insel getragen hatte und das jetzt aus dem Schlepptau des Dinghis losgemacht und aufs Ufer gezogen wurde.

»Von nun an seid ihr auf euch alleine gestellt! Aber ich will euch nicht vollkommen hilflos hier zurücklassen. Dies hier soll euch dabei helfen, mit den Eingeborenen Freundschaft zu schließen. Wir wissen nichts über dieses rätselhafte Land, und ihr könnt der Gesellschaft einen Teil von eurer Schuld zurückzahlen, indem ihr all eure Kräfte darauf verwendet, es zu erforschen. Beobachtet die Einheimischen, lernt ihre Sprache, eßt, was sie essen, lebt, wie sie leben, lernt von ihnen! Findet heraus, was ihnen wichtig und kostbar ist! Vielleicht findet ihr Gold und Silber, Edelsteine oder andere wertvolle Vorkommen, so wie andere vor euch in der Neuen Welt. Ich werde Amsterdam und Batavia darüber in Kenntnis setzen, daß wir euch hier ausgesetzt haben, also seid wachsam! Von April bis Juli werden vorbeifahrende Schiffe an dieser Küste nach euch Ausschau halten und euch aufnehmen, damit das, was ihr erfahren habt, nicht für immer verloren ist. Gott sei mit euch!«

Dann waren Gerritz und Pelsaert wieder im Dinghi, das Boot legte ab, und sie blieben allein am Strand zurück. Schweigend beobachteten sie, wie die *Sardam* ihre Anker lichtete und Kurs auf Java nahm.

Der große Schlüssel drehte sich nur äußerst widerwillig in dem rostigen Schloß, und die schwere Eisentür öffnete sich mit einem Quietschen. Der flackernde Schein einer Fackel fiel auf den schlafenden Gefangenen auf der schmalen Pritsche an der Wand. Von irgendwoher hörte man Wasser rinnen, ein helles monotones Plätschern. Adriaen Jacobs hob den Unterarm schützend vor seine lichtentwöhnten Augen und richtete sich benommen auf. Fast auf der Stelle setzte das Reißen in seinem Rücken, seinen Gliedern und seinen Gelenken wieder ein. Es hatte einmal eine Zeit gegeben, zu der sein Körper nicht ein einziger großer Schmerz gewesen war, aber er hatte vergessen, wie sich das anfühlte.

»Welcher Tag ist heute?« fragte er seine Wache, so wie er es jedesmal tat, wenn sie ihn abholen kamen, und wie jedesmal erhielt er die gleiche Antwort.

»Tut mir leid, Kapitän, aber das darf ich Euch nicht sagen.«

Er angelte nach seinen Seestiefeln, dem einzigen, was sich vertraut anfühlte in dieser Umgebung, dem einzigen, was ihn an sein vergangenes Leben erinnerte.

»Kein Grund, sich zu beeilen«, dachte er. »Der Folterknecht wird mich schon noch früh genug in die Hände kriegen.«

Er wunderte sich, daß er noch immer soviel Angst übrig hatte, nach allem, was sie schon mit ihm angestellt hatten. Er wußte nicht mehr genau, wann es wirklich schlimm geworden war, sein Zeitgefühl hatte ihn vollkommen im Stich gelassen. Eines Tages war die *Sardam* von den Houtman Inseln zurückgekehrt, ohne seinen Freund Jakobsen, mit nur knapp achtzig Überlebenden und zehn Kisten voller Silbermünzen an Bord, sowie einer der übelsten Geschichten, die er je gehört hatte. Seitdem hatten sie ihn immer wieder zur Folter abgeholt, mit dem irrwitzigen Ziel, ihn dazu zu bringen, ein Geständnis darüber abzulegen, daß er der Kopf eines Komplotts an Bord der *Batavia* gewesen sei, das letztendlich zu den Ereignissen auf den Inseln geführt habe. Die Anschuldigungen hatten ihn sprachlos gemacht. Er war bereit, seine Strafe für den Verlust der *Batavia* zu tragen, aber er wollte verdammt sein, wenn er sich zum Täter in einem Drama abstempeln ließ, das selbst ihm einen Schauder des Grauens über den Rücken jagte!

Der wachhabende Offizier wartete geduldig an der Tür, während der Skipper schwerfällig seine Stiefel anzog.

»Armer Teufel«, dachte er. »Schon sechs Monate in diesem Verlies und noch immer kein Geständnis!«

Nach sechs Monaten waren die meisten schon lange tot oder hatten gestanden, was immer man auch von ihnen hören wollte. Aber ihm war es recht, daß der Skipper so lange durchhielt. Er hatte einen ganzen Monatslohn darauf verwettet, daß er noch mindestens zwei weitere Monate überleben würde. Das gesamte Gesinde in der Festung von Batavia hatte Wetten auf den unbezwingbaren Skipper abgeschlossen.

»Unmenschlich!« sagten die einen. »Er scheint keine Schmerzen zu fühlen!« meinten die anderen.

Weitere Wetten liefen über seine Schuld oder Unschuld. Im Augenblick standen die Quoten acht zu zwei für schuldig.

Endlich war Jacobs auf den Beinen und kam langsam an

die Tür, wo er unwillkürlich die Hände austreckte, damit sie ihm Handschellen und Ketten anlegen konnten.

»Oho!« murmelte er anerkennend, als er das Aufgebot von acht Soldaten sah, das im Halbdunkel des Ganges auf ihn wartete. »Ich muß wahrhaftig ein wichtiger Mann sein! Ist irgend etwas zu meinen Anklagen dazugekommen, wovon ich noch nichts weiß?«

»Keine neuen Anschuldigungen, Kapitän, aber Ihr seid auch so der berühmteste Kopf in ganz Batavia! Nein, wir gehen heute nicht in den Keller, Ihr habt Besuch.«

»Keine Folter!« dachte Jacobs, und vor Erleichterung gaben ihm fast die Knie nach. Dankbar folgte er seinen Bewachern durch den engen Gang aus rohen Steinen. Grundwasser lief an den mit Schimmel überwachsenen Wänden herab, und überall war der modrige Geruch von Krankheit und Tod. Sie führten ihn aus der Tiefe des Kerkers eine Wendeltreppe hinauf in eines der Turmzimmer hoch oben in der Festung, wo sie ihn zu seinem Erstaunen allein ließen. Hungrig wanderten seine Augen zu der Schießscharte in der Mauer, durch die Tageslicht hereinfiel, und er bemerkte nicht gleich den jungen Mann, der auf ihn wartete.

Wiebe Hayes versuchte, seinen Schock darüber zu verbergen, wie sehr die Monate in Gefangenschaft den stolzen Kapitän der *Batavia* verändert hatten. Ein struppiger Bart bedeckte die einst glattrasierten Wangen. Der Skipper hatte beträchtlich an Gewicht verloren, und seine Wangenknochen traten schärfer hervor denn je. Erste weiße Fäden durchzogen sein verfilztes, schwarzes Haar, und seine Kleidung war zerschlissen und schmutzig.

Endlich riß sich Jacobs von der Schießscharte los, die ihn geradezu magisch anzog, und ein Lächeln breitete sich auf seinem Gesicht aus, als er die hochgewachsene Gestalt des Soldaten erkannte, den er zuletzt an Bord der *Batavia* gesehen hatte.

»Es tut gut, Euch wiederzusehen, Wiebe Hayes!«

Die beiden Männer lächelten einander an und fühlten einmal mehr die Anziehungskraft, die zwischen ihnen bestand.

»Wie ich gehört habe, seid Ihr jetzt ein strahlender Held!«

»Ich habe nichts getan, außer versucht zu überleben.«

»Manchmal ist es genau das, was einen Mann zum Helden macht.«

Wiebe konnte sich noch immer nicht daran gewöhnen, daß man ihn als Helden feierte. Die VOC hatte ihn nach der Ankunft der *Sardam* in Batavia noch einmal befördert und in den Offiziersrang erhoben. Er erhielt nun eine monatliche Zuwendung von vierzig Gulden, was ihn zu einem wohlhabenden und unabhängigen Mann machte. Wohlhabend und unabhängig genug für Nita!

»Was werdet Ihr tun, jetzt wo Euch alle Türen offen stehen?«

»Ich habe darum ersucht, nach Holland zurückkehren zu dürfen. Es gibt dort jemanden, den ich gerne wiedersehen möchte.«

Wiebe konnte ein glückliches Lächeln nicht zurückhalten, und es versetzte Jacobs einen Stich, die Vorfreude des jungen Mannes zu sehen.

»Sie muß wirklich etwas ganz Besonderes sein.«

»Ja, das ist sie. Und ich bete zu Gott, daß sie auf mich gewartet hat.«

»Sie müßte eine rechte Närrin sein, wenn sie es nicht getan hätte.«

»Ich könnte es ihr nicht übelnehmen. Als ich sie zuletzt gesehen habe, gab es keine Hoffnung für uns. So schrecklich es ist, aber ich verdanke dem, was auf den Inseln geschehen ist, meine Zukunft. Mit vierzig Gulden im Monat werden die Karten neu gemischt. Ihr Vater kann mich jetzt nicht länger ablehnen.«

»Er darf einfach nicht!« dachte Wiebe trotzig.

Jedesmal wenn er an diese Möglichkeit dachte, wurde ihm heiß und kalt. So viele Unsicherheiten! Was, wenn sie an der Pest gestorben war? Was, wenn sie einen anderen geheiratet hatte? Was, wenn ihr Vater sie ihm weiterhin verweigerte?

Neidvoll beobachtete Adriaen die innerliche Aufruhr des Jüngeren. Eine Zukunft zu haben, ganz gleich wie unsicher! Oh er wünschte, er müßte nicht in der stinkenden Zelle langsam verrotten! Er wünschte, er könnte Zwaantie zu seiner Frau machen und dem Orient für immer den Rücken zukehren. Der Gedanke an Zwaantie raubte ihm jeglichen Seelenfrieden. Er hatte nicht erwartet, sie so zu vermissen, hatte nicht erwartet, daß er sich ohne sie wie etwas Halbes fühlen würde. Sie mochte jetzt im siebten Monat ihrer Schwangerschaft sein. Oder im achten? Oder vielleicht war sie auch schon gar nicht mehr in Hoffnung? Welche Frau konnte wohl in der stickigen, qualvollen Enge eines Kerkers, im Pestilenzhauch dieser feuchten Keller ein Kind austragen?

»Ich bin gekommen, um Euch zu danken.«

»Hm?«

»Ich verdanke Euch mein Leben und das meiner Kameraden, und dafür wollte ich Euch noch danken, bevor ich Batavia verlasse.«

»Ich weiß nicht, wovon Ihr redet. Alles in allem habe ich Euer Leben wohl eher in Gefahr gebracht!«

»Eure Warnung damals an Bord der *Batavia*, kurz bevor das Wasser eingebrochen ist. Ihr habt mir das Leben gerettet.«

»O das! Das war nichts! Ich hätte doch meine Männer nicht ertrinken lassen.«

Der Skipper machte eine abwehrende Handbewegung, und Wiebe saugte unwillkürlich Luft ein. An beiden Händen des Skippers fehlten jeweils die Nägel der drei äußersten Finger. Jacobs lächelte schwach. »Das ist eine Kleinigkeit! Diese Art der Folter ist nur halb so schwer zu ertragen wie die Streckbank.«

»Auf der Streckbank wünsche ich mir manchmal zu sterben«, setzte er leise hinzu.

»Es tut mir leid, daß sie das mit Euch machen, Kapitän. Ihr sollt wissen, daß ich nicht daran glaube, daß Ihr etwas mit der Verschwörung zu tun hattet. Ich war bei den Verhören dabei, und ich habe gesehen, wie die Aussagen erzwungen wurden. Ich weiß, daß Ihr unschuldig seid!«

»Ich danke Euch«, antwortete Jacobs leise. »Aber es muß Euch nicht leid tun. Ich hatte ein gutes Leben, und letztendlich *habe* ich die *Batavia* in ihr Grab gesegelt!«

»Ich weiß. Aber ich wollte es Euch trotzdem sagen.«

Eine Weile schwiegen beide Männer, und dann kam von draußen der Ruf.

»Noch fünf Minuten!«

»Gibt es noch irgend etwas, das ich für Euch tun kann?« fragte Wiebe schnell.

Ein warmer Funke trat in die Augen des Skippers, und zum erstenmal erkannte Wiebe in ihm den Mann wieder, den er an Bord der *Batavia* zu schätzen gelernt hatte. Jacobs nagte an seiner Unterlippe, während er den Soldaten studierte. Dies hier war seine einzige Hoffnung! »Ist es Euch wirklich ernst damit?«

»Soweit es in meiner Macht liegt, bin ich bereit, Euch zu helfen.«

»Ich erbitte nichts für mich selbst. Aber für die Frau, mit der ich an Bord der *Batavia* zusammengelebt habe.«

Jacobs ignorierte die Röte, die in Wiebe Hayes' Wangen stieg, und fuhr fort.

»Sie wird ebenfalls hier irgendwo in den Katakomben gefangen gehalten, und sie erwartet ein Kind von mir. Ich schwöre bei meiner Ehre, daß sie keine Schuld trägt, weder am Untergang der *Batavia* noch an dem Überfall auf Lucretia van der Mylen!«

»Und was soll ich dabei tun?« Wiebe Hayes' Verwirrung war echt.

»Ihr seid jetzt ein einflußreicher Mann in Batavia. Sowohl die VOC als auch François Pelsaert halten große Stücke auf Euch. Ich weiß es, ich bekomme in meinem Gefängnis mehr von der Welt mit, als man glauben möchte. Ich bitte Euch, legt ein gutes Wort für sie ein!«

»Ihr überschätzt meine Möglichkeiten, Kapitän!«

»Ich bin niemals mit dem Kommandeur ausgekommen, doch auf Euch wird er hören.«

»Vielleicht wird er das, Kapitän, aber das heißt nicht, daß er etwas für sie tun kann – oder will! Der Stern des Kommandeurs ist im Sinken seit dem Blutbad auf den Houtman Inseln. Es heißt, er sei in Ungnade gefallen und der neue General-Gouverneur nicht gut auf ihn zu sprechen.«

»Sie ist gerade zwanzig Jahre alt! Seht mich an, und Ihr wißt, was diese Keller einem erwachsenen Mann antun! Keine Frau sollte da unten sein!«

Jacobs trat näher an Wiebe Hayes heran.

»Seht mich an«, sagte er noch einmal. »Ich habe ein Kind gezeugt und kann seiner Mutter nicht einmal mehr meinen Namen geben. Ich kann nichts für sie tun, um sie aus diesen fiebergeplagten Höhlen zu befreien. Ich kann nichts dagegen tun, daß mein Kind, mein einziges Kind, für immer als Bastard gebrandmarkt ist. Könnt Ihr Euch vorstellen, wie sich das anfühlt?«

Wiebe Hayes blickte den Skipper lange an. Dann nickte er langsam. »Ja«, sagte er. »Ich glaube, ich weiß, was Ihr fühlt. Ich kann Euch nichts versprechen, Kapitän, aber ich will mit François Pelsaert reden und mit Gouverneur Specx, wenn es sein muß. Aber ich sage es noch einmal: Ich kann nicht dafür garantieren, daß ich Erfolg habe!«

»Ich weiß, daß es Euch gelingen wird.«

Jacobs ging zur Tür und hämmerte ungeduldig dagegen. »Wache! Wache!«

Die Tür schwang auf, und der wachhabende Offizier warf dem Skipper einen verärgerten Blick zu.

»Was gibt es, Kapitän?«

»Ich brauche Papier und Feder! Könnt Ihr mir das besorgen?«

»Es ist zu spät, Kapitän. Die Besuchszeit ist zu Ende.«

»Ein Mann hat das Recht, seinen Letzten Willen aufzusetzen, oder? Mit Eurer Erlaubnis, ich will mein Testament machen.«

»Nun gut«, brummte die Wache gnädig. »Wartet einen Augenblick!« Schreibzeug wurde gebracht, und Jacobs ließ sich kettenrasselnd an dem wackeligen Tischchen nieder.

»Dies hier ist eine Anweisung über fünftausend Gulden.«

Die Feder raste über das Papier.

»Sie ist ausgestellt an meinen Vermögensverwalter, Symon Quist.«

Jacobs begann einen zweiten Bogen, und trotz der hinderlichen Handschellen füllte sich das Papier schnell.

»Dies hier ist seine Adresse in Amsterdam. Alle meine

noch ausstehenden Löhne und mein Vermögen hier in Java sind beschlagnahmt worden. Aber von diesem Guthaben weiß niemand etwas außer Zwaantie und jetzt auch Euch. Ich will, daß Ihr ihr diese Anweisung gebt, sobald sie freigelassen wird. Sie wird das Geld brauchen, um für sich und das Kind zu sorgen.«

Ein dritter Bogen füllte sich mit der energischen Schrift des Skippers. »Hier! Diese Anweisung über fünfhundert Gulden ist auf Euren Namen ausgestellt.«

»Danke, aber nein danke!« Wiebe Hayes war peinlich berührt. »Was ich für Euch tue, tue ich gern, ich erwarte keine Bezahlung dafür.«

»Mein Hochzeitsgeschenk!«

Wiebe zögerte noch immer, und Adriaen mußte lächeln.

»Mein Gott, Ihr seid wirklich ein ehrlicher Mann! Ihr könntet noch eine Menge von mir lernen. Nun nehmt es schon an! Die Wache kommt jeden Augenblick zurück, und ich möchte nicht, daß mein sauer verdientes Geld an die VOC geht.«

Endlich nahm Wiebe das Papier, und Adriaen nickte befriedigt.

»Ihr werdet es brauchen können, wenn später erst einmal die Kinder kommen.«

Für einen Wimpernschlag schwiegen beide Männer, dann streckte Wiebe seine Hand aus.

»Das war's dann wohl ...«, begann er.

»Noch nicht ganz!«

Jacobs zog den einzigen Stuhl im Raum unter die Schießscharte.

»Zuerst muß ich noch einen Blick aus diesem Fenster werfen!«

Wiebe Hayes beobachtete, wie der Skipper auf den Stuhl stieg und für einen Moment durch den schmalen

Spalt blickte. Dann schlug er mit aller Macht seine Faust gegen die rauhe Steinmauer und bedeckte sein Gesicht mit beiden Händen. Blut tropfte von den aufgescheuerten Knöcheln seiner Hand.

»Verdammt! Verdammt! Verdammt!«

»Ich dachte, ich könnte das Meer sehen«, erklärte er leise. Niedergeschlagen kletterte er von seinem Stuhl.

»Wir befinden uns auf der falschen Seite der Festung. Ich kann die Straßen von Batavia sehen, aber nicht das Meer. Albern, sich so darüber aufzuregen, nicht wahr?«

»Ganz und gar nicht.«

»O doch. Mir ist wohl bewußt, daß ich mich hier am Rande des Wahnsinns bewege. Diese fortwährende Dunkelheit! Ich weiß niemals, ob gerade Tag ist oder Nacht. Dabei fällt mir ein, welches Datum schreiben wir heute?«

»Den 13. Januar 1630.«

Der Skipper schloß entsetzt die Augen. Es waren auf den Tag genau sechs Monate, und das neue Jahr hatte bereits angefangen!

Die Tür ging auf, und die Wache trat ein.

»Zeit, Abschied zu nehmen!«

Jacobs ergriff Wiebes ausgestreckte Hand mit beiden Händen.

»Lebt wohl, Wiebe Hayes!«

»Ihr auch, Kapitän!«

Die Wipfel hoher Palmen wiegten sich im warmen Wind. Die Sonne warf glitzernde Muster auf die Wasser des Großen Flusses[28], auf dem sich Hunderte von kleinen Booten drängten. Es war Markttag, und Batavias Marktplatz pulsierte vor Menschen, Stimmengewirr und dem Geschrei der Händler, die ihre Waren anpriesen. Stände mit Fischen, Krebsen, Krabben und Hummern fanden sich direkt neben

Käfigen mit bunten Papageien und Einzäunungen voller Schafe, Kühe und Ochsen. Der Duft frischer Backwaren vermischte sich mit dem Gestank schlecht gegerbter Felle. Pferdehändler feilschten um Preise. Hühner liefen gakkernd zwischen den Beinen der Marktbesucher umher. An jeder Ecke sah man Vierergrüppchen chinesischer Händler pfeiferauchend bei einer Partie Mah Jong. Tuchhändler boten ihre Ware feil. Der Anblick von frischem Gemüse und seltenen Früchten reizte gleichermaßen den Appetit, wie er das Auge erfreute. Wasser- und Weinverkäufer wanderten zwischen den Ständen auf und ab. Alle Wirtshäuser hatten ihre Tore geöffnet, und hin und wieder stolperte eine schwankende Gestalt heraus auf den großen Platz und vermischte sich mit dem Volk.

François Pelsaert und Aris Janz bewegten sich unter den Marktbesuchern, in ein Gespräch versunken und unberührt von dem fröhlichen Treiben um sie herum. Beide Männer nahmen kaum die Schönheit oder die gelegentliche Kuriosität der Auslagen wahr. Von Zeit zu Zeit blieb Aris Janz stehen und streckte seinen Rücken, während Pelsaert höflich wartete. Der Bader hatte sich nie mehr ganz von der Schwertwunde erholt, die ihm hin und wieder große Schmerzen bereitete.

»Wenn ich Euch richtig verstehe, dann läßt Euch die VOC also im ungewissen?«

»Ganz recht! Von meiner Beförderung in den Ost-Indien Rat wurde nie mehr gesprochen, und der neue General-Gouverneur weigert sich, mich zu empfangen.«

»Hm. Vermutlich wartet Gouverneur Specx auf direkte Anweisungen aus Amsterdam.«

Aris Janz betrachtete François Pelsaert mitleidig von der Seite. Er sprach nicht aus, was er dachte, nämlich daß Pelsaert sich glücklich schätzen konnte, daß er noch nicht vor Gericht stand und sich in Batavia frei bewegen durfte.

Pelsaert bemerkte den Blick des Baders und wandte ihm sein Gesicht zu.

»Ihr habt keine Vorstellung davon, wie froh ich bin, mit Euch reden zu können. Wohin ich auch gehe, spüre ich die vorwurfsvollen Blicke, verstummen die Gespräche und wenden mir die Menschen den Rücken zu. Alte Bekannte haben plötzlich keine Zeit mehr, mich zu empfangen. Andere wiederum bevorzugen es, mich zu übersehen. Manchmal glaube ich, Ihr seid der einzige Freund, der mir noch geblieben ist.«

»Hm«, brummte der Bader wieder. »Die Menschen sind manchmal sehr selbstgerecht in ihrem Urteil. Es ist leicht, mit dem Finger auf jemanden zu zeigen, wenn man nicht dabeigewesen ist. Und es lenkt von den eigenen Unzulänglichkeiten ab. Was ist mit Lucretia van der Mylen? Habt Ihr Euch kürzlich mit ihr unterhalten? Es ist auch für sie eine schwere Zeit gewesen, und die Menschen unterstellen ihr oft, gemeinsame Sache mit Jerome Cornelius gemacht zu haben. Ich bin sicher, ihr beide könntet einander helfen, die Vergangenheit zu bewältigen.«

Pelsaert wandte seinen Blick ab und schluckte.

»Lucretia spricht nicht mit mir. Sie gibt mir die Schuld an dem, was geschehen ist, und ich kann mir nicht helfen, ich fühle genauso.«

»Das ist schade. Ich hatte den Eindruck, daß ein besonderes Band zwischen euch besteht.«

»Das ist schon lange vorbei.«

Eine Weile wanderten die beiden Männer schweigend nebeneinander her. Dann hob Pelsaert den Blick von seinen Schuhspitzen.

»Wie ich höre, habt Ihr einen Krankenbesuch in der Festung gemacht. Also kommt Jacobs' Hure bald in die Wochen?«

Der Bader blieb überrascht stehen und warf Pelsaert einen scharfen Blick zu.

»Warum so harte Worte, François? Sie trägt keine Schuld am Untergang der *Batavia*, auch wenn Ihr das gerne glauben möchtet. Nun gut, man kann ihr ihre skandalöse Affäre mit dem Skipper vorwerfen, aber ich versichere Euch, sie muß teuer dafür bezahlen. Sie ist schlecht ernährt, viel zu mager für eine Frau in ihrem Zustand. Das Klima in den Kerkern kann nicht gerade als gesund bezeichnet werden. Sie ist kränklich, und ihre Hüften sind schmal. Mir ist jetzt schon vor dem Tag bange, an dem sie niederkommen wird.«

Pelsaert hatte die letzten Worte des Baders nicht mehr gehört. Er war mit offenem Mund stehengeblieben und betrachtete die schwarzgekleidete Gestalt vor ihm in der Menge, die mit einem der Vogelhändler verhandelte. Das goldene Haar, die aufrechte Haltung und die anmutigen Bewegungen waren unverkennbar. Lucretia nahm ein paar Münzen aus ihrer Börse und tauschte sie gegen einen vergoldeten Vogelkäfig. Ein prächtiger, rot und gelb gefiederter Papagei saß darin. Neben ihr wartete geduldig ihre neue Kammerzofe, ein dickliches, unattraktives Ding mit schlechter Haut und unregelmäßigen Zähnen. Sie war unscheinbar und mit Einkäufen überladen. Lucretia faßte den Vogelkäfig an seinem Ring, verabschiedete sich von dem Verkäufer und wandte sich genau in seine Richtung.

Ein heißer Strom floß durch Pelsaerts Körper, und er heuchelte Interesse an einer Auslage mit Heilkräutern und chinesischen Wurzeln, um ihrer Aufmerksamkeit zu entgehen. Aber es war zu spät. Lucretia hatte ihn und den Bader bereits gesehen. Sie bedeutete ihrer Zofe zu warten und bahnte sich geschickt einen Weg durch das Volk.

»Guten Tag, Meister Janz! Guten Tag, François! Ist es nicht ein wunderbarer Morgen für einen Markttag?«

Sie richtete ihre blauen Augen auf den Bader, und Aris Janz begann, sich unbehaglich zu fühlen. Lucretia verlor üblicherweise nicht viele Worte über das Wetter in Batavia, das von Tag zu Tag ziemlich gleich war. Er hatte das unbestimmte Gefühl, daß sie mit François Pelsaert allein sein wollte.

»In der Tat«, murmelte er und suchte nach einer passenden Entschuldigung. »Dabei fällt mir ein, daß ich noch in die Schmiede muß. Ich habe dort vor ein paar Wochen einige chirurgische Instrumente in Auftrag gegeben, und es ist an der Zeit, sie abzuholen. Wenn Ihr mich für einen Augenblick entschuldigen wollt.«

Lucretia nickte ihm zu und lächelte. Das war es, was sie gewollt hatte! Als der Bader verschwunden war, wandte sie ihre Aufmerksamkeit Pelsaert zu.

»Du siehst schlecht aus, François! Bist du wieder krank gewesen?«

»Und du wirst von Tag zu Tag schöner!«

»Woher willst du das wissen? Du hast mich in den letzten Monaten doch kaum gesehen.«

»Ich sehe dich manchmal aus der Ferne«, entgegnete er leise.

»Wenn du mich sehen willst, warum besuchst du mich nicht einfach? Du kennst doch das Haus meines Mannes in der Prinzenstraße, nicht wahr?«

»Schon. Aber ich war mir nicht sicher, ob du mich empfangen würdest. Bei unserer letzten Begegnung warst du so kühl und abweisend, daß ich dachte, es ist besser, dich nicht mit meiner Gegenwart zu belästigen.«

»Ich weiß.« Sie senkte beschämt die Augen und fixierte eine Stelle auf seinem Wams. »Meine Worte damals im Zelt auf *Batavias Friedhof* tun mir ehrlich leid. Ich war ungerecht!«

»Vielleicht. Und dennoch hast du mir ein paar unangenehme Wahrheiten ins Gesicht gesagt.«

»Ich hatte es nicht so gemeint.«

»Jetzt nicht mehr. Aber in dem Augenblick, in dem du gesprochen hast, hast du es sehr wohl so gemeint!«

»Baudouin war tot! Ich war außer mir! Das mußt du doch verstehen?«

»Baudouin«, wiederholte Pelsaert nachdenklich. »Sag mir die Wahrheit, Lucretia! War da jemals etwas zwischen uns? Etwas, das zu mehr hätte führen können?«

»Damals nicht«, entgegnete sie leise. »Ich habe meinen Mann sehr geliebt.«

»Was gibt es dann noch zu sagen?«

»Das Leben geht weiter. Es birgt die Möglichkeit für einen neuen Anfang in sich.«

»Manchmal, Lucretia. Und beileibe nicht für jeden!«

Für eine Weile schwiegen sie miteinander. Dann kam der Bader zurück. Er studierte die Mienen der beiden unglücklichen jungen Leute und fragte sich, warum das Leben manchmal so grausam war und warum selbst zwei Menschen, die sich so nahestanden, es nicht fertigbrachten, einander offen ihre Gefühle mitzuteilen.

»Das ist aber ein hübscher Papagei, den Ihr da habt!«

Sie erinnerte sich an den Vogel und hob den Käfig vom Boden auf. »Ja, nicht wahr? Ich habe ihn gekauft, weil er so fröhlich aussieht. Wenn ich es recht bedenke, kaufe ich ihm am besten noch ein Weibchen dazu, damit er nicht so alleine ist. Niemand, finde ich, sollte allzu lange alleine sein.«

Sie wünschte den beiden Männern noch einen guten Tag und verschwand im Gedränge. Aris Janz war sich nicht ganz sicher, aber er glaubte, bei ihren letzten Worten Tränen in ihren Augen gesehen zu haben. Er wandte sich Pelsaert zu und erschrak über den Ausdruck von Hoffnungslosigkeit in dessen Miene.

»Es ist vielleicht schwer, jetzt daran zu glauben, aber die Zeit heilt, François! Sie braucht lange, manchmal unerträglich lange, aber sie tut es wirklich.«

Pelsaert starrte am Bader vorbei ins Leere. Seine Augen waren glasig, und er sah plötzlich sehr elend aus.

»Wieviel Zeit braucht es wohl, um all die toten Menschen zu vergessen, all die Frauen, die ihre Männer verloren haben, und all die Waisen? Ich glaube nicht, daß ein ganzes Leben dafür ausreicht. Und soviel Zeit bleibt mir wohl auch nicht mehr.«

Am letzten Tag im Januar des Jahres 1630 klang Trommelwirbel bis hinauf in Adriaen Jacobs' Gefängnis. Mit tiefer Genugtuung lauschte er der Todesankündigung jener Männer, die ihn so schwerwiegend diskreditiert hatten. Es war der Tag ihrer Hinrichtung, und er war noch immer am Leben, während die Geier bald von den Leichen der Meuterer fressen würden. Bei Gott, er wünschte ihnen keinen leichten Tod!

Sie hatten ihn in eine andere Zelle verlegt, in den Schuldturm. Der neue Kerker roch noch muffiger und war noch winziger als der alte, aber er hatte einen unerwarteten Luxus: Licht fiel durch ein kleines, vergittertes Fenster herein und beleuchtete das bleiche Gesicht des Skippers. Er saß auf seiner Pritsche, den Kopf auf das angewinkelte Knie gestützt, und spielte gedankenverloren mit einer dunkelbraunen Locke in seiner Hand. Ein Brief lag geöffnet auf seinem ausgestreckten Oberschenkel, bedeckt mit Zwaanties ungeübter Schrift.

Adriaen, Adriaen!

So vieles ist geschehen, daß ich nicht weiß, wo ich beginnen soll. So vieles ist zu sagen, und ich finde keinen Anfang. Unser Kind wurde geboren – zu früh –, aber es ist gesund, wenn auch sehr zart und klein. Es ist ein Junge, ein wunderschöner Junge mit Deinem schwarzen Haar! Der gute Doktor Janz war bei mir und hat mir durch die schwere Zeit geholfen. Ich wünschte mir so sehr, Du könntest unseren Sohn mit Deinen eigenen Augen sehen, aber sie haben es nicht erlaubt. Sie wollten mich nicht zu Dir lassen, gleichgültig wie sehr ich gefleht und gebettelt habe. Immer und immer wieder haben sie mich zum Verhör abgeholt und dieselben Fragen gestellt. Aber sie haben mir nichts Böses getan dort unten in den Kellern, nichts von dem, was ich Tag für Tag über Dich hören mußte! O Gott, ich bete für Dich, jeden Abend schließe ich Dich in meine Gebete ein!

Ich wollte Dich nicht verlassen. Ich dachte immer, solange ich mich auf derselben Erde bewege wie Du, solange ich nur irgendwie in Deiner Nähe sein kann, solange muß doch noch alles gut werden. Aber sie haben mich gezwungen fortzugehen. Es war die Bedingung für meine Freiheit und die unseres Sohnes. Ich mußte annehmen – für unser Kind! Der Bader hat mich gewarnt. So viele Säuglinge sterben hier, noch bevor sie ihr erstes Jahr erreicht haben. Ich kann nicht zulassen, daß ihm etwas geschieht; er ist alles, was mir von Dir geblieben ist.

Holland ist so weit! In diesem Augenblick, in dem Du meine Zeilen liest, werde ich schon an Bord der Dordrecht sein auf dem Weg nach Hause. Wiebe Hayes, der junge

Soldat, dessen Name in aller Munde ist, hat mich abgeholt und mir gesagt, daß Du es möglich gemacht hast. Mein Herz bricht bei dem Gedanken, daß ich die Schuld an Deinem Unglück trage. Ja, Du hast richtig gelesen, es ist meine Schuld! An Bord der Batavia habe ich Dir einen schlechten Dienst erwiesen, indem ich meine frühere Herrin der Unkeuschheit mit dem Kommandeur bezichtigt habe. Dabei hatte ich niemals die Absicht, Lucretia zu schaden, sondern ich wollte Herrn Pelsaert dafür bestrafen, wie er Dich am Kap behandelt hat. Ich hatte nicht erwartet, daß die Dinge eine solch entsetzliche Wendung nehmen könnten. Ich bin zu weit gegangen, und jetzt kann ich nicht aufhören, daran zu denken, daß ich vielleicht verschuldet habe, was ihr zugestoßen ist. So oft habe ich versucht, es Dir zu sagen, aber dann habe ich es nicht übers Herz gebracht. Die Sünden, die ich durch meine Dummheit und Leichtfertigkeit an Lucretia und damit auch an Dir begangen habe, werde ich für immer bereuen. Alles, was mir bleibt, ist, an unserem Kind wiedergutzumachen, was ich seinem Vater angetan habe. Es soll ihm an nichts fehlen, das verspreche ich Dir! Bitte behalte mich nicht in schlechter Erinnerung, denn das könnte ich nicht ertragen.

Ich zittere um Dich, Geliebter! Ich würde mein Leben dafür geben, Dich in Sicherheit zu wissen!

Zwaantie

Ein Sohn! Er hatte einen Sohn! Der Himmel mochte wissen, wie viele illegitime Kinder er in seinem Leben gezeugt hatte, über ganz Holland, Indien und die Gewürzinseln verteilt. Aber von diesem Kind wußte er, daß es lebte, daß es heranwachsen würde zu einem feinen, jungen Mann. Dieses eine Kind hatte er um jeden Preis gewollt! Und je mehr sie ihn gequält hatten, um so fester hatte er sich in Gedanken an sein Kind geklammert. Gott, er wünschte, er könnte sie heiraten und dem Jungen seinen Namen geben. Er strich mit den Fingerspitzen über die letzten Zeilen ihres Briefes, über die winzigen verwischten Flecken, die ihre Tränen auf der Schrift hinterlassen hatten.

»Zwaantje, meine einzige Liebe«, dachte er. »Ich bin es, der um Vergebung bitten muß!«

Wiebe Hayes hatte Wort gehalten, und sie war in Sicherheit. Jetzt konnte er ertragen, was auch immer sie noch in ihrer Schatzkiste für ihn aufgehoben hatten, denn sie war frei! Für den Augenblick. Aber es würde noch schwer genug für sie werden als alleinstehende Mutter im strengen calvinistischen Holland. Mit den fünftausend Gulden hatte er dafür gesorgt, daß ihr die Tür zu ihrem Elternhaus nicht verschlossen blieb. Aber was würde dann passieren? Was würde ihr Vater tun? Sie mit einem anderen verheiraten? Mit einem abgerissenen Landsknecht vielleicht, dem ein fremdes Kind nichts ausmachen würde? Der Gedanke, daß ein anderer Mann seine Hände auf Zwaantje legen könnte, machte ihn hilflos und traurig. Nein, das würde sie ihm nicht antun! Hatte sie nicht versprochen, daß sie alles für seinen Sohn tun würde? Er hoffte, sie würde ihm eine gute Ausbildung ermöglichen, und wer weiß, vielleicht würde er ja einmal dieselbe Laufbahn ergreifen wie sein Vater.

Adriaen erhob sich und warf zum abertausendsten Mal einen Blick durch die schmale Maueröffnung auf die leeren Straßen Batavias. Die Menschen waren alle vor den Toren, um die Hinrichtungen anzusehen. Dann verrenkte er den Hals und erhaschte einen Blick auf das silberbefleckte Meer vor der Stadt. Chinesische Dschunken schaukelten bei den Anlegestegen, bunt vermischt mit kleinen Jachten und holländischen Kauffahrern. Er schöpfte Kraft aus dem Anblick des Meeres, sein ganzes Inneres war von dem Wunsch erfüllt, noch einmal auf See zu sein. Er ließ sich wieder zurück auf die Pritsche fallen und schloß die Augen. Nur einmal noch wollte er das vertraute Gefühl schwankender Planken unter seinen Seestiefeln fühlen. Nur einmal noch auf dem Achterdeck seines Schiffes stehen, die Sonne auf seinem Gesicht und den Wind in seinen Haaren spüren, Herr und Meister über das Meer! Die Atemzüge des Skippers wurden tiefer, und die Locke fiel unbemerkt aus seiner Hand. Er war wieder auf der *Dordrecht*. Gute, alte, zuverlässige *Dordrecht*! Er trug kein Wams, sein Hemd stand offen, und sein Haar war zu einem Pferdeschwanz gebunden. Er erhob seine Stimme und befahl, die Topsegel zu setzen.

»Aye, Kapitän!«

Seine Männer gehorchten, und die *Dordrecht* nahm Fahrt auf. Und als er seinen Blick über die ewige blaue Masse gleiten ließ, erhellte ein Lächeln die Gesichter beider Männer, das des stolzen Kapitäns auf der Brücke und das des bärtigen Gefangenen in seinem Schlaf.

Epilog

Als Folge der dramatischen Vorfälle nach dem Schiffbruch der *Batavia* erließ die VOC eine Anordnung, die Senior-Offizieren untersagte, ein Schiff in Not zu verlassen. Kapitäne wie Kommandeure erhielten strikte Anweisung, grundsätzlich rangniedrigere Offiziere um Hilfe zu schicken.

François Pelsaert wurde im April des Jahres 1630 auf einen niederen Handelsposten nach Sumatra versetzt. Er fiel in eine schwere Depression, die nicht zuletzt auf die äußerst distanzierte Behandlung durch die VOC und seine Mitmenschen zurückzuführen war. Der ehemalige Kommandeur der *Batavia* verstarb schließlich nach langer Krankheit zwischen Juni und September 1630. 1632 entdeckte ein Jesuiten-Orden in Peru die fiebersenkende Wirkung eines Extraktes aus Chinarinde. Der Extrakt wurde unter dem Namen Chinin in Europa eingeführt und erfolgreich zur Behandlung der Malaria eingesetzt.

Lucretia van der Mylen heiratete noch in Batavia den Infanterie-Feldwebel Cornelius Cuick und damit weit unter ihrem Stand. 1635 kehrte das Ehepaar in die Niederlande zurück, wo sie sich in Leiden niederließen. Lucretia hatte niemals eigene Kinder. Sie übernahm sowohl in Batavia als auch in Holland mehrere Patenschaften.

Gisbert Bastians verschmerzte den Verlust seiner Familie und heiratete 1631 die Witwe des Gerichtsdieners von Batavia, mit der er ein Kind hatte. 1633 verstarb er auf den zu den Molukkas gehörenden Banda-Inseln an der Ruhr. Seine Nachkommen leben heute in den Niederlanden und in Australien.

Seine Tochter Judith heiratete in den darauffolgenden Jahren zweimal und verlor beide Ehemänner bereits nach kurzer Zeit. Ihr zweiter Ehemann starb 1634 und ließ sie vollkommen mittellos zurück. Die *17 Herren* rangen sich daraufhin zu einer außerordentlichen Geste durch und gewährten der jungen Witwe einen Ausgleich von insgesamt sechshundert Gulden für die auf den Houtman Inseln erlittenen seelischen und körperlichen Schmerzen.

Von den an Australiens Westküste ausgesetzten Meuterern Jan Pelgrom und Wouter Loos wurde nie wieder eine Spur gefunden.

Aus den Unterlagen der VOC, die im Allgemeinen Reichsarchiv in Den Haag erhalten geblieben sind, geht nicht hervor, welches Schicksal Adriaen Jacobs letztendlich ereilt hat. Es existieren Beweise dafür, daß der Kapitän am 5. Juni 1631, also fast zwei Jahre nach seiner Verhaftung, noch immer am Leben war und nach wie vor ohne ein Geständnis gefangengehalten wurde. Es bleibt unserer Phantasie überlassen, ob wir daran glauben wollen, daß er freigelassen wurde und den Heimweg antreten durfte, so wie er es mehrere Male beantragt hatte, oder ob er letztendlich in den Verliesen der Festung von Batavia vergessen wurde und dort einen einsamen Tod gestorben ist.

Insgesamt hat die Affäre *Batavia* das Leben von einhundertfünfundzwanzig Männern, Frauen und Kindern gefordert.

Nach jahrelanger Suche wurde das Wrack der *Batavia* im Juni 1963 in der West Wallabi Gruppe des Abrolhos Riffs vor der westaustralischen Küste entdeckt. Während mehrerer Expeditionen konnten viele Teile des Wracks und der ehemaligen Ladung geborgen werden. Die beiden größten Funde, das aus einzelnen Steinen zusammengefügte Schloßportal sowie ein Stück des erhöhten Achterdecks, befinden sich heute im Western Australian Maritime Museum in Fremantle. Eine kleinere Auswahl von Exponaten, einschließlich eines original Astrolabiums, ist im Geraldton Regional Museum zu bewundern.

Anmerkungen der Autorin

Die Geschichte der *Batavia* ist eine wahre Geschichte. Viele Historiker haben sich ihrer bereits vor mir angenommen, und ich bin vor allem Frau Henrietta Drake-Brockman und Herrn Philippe Godard für ihre Arbeiten zu Dank verpflichtet. Dieser Roman entstand in enger Anlehnung an die Ereignisse, die im Jahr 1629 zum Schiffbruch der *Batavia* führten. Die Namen und Handlungen der dargestellten Personen sind weitgehend richtig wiedergegeben, einige Details habe ich jedoch verändert. Dieses Buch ist meine eigene Darstellung, meine persönliche Interpretation der Geschehnisse.

Ich bedanke mich bei Peter Kendrick aus Geraldton (West-Australien), der mir die unglückliche Reise der stolzen *Batavia* zum ersten Mal nahegebracht hat und ohne den dieses Buch niemals entstanden wäre. Ich bedanke mich auch bei meinem Partner und Editor, Jens Christoph Hohenspein, der mich rückhaltlos unterstützt und immer wieder geduldig auf den richtigen Weg geführt hat. Und ich bedanke mich bei Willem Vos, dem Meister-Schiffbauer, der in alter Schiffsbautradition die *Batavia* in Lelystad in den Niederlanden wiederauferstehen hat lassen, wo sie heute zu besichtigen ist. Dank gebührt auch Andrea Grausam für die kritische Überprüfung der medizinischen Seite meines Werkes und Michael Hohenspein Senior für seine wertvollen Informationen über das Segeln. Außerdem ein Dankeschön an Chris Shine von Shine Aviation Services, Geraldton, und an das Personal des Geraldton Regional Museum in West-Australien, sowie der Staatsbibliotheken von Victoria und Neusüdwales.

Literaturquellen

Abeyasekere, Susan »Jakarta –A History« (ISBN 0 19 582 688 4)

Anderson, Janice »The Life and Works of Rubens« (ISBN 0 75 250 815 6)

Baedecker »Südafrika«, pp 246-275 »Kapstadt«, pp 157/158 »Kap Agulhas« (ISBN 3 89 525 013 9)

Bibel, Psalm 23, 1-5

Blussé, Leonard »Strange Company: Chinese Settlers, Mestizo Women and the Dutch in VOC Batavia«

Boxer, Charles Ralph »Dutch Merchants and Mariners in Asia, 1602-1795«, pp 81-104 (ISBN 0 86 078 232 8)

Carpenter, Kenneth John »The History of Scurvy and Vitamin C«, pp 1-28 »The Explorers' Sickness, 1498-1700« (ISBN 0 521 32029 l)

Deursen, Arie Theodorus van »Plain Lives in a Golden Age – Popular Culture, Religion and Society in I7th Century Holland« (ISBN 0 52 136 606 2)

Drake-Brockman, Henrietta / Pelsaert, Francisco / Drok, E. D. / Evert, D. »Voyage to Disaster: The Life and Times of Francisco Pelsaert« (ISBN 1 87 556 032 7)

Edwards, Hugh »Islands of Angry Ghosts« (ISBN 0 20 716 317 0)

Gélis, Jacques »History of Childbirth – Fertility, Pregnancy and Birth in Early Modern Europe« (ISBN 0 74 560 677 6)

Godard, Philippe / Stephens, Phillida »The First and Last Voyage of the Batavia« (ISBN 0 64 610 519 1)

Lonely Planet »Travel Survival Kit South Africa, Lesotho & Swasiland« pp 315-356 »Cape Town and the Peninsula« (ISBN 0 86 442 158 3)

McGowan, Alan »The Ship – The Century before Steam« (National Maritime Museum Greenwich, ISBN 0 11 290 314 2)

National Geographic, Volume 167, No. 4, April 1985 »The Mogul Empire«, pp 463-493

Pelsaert, Francisco / Martin, Terry »The Voyage of the Batavia«

Schilder, Gunter »Australia unveiled: The Share of the Dutch Navigators in the Discovery of Australia«, pp 111-125 »The Drama of the Batavia«

Stephens, Frederick John »Bayonets: An Illustrated History and Reference Guide« (ISBN 853 681007)

Thienen, Frithjof van »Costume of the Western World: The Great Age of Holland, 1600– 1660« (edited by James Lowe Laver)

Thornton, Peter »I7th Century Interior Decoration in England, France and Holland« (ISBN 0 30 002 193 3)

Wilson, S.J. / Western Australian Museum »Doits to Ducatons, the Coins of the Dutch East India Company Ship *Batavia* lost on the Western Australian Coast 1629: A brief History of the Ship and the Story of its Silver Coinage with an Illustrated Catalogue«

Ziegler, Wolfgang »Irland – Kunst, Kultur und Landschaft« (ISBN 3 7701 0735 7)

Anmerkungen

1 heutiges Indien
2 heutiges Indonesien
3 heutiges Jakarta
4 alte niederländische Maßeinheit; 1 Amsterdam Fuß entspricht 0,28325 Meter
5 entspricht 600 Tonnen (1 Last = 2 Tonnen)
6 heute Vorort von Amsterdam
7 auch »Gewürzinseln« genannt, Inselgruppe im Osten Indonesiens
8 Südamerika
9 erhöhtes Achterdeck
10 vor Ort ansässiger Verwaltungsrat unter Vorsitz des General-Gouverneurs, zuständig
   für die niederländischen Kolonien in Ost-Indien
11 heutiges Salvador
12 Ausbrennen der Wunde mit einem glühenden Eisen, um die Blutung zu stoppen
13 Ambroise Paré
14 Zwischendeck
15 Kap der Guten Hoffnung
16 Fluit, kleines Transportschiff
17 Vorläufer des Sextanten
18 heutiges Australien
19 Malaria
20 1 Faden entspricht ca. 1,83 Meter
21 Reifrock
22 Seeschwalben
23 1 Kanne entspricht etwa 1 Liter
24 Yardie Creek, Cape Range National Park
25 heutiges Tunis
26 Tammar-Wallaby, ein kleinerer Abkömmling des Känguruhs, der auch nur mit Salzwasser auskommen kann
27 mittelalterliche Arznei zur Heilung von Vergiftungen
28 Ciliwung

In einer ärmlichen Kellerwohnung träumt der
Waisenjunge Pauli den großen Traum von Freiheit
und Glück in der neuen Welt.

Er spart eisern, bis sein Geld für die Schiffspassage
nach New York reicht. Doch auch das Land der
unbegrenzten Möglichkeiten hat seine
Schattenseiten. Er muß hart für die Verwirklichung
seiner Lebensträume kämpfen, erfährt bittere
Enttäuschungen, aber auch tiefe Freundschaft und
Zuneigung.

ISBN 3-404-14357-4

**"Seien Sie vorsichtig mit Ihren Wünschen. Sie könn-
ten in Erfüllung gehen."**

Die bildhübsche LuAnn lebt mit ihrem Töchterchen Lisa
und ihrem nichtsnutzigen Lebensgefährten in einem herun-
tergekommenen Wohnwagen. Gefangen im Teufelskreis
der Hoffnungslosigkeit, schlägt sie sich mit Gelegenheits-
jobs durch – bis sie ein mysteriöses Angebot erhält: Ein
Mann namens Jackson bietet ihr an, sie zur Hauptgewin-
nerin in der staatlichen Lotterie zu machen. Einzige
Bedingung: Sie müsse genau das tun, was er ihr sage, und
dürfe sich niemandem anvertrauen. LuAnn akzeptiert – und
gewinnt. Aber dann erkennt sie, daß das Spiel mit dem
Glück in Wirklichkeit tödlicher Ernst ist ...

*"Vergessen Sie Grisham. Die neue Antwort auf Thriller-
Fragen heißt Baldacci."*

Frankfurter Rundschau

ISBN 3-404-14348-5

Amsterdam, 1636. Die ganze Stadt ist vom Tulpen-
fieber befallen. In speziellen Börsen, aber auch in
Wirtshäusern und Gassen der Metropole werden un-
scheinbare Blumenzwiebeln gegen Gold und Seide
gehandelt. Auch der Engländer John Nightingale
hofft, dort durch Spekulationen ein Vermögen zu gewinnen. Denn das allein könnte ihn von einer alten
Schuld befreien und ihn vor dem Tod durch den
Strang retten.
Verfolgt von seinem Erzfeind Malise, gerät der uner-
fahrene junge Mann in den Sog eines fulminanten
Abenteuers, das zu bestehen fast unmöglich er-
scheint. Aber da sind noch die betörende Marieka und
die scheue Zeal, die dem verzweifelten John auf ganz
eigene, verführerische Art beweisen, daß es sich zu
leben lohnt ...

ISBN 3-404-12660-2